淮南财政年鉴

(2010)

淮南市财政局　编

中国财政经济出版社

图书在版编目(CIP)数据

淮南财政年鉴2010年/淮南市财政局编.—北京:
中国财政经济出版社,2010.10
ISBN 978—7—5095—2470—1

Ⅰ.①淮… Ⅱ.①淮… Ⅲ.①地方财政—淮南市—2010—年鉴
Ⅳ.①F812.754.3—54

中国版本图书馆CIP数据核字(2010)第177118号

中国财政经济出版社出版
URL:http://www.cfeph.cn
E-mail:efeph@efeph.cn

社址:北京市海淀区阜成路甲28号 邮政编码:100142
新华书店经销 安徽煤田光大彩色制印有限责任公司印刷
开本:889×1194 1/16 印张:19.25 插页:32 字数:478千字
2010年10月第1版 2010年10月第1次印刷
印数:0001-1200册 定价:88.00元
ISBN 978—7—5095—2470—1/F.2103

淮南财政年鉴编辑委员会

淮南财政年鉴编辑部

序　　言

2009年，恰逢中华人民共和国建国60周年。我市经济社会发展经受住了国际金融危机的严峻挑战和重大考验，在市委、市政府的正确领导下，迎难而上、奋力拼搏、危中寻机、化危为机，实现了良好的发展势头，全年生产总值完成500亿元，比2008年增长13%。2009年，全市财政事业发展取得了显著成就，财政收入规模日益壮大，财政支出结构不断优化，公共财政体系进一步健全，财政管理水平明显提高。全年财政收入75.02亿元，比2008年增长24.7%；地方财政总收入37.28亿元，增长24.6%，财政支出69.65亿元，增长28.25%，实现收支平衡，略有结余。财政收支任务的顺利完成和财政宏观调控职能的充分发挥，为推动我市经济发展和社会进步提供了坚实的财力保障，为促进城乡协调发展做出了积极贡献。

1999年8月，江泽民同志在为《领导干部财政知识读本》题写书名并作批语时指出："财政是国家职能的重要组成部分。财政政策是国家宏观调控的一个重要工具。雄厚的财政实力是一个国家强大、稳定、安全的重要体现和有力保证。"这一论述，高度概括了财政在国家政治经济生活中的极端重要性。制定和实施正确的财政政策，努力做好财政工作，是全面推进淮南改革开放和现代化建设，实现快速发展的必然要求。

今天，淮南在新的发展阶段，紧紧围绕资源节约型和环境友好型的"两型城市"建设，立足煤、延伸煤、不惟煤、超越煤，加快以工业化和城市化双轮驱动为主战略、以合淮同城化和城乡一体化为侧翼的"一主两翼"发展，在新的起点上推动科学发展、促进城市转型、加速淮南转型。有效地发挥财政宏观调控职能，促进和保持经济社会平稳较快发展，离不开对历史的分析和从历史中寻找发展规律。《淮南财政年鉴》是一部由淮南市财政局主编的专业性年鉴。其编纂的目的在于：一方面是对淮南市财政工作进行客观回顾，另一方面通过这本工具书，使广大财税工作者分析、总结财政工作中的经验和教训，为下一步淮南市财政事业更好地发展奠定良好基础。

若广大读者能通过这部年鉴得到一些有益启发，这将是编者最大的心愿。本部年鉴为首卷，今后，淮南市财政局将会连续进行编纂，提高水平，为促进经济社会发展提供优质服务。

最后，谨对支持本书出版的有关各方面表示衷心地感谢！

陈永乡

2010.9.16

淮 南

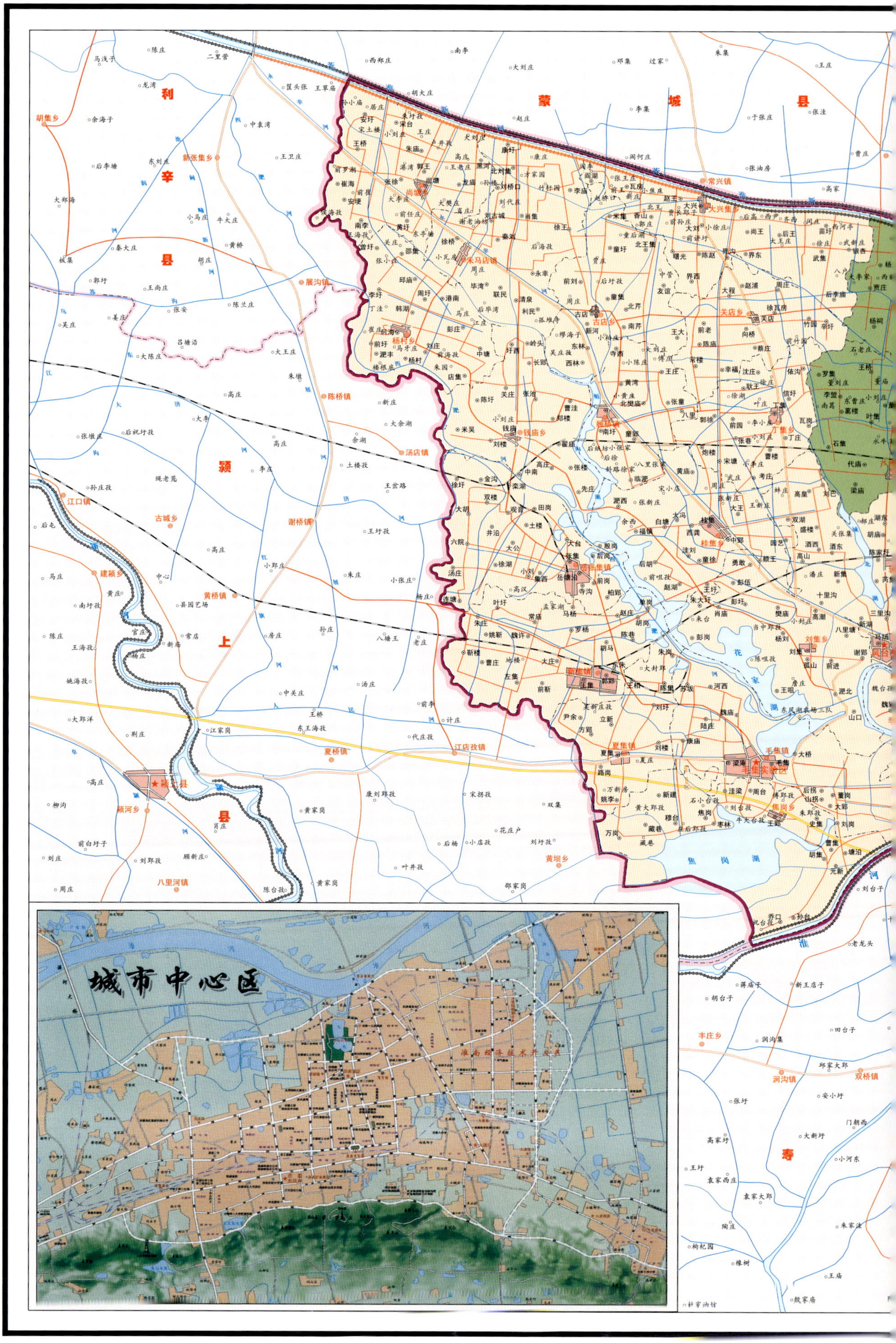

利辛县
蒙城县
颍上县
寿县
淮河
焦岗湖
花家湖
城市中心区
胡集乡
新张集乡
展沟镇
陈桥镇
汤店镇
江口镇
古城乡
谢桥镇
建颍乡
黄桥镇
颍河乡
八里河镇
夏桥镇
江店孜镇
黄坝乡
常兴镇
大兴集乡
尚塘乡
朱马店镇
杨村乡
钱庙乡
古店乡
关店乡
丁集乡
桂集乡
顾桥镇
张集乡
新集镇
夏集镇
毛集镇
焦岗乡
刘集乡
丰庄乡
涧沟镇
双桥镇

政　区　图

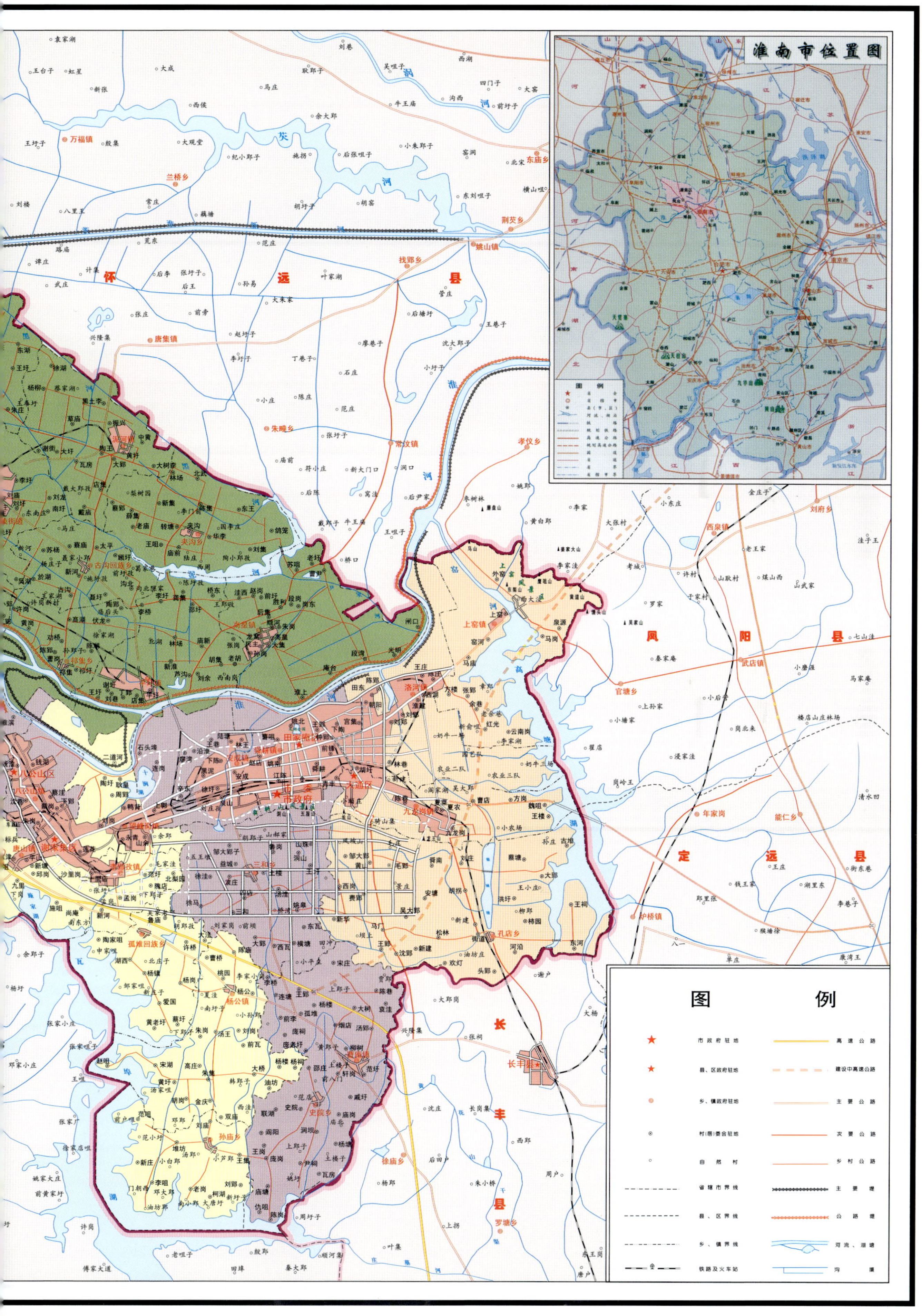

淮南市位置图
图例
市政府驻地
县、区政府驻地
乡、镇政府驻地
村(居)委会驻地
自然村
省辖市界线
县、区界线
乡、镇界线
铁路及火车站
高速公路
建设中高速公路
主要公路
次要公路
乡村公路
主要堤
公路堤
河流、湖塘
沟渠
怀　远　县
凤　阳　县
定　远　县
长　丰　县
市政府
八公山区
谢家集区
大通区
田家庵区
万福镇
兰桥乡
东庙乡
荆芡乡
姚山镇
找郢乡
唐集镇
朱疃乡
常坟镇
孝仪乡
上窑镇
洛河镇
九龙岗镇
孔店乡
三和乡
杨公镇
孤堆回族乡
孙庙乡
史院乡
曹庵镇
长丰县
罗塘乡
徐庙乡
庐桥镇
年家岗
能仁乡
官塘乡
武店镇
西泉镇
刘府乡
古沟回族乡
夹沟乡
祁集乡
泥河镇
毛集镇
淮河
窑河
高塘湖
瓦埠湖
芡河
涡河

市容新貌 SHI RONG XIN MAO

SHI RONG XIN MAO 市容新貌

领导视察 LING DAO SHI CHA

省委书记王金山在淮南视察

市委书记杨振超、副市长魏耀民走访民生工程受益群众

市委书记杨振超慰问田集街道敬老院保老人

副市长魏耀民、孙全玉在大通区调研大通区敬老院建设情况

副市长谌伟检查指导政策性农业保险工

LING DAO SHI CHA 领导视察

省长王三运在淮南视察

市长曹勇在市财政局局长左家凤的陪同下赴市担保资公司调研

市长曹勇慰问贫困白内障手术患者

副市长魏耀民、孙全玉协调乡镇卫生院建设

市财政局局长、民生办主任左家凤查看田家庵区卫生室建设项目

民生工程会议 MIN SHENG GONG CHENG HUI YI

2月25日召开全市民生工程暨财政工作会议

市民生办召开民生工程工作例会

市政府召开季度民生工程调度

新型农民培训现场

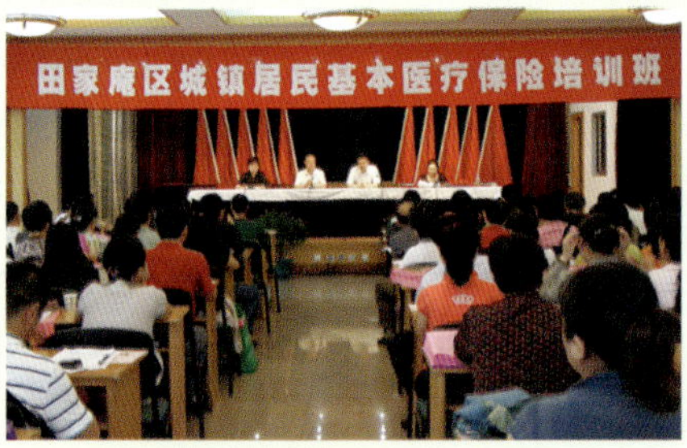

田家庵区城镇居民基本医疗保险培训班现场

省教育厅义务教育经费保障制改革督查组来淮检查

民生工程宣传活动

MIN SHENG GONG CHENG XUAN CHUAN HUO DONG

农村低保户喜领低保补助金

市民生办开展民生工程政策下乡活动

进村入户发放城镇居民医疗保险宣传材料

家电汽车下乡大型宣传联展活动主场互动

推进民生工程 构建和谐淮南

新闻媒体广泛宣传民生工程

淮南市实施民生工程领导小组办公室工作职责

淮南市民生工程联络员工作职责

淮南市民生工程工作例会制度

淮南市民生工程信息报表报送制度

淮南市民生工程档案管理方案

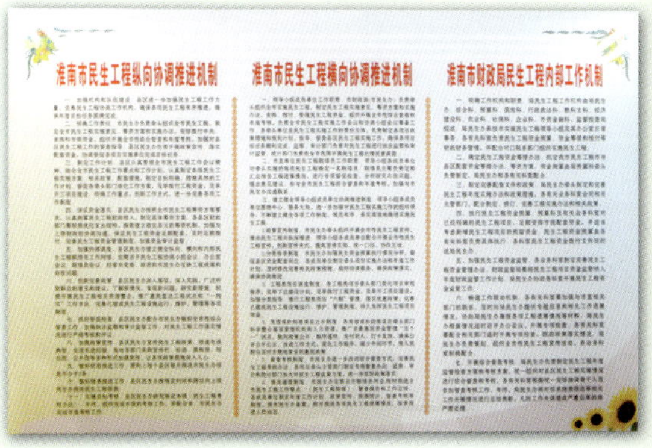

淮南市民生工程纵向协调推进机制

淮南市民生工程横向协调推进机制

淮南市财政局民生工程内部工作机制

市民生办健全完善内部沟通协调机制

民生工程宣传活动 MIN SHENG GONG CHENG XUAN CHUAN HUO DONG

市民生工程检查组查看杨公镇敬老院建设项目

民生工程走进社区直播

MIN SHENG GONG CHENG CHENG GUO FENG SHUO 民生工程成果丰硕

市人大常委会副主任吴晓矛、魏彩华调研农村安全饮水工程建设情况

乳山水库除险加固工程竣工

潘集区乡镇综合文化站

凤台县桂集乡水利工程

凤台县李冲乡农民养牛合作社

田家庵区兴杨养鸡场

宽敞明亮的山王敬老院

家电下乡 JIA DIAN XIA XIANG

家电汽车下乡大型宣传联展活动筹备会

淮南市家电下乡政策宣传培

淮南市家电汽车下乡宣传月动员会

家电汽车下乡大型宣传联展活

CAI ZHENG XI TONG XUE JIAO HUO DONG 财政系统学教活动

财政工作掠影 CAI ZHENG GONG ZUO LUE YING

CAI ZHENG GONG ZUO LUE YING 财政工作掠影

财政工作掠影 CAI ZHENG GONG ZUO LUE YING

淮南市担保投资有限公司第一届股东大会

丰富多彩的文化生活 FENG FU DUO CAI DE WEN HUA SHENG HUO

MEI CHENG FENG GUANG 煤城风光

现代农业风光 XIAN DAI NONG YIE FENG GUANG

DA JIAN SHE ZHONG DE HUAI NAN 大建设中的淮南

大建设中的淮南 DA JIAN SHE ZHONG DE HUAI NAN

HUAI NAN CHENG SHI FENG GUANG 淮南城市风光

山南新区

龙湖远眺

淮河大道

淮南城市风光 HUAI NAN CHENG SHI FENG GUANG

市景鸟瞰

商贸新区

城市公

开发区大

CHENG SHI YI JIAO 城市一角

城市一角 CHENG SHI YI JIAO

HUAI NAN ZHU MING JING DIAN 淮南著名景点

茅仙洞

汉淮南王宫

义务植树基地——新四军纪念林

地质公园

八公山公园

森林浴场

淮南著名景点 HUAI NAN ZHU MING JING DIAN

白塔寺

白塔寺

白塔寺

淮南老年大学

地质公园

目　　录

淮南市简介

特　　载

市级财政篇

县区财政篇

民生工程建设篇

开展能力建设年活动和“小金库”专项治理专题篇

财政调研篇

财经文献篇

财经规章篇

财经统计资料篇

财政机构篇

财经工作大事记

淮南市简介

淮南市简介

淮南市位于中国华东腹地,淮河之滨(东经116°21′21″~117°11′59″与北纬32°32′45″~33°01′14″之间),是安徽省中北部重要城市。东与滁州市相邻,南与合肥市接壤,西南与六安市相连,西与阜阳市交界,北与亳州市、蚌埠市相交。全市总面积2596.4平方公里,其中市区面积1566.4平方公里,凤台县面积1030平方公里。建成区面积89.44平方公里。全市总人口242.5万人(2009年年末),其中非农业人口113.3万人;常住人口230万人。全市辖田家庵、大通、八公山、谢家集、潘集、毛集综合试验区、经济技术开发区、山南新区8个市辖区和凤台县。市政府设在田家庵区。

淮南市处在中国承东启西、南北对接的过渡带上,区位优越,交通便捷。东连京沪线,西接京九线,阜淮铁路和206国道穿境而过,淮河水运通江达海,京福高速(北京—福州)和合阜高速(合肥—阜阳)纵贯于城市东西两翼。合淮蚌高速铁路正在紧张建设。

淮南历史悠久。距今8亿多年的"淮南虫"化石的发现把达尔文《物种起源》关于生命起源不足6亿年的提法向前推进2亿多年。距今300多万年的类人猿牙齿化石,为亚洲最早。境内的"八公山国家地质公园",地质内涵丰富,遗迹旷古悠远,具有较高的科学研究价值和观赏美学价值。

夏商时期,市境属"淮夷"之地。西周时期,市境为州来子国所辖;春秋末期,诸侯纷争。周景王十六年(公元前529年)吴灭州来,市境属吴;随着楚国势力的扩张,位于淮河上游的蔡国被迫几度迁都,求救于吴。为便于吴蔡的相互援助,周敬王二十七年(公元前493年),吴国帮助蔡国迁都于州来,改州来为下蔡。战国初期,周贞定王二十二年(公元前447年),楚惠王灭蔡,市境属楚。战国末期,楚考烈王二十二年(公元前241年)迁都于寿春,改寿春为郢,市境成为楚国的京畿之地。楚王负刍五年(公元前223年),秦灭楚。秦始皇帝二十六年(公元前221年),秦统一六国,市境淮河以南属九江郡(郡治寿春),凤台县及淮河以北属泗水郡。

汉高祖四年(公元前203年),刘邦封英布为淮南王,首置淮南国,都六(今六安),辖九江、庐江、衡山、豫章4郡。高祖十一年(公元前196年),英布获罪伏诛,改封刘长为淮南王,都寿春(今寿县)。

孝文六年(公元前174年),刘长获罪流放,死于途中。文帝改封城阳王刘喜为淮南王。孝文十六年(公元前164年),淮南国一分为三——淮南、衡山、庐江,分别封给刘长的3个儿子,长子刘安继任淮南王,都寿春。汉武帝元狩元年(公元前122年),刘安获罪自尽,废淮南国,复为九江郡,治寿春。西汉时期,市境先后属淮南国、九江郡所辖,凤台县属沛郡下蔡县。

东汉时期,市境及凤台县均属九江郡所辖,分属寿春县、下蔡县。三国时期,曹魏设淮南郡,治寿春。其后,魏文帝先后封其子曹邕及其弟曹彪为淮南王,明帝青龙元年(233年)移治合肥新城。其间,市境及凤台县均为淮南郡所辖。西晋初年,淮南郡迁治于寿春,市境为其所辖。永嘉乱起,淮河流域沦为战乱区,江淮郡县大批废弛,北人南迁。东晋咸和初年侨置淮南郡于丹阳郡于湖,市辖境则为侨置的南梁郡。

南北朝期间刘宋、南齐、萧梁沿袭东晋侨置淮南郡于江南,市境先后有豫州、梁郡等侨置郡县。北魏、北齐、北周、隋时,市境复为淮南郡所辖,凤台县属汝阴郡下蔡县。

唐置淮南道,市境属淮南道寿州所辖,凤台县属河南道颍州下蔡县。五代十国时期淮南道称谓不变,寿州、下蔡先后为吴、南唐所有。

北宋置淮南路,市境属淮南路寿州所辖。熙宁五年(1071年)分淮南路为东西两路,市境属淮南西路寿州所辖,淮河以南属寿春县,淮河以北属下蔡县。后宋金和议达成,以淮河、大散关为界,市境淮河以北属金国,淮河以南为宋地。

元代,市境属河南江北行中书省安丰路,分属寿春、下蔡两县所辖。至元二十八年(1291年)建怀远县,今市区东部属怀远县所辖。

明代,市境属南京凤阳府辖地,分属寿州(包括今凤台县)、怀远县。

清初,市境属江南行省凤阳府,分属寿州、怀远县所辖。雍正十一年(1733年)从寿州分置出凤台县,辖故下蔡县地,同城分治。同治三年(1864年)凤台县迁治于下蔡县故地(今城关)。

民国元年(1912年)废府,市境分属寿县、凤台、怀远县,其中有“淮南三镇”之称的田家庵、大通、九龙岗均属怀远县所辖。

1949年1月18日淮南解放。3月,中共中央华东局决定在淮南三镇的基础上设立淮南煤矿特别行政区;4月,淮南煤矿特别行政区改设为淮南矿区。1950年9月,建县级淮南市。1952年6月,建立省辖淮南市。1977年1月,凤台县由阜阳专区划入;1999年11月,毛集社会发展综合实验区批准成立。2004年7月,孔店乡、三和乡、曹庵镇、史院乡、孤堆乡、杨公镇、孙庙乡由长丰县分别划入淮南市大通区、田家庵区、谢家集区。

淮南文化底蕴厚重。西汉时淮南王刘安在八公山招贤纳士,著书立说,编纂了千古名篇——被称为中国古代百科全书的《淮南子》,发明了华夏美食——豆腐。淮南名胜古迹众多,有被中外考古学家称道的“五古”(即古战场、古墓群、古寿州窑、茅仙古洞、古生物化石群),其中的淝水之战是军事史上以少胜多的著名战例。淮河流域的花鼓灯被誉为“东方芭蕾”。

淮南是一座年轻的城市,1952年建市,1984年淮南市和重庆、大连、青岛、无锡等城市一起被国务院批准为“较大城市”,享有地方立法权;1985年被国务院批准为对外开放城市。淮南以豆腐文化为媒,广交四海宾朋,扩大对外开放,促进了经济的飞速发展。淮南地理条件优越,自然资源丰富,发展前景广阔,投资环境良好。

淮南是座美丽的城市,北滨淮河,中有舜耕山,大小湖泊星罗棋布,可谓“山水平秋色,彩带串明珠。”淮南作为华东的能源基地,在发展煤电化传统产业的基础上,不断调整结构,培育着一批新型产业;正在实施的“一主两翼”战略和“两型城市”建设,将进一步加速淮南新世纪崛起的步伐!

(谢传周)

特载

省委书记王金山在淮南调研时的讲话

（2009年8月14日）

这次和夏来同志、几个部门负责同志来，主要是想了解当前投资、消费和几个企业运行情况，进一步研究全省保增长问题。前两天已经召开了一个进出口座谈会，这次主要是投资和消费问题。一天下来，看了潘一矿多联产项目、后湖村采煤沉陷区治理和淮蚌高铁建设工地，以及光华光神、景丰纸业两家企业，刚才又听了四家煤电企业情况。振超同志对淮南市工作作了画龙点睛的介绍。总的印象，不论是淮南市，还是煤矿企业，应对危机都是积极的、主动的，也是有效的。从淮南市看，上半年经济保持了平稳较快的发展势头，实现了两位数增长。特别是工业品产销率、财政收入增速、消费增长分别居全省第一、第二和第四位。这些都是有据可查的，成绩来之不易，应予充分肯定。从煤矿企业看，大家面对严峻形势，充分利用危机形成的倒逼机制，趋利避害，危中寻机，外争市场，内强素质，动了很多脑筋，想了很多办法，虽然提法各异，但都有一个共同的特点，就是都有一个锐意进取、共克时艰的旺盛精神，狭路相逢勇者胜，狭路相逢智者胜，从而在竞争中经受住了考验，保持了稳步发展的势头。这是非常难能可贵的。特别是大家对解决近忧有思考，对企业发展有远虑，不仅体现了国有企业的风采，也提振了保增长的信心。

从全省来看，经济增长总体呈现企稳回暖的趋势，主要指标都在向好的方向发展，但也共同感觉到，经济运行中面临的不稳定、不确定因素还有不少，上行的空间尚待拓展，下行的压力仍然较大，保持平稳较快发展仍须做出切实努力。现在，省里正在研究谋划新的举措，促进投资、消费、出口“三驾马车”共同发力，努力巩固发展当前的良好势头。一到企业，一听情况，就了解了新信息，产生了新认识，也受到了新启发。谈几点感受和大家作个交流，以便促成共识。

第一，要坚持不懈增加有效投入，这是保增长的重中之重。从近几年的实践看，扩大有效投入，既管即期增长，又管长远发展，是保增长的重要支撑力量。特别是我们安徽，仍然处在投资拉动的发展时期，在相当长时期内，“三驾马车”中，投资都将起到“驾辕”的作用。就目前说，保增长首先要保投入，抓住了投资就抓住了矛盾的主要方面。现在看，增加有效投入，正面临难得的政策机遇。中央应对危机的一系列政策措施，不论是积极的财政政策，还是适度宽松的货币政策，指向都十分明显，就是要启动内需，而这中间，扩大投资显然是一个重要方面。作为欠发达地区，这一轮政策机遇是千载难逢的，也是最有可能、最有条件获得支持的。如果丧失了现在的政策机遇，丢掉的就是未来的发展机会。这方面，关键是要有好项目。现在，大项目、好项目不多，储备项目不足等问题日益突出，应当引起我们的重视。我们一定要立足自身发展需求，把握国家政策导向，下大力气，下真功夫，谋划实施一批具有牵动性的重大项目，在扩大有效投入中增添经济发展后劲。大量的功夫要下在招商引资上，要以空前的力量去解决这个问题。皖江城市带承接产业转移示范区是我省第一个纳入国家层面的规划。但不管什么区，都要主动承接，产业转移不能等不能靠，项目也等不来靠不到，不抓不来，不招不来，不引不来，要自己主动去抓，自己解放自己。

第二，要持之以恒推进结构调整，这是保增长的根本之策。经济发展中的许多问题，归根结底都是结构问题。不论是经济增长的规模和速度,还是质量和效益,说到底都是经济结构的反映。沿海地区受危机冲击较大,是由于产业结构问题;欠发达地区受危机冲击较小,也是产业结构问题。但必须清楚的是,我们受冲击小,并不代表结构好,这只是在特定条件下的一种特殊表现。必须立足更长远的发展,对我们的产业结构进行认真思考和审视。我们强调保增长,决不是简单的量的扩张,而必须是规模与结构的统一。要一手抓传统产业的改造,一手抓新兴产业的培育,实现在存量的调整中扩大增量,在增量的培育中优化存量,只有这样,增长才能可持续。就煤炭产业来讲,现在的基础很好,必须在改造提升传统优势的同时,着力延伸产业链条,引导煤炭产业向精深加工方向发展,向高附加值方向发展。煤电企业要乘着当前发展形势好、扩张成本低的有利时机,加快兼并重组步伐,进一步做大做强主业,同时要积极向煤机装备、煤炭物流等非煤产业拓展,努力形成多点发展格局。同时,我们还要瞄准生物医药、新能源、新材料、节能环保、低碳经济等新领域,加快发展新兴产业,着力培育更多更新的增长点,在调整经济结构、转变发展方式中实现可持续发展。

第三,要千方百计扩大消费需求,这是保增长的持久动力。扩大内需促进经济增长,最根本的是要靠消费拉动,特别是最终消费拉动。在当前经济回升基础尚不稳固、出口形势依然严峻的情况下,千方百计扩大最终消费需求,对于拓展经济发展空间,有效吸收消化生产能力,具有十分重要的意义。不仅如此,扩大消费的直接受益者是广大人民群众,能够充分体现我们党以人为本的执政理念。必须采取切实有效的综合性措施,培育和扩大消费需求,提高消费对经济增长的拉动作用。既要立足消费抓消费,又要跳出消费抓消费。一方面,要采取一些刺激政策,激发居民消费潜力,如组织实施家电、汽车下乡和“以旧换新”活动,鼓励使用本地产品,举办一些产品促销、节庆促销活动,对特定人群发放购物消费券等等,这些都有助于活跃消费市场,对拉动即期消费十分有利。另一方面,要着力深化体制机制改革,在调整国民收入分配、完善社会保障体系、建立现代流通体系等方面用力,着力改善消费预期,降低消费成本,构建扩大消费的长效机制。

第四,要扎实做好改善民生工作,这是保增长的有效途径。大家都知道,民生连着民心,民心凝聚民力。只有让人民群众得到更多实惠,保增长才有意义。特别在目前,保民生不仅仅是扶贫济困、解决群众生活问题,同时也是推动经济增长的重要因素。弱势群体给钱就花,有利于拉动消费。要充分利用当前扩大内需的政策机遇,进一步加大投入,适当调整财政支出结构,把更多资金投向民生领域。要认真落实更加积极的就业政策,突出抓好农民工和大学生就业工作,千方百计增加就业岗位。要进一步扩面提标,不断提高社保体系的密度和强度。国家决定今年将开展新型农村社会养老保险试点,我们要积极做好各项基础工作,争取更多试点。

最后,还想强调一个问题,就是对淮南市、对矿业来讲,要在市矿统筹、和谐发展上不断开创新的局面。多年来,淮南市和矿业集团,在这方面都做出了积极努力,不仅煤矿企业发展实现了良性循环,地方经济建设也取得了显著的成绩。这次关注的内容之一就是沉陷区的治理,结果很高兴,我们看到沉陷区治理有了途径,见了成效。实践证明,市矿统筹是我们的特色所在,更是优势所在,必须倍加珍惜、倍加维护。这里,送给大家一个字:那就是“齐”字。齐心协力,齐头并进,只有齐心才能协力,只有齐头才能并进。在“齐”字的周边不能随便掺杂什么,要加也只能在左边加三点水,那就是提倡“济”字,大家都要和衷共济、同舟共济;但绝不能加提手,那就是反对“挤”字,大家决不能抢利益、推责任、扯皮倾轧,搞各自为战、相互掣肘。就是说都要在统筹发展上,强化大局观念,增强协作意识,以求互利双赢、共同发展。比如,沉陷区治理问题的解决,不仅解决了煤矿的可持续发展,也解决了淮南的社会和谐稳定。它再生动不过地告诉我们,和谐成就事业!只要我们强化合作意识,发挥团队精神,就一定能够开创地方经济与企业发展齐头并进的良好局面。

在主流媒体看淮南恳谈会上的讲话

中共淮南市委书记　杨振超

（2009年6月16日）

很高兴与新闻界的朋友见面和交流。首先，我代表中共淮南市委、市人民政府以及240万淮南人民，对采访团一行的到来，表示热烈欢迎！对大家长期以来对淮南发展的关心和支持表示衷心的感谢！

淮南位于安徽省中北部，是国家新型能源基地和安徽省重要的工业城市，辖五区一县、一个国家级综合实验区和三个省级经济开发区，总人口242万，总面积2596.4平方公里。1984年被国务院批准为“较大城市”，享有地方立法权。

淮南历史悠久、文化厚重。战国时为楚国地域，汉初置淮南国。淝水之战古战场、古寿州窑遗址、古茅仙道观、古生物化石、古墓群、八公山豆腐“五古一珍”驰名中外，“牢笼天地、博及古今”的历史名篇《淮南子》辉映千秋。花鼓灯艺术、少儿艺术享誉海内外。

淮南资源丰富、优势鲜明。淮南煤炭的开采史，是一部煤文化的发展史、新型工业化的开拓史、资源型城市的成长史。煤矿较大规模的开采最早可溯源到1903年。目前煤炭探明储量153亿吨，远景储量444亿吨，占安徽省71%，占华东地区32%，是国家13个亿吨煤基地和6个煤电基地之一，将建成安徽省重要的煤化工基地、煤机装备制造业基地、生物医药及高新技术产业基地。

淮南区位优越、交通便捷。处于东西部经济的过渡带，素有“中州咽喉、江南屏障”之称。千里淮河穿境而过，水路运输通江达海，铁路东联京沪线、西接京九线，京福、合淮阜等高速公路把淮南与“长三角”、“珠三角”紧密相连。

淮南是风貌独特、环境优美。八公山、舜耕山、上窑山“三山鼎立”，淮河、高塘湖、瓦埠湖“三水环抱”。拥有1处国家4A级、3处3A级等历史名胜旅游景区。先后荣获“全国科技进步先进城市”、“国家园林城市”、“全国双拥模范城市”等称号。

近年来，在省委、省政府的正确领导下，市委、市政府团结和带领全市广大干部群众，坚持以科学发展观为统领，大力实施工业强市、东向发展、创新推动、城市化带动、合淮同城化、城乡一体化、可持续发展“七大战略”和“9771”提升行动计划，经济社会发展又好又快。特别是今年以来，面对复杂多变的经济发展形势，我们坚定信心、科学应对，强力实施一系列扩内需、保增长政策措施，全力以赴保增长、保民生、保稳定，经济运行经受住了严峻考验，呈现出“同比增长、环比趋暖、整体向好”的良好态势。1～5月份，全市完成工业增加值100.3亿元，增长12.3%；固定资产投资75.3亿元，增长15.8%，增幅比前四个月提高5个百分点；财政收入33.2亿元，增长34.2%，其中地方财政收入16.5亿元，增长34%；社会消费品零售总额62.1亿元，增长18.9%。重点抓了以下几项工作：

第一，抓项目、稳企业、保增长。把握国家扩大内需保增长的有利时机，顺势而为，成立了项目谋划与推进委员会，编制了“9771”项目库和工业、城建、农业等投资项目库，项目储备规模2000多亿元。已上报国家、省项目364项，总投资1750亿元，争取项目183个，获得中央补助近8.2亿元、省级补助1亿元以上。今年全市安排工业投资100亿元以上、城建投资100亿元以上、各类财政性资金60亿元，带动全社会投资270亿元以上,确保全年投资实现20%以上的增长。目前,全市施工项目362个,增长43.1%,其中新开工个项目138个,增长150.9%。围绕营造良好发展环境,全力以赴保企业、优服务,成立了经济平稳较快发展领导小组,建立了规模以上工业企业及项目市级领导联系人制度,实施“224”帮扶工程,制定出台了9个方面400余条政策措施,安排各类扶持资金1.5亿元以上,取消和停征73项行政事业性收费,降低15项经营性服务收费标准。重新组建了市城投公司、产投公司,成立市金融办、市金融服务中心,市担保投资公司与省信用担保集团实行再担保合作。挂牌成立淮南通商银行,组建小额信贷公司7家,获银行授信271亿元。推进农村土地流转,已流转土地5.3万亩,保障了建设用地。加快推进行政审批“两集中、两到位”工作,提高了办事效率,优化了服务环境。

第二,抓调整、优结构、促转型。坚持走新型化、高端化发展路子,一手抓煤业的“扬煤凸企”,一手抓非煤的铺天盖地。大力发展“深煤”产业,两淮亿吨级煤电基地竣工投产,朱集东矿、朱集西矿、杨村矿、平电三期、淮浙二期、淮沪二期等煤电大项目建设加快推进,投资35亿元的1000千伏特高压淮南段工程开工建设,安徽煤化工(淮南)基地建设取得重大进展,一期12.7平方公里的路网建设正在加快推进,170万吨甲醇转烯烃项目已通过国家环评,目前正在与中石化合作,预计投资200亿元以上。大力发展机械电子、生物医药、新型材料、高新技术、现代服务等优势产业、新兴产业,安徽煤机装备制造基地、生物医药及高新技术产业基地加快建设;发展循环经济,推进煤矸石、粉煤灰、瓦斯综合利用。大力推进自主创新,依托5所高校和科研院所的科研优势,推进“四点一园”(煤炭高效率开采及瓦斯综合利用先进生产力建设,高标准、高产出、大循环火力集中发电,煤化工精深加工及循环利用,生物医药等新兴产业,山南高新技术产业园区)创新体系建设。大力发展非公经济和县区域经济,基本完成以“两带”为主线、“四区”为重点、“多园”为补充的“T”型工业布局扩容规划,推进3个省级开发区和县区工业集聚区建设,培育壮大民营经济。积极承接产业转移,打好淮南正式纳入皖江城市带承接产业转移示范区、合肥经济圈两张品牌,强化招商引资,突出节会招商、以商招商,组建了市外商投资服务局和251个招商小分队,抓好与美国比塞洛斯公司、长壁机械、中电国际、国投公司和海螺集团等一批国内外大集团的合作;积极参加第四届中博会暨第五届徽商大会,共签约项目95个,签约内资407.3亿元、外资2.72亿美元。

第三,抓城乡、重统筹、促一体。针对淮南城市“虚胖症”和“残缺症”,我们按照“统筹山南山北、统筹东部西部、统筹城乡建设”的思路,着力推进城市大建设、大投入、大提升,积极打造山水园林城市、滨河滨湖城市、宜居宜游宜创业城市。坚持高标准规划,进一步完善了山南新区、滨河滨湖型城市、棚户区改造、老城道路网改善等城市规划,基本完成合淮同城化总体规划。成立了市重点工程建设指挥部,着力抓好160个重点城建项目。规划60平方公里、60万人口的山南新区建设步入快车道,目前15平方公里起步区大的路网基本建成,今年将有20多个项目陆续开工建设。积极构建立体交通体系,合淮蚌铁路客运专线正式开工,淮蚌高速公路、206国道改线、东西部第二通道加快建设,淮河四座大桥等前期工作积极推进。继续推进“五城联创”,充分挖掘地方文化内涵,打好“淮南子”文化、花鼓灯文化、豆腐文化、少儿艺术、旅游文化“五张牌”,连续举办了十五届中国豆腐文化节,去年举办了首届国际少儿艺术节,今年荣获2009浙商投资(中国)最佳城市称号,城市的形象、品味不断提升。根据淮南城乡交错、市矿交错的实际,我们以开展城乡一体化试点为抓手,加大以城带乡、以工促农的力度,制定了城(矿)乡一体化试点方案。统筹推进城乡建设一体化,坚持小城镇改造、新农村建设和老村庄整治相统筹,进一步加强农村道路、电网、饮水、通讯等基础设施建设,目前“千村百镇”试点工程、“1860”示范工程进展顺利,毛集、上窑国家小城镇试点建设加快,淮河石姚段、洛河洼行洪区退建加固工程、治淮新三项工程扎实推进。加快建设沿淮粮食主产区、奶制品加工基地、豆制品加工基地和特色农产品生产基地,农业专业化、规模化、产业化水平不断提高。推进教育、医疗、卫生、文化、体育等各项社会事业向农村延伸,加大农村公共服务资源配置力度,让公共服务的阳光照到广大农民群众。

第四,抓民生、保稳定、促和谐。高度重视改善民生,去年投入资金4.7亿元,全面实施18项民生工程,今年在省28项的基础上,增加7项,共实施35项民生工程,目前已拨付资金3.92亿元,占全年的67.3%。去年,为被征地农民发放养老保险金559万元;投入3319万元,农民最低生活保障实现了提标扩面;投入9662万元,全市新农合参合率90.6%;投入3710万元,城镇居民医疗参保人数53.4万人;投入2783万元,基本完成城乡卫生服务体系建设;投入900万元,救助特困群众4.3万人次;投入4279万元,解决了11万人饮水安全问题;投入2615万元,建设"村村通"工程99.4公里;投入3365万元,解决2700户城市低收入家庭住房困难;筹措2000多万元资金,建成1200套活动板房,切实保障采煤沉陷区群众安全过冬。经济适用房和廉租房建设进展顺利,棚户区改造力度不断加大,今年计划投资26亿元,完成224万平方米建设规模。就业工作扎实推进,出台了做好就业工作的意见,采取综合措施,统筹做好农民工、大学毕业生、城镇零就业家庭等重点人群就业工作。全面落实防汛抗旱责任,着力抓好隐患排查整改和人力、物力、财力准备工作。认真做好甲型H1N1流感疫情防控工作。高度重视塌陷区治理,抓住省里协调解决塌陷区治理的契机,健全工作机构,加强统筹协调,切实做好塌陷区群众搬迁安置、生活保障、就业和生态环境修复等综合治理工作。严格落实维稳责任制和责任追究制,坚持领导信访接待日、干部带案下访和包案处理重大信访案件等制度,深入开展矛盾纠纷排查调处,坚决纠正损害群众切身利益的不正之风。深入推进平安淮南建设,加强社会治安综合治理,严格落实安全生产责任制,社会大局保持稳定。

第五,抓试点、上水平、得实惠。去年,淮南被省委列为全省深入学习实践科学发展观活动17个市唯一的试点市,我们把试点作为重大政治任务和推进淮南科学发展的重大机遇来抓,全市103家试点单位、4342个基层党组织、50164名党员,围绕"推进科学发展、加速淮南崛起"这一主题,首先以思想解放为先导,坚持"七破七立"(即破除"官本位"的落后思想,树立以人为本的核心理念;破除"小农经济"的狭隘思维,树立以企业为中心的发展理念;破除"个人利益至上"的错误思想,树立干成事不出事的奉献理念;破除"等靠要"的思想束缚,树立面向市场的竞争理念;破除"权大于法"的封建观念,树立科学民主依法的执政理念;破除"左"的思维方式,树立敢闯敢试的创新理念;破除"坐而论道"的不良作风,树立求真务实的实干理念),坚持科学组织领导,科学策划安排,科学创新载体,科学指导检查,试点工作达到了预期目标,取得了圆满成功。经组织群众测评,群众对市委常委会学习实践活动表示满意的占94.5%,基本满意的占5.5%。通过试点,主要取得了四大成果:一是党员干部受到了深刻教育和党性锻炼,进一步增强了科学发展的坚定性,提升了干事创业的精气神,弘扬了服务群众的好作风。二是提升了科学发展水平。去年全市经济发展实现"六大突破、六大赶超、三大下降"的良好态势。"六大突破",即经济总量突破400亿元,达到453.6亿元;财政收入突破60亿元,达到60.2亿元;规模以上工业增加值突破200亿元,达到241.7亿元;外贸进出口总额突破1亿美元,达到1.36亿美元;城镇居民人均可支配收入突破13000元,达到13003元;农民人均纯收入突破4000元,达到4440元。"六大赶超",即GDP增幅在全省位次比2007年前进10位,规模以上工业增加值增幅前进10位,规模以上工业企业利税增幅前进13位,财政收入增幅前进6位,消费品零售总额增幅前进6位,城镇在岗职工人均工资增幅前进8位;"三大下降",即万元生产总值能耗下降4.2%,二氧化硫、化学需氧量削减超额完成省下达的目标任务。三是完善了体制机制。针对影响淮南科学发展的制度缺失、制度障碍问题,建立了经济社会发展综合评价机制、新农村建设推进机制、市县区财税合理分配机制、机关效能建设长效机制、党政领导班子和领导干部政绩考核评价机制、塌陷区环境综合治理机制、社会稳定保障机制和公共服务供给机制等"八大机制"。四是保障改善了民生,为老百姓办了一批实事、好事,使人民群众真正得到了实惠。为进一步巩固扩大试点成果,破解发展难题,提升发展水平,建立长效机制,最近市委决定,在全市开展学习实践科学发展观整改提高年活动,市委成立了高规格的领导小组,制定下发了《关于开展学习实践科学发展观整改提高年活动的实施意见》,并于6月10日专门召开了市委八届九次全会,对整改提高年活动进行了全面部署,目前,各级各单位已迅速启动,正在积极推进。

第六,抓作风、强党性、建生态。加强党性修养,树立和弘扬优良作风,抓好党风廉政建设,大力营造风清气正、团结和谐、干事创业的良好政治生态环境。开展"加强党性修养、弘扬优良作风、促进科学发展"主题教育活动,要求各级领导干部讲党性、重品行、作表率,着力增强宗旨观念,强化责任意识,提高实践能力,树立正确政绩观和利益观,增强党的纪律观念,弘扬清正廉洁、亲民爱民、求真务实、艰苦奋斗的优良作风。坚持德才兼备、以德为先、以才为上,树立正确用人导向,坚持用好"八种人"(头脑清醒,抱负远大,立场坚定,对党忠诚的人;思想解放,观念超前,思想创新、接受新事物快的人;工作刻苦,敢于吃苦,不怕辛苦,对事业义无反顾的人;不图虚名,不要滑头,不怕困难,老老实实干事的人;思想务实,工作务实,作风务实,敢于实事求是的人;思路清晰,能力较强,通晓业务,能打开工作局面的人;励精图治,殚精竭虑,倾心工作,对群众有感情的人;年富力强,年轻有为,积极为长远发展打基础、蓄后劲的人),把一批政治上靠得住、工作上有本事、作风过得硬、群众信得过的干部选拔到了各级领导岗位。加大干部培训和人才引进力度,造就高素质的企业家队伍、专业技术队伍。强化基层党组织建设,加强机关、企业和非公经济组织的党建工作。全面落实党风廉政建设责任制,扎实开展"反腐倡廉制度建设推进年"活动,共清理制度1882项,创新制度685项,增强了各级领导干部的制度意识、规则意识,规范了领导干部的决策行为、管理行为和从政行为。加强对领导干部八小时之外行为监督,保持良好个人形象。

当前,奋进中的淮南已经迈入厚积薄发、加速崛起的新阶段,正处于科学发展、争先进位的关键时期,迫切需要正确的舆论来引领方向、营造环境、凝聚人心、增添动力。希望中央和省级媒体、记者朋友们一如既往地关注淮南,常到淮南走一走、看一看,体验淮南的人文历史、自然风光,感受淮南蓬勃发展的经济建设、日新月异的城乡面貌,进一步宣传淮南、推介淮南,把一个真实的、生动的、发展着的新淮南传播出去,扩大淮南影响,提升淮南形象,为推进科学发展、加速淮南崛起营造良好的舆论环境。

在全市民生工程暨财政工作会议上的讲话(摘要)

市人民政府市长　曹　勇

(2009 年 2 月 25 日)

同志们:

今天会议的主要任务是,贯彻全省民生工程暨财政工作会议精神,在总结2008年两项工作的基础上,提出新形势下民生工作和财政工作的新思路,部署2009年全市民生工程和财政目标任务。市委、市政府对开好这个会议十分重视,务必要开出成果,希望大家要把各项任务尽快进行贯彻落实。

就全市经济发展势头看,虽然受到金融危机的冲击和影响,但我市经济仍然保持了高增长。全市实现生产总值453.6亿元,增长15.4%,增幅位居全省第5位;财政收入一年内连跨50亿元、60亿元两大台阶,达到60.2亿元,增长24%,总量位居全省第7位,如果把11亿元的增值税抵扣因素计算进来,与2005年相比,财政收入三年翻了一番;社会消费品零售总额133.9亿元,增长22.8%,增幅创近年新高;城镇居民人均可支配收入13003元,略高于全省水平;农民人均纯收入4500元,比全省水平高出300元。这些数据充分表明,我市经济增长的基本面是好的,社会消费的信心是足的。这些成绩是在市委、市政府的坚强领导下,全市上下深入学习实践科学发展观,依靠团结拼搏、锐意进取的精神所取得的。可以说是成绩来之不易。

下面,我就抓好民生工作、抓好财政经济工作讲三点意见。

一、深刻认识实施民生工程的重要意义,使民生工程成为德政工程和民心工程

通过两年的实践,我们更加深切地感受到,抓好民生工程是党的宗旨的切实体现,是践行科学发展的内在要求,是构建和谐社会的重要基石,是广大人民群众的强烈期盼,是推进科学发展、加速崛起进程中必须常抓不懈的一项工作。我市集中财力突出重点,两年投入资金7.1亿元(其中2007年2.4亿元,2008年4.7亿元),惠及220万城乡居民。当前,国际金融危机的影响还在加深,经济发展面临的形势异常复杂、异常严峻。中央提出必须把保持经济平稳较快发展作为今年经济工作的首要任务,并要求把改善民生作为保增长的出发点和落脚点。在这种形势下,我们抓好保障和改善民生的工作更是具有特别重要的意义和作用。首先,实施民生工程具有扩内需、促消费的双重效应。35项民生工程,涵盖了教育、卫生、文化、交通、水利、就业、社会保障等多个方面,这些都是投资消费中需要尽快加强的领域,也是扩大内需的潜力所在,对于扩大消费需求,增强消费能力具有比较明显的效果。其次,实施民生工程具有保增长、促和谐的双重作用。国家扩大内需促进经济增长的十项措施中,民生方面占据重中之重的位置,我们实施的民生工程,也大都是经济社会发展的薄弱环节和人民群众反映强烈的热点问题,及时有效地推进这些工作,不仅对促进经济增长能起到较好的效果,而且能够最大限度地减少不和谐因素,为经济发展营造一个良好的环境。第三,实施民生工程具有提信心、树形象的双重意义。民生工程就是民心工程,做得越好,群众越满意、民心越凝聚,党和政府在人民心目中的威信就越高,形象就越好。实施民生工程,不断改善人民生活,对于增强群众战胜困难的信心,调动人民群众的积极性、创造性,也有着十分重要的促进作用。

实施好民生工程对于保障经济平稳较快发

展,对于实现更长时期、更高水平的发展,都是重要的基础性工程。各级各部门要切实深化思想认识,从推进科学发展、坚持执政为民的战略高度,从加快崛起进程、构建和谐淮南的全局出发,进一步增强责任感和紧迫感,把更多的注意力放到社会管理上,把更多的精力投入到公共服务上,把更多的财力倾斜到改善民生上,让广大人民群众共享多享改革发展的成果。

在此,要求全市各级政府和有关部门要进一步强化意识,把保障和改善民生作为扩内需、保增长、促和谐的重要措施,切实抓紧抓好。一是切实加大民生投入。无论是预算安排,还是预算执行,都要优先考虑民生、优先保障民生,把相关支出足额列入预算,不断提高民生支出占财政支出的比重。二是完善体系建设。正确处理政府与市场、政府与个人以及各级政府之间的关系,健全民生投入保障机制,多渠道筹集资金,加快与民生相关的各项重点事业发展,不断完善覆盖城乡的义务教育经费保障体系、困难学生资助体系、社会保障体系和公共卫生、公共文化、劳动就业服务体系。三是注重政策促进。全面落实促进社会事业发展的财税激励政策,尤其是鼓励创业和就业的财税帮扶等政策,把扩大就业作为今年的重要民生工程抓出成效。同时,要完善民生资金管理机制,加强监督检查,严肃查处挤占、挪用、浪费民生资金的行为,确保民生资金快速拨付、高效使用。

二、认清形势,准确把握实施积极的财政政策的用力方向

实施积极的财政政策,是中央针对经济形势变化而作出的重要决策,也是宏观经济政策的重大调整。胡锦涛总书记在中央经济工作会议上指出,在市场需求不足、企业投资和居民消费意愿减弱的情况下,增加政府公共支出是拉动经济增长最直接、最有效的办法。财政政策和货币政策,是政府调控经济的两大主要手段。相比而言,应对经济过热要更加注重发挥货币政策作用,应对经济下滑要更加注意发挥财政政策作用。促进经济增长,积极的财政政策具有更直接、更有利的作用。政府扩大公共投资、实行结构性减税,有利于扩大市场需求,拉动经济增长;有利于促进结构调整,提高发展质量。这次中央实施积极的财政政策力度大、内涵丰富。主要有三个重点:一是扩大政府投资。二是实行结构性减免税费。三是增加财政补助规模。实施好积极的财政政策,对当前情况下保持经济平稳较快增长具有重要意义。

在金融危机的大背景下,要实现经济的增长和财政的增收,最重要的途径就是扩大投资规模,以资金来拉动经济发展,从淮南来讲,要在发挥资源优势的基础上,加快企业重组、科技创新和承接外来企业和资金的步伐,增强信心,抓住机遇,实现又好又快发展。

一是支持扩大投资,拉动经济增长。要加大预算内基本建设支出,在充分利用国债投资的基础上,制定相关的财政配套措施和办法,调整优化政府投资结构,增加基础设施建设投入,加大对交通设施和大型基础设施支持力度。要增加各级财政对工业园区和产业聚集区基础设施投入,为企业投资创造良好的环境。要灵活运用财政政策工具,与货币政策协调配合,促进民间资本向实业投资。金融部门决不能有惜贷的心理,要积极为广大中小企业的融资开绿灯,为企业的发展起到助推器的作用。

二是支持自主创新和中小企业发展,促进经济结构调整。充分利用好税收、鼓励科技创新等政策,刺激企业投资需求扩张和技术装备升级换代;充分利用贴息和专项资金,促进企业加强科技研发和科技成果转化;清理整顿行政事业性收费,通过取消和停止不合理的行政事业性收费,进一步减轻企业负担。

三是加大"三农"投入,统筹城乡协调发展。大力增加对农业农村基础设施建设的投入,通过财政补助和以奖代补方式,重点支持水源工程、农田水利等基础设施和农业综合开发等项目建设,改善农村生产生活条件;增加发展现代农业的投入,支持种植业、水产、乳品、农产品加工等龙头企业做强做大。

四是支持现代服务业和房地产业发展,促进产业升级。针对产业结构优化升级的薄弱环节,财政要重点加大对现代服务业和房地产业支持力度。增加对现代服务业投入,通过建立服务业发展专项奖励资金、贷款贴息、奖励等方式,支持传统服务业优化升级,促进信息、科技、中介等技术和知识密集型服务业发展,以生产性服务业推动制造业持续创新发展,增强经济实力和增长后劲;充分利用城市土地资源,做大做强土地经营,发挥房地产业对其他行业的辐射和带动作用,实现扩大内需目标。

五是采取有效措施,促进消费增长。要在深化收入分配制度改革,增加城乡居民收入的基础上,把扩大消费需求作为促进经济增长的长期战略。一要加大对旅游、文化、教育、卫生等方面的支持力度。科学安排资金进行引导,使其尽快成为拉动消费需求的重点或热点领域。二要促进住房消费。房地产业与经济运行的关联度很高,对拉动经济增长具有"四两拨千斤"的作用。要在认真落实国家出台的契税、印花税、土地增值税等税收优惠政策的同时,进一步放宽住房公积金贷款条件,提高公积金最高贷款额度,延长贷款期限,鼓励住房公积金管理机构开展住房贷款业务,促进房地产业持续健康发展。三要开拓农村市场。要通过支持"万村千乡市场工程",加快农村现代流通网络建设,积极落实"家电下乡"补贴政策,引导企业建立适应农村消费特点的生产和流通体系,努力扩大农民消费需求。

三、强化财政职能,增收节支,集中财力办大事

今年的经济形势严峻,困难多,压力大,全市各级政府和财政部门要以科学发展观为指导,创造性地做好各项财政工作,促进经济社会又好又快发展。

一是抓好财源建设,确保完成财政收入任务。2009年全市的财政收入目标为67.2亿元,增长12%。这是市委、市政府在认真分析各方面的因素基础上研究制定的。在国内外经济增长明显减速的情况下,实现这个目标,有利于增强信心,有利于为促进发展、改善民生提供有效的财力支持。2009年,经济增长将会放缓,财政收入增长速度相应放慢;落实结构性减税政策,减免行政事业性收费,这都增加了实现财政收入目标的难度。但在看到困难的同时,我们更要看到各种增收的有利因素,淮南发展的基本面没有改变,加速崛起的态势没有改变,我市主要税源是基本稳定的。在这种情况下,一方面要抓好骨干企业的税源,抓好了重点税源就稳定了基本面,同时要注意培植新财源,抓好后续财源建设;另一方面,财税部门要严格加强征收管理,杜绝跑冒滴漏,做到应收尽收,争取多收,同时还要为纳税人提供热情周到的服务。

二是强化支出管理,打好增收节支这场硬仗。我市和全省、全国一样,财政面临着两对矛盾,一个是减税增支的矛盾,一个是增收节支的矛盾。这两对矛盾如何处理好,是2009年摆在大家面前的最突出最现实的问题。我认为集中起来看,是一个重要的任务,就是八个字:有保有压,增收节支。总的来讲,就是要按照加强和改善宏观调控的要求,综合运用减免税费、增加支出、财政贴息等多种手段,增强企业活力,扩大需求,促进经济增长和结构调整。同时,要注意统筹兼顾,提高财政基本公共服务保障能力,做到集中财力办大事,今年我市实施的35项民生工程,初步估算要拿出6亿元左右。我们要牢固树立过紧日子的思想,严格控制一般性支出,特别要压缩行政开支,降低行政成本,严肃财经纪律,防止敞开口子花钱。财政收入取之于民,用之于民,具体地讲,就是必须把加强财政管理摆在突出位置,提高财政资金使用效益。一要严格控制一般性财政支出,实现"四个零增长"。全市各级各部门要牢记"两个务必",大力弘扬艰苦奋斗、勤俭节约的精神,树立过紧日子的思想,勤俭办一切事业,挤出更多的财力来保增长、保民生。要坚决反对铺张浪费和大手大脚,严格控制一般性支出,从严控制公务购车和用车经费,从严控制会议经费,从严控制公务接待费用,从严控制党政机关出国经费,这"四个从严"必须落到实处,四项经费支出实行零增长。严格控制以各种名义兴建楼堂馆所,严肃查处各种违反财经纪律的行为。二要强化财政支出绩效管理。要进一步改进财政资金使用的方式方法,提高财政资金的使用效果。要加大各类专项资金的整合力度,集中财力办大事。要统筹运用好预算内外资金、政府性基金,加强行政事业单位资产的管理。三要加强财政监督。加快建立健全覆盖财政资金运行全过程的监督制度,促进监督与管理融合,努力构建制度健全、执行严格、监督有力的财政监督新机制。

三是加强对财政工作的领导,充分发挥财政

职能作用。各级干部、各级财政部门都要加强学习,特别是要紧密结合应对国际金融危机、促进经济平稳较快发展的需要,学习财税理论知识、学习财税政策,把握财税工作的客观规律,掌握财税杠杆的运作方式,尽快成为生财、聚财、用财、理财的行家里手。各级党委、政府要加强对财政工作的领导,更加重视发挥财政在加速淮南崛起进程中的重要作用,在事关全局性的工作中多听财政部门的意见。各级财政部门要进一步解放思想,开拓创新,加强研究,加强谋划,增强工作的前瞻性、科学性、针对性和有效性,尽力为党委、政府当好参谋。财政工作涉及各个方面、各个环节,需要各部门各单位通力合作。财政工作处在利益分配的焦点,财政工作难度大,各部门都要多理解、多支持财政部门的工作,切实形成支持财政发展的强大合力。各级财政部门要加强队伍建设,努力建设一支政治坚定、业务精干、作风优良、清正廉洁、人民满意的财政干部队伍。财政工作责任重大,财政干部工作辛苦,各级都要关心和爱护财政干部职工,帮助他们解决实际困难和问题,充分调动他们的工作积极性、主动性和创造性。

同志们,保障和改善民生是我们的执政追求,做好财政工作是加强执政能力的重要保障。希望大家进一步增强为民意识,只争朝夕,分秒必争,知难而进,积极作为,全面推进35项民生工程,扎实做好财政工作,为推进科学发展、加速淮南崛起做出新的更大的贡献!

科学管理　强化职能
促进财政经济平稳较快增长(摘要)

市财政局局长　左家凤

(2009年2月25日)

同志们:

根据会议的安排,现将过去一年的财政工作情况向大家进行通报,并对2009年的全市财政工作进行布置。

市委、市政府从科学发展观的高度出发,对召开这次会议非常重视,从保增长、调结构、惠民生、促和谐的大局着眼,把推进财政工作与保持经济社会又好又快发展紧密结合、与全面展开35项民生工程紧密结合,更加突显了会议的重要意义。下面,我就财政工作谈三点意见。

一、积极有为,奋发向上,财政经济继续保持平稳较快发展

2008年,全市财政部门坚持以科学发展观为统领,按照中央、省、市关于财政工作的政策部署,积极应对复杂局势,深化改革,强化管理,同心同德,开拓创新,全面完成了各项工作任务,财政经济继续保持了平稳较快的增长势头。回顾过去一年的淮南财政工作,可以概括为十二个字,就是"政策足、力度大、效果好、亮点多",财政工作为加速淮南崛起,构建和谐社会起到了积极的推动作用。

(一)财政收入较快增长。2008年,全市财政收入连续跨越50亿元、60亿元大关,财政总收入达到60.16亿元,增长24%,比GDP的增幅高8.3个百分点。如果加上增值税转型改革退税的近11亿元因素,全市财政收入3年翻了一番,形成历史性的突破。2008年,我市财政收入总量和地方收入总量分别位居全省第7位和第5位。2008年,全市地方收入也实现了同步较快增长,全年完成29.92亿元,增长28.4%。县(区)财政呈现出竞相发展势头。全市县(区)级财政总收入完成32.35亿元,其中,凤台县、潘集区和田家庵区全年财政收入总和完成26亿元。凤台县收入规模超过16亿元,连续6年位居全省县级总收入第1位。各级财政部门科学分解落实财政收入任务,主动协调财税库关系,密切跟踪财政经济形势,按月召开形势分析会,加大预算执行分析。全面推进非税收入信息化建设,建立非税收入管理平台,梳理非税项目库,严格非税收入范围,对收入规模较大的部门和单位进行实时跟踪和监控,开展非税收入专项检查,做到应收尽收。推进了契税和耕地占用税规范征管。研究制定了国有企业资本收益收取和行政事业单位国有产权管理两个办法,着力规范国有资本的经营管理。

(二)应对形势主动作为。坚持以发展为第一要务,通过财政调控支持经济社会发展。争取国家资金1.68亿元用于污水管网工程治理、灾后重建等工程;争取4643万元用于皖北发展贴息项目、土地整理项目、企业更新改造等;环保专项支出3125万元,重点用于节能减排;争取外国政府贷款约合人民币3.2亿元,支持山南新区供热项目、山南新区污水处理项目和市区垃圾转运;争取国家开发银行贷款7亿元,支持了13个重点项目发展;市财政借款、融资4000万元,促进了城市的路网建设。以上一系列资金对拉动经济发展、开展城市基础设施建设、改变城市面貌、提升城市品位起到了积极作用。特别要提到的是,2008年下半年以后,金融危机进一步加剧,财政部门在市委、市政府的领导下,面对复杂的经济形势,树立危机意识、机遇意识、进取意识,做到沉着应对,化解不利因素的影响,力求国家和省里的政策和资金对淮南的倾斜,加大跑省力度,在第一时间争取到9400万元资金,主要用于支持我市中小企业的发展;中央新增的扩大内需8000万元于12月中旬下达我市,市财政迅即拨付投入使用。在金融危机的背景下,积极的财政政策效果快速显现,应该说,这是市委、市政府面对金融危机的正确决策,更是一次成功的“亮剑”!这些举措对促进中小企业发展、稳定就业、提升市民的消费信心等方面都收到了积极效果。

(三)民生阳光普照百姓。公共财政就是民生财政。去年,我市严格控制一般性项目的追加,切实保障民生方面的支出。2008年,全市开展了18项民生工程,共投资4.7亿元,其中,市级配套资金9177万元全部足额到位。民生工程资金同比增长87.5%。民生工程要做好,资金投入是保障。各级财政部门从大局着眼,从细处入手,在资金的调度、管理、监督方面起到了积极的作用。主要表现为:在预算的安排上加大了力度,在资金的配套上提高了标准,在财政的转移支付上增加了比例,在资金的监管上进行了规范。通过连续两年累计7.1亿元的财政投入,民生工程惠及了广大城乡百姓。全市农村低保覆盖面扩大到农村人口的3.85%。农村1.2万“五保户”供养现金补贴标准达到了1300元。城市的4760户低收入住房困难家庭共享受到补贴1018万元。投入3365万元开展廉租住房建设。新型农村合作医疗参保人数达112.7万人,占农业人口的90.67%。城镇居民医保参保人数53.4万人。城乡医疗救助4.3万人次。开展城乡卫生服务体系建设,建设了9个乡镇卫生院、62个村卫生室、32个社区卫生服务机构。建设农村饮水工程60处,解决了11万人饮水安全问题。全市农村公路“村村通”完工99.4公里。落实教育保障,30万义务教育阶段学生享受到了经费保障。农村中小学危房全部得到消除。全市高校和中职获得国家励志奖学金、国家助学金的学生为11541名。以上一组组数据,充分说明了,民生工程就是民心工程,广大人民分享到了改革开放的成果,享受到了公共财政阳光的温暖!

(四)支持“三农”步伐加快。持续增加“三农”投入,全年财政对“三农”投入达到11.6亿元,比上年增长27.47%。建立健全规范高效的财政补贴农民资金管理体系,巩固完善“一卡通”发放办法,全市累计发放粮食直补贴资金2.04亿元,增长113%。加大财政支农资金整合力度,大力支持农业结构调整,支持农业产业化建设,支持农村小城镇规划和交通、水利等基础设施建设。发放水稻、小麦和油菜良种补贴2916万元,给予能繁母猪、奶牛养殖户补贴120万元,推广测土配方施肥投入资金435万元,开展新型农民科技培训,全市安排了430万元用于“阳光工程”培训。精心组织2008年度中央和省级支农项目、国家农业综合开发重点产业化经营项目,全年争取到国家农业综合开发项目投资2510万元,用于世界银行加强灌溉三期项目、土地治理项目和产业化项目建设。2.1万亩中低产田得到改造,农业基础地位得到进一步巩固。完成了全市农村义务教育债务化解工作,做到程序公开、过程公开、结果公开,从省财政争取到化债资金5018万元,达到债务总额的95%。

(五)改革管理齐头并进。2008年,全市财政系统深入开展了“规范管理年”活动,突出了以改革进行带动,强化制度建设和监督管理。进一步深化部门预算改革。细化预算编制、严格项目管理,全面实行新的政府收支分类科目,更为清晰地反映政府收支活动。进一步完善国库管理制度改革。改进网上查询、申报、审核操作办法和专项资金支出程序,推行预算外资金集中支付改革,指导县区、乡镇完善会计集中核算制度。进一步深化政府非税收入改革。推进非税征管信息化建设,强化票据管理,规范征收行为,严格减免程序。进一步强化政府采购制度建设。制定了《淮南市政府采购管理实施办法》和《淮南市政府采购工作规范》。进一步加强行政事业单位国有资产管理。及时审查批复市直行政事业单位资产清查核实情况,在组织开展市直行政单位公房出租出借及收入管理情况检查的基础上,制定了我市规范行政事业单位国有资产处置管理工作方案。进一步探索建立财政专项支出绩效评价制度。我市在去年1月份出台了《淮南市财政专项支出绩效评价暂行办法》,这在全省财政系统还是第一家。绩效评价办法的制定和施行,为开展专项资金的绩效监督评价工作提供了有效的制度保证,也为领导决策提供了更好的服务。进一步加强财政监督。去年,市财政局先后组织了非税收入征管质量监督质量检查、公房出租出借资产及收益情况的检查,以及县乡公路建设、科普专项和工业经济发展等专项资金检查工作,对检查中发现的问题,均责成项目实施单位及时进行整改,有效维护了资金安全,严肃了财经纪律。

(六)应急保障措施有力。2008 年,我市先后遭遇了年初雨雪冰冻灾害、手足口病疫情、支持四川汶川抗震救灾、三鹿婴幼儿奶粉等一系列突发性公共事件,面对疫情、灾情和突发事件,全市各级财政部门按照“特事特办、急事急办”的原则,制定各项应急预案,迅速建立联络协商机制,确立工作责任和信息反馈日报制,快速启动资金拨付“绿色通道”,及时拨付相关资金,迅即查灾核灾,争取省财政支持,严格资金管理,确保资金使用到位,有力地应对了公共突发事件的需要,维护了社会的稳定。

(七)效能建设提升水平。2008 年,我市财政部门深入学习实践科学发展观,突出了效能建设,在深入开展规范管理年活动的同时,积极推进学习型、创新型、法治型、绩效型、和谐型“五型机关”创建活动,进一步树立以人为本、改革创新、统筹兼顾、规范管理、强化监督的理财理念,将“五型机关”创建活动与财政工作,与机关效能和作风建设,与财政文化建设密切结合,稳步实施,整体推进,不断提高全系统干部职工的政策理论水平、依法执政能力、科学理财能力、开拓创新能力、和谐共建能力,形成了上下联动、齐心协力、共谋发展的新局面。市财政局开展了“贴近中心、贴近经济、贴近基层”课题研究,22 个课题取得了实实在在的研究成果;开展了开门纳谏活动,涉及 120 个市属部门单位,为完善财政管理起到了积极促进的作用;出台了文明办公“五要五不”,树立了良好的财政形象。财政队伍的党风廉政建设进一步得到加强,反腐倡廉制度建设推进年活动收到了积极成果。

二、在复杂形势下认清财政的用力方向,实现科学发展

(一)当前我市的财政经济形势。财政是国民经济运行的综合反映,由于金融危机的影响,加上国家出台各项减税让利、取消一部分收费政策,今年的财政收支紧张的矛盾将非常突出。从我市的收入来看,一是目前房地产行业房价偏高、成交低迷的僵局难以很快打破,化工产品价格下跌过快过深,行业复苏需要更长时间;二是受投资税收具有一定滞后性和企业效益预期下滑影响,预计我市三大主体税种中,营业税增幅可能明显下降,所得税将高开低走;三是经济面临通货紧缩的压力,居民消费价格指数 CPI 不断走低,物价对税收增长将产生明显的抑制作用,对税收收入产生不利影响;四是增值税转型改革征管方式由退税调整为直接抵扣,将对收入均衡入库和财力产生影响。从我市的支出来看,支出压力加大,主要体现为:财政支持基数大、刚性支出增加,如扩大政府投资规模、民生工程、自主创新等都将大幅增加投入;经济增长放缓,就业形势严峻,社会保障支出势必增加,支持中小企业发展,缓解部分行业和企业经营困难,支持“三农”、教育、科技、节能减排等也需要加大财政支出力度。预计 2009 年全市各级收支矛盾更加突出,财政支出压力明显增大。上述情况应引起各级财政部门的高度重视,要尽最大力量,化解矛盾,确保财政任务的完成。1 月份全市财政收入完成 5.53 亿元,同比增长 22.6%。但是,这仅是 2009 年的第一个月,并不能够代表 2009 年全年的走势,我们可以估计到,在金融危机的背景下,再加上难以预料的因素,全年的经济和财政走势会是很复杂的情况。我们一定要把困难和挑战估计得充分一些,这也是当前形势的客观要求。

(二)对 2009 年财政工作的总体要求。我们应该看到,我市积极发展的基本面是好的,厚积薄发,加速崛起的基本态势没有变,我们遇到的困难和挑战是前进中的问题。市十四届人大三次会议通过了《淮南市 2008 年财政预算执行情况和 2009 年财政预算草案的报告》,今年的预算安排是:全市财政总收入 67.2 亿元,增长 12%,其中:地方收入 33.5 亿元,增长 12.9%。这一目标略高于经济增长预期,是积极稳妥的,也是符合我市发展实际的。综合考虑,2009 年全市财政工作总体思路是:深入学习实践科学发展观,全面贯彻党的十七大和十七届三中全会精神,推进科学理财、服务跨越发展,积极落实保增长、扩内需、调结构的战略,继续落实"合淮同城化战略"和"9771"提升行动计划,以积极的财政政策应对国际金融危机的冲击,积极运用各种政策工具,支持经济建设,努力实现国民经济又好又快发展;依法加强收入征管,努力做大财政收入"蛋糕";调整和优化财政支出结构,加大资金投入,着力解决改善民生问题;积极支持"三农"、科技、教育、社会保障及就业再就业、医疗卫生、社会治安、住房等各项社会事业,继续推进基本公共服务均等化进程,促进社会和谐发展。

(三)财政工作要辩证地处理好三个关系。在新的形势下,财政部门要坚持以科学发展观为统领,创新理财思路,优化体制机制,充分发挥综合拉动效应,促进经济社会科学发展,也就是说,在复杂的经济形势下,我们要做到:用新理念谋发展,用新思路解难题。

一要辩证看待"经济"与"财政"。坚持发展第一要义,增强综合实力。淮南作为国家批准的"较大城市",作为重要能源城市,又好又快发展任务尤其重、压力尤其大,无论是财政收入的总量、结构还是人均,与合肥、与沿江的芜、铜、马等市相比,都有较大的差距。为此,财政部门应当时刻保持清醒的头脑,以千方百计做大"蛋糕"来实现财政与经济的良性互动。当前的重点是针对国家宏观调控政策调整,认真落实积极的财政政策,主动思考跟进措施,进一步扩大内需,促增长。一方面要加大财政直接投入力度,既给予增量支持,又用好存量资源。整合资金,推动工业、交通、商贸、金融等重点行业发展,夯实财源经济基础,加快推进大型能源基地的步伐。另一方面,要充分发挥财政政策、资金的杠杆作用,让一批优势和潜力企业固本培元、休养生息。

二要辩证看待"公平"与"效率"。坚持以人为本,完善民生保障举措,构建和谐社会。以人为本,既是科学发展观的核心,也是财政一切工作的出发点和归宿。两年来,财政不断加大对民生工程的投入,仅是18项民生工程的直接投入,2008年就达到4.7亿元,财政在向着公共服务均衡化方向发展。但也要看到城乡社会公共事业长期以来的"短腿"在一定程度上制约了淮南的发展速度。为此,财政部门要继续将改善民生作为事关全局的根本任务,更加关注社会和谐,探索建立"学有所教、劳有所得、病有所医、老有所养、住有所居"的保障机制。把民生工程做好做实,把淮南的城市品位提升到新的层次。

三要辩证看待"当前"和"长远"。财政工作要及时跟上市委、市政府的经济社会的发展思路。全面、协调和可持续发展是科学发展观的具体要求,也是对新形势下做好财政工作的具体要求。虽然说,我市财政收入进入新世纪后增幅很大,保障能力大大增强,但经济增长对物质资源的消耗也在增大,部分产业仍存在层次低、布局散的格局。面对金融危机和国内外经济形势的严峻挑战,财政部门理应立足"当前",放眼"长远",切实转变支持经济的观念和方式,增强发展的可持续性,使产业结构更科学,使企业发展、经济运行更加健康。

三、落实积极的财政政策,科学理财,认真做好今年的财政工作

落实好积极的财政政策,做好今年各项财政工作,对有效应对国际金融危机冲击,促进经济社会又好又快发展意义重大。各级财政部门要按照市委、市政府的部署,紧紧围绕淮南经济社会发展的大局,积极克服各种困难,努力完成各项工作任务。

(一)积极应对复杂形势,全力支持经济保增长。保增长、调结构、惠民生、促和谐是2009年财政工作的首要任务。作为财政部门,要进一步领会国家、省市的政策精神,从促进发展、拉动内需以及淮南实际出发,认真研究国家产业导向,抢抓低谷中出现的机遇,及时进行资金的科学布局,调整优化经济结构,大力培植新兴财源,以积极的财政政策保持淮南经济的平稳增长。积极贯彻落实国家战略部署,按照市委、市政府《关于促进经济平稳较快发展保障和改善民生的意见》的要求,打好财政政策"组合拳",安排3000万元用于开发区自主创新项目、创业基地等基础设施贷款贴息,安排3000万元用于城市基础设施建设贷款贴息,安排1000万元用于县区(域)工业园基础设施贷款贴息,用好1000万元项目启动专项资金,以支持项目为核心,通过扩大有效投资促进经济发展。强化对企业的金融支持,在市投资担保公司资本金由4000万元达到一亿元的规模上,大力为中小企业提供融资担保支持,积极用好2000万元的中小企业贷款风险补偿金和1800万元中小企业贷款贴息资金,以求发挥更大的效益。要积极支持全社会招商引资,打造“洼地”,引进资金和技术;要加快民生工程项目建设速度,使财政公共支出的效果最大化;要使财政资金起到“四两拨千斤”的作用,增加安排一定的资金支持规划编制项目的前期费用和以奖代补等费用,并且以贴息、配套项目启动等形式鼓励自主创新型等企业的发展;在工业强市、城市建设中积极争取各项贷款和国债资金,以促进淮南经济的发展。

(二)积极加快公共服务均等化步伐,切实保障和改善民生。认真落实省市决策部署,精心实施35项民生工程,以更大的力度保障和改善民生,充分发挥民生工程拉动内需、促进城乡居民共享改革发展成果的“双效应”,确保完成年度目标任务,全面兑现市委、市政府的庄严承诺。同时,大力支持社会事业发展。坚持教育优先发展。大力促进义务教育均衡发展,巩固完善义务教育经费保障机制。在完成农村义务教育化债的基础上,要把义务教育阶段的教师绩效工资兑现工作摆上日程。国务院出台的义务教育阶段教师绩效工资兑现工作,我们将按省里部署,认真做好这项工作。要推进职业教育发展,促进其他各类教育事业共同发展。健全就业服务体系。继续实施基本养老保险、失业保险、基本医疗保险补贴和公益性就业岗位补贴政策,支持建立促进零就业家庭和困难群众再就业长效机制;准确运用阶段性降低城镇职工基本医疗保险、失业保险、工伤保险、生育保险的费率政策,着力稳定就业局势。推进社会保障体系建设。完善农民工、被征地农民社会保障政策;探索建立事业单位养老保险制度,完善现行养老保险制度;提高城乡居民最低生活保障、生活困难救助、医疗救助标准,着力解决采煤沉陷区群众搬迁安置和生活方面的问题,关注并解决失地农民和返乡农民工所面临的困难。完善医疗服务保障体系。继续加大资金投入,巩固完善城镇居民基本医疗保险制度和新型农村合作医疗制度,完善重大疾病防治财政补助政策,扩大计划免疫范围,提高补助水平。加大廉租住房保障力度。在积极争取中央和省专项资金同时,市县(区)要强化主体责任,共同缓解城市低收入家庭住房困难。严格配套落实资金责任。财力向农村农民倾斜、向困难群体、向民生工程倾斜,是各级政府追求的目标,在资金配套上,我们将按照省里的要求进行,做到上下互动。

(三)积极落实“三农”政策,加大新农村建设的支持力度。认真贯彻党的十七届三中全会决议精神,进一步加大对“三农”的财政支持力度。加大财政支农投入,整合支农资金,稳定现有支农政策,让公共财政的阳光更多地照耀“三农”。预计全年全市财政的“三农”支出将达到13.1亿元,增长13%。加大对农业和粮食生产的支持力度,调度资金,实行种植业政策性保险;加强扶贫资金管理,创新扶贫开发工作机制;支持推进农业产业化进程,加强农村基础建设,提高农业综合生产能力;以建设社会主义新农村为目标,支持发展现代农业;推进支农资金整合机制,不断提高财政支农资金的使用效益。深化农村综合改革工作,进一步完善农村为民服务全程代理制。巩固完善财政工作补贴农民资金改革成果,创新农民补贴资金发放机制。支持培育特色经济,在发展现代化农业实现农民增收方面取得新突破;支持加强农业基础设施建设,改善生产生活条件;建设社会主义新农村,推进人居环境建设;支持教育培训,提高农业劳动者素质。通过加大对“三农”的投入,巩固农业的基础地位,促进农民持续增收,改变农村面貌,加快城乡一体化进程。

(四)积极动员一切力量,狠抓财政增收节支工作。各级财政部门要牢记“两个务必”,牢固树立过紧日子的思想,厉行节约,坚持勤俭办一切事业。依法加强收入征管。积极配合税务部门坚持组织收入的原则,进一步完善征管手段,坚决制止和纠正有税不征和违规减免税的行为,严厉打击偷骗税的行为,努力做到应收尽收。调整财政支出结构。近两年,我们得益于宏观经济较快发展,许多问题主要依靠收入增量解决,今年财政相当困难,只能靠调整支出结构解决矛盾,做到以“调整”渡难关,向“管理”求效益。由于政策不断调整,给我们预算安排和执行带来很大难度,新情况、新变化迫使我们不断研判形势和支出的走向。千方百计降低行政成本。严格实行公务购车、会议、接待党政机关出国(境)经费零增长政策,切实把节约的资金用在经济社会发展最急需的地方,用在解决困难群众生产生活上;推行公务卡管理改革,适时开展公务卡试点工作;加强行政事业单位资产管理,严格审核控制行政事业单位车辆、大型设备等资产增量,推动节约型政府建设。

(五)积极推进财政改革,提高科学理财水平。努力做到"四个深化",深化国库集中支付改革。提高财政资金的使用效益和支出的透明度,缓解国库资金调度压力,增强财政保障和支持重点工程建设能力。深化收支两条线改革,对现行规费制度进行清理、修订和补充,逐步完善非税收入征收制度、预算制度、执行制度和监督制度等在内的较为完备的政府非税收入管理政策体系。按照国家和省要求,对保留下来的行政事业性收费和政府性基金全部纳入财政管理。深化部门预算改革。加强项目资金的预算管理,加大资金的统筹力度,提高政权运转的保障水平和均等水平。进一步完善预算编制基础信息,确定合理的支出标准,公平、公正分配资金。提高预算安排的准确性和前瞻性。深化政府采购改革。认真贯彻执行政府采购政策功能,政府采购优先采购节能环保、自主创新产品,鼓励引导社会购买本省、市产品和服务。

(六)积极服务跨越,切实提高财政工作水平。巩固扩大"规范管理年"活动成果,牢固树立规范意识,努力提高财政管理科学化、精细化水平。加强财政法制建设。继续落实"五五"财政法制宣传教育规划,全面推行行政执法责任制,努力推进依法理财进程。规范财政收支管理。坚持依法治税,加强税收征管,进一步提高财政收入质量;把支出管理放到更加重要的位置,进一步加快财政支出进度,切实提高财政资金使用效益。严格财政预算管理。推进编制综合预算,增强预算编制的科学性、准确性、完整性;加强政府采购管理,扩大政府采购范围和规模,提高政府采购执行率;积极推动行政事业单位国有资产管理与预算管理、财务管理相结合。强化财政监督管理。促进监督与管理的融合,努力构建制度健全、执行严格、监督有力的财政监督新机制。尤其今年国家着力扩大内需,中央和省级财政下达资金较多,跟踪审计十分严格,明确要求专户管理的资金,要一律设立专户,确保专款专用。加强财政绩效评价。稳步推进预算绩效评价工作,建立项目与评审制度,完善绩效考评指标体系,努力构建制度完善、考评科学、约束有利的预算绩效考评新机制。加强乡镇财政管理。适应新农村改革新形势,围绕管理农村社会事务、发展农村经济、提供公共服务的现实要求,着力推进乡镇职能转变;加强人员培训,提高乡镇财政队伍素质。

同志们,贯彻落实好积极的财政政策,既是挑战,更是难得的机遇。全市各级财政部门要以时不我待的精神,努力解决好群众最期盼,党和政府最关心的问题。要积极开展"能力建设年"活动,着力提升"五种能力",即提高学习能力,提高创新能力,提高谋划能力,提高执行能力,提高自律能力。在市委、市政府的领导下,深入贯彻落实科学发展观,真抓实干、勇于进取,为完成全年财政工作任务、为加速淮南崛起做出新贡献,以优异的成绩向新中国成立60周年献礼!

市级财政篇

全市财政工作概况

2009 年财政工作综述

2009 年,淮南市财政工作以科学发展观为指导,贯彻党的十七届三中、四中全会精神,发挥积极财政政策的促进作用,应对全球金融危机的冲击,保增长、保民生、保稳定,加大各项改革力度,积极开展“能力建设年”活动,提高效能建设水平,面对复杂的形势,强化开拓创新意识,强化各项职能,财政运行呈现健康平稳的态势,为淮南经济的可持续发展和社会的和谐进步做出了积极贡献。全市财政总收入完成 75.02 亿元,增长 24.7%。其中,地方收入 37.28 亿元,增长 24.6%;上划中央收入 37.49 亿元,增长 25.6%。淮南市财政总收入继 2008 年突破 50 亿元、60 亿元后,在两年之内又跨上了 70 亿元的台阶,提前一年完成“十一五”规划目标。全市财政支出完成 69.65 亿元,增长 28.25%,支出结构进一步优化。全市财政收支平衡,略有结余。

【发挥积极财政政策“四个效应”】 一年来,淮南市财政部门始终以经济建设为中心,促进经济平稳较快增长。积极财政政策的落实集中体现出“四个效应”。扩大投资的倍增效应。全年中央扩大内需资金直接安排项目 225 个,当年争取中央资金 5 亿多元,带动了社会投资。扶持企业的激活效应。安排促进经济平稳较快发展专项资金超过 1.4 亿元。市担保投资公司发挥融资平台作用,为企业提供担保融资 3.8 亿元,新增产值 7.6 亿元,增加利税 4000 万元。支持园区建设的推手效应。对开发区、工业聚集区等园区实行“零”收费政策,财政以收费优惠政策支持园区企业 1000 万元。促进消费的拉动效应。家电、汽车、摩托车下乡活动得以拓展,销售势头良好。

【加大民生工程财政资金投入】 全市实施 35 项民生工程,财政加大投入,共拨付民生工程资金 7.7 亿元,发放或补助类项目规范有序推进。从整体上看,民生工程在实施过程中呈现出组织强、资金实、督查严、效果好的特点。在工作中,形成了民生工程工作机制等 10 项规章制度和管理办法,资金使用管理做到“三优先一加强”,建立了资金拨付“绿色通道”和应急预拨机制。加强督促检查,建立了目标管理、政务督查、行政督查、审计监督和舆论监督“五位一体”的监督检查机制。近几年来淮南市大力实施民生工程,全市有 220 余万人从民生工程中获益,占全市人口的 90% 以上。低收入群体的生活得到明显改善,城乡一体化的进程明显加快。

【整理出台财政促进经济发展政策 80 条】 全球金融危机暴发后,淮南市委、市政府以及市财政部门坚定信心、沉着应对、政策先行,以促进经济平稳较快增长。3 月,市财政局就国家、省、市各级出台的拉动内需、促进经济平稳较快发展的积极财政政策进行了梳理归纳,整理出台共 11 大类 80 条,主要涉及加大财政贴息力度,支持中小企业发展和各类工业园区基础设施建设;建立风险补偿基金、壮大担保公司实力为中小企业服务;扩大内需、促进住房及其他消费;加大财政投入,促进现代农业发展等。市财政局对有关政策措施汇集成册后,为了及时把政策宣传到位,落实到位,组织了 10 个小分队,分赴各县区和市经济开发区,共深入到 150 户中小企业进行宣传,现场解决问题。

【优化支出结构保障重点支出】 2009 年,由于面临金融危机和刚性支出加大的双重压力,收支矛盾突出。财政部门严格落实中纪委《关于采取有力措施认真贯彻落实厉行节约八项要求的通知》,强化增收节支工作,从严控制一般支出,公务购车、会议经费、出国经费、公务接待经费等四项经费支出实现“零增长”,以保证经济建设、机关运转和社会事业发展的资金需要。为缓解县区财政支出压力,确保义务教育学校绩效工资改革的顺利实施和企业移交学校正常的办学经费支出,市财政新增对各县区财力性补助1.34亿元,其中,义务教育学校绩效工资改革补助5222万元,企业移交学校补助8166万元。同时,进一步加大社会保障体系建设,全年社会保障和就业资金达到15亿元,增长33.3%;医疗卫生资金4.2亿元,增长14.9%。财政部门积极调度资金,保障了抗旱保苗、预防甲流等应急工作的开展,保障了政法系统硬件装备建设水平的提高,保障了村级组织和社区基层办公条件的改善,保障了党风廉政建设、大型节庆、双拥、招商引资、外宣等各项全市性工作迈上新台阶。

【强化财政服务"三农"工作】 全年财政"三农"的总体投入13亿元。整合农业资金,安排1695万元用于项目建设,发挥了引导示范作用。农业开发规模进一步扩大,农业生产基础条件进一步改善。提高了"一卡通"发放效率,全市发放农民补贴资金3.21亿元,资金发放率达97%,发放补贴对象211万人次。推进家电、汽车摩托车下乡工作,全面实行网点代审、现行垫付资金的方法,全市销售家电下乡产品超亿元,加上汽车、摩托车下乡销售,共发放财政补贴资金1860万元。不断扩大政策性农业保险范围,全市能繁母猪4.4万头实现应保尽保,奶牛投保4093万头,小麦投保60.13万亩,水稻投保57.19万亩,为全市农民提供了4.17亿元的风险保障。

【加强契税、耕地占用税征管工作】 规范两税征管工作,加强部门之间的协调配合。市财政局密切与土地、房产管理部门工作联系,建立协税护税机制,办理产权登记时严格执行"先税后证"制度,实现源头控管,确保对房屋、土地交易过程中"两税"的依法征收。深入开展"两税"规范年活动,建立健全规章制度和征管程序,实行了岗位责任制,规范了工作流程。充分利用报纸、广播、电视、政府信息网站等媒体,加强契税政策的宣传。在契税征收窗口,印发宣传资料,放置契税交纳手册,指导纳税人办理纳税事宜,有力地促进了公共纳税意识的提高。

【开展村级公益事业一事一议财政奖补工作】 为了支持全市各地做好村级公益事业建设一事一议财政奖补试点工作,市财政及时建立村级公益事业建设稳定的投入机制,10月20日全市村级公益事业建设一事一议财政奖补试点工作会议后,市财政局根据各县区农村人口数,将省级财政预拨奖补资金913万元于11月1日及时下达,以促进各县区安排到具体项目。财政部门加强财政奖补资金的使用和管理,确保村级公益事业建设,一事一议财政奖补为推进社会主义新农村建设发挥出积极作用。

【认真执行厉行节约的八项要求】 市委、市政府印发了《关于全市党政机关厉行节约若干问题的通知》,明确由市财政局牵头负责落实任务。公款出国(境)支出在近3年平均数基础上压缩20%;2009年各级党政机关公务接待费支出要在2008年基础上削减10%;车辆购置及运行费用支出在近3年平均数基础上降低15%。2009年各级党政机关用电、用油、用水指标要在2008年基础上降低5%。出台了《淮南市行政事业单位人员因公临时出国(境)经费管理暂行办法》、《关于厉行节约严格管理切实降低行政成本的通知》和《关于进一步规范市级财政资金审批程序的通知》。市财政压会、压车、压接待费用、压办公支出。加大督促检查力度,建立长效管理机制,市财政局研究制订考核指标,把行政成本纳入财政支出绩效评价体系,前移成本控制关口,量化、细化、制度化,建立约束一般消费性支出的长效管理机制。

【财政应急能力显著提高】 市财政局针对可能发生的突发事件,早做准备,制定了资金保障及管理办法,确保各项突发事件所需的资金。全年安排应急专项资金共1275万元。在年初的旱灾中,市财政局成立抗旱救灾资金领导小组,筹集抗旱保苗资金200万元,并启动资金拨付绿色通道,按照急事急办,特事特办的原则,确保抗旱保苗资金4小时之内拨付到指定账户中,以减少灾害带来的损失;在流感疫情临近我市的情况下,快速开启绿色资金通道,紧急安排疫情防控经费40万元,预拨市疾病预防控制部门用于购置甲型H1N1流感应急物资,确保甲流感疫情的防控工作顺利开展;安排防汛救灾资金260万元,自然灾害生活补助390万元,安全生产监管资金近90万元等。为了促进和谐社会建设,维护社会稳定,应对社会治安等突发事件,市财政拨付260万元,促进了公安部门“三台合一”的完善。

【强化政府采购预算编制与管理】 2009年,大力加强政府采购预算编制工作。一是严格按照《淮南市市级2009年度政府集中采购目录及限额标准》编制政府采购预算,确保法律规定范围内的政府采购项目做到应编尽编,要求各单位按照上年实际采购金额的30%编制政府采购预算;二是扩大财政专项资金纳入政府采购工作的范围;三是加大对政府采购预算编制工作考核力度,将政府采购预算编制和执行指标纳入部门预算编制考核体系。在政府采购工作中,大力加强对采购机构的监管,努力扩大政府采购范围。按照政府采购法律法规的规定,在公告、招标书备案、评审、验收等各环节加强监督,确保各采购机构按照政府采购工作的公开、公平、公正的要求开展工作。此外,对进口设备委托国际招标公司招标的项目,在按照进口设备招标管理办法的同时,也依照政府采购的规定对各环节予以执行。

【“小金库”专项治理工作取得实效】 “小金库”专项治理工作开展后,淮南市严格掌握政策、精心组织安排、突出工作重点、明确责任纪律、严肃查处举报,“小金库”专项治理工作取得了实效。一是自查自纠全面覆盖。全市1190家党政机关和事业单位全部开展了“小金库”自查自纠工作,自查面达到100%。自查自纠“小金库”50个,累计金额为1545.37万元。结余资金242.41万元,已全部收缴各级财政。其中,市本级收缴资金91万元。二是重点检查突出实效。全市共抽调108人,成立28个检查组,对464个行政事业单位进行了“小金库”重点检查,占单位总数的39%;其中,市本级重点检查主管部门40个及所属单位91个,分别占市直主管部门及所属单位的45%和46%,重点领域、重点部门和重点单位检查面达100%。共查处“小金库”2个,初步审理重点违规违纪问题20个,累计金额为1799.14万元,包括:应收缴违纪结余资金18.14万元,应及时上缴财政专户资金345万元,应解缴预算内资金1436万元。三是清理账户创新管理。共清理出市直行政事业单位银行账户1283户,初步决定保留1092户,撤销191户。四是建立和完善防治“小金库”的长效机制,实现常态管理,有效防治“小金库”违法行为的发生。

【开展向沈浩同志学习活动】 在省委追授沈浩同志为“优秀共产党员、模范基层干部”称号后,市财政局党组及时进行部署,在全市财政系统开展向沈浩同志学习的活动。印发了《转发省财政厅〈关于在全省财政系统开展向沈浩同志学习的决定〉的通知》。确保把省委《关于开展向沈浩同志学习的通知》和省财政厅《关于在全省财政系统开展向沈浩同志学习的决定》传达到每一位干部职工。局党组组织机关中层以上党员干部赴小岗村追念沈浩并实地座谈学习。局党组要求全市财政系统干部职工要认真学习沈浩同志的精神,并联系实际,在学习中争创一流,实现财政科学化、精细化管理,为淮南的崛起贡献积极力量。

(吴　波)

财政分项工作概况

财政政务工作概述

2009年,财政政务工作以科学发展观为统领,按照“参与政务、管好事务、抓好服务”的总体要求,紧紧围绕财政工作目标任务,统筹协调发展,构建和谐机关,改进工作作风,加强效能建设,充分发挥财政政务督促、协调、管理、参谋、枢纽、桥梁的积极作用,促进财政工作健康运行。

【充分发挥参谋助手作用】 充分发挥参谋作用,围绕领导关心关注的热点、难点问题,在政务、事务、督促、管理、协调等方面,积极为领导决策提供可操作性的依据和有针对性的意见和建议。通过信息报送为领导决策服务,全年共收集报送财政信息605条,被市级以上采用140条,财政信息工作获得市委评比第一名。抓好财政宣传工作。全年在各级媒体发表播出的报道120篇(条),加强了财政网站建设,及时发布财政政策,全面展示财政成绩。紧扣财政工作思路,把握财政方针、政策,写出各种文字材料100多万字。负责筹备各种会议50场。

【开展财政调研工作】 积极研究国家扩大内需的政策措施,整理出台了《促进经济平稳较快发展财政政策80条》及《实施程序》,组织各科室单位深入企业进行宣传,为中小企业抗御风险在政策和资金扶持方面提供了有力的支持。扎实开展财政调研工作,形成《淮南市中小企业发展中存在的问题及对策建议》等多篇调研文章,其中《关于解决农民工问题的相关财政建议》一文被省市财政专网采用。

【推进政务公开工作】 为切实维护广大群众的知情权,打造阳光财政,局办公室借助服务窗口、新闻媒体、工作简报、网络平台等形式将财政政务信息可以公开的全部公开,方便群众和单位办事,同时接受社会各界监督。两次走进广播电台“政风行风”热线、三次走进电视台“沟通”,并开展一次“网民交流”活动。网上回复处理市民反映的问题46条。政务服务窗口建设水平进一步提高。

【强化文档工作】 把好科室文件进出口和材料关口,同时认真做好文档整理工作,整理出版了《淮南市财政局工作制度汇编》,《淮南市财政志》在紧张编撰中。做好财政及文件保密工作、推进办公自动化建设,信息传递、邮件处理、公文审批实现网上办公。认真做好市人大、市政协委员提案办理回复工作,回复率100%。获得了“办复先进单位”称号。

【做好后勤服务工作】 在对外接待上,做到周到、细心、热情、节俭,各项接待和会议安排任务圆满完成。调度好车辆管理,车辆使用、燃料配件消耗等制度进一步健全。努力解决职工的后顾之忧,让干部职工全身心地投入到财政工作之中。

(宋建军)

财政综合工作概述

2009年,财政综合工作紧紧围绕全市财政工作中心,认真贯彻积极的财政政策,深化改革、突出重点,以高效务实的工作作风完成了全年财政综合工作各项任务。

【规范基础工作】 按照预算编制原则,科学合理地编制部门预算。对本级预算单位严格预算管理,细化项目支出。实行预算内外资金统筹结合、合理安排使用,将收支计划的编制落实到具体单位和项目,增强预算编制的科学性。城市建设维护资金收支计划编制水平进一步提高。严格贯彻执行国家、省新出台的国有土地出让收支管理的相关政策,对山南新区、市城投公司、经济开发区、金丰易居、矿业集团生态环境修复项目单位要求返还土地出让成本，严格按照政策，扣除按规定应扣除的各项基金后进行成本性支出，促进了地方经济发展。

【保证重点建设】 2009年财政预算安排市城投公司贴息3000万元、开发区贴息3000万元，城市维护建设资金安排大建设配套资金1494万元。为市城投公司融资贷款、发行城市债券提供了资本金承诺，为加快城市基础设施建设，增强城市服务功能，提高城市品位起到了积极助推作用。在充分调研论证的基础上对市政府重点建设项目、上窑小城镇建设和发展非公经济、县(区)域经济发展、工业企业退城进园、扩权强镇的土地出让收益等方面政策提出意见和建议。安徽煤化工基地建设项目是市重点工程项目，为保证该项目顺利实施，按市领导批示及时对该项目一期工程项目资金进行调查审核，上报市政府批准并及时拨付。

【加强彩票监管】 重点是规范彩票市场秩序，严格彩票公益金管理。将彩票公益金和发行费用全部纳入市级财政预算，并编制收支预算，严格按"收支两条线"原则进行管理，彩票公益金及发行费用按资金使用的用途进行管理。体育彩票、福利彩票的发行严格按规定程序上报审批。彩票公益金用于全民健身路径建设、市全运会和老年公寓、孤残福利院等项目改造970万元，并对贫困大学生、孤残对象实行救助，保证了彩票公益金的使用真正落到实处。

【强化住房公积金监管】 加强对全市住房公积金财务管理的指导监督，保证住房公积金的使用合规和资金安全。对全市行政事业单位2009年住房公积金进行审核、审批，及时拨付，维护了职工切身利益。根据《住房公积金管理条例》的规定，在保证足额提取风险准备金的前提下，审核了住房公积金管理机构的年度经费预算，并在预算执行中严格预算约束，资金专款专用，不得随意改变资金用途。按照住房保障相关政策积极推进廉租住房建设进程。对全市城镇低收入家庭人均住房不足13平方米的居民进行调查，全年发放廉租住房租赁补贴4814户，发放租赁补贴资金1348万元，做到应保尽保。为解决城镇低收入家庭住房困难，拓展廉租住房房源，市本级使用中央财政廉租住房保障专项补助资金4000万元用于购买廉租住房。多渠道筹措廉租住房建设资金，截止到年末市财政累计投入廉租住房建设资金5474万元(含中央、省下拨付资金)。

(吴　斌)

税政条法工作概述

2009年，税政条法工作重点是加强财政法制建设，关注和研究财税变化的新特点和新问题，促进全市财政工作科学发展。

【提高制度建设质量】 加强对规范性文件的监督。严格规范性文件制定权限和发布程序，完善规范性文件前置性审查和备案制度。制定了《淮南市财政局重大决策事项范围》，向市政府法制办送审备案了《淮南市市级项目前期工作经营管理暂行办法》、《淮南市行政事业单位人员因公临时出国(境)经费管理暂行办法》、《淮南市市直行政事业单位国有资产处置管理暂行办法》。建立规范性文件定期清理制度。定期对局规范性文件清理，对不符合法律、法规、规章规定，或者相互抵触、不适应经济社会发展要求、与反腐败制度不相符的规范性文件，予以修改或者废止。一年中，在第五轮行政审批项目清理结果的基础上，对行政审批事项再次进行了梳理，取消了四项，保留了一项。清理后，向社会公布继续有效、废止和失效的文件目录，未列入继续有效的文件目录的规范性文件，不再作为行政管理的依据。

【健全各类机制】 积极推进信息公开，把财政行政执法依据、执法权限、执法程序等向社会公开。市财政局所有发文都注明公开情况，能公开的都主动公开。建立健全各种预警和应急机制。认真贯彻突发事件应对法，制定和完善财政应急预案，建立科学、高效的突发事件应对工作机制，增强财政应对突发事件的能力。深化行政审批制度改革。规范行政审批程序，对依法保留的非许可审批项目优化服务流程，促进行政审批便民、公开和高效。

【规范行政执法行为】 规范了行政处罚自由裁量权。研究制定《淮南市财政局行政处罚自由裁量权参照执行标准》共4章32条,并通过网络向社会公布。健全行政执法案卷评查制度。建立对公民、法人和其他组织的有关监督检查记录、证据材料和执法文书的阅卷归档制度。深入推进行政执法责任制。在执法依据梳理和职权分解的基础上,科学设定执法岗位,制定行政执法流程图,规范执法程序,切实加强违法责任追究制度。

(宫传革)

财政国库工作概述

2009年,市财政国库工作围绕财政中心工作,深入开展能力建设年活动,加强机关效能建设,不断改进作风,认真履行职责,完成了各项工作任务。

【完善制度、强化核算】 为进一步完善国库集中支付制度,国库科在预算单位全部纳入集中支付管理的基础上,上半年重点研究将财政部门管理的19户自收自支单位也纳入集中支付系统管理,并于7月份正式实施。按照财政部提出的国库管理制度改革"横向到边,纵向到底"的要求,积极推进县区会计集中核算向国库集中支付转轨,凤台县选择了部分预算单位开展会计集中核算向国库集中支付转轨试点。高度重视财政总会计核算的及时性、准确性。一是做好日常会计收支核算,每月及时向省厅上报收支旬、月报表;二是按月提供预算内外收支报表,为每月预算收支分析,各业务科室进行支出管理提供依据;三是按时完成了2008年度财政总决算的审核汇编上报工作。四是按时完成了2008年度全市部门决算的审核汇编上报工作。

【加强资金调度与支出管理】 合理安排资金,保证各项重点支出需要。加大资金调度力度,加快支出进度,取得明显效果。保证了全市机关事业单位工资及津补贴的发放、机关正常运转、民生工程、社会稳定、偿还债务等方方面面资金需要。为进一步加强财政资金安全管理,堵塞财政资金安全管理漏洞,按照财政部、省财政厅的要求,4月开始组织开展了财政资金安全检查工作。通过召开动员布置会、自查、实地检查、现场抽查等方式,完成了财政资金安全检查工作。通过检查提高了财政部门资金安全管理的意识,规范了各项资金拨付操作程序,严格了各项资金管理制度的执行。

【加强国库管理调研】 先后赴安庆、六安等市就清理行政事业单位银行账户,推行公务卡管理、推进财税库银横向联网等工作进行了考察学习。在一年中,开展行政事业单位银行账户清理工作。通过单位自查上报、财政部门核查,共清理银行账户1283个,保留1090个,撤销193个,为进一步规范行政事业单位银行账户管理、完善国库单一账户体系奠定了良好的基础。推行"财税库银"横向联网工作,效果明显。对公务卡制度作了认真调研,以备推行。

(张琳娜)

行政政法财务管理工作概述

2009年,行政政法财务管理工作,本着厉行节约、多措并举,扎实做好行政政法经费保障工作,服务于全市大开发大建设大发展。

【继续深化部门预算改革】 对部门预算初审工作,严格遵循"细致审核、注重实效"的原则开展。在时间上,早着手、早谋划,充分考虑部门预算变化因素;在收入初审中,力争做到摸清家底,全面摸清各部门预算安排、预算外收入和其他资金的真实来源和规模;在支出项目初审中,把选好项目与履行职责、促进事业发展有机结合,与构建和谐社会、落实科学发展观有机结合,与解决人民群众关心的"热点"、"难点"问题有机结合。2009年度市直行政政法单位继续实行部门综合预算,坚持预算内、外资金统筹安排,将部门的各项收入全部纳入预算,收支统管、统筹安排、综合平衡。同时,进一步深化非税收入财务管理改革,从7月1日起,逐步取消非税收入预算外管理,统一将非税收入纳入预算内管理。对行政单位和财政拨款事业单位的公务用车实行编制管理,公务用车经费在年初编制部门预算时安排,对编制内实有车辆的燃修费实行定额补助,公务用车补助标准15000元/辆·年,执法部门摩托车补助5000元/辆·年。同时,车辆补助经费按单位性质从不同渠道列支。

【规范财政资金审批程序】 为加强财政资

金管理,合理设置了资金审批权限,增强资金使用透明度,提高财政资金的使用效益。市政府印发了《关于进一步规范市级财政资金审批程序的通知》(淮府[2009]31号)。进一步完善了部门预算执行方式。继续实行正常经费按序时进度核拨,专项经费按项目方案核拨,确保财政资金按指定用途使用,切实做到不走样。以高效运转、服务单位为宗旨,坚持及时录入指标、定期审批计划、按时传送数据,保证预算单位用款需要。严格执行政府采购制度。督促行政政法单位认真执行政府采购的各项规章制度,做到应采尽采。

【贯彻厉行节约八项要求】 认真贯彻落实党中央、国务院、中共中央纪委、监察部、财政部《关于采取有力措施认真贯彻落实厉行节约八项要求的通知》(中纪发[2009]22号)精神,切实加强公务购车用车、会议经费、出国(境)经费、公务接待经费等消费性支出管理。全市压缩比例任务:2009年公款出国(境)支出在近3年平均数基础上压缩20%;公务接待费支出在2008年基础上削减10%;车辆购置及运行费用支出在近3年平均数基础上降低15%;用电、用油、用水指标在2008年基础上降低5%。据统计,2009年全市压缩一般消费性支出1511.76万元。经费支出制度建设进一步加强,市财政局出台了《淮南市行政事业单位人员因公临时出国(境)经费管理暂行办法》、《淮南市市直机关公务用车购置操作规程》等一系列管理办法。同时,代市政府出台《关于厉行节约严格经费管理切实降低行政成本的通知》(淮府[2009]20号)。

【加强政法经费保障】 积极改善政法部门办公、办案条件,提高政法部门打击违法犯罪、保护人民群众生命财产安全的能力。认真贯彻落实全省财政政法经费保障体制改革工作会议精神,及时与政法部门沟通协调,足额拨付转移支付资金。深入实际进行调研,解决公安部门DNA室、尸体解剖室等“三室”建设资金200余万元;拨付资金40余万元改造110指挥系统;解决市法院审判大楼和市检察院技侦大楼建设项目还贷和贴息资金近600万元;配套特勤装备建设专项资金97.5万元,用于消防特勤装备采购;拨付专项资金260万元,用于新建消防支队7个消防通信子系统,淮南市的消防通信系统建设居全省最高水平。

【创新资金监管思路】 积极创新管理方式,努力降低行政运行成本。一是加强专项资金的管理。坚持“统筹兼顾、突出重点”,坚持专家评审制度,对申报项目进行可行性论证后再予以拨付。对专项资金中涉及对外宣传的资金进行整合,集中有限财力,有的放矢,争取资金使用的效益最大化。二是加强部门间的资源共享,提高资源配置效率。例如,公安部门已经配置安检设备,对其他政法单位不再另行配置,实行资源共享,避免资源浪费。三是完善监督管理,强化监督手段。在开展财政监督的同时,注重加强同有关职能部门的配合,积极借助专业机构和专家优势,提高对资金使用的监督力度。对于财政资金支持的基建和维修项目,坚持在委托中介机构进行工程决算审计后,再据实拨付资金。

(王更生)

教科文财务管理工作概述

2009年,教科文科财务管理工作,认真贯彻落实科学发展观,围绕民生,突出重点,加强管理,强化服务,有力支持和促进了全市教科文事业的发展。

【深化城乡义务教育经费保障机制改革】 根据省、市政府的部署和要求,全面完成了义务教育经费保障机制改革“两免一补”任务,落实了家庭经济困难寄宿生和城市低保家庭免费教科书补助政策。并在此基础上,经市政府批准,在省内率先实行了义务教育阶段中小学公用经费城乡统一标准,自费将城市中小学公用经费标准由小学生均264元/年、中学生均375元/年提高到300元/年、500元/年。全年累计投入义务教育经费保障机制改革经费14021.16万元,其中:省级以上财政投入11244.13万元,市级配套2173.51万元。全市共有28.1万名义务教育阶段在校生免除了学杂费,17.7万名农村和城市困难学生享受免费教科书,7776名义务教育阶段家庭经济困难学生享受到了寄宿生生活费补助。

【进一步支持教育事业健康发展】 2009年市本级预算教育经费支出25977万元,同比增加

3436万元,增长15%,超经常性财政收入增长2个百分点。一是足额安排城市义务教育免杂费和公用经费补助。按照小学生人均264元/年、初中生人均375元/年的省定(城市)标准,市财政年初足额安排了市直学校城市义务教育阶段免杂费和公用经费补助;并在此基础上追加预算,提高了城市学校义务教育阶段免杂费和公用经费补助,执行城乡统一标准。2009年全市共支出义务教育公用经费和免杂费资金11304.93万元,同比增长11%,其中争取省级以上转移支付9156.5万元,市本级财政安排及市级配套1891.22万元,县(区)财政配套257.21万元。

【完成义务教育教师绩效工资兑现工作】 认真执行国家和省关于义务教育学校实施绩效工资的政策规定,坚持积极推进、慎重实施、协调配合、严格政策,规范操作的原则,按照教师人均工资收入水平不低于当地公务员人均工资收入水平的要求,确定教师的津补贴水平,出台了市直实施方案,并指导县区制定实施方案。保证了全市义务教育教师绩效工资的顺利实施,并按时兑现到位。

【启动校舍安全工程和中小学达标建设】 根据中央和省有关政策规定,对全市中小学校舍进行排查。根据排查结果,三年内对有安全隐患的校舍进行加固、改造和重建。全年市财政安排资金224.2万元,用于市校舍安全办公室的运转和市直学校的校舍安全抗震鉴定工作所需经费,争取省级以上补助资金2677万元。开展中小学达标建设工作,促进学校办学条件的提高。针对全市中小学校教学条件和教学环境参差不齐的状况,为了提高学校的积极性,推动办学条件上水平,2009年从城市教育费中安排了860万元资金,用于中小学达标建设以奖代补。

【大力支持科技创新能力建设】 围绕《淮南市科技发展"十一五"规划纲要及2020年远景规划》和市委、市政府《关于推进自主创新工作的若干意见》,市财政调整支出结构,大力支持科技创新能力建设,促进产业结构升级,充分发挥科技发展对经济社会发展的引领和支撑作用。2009年,市本级科技支出4698万元,同比增加62万元,增长1.3%。投入主要倾向于提高自主创新能力,促进传统产业升级;支持科技成果转化,实施科技奖励政策;推动产学研结合,推进科技创新能力发展;支持新农村建设,加快农业科技成果转化。

【促进人口与计划生育事业发展】 按照市"十一五"投入规划,集中资金,重点保障。2009年市本级投入资金1019万元,同比增加149.6万元,增长17.2%。一是建立计划生育特别扶助奖励制度及独女户和两女户奖励制度,共安排经费269.22万元,用于对农村部分计划生育家庭的奖励、计划生育家庭特别扶助奖励。二是支持乡镇卫生与计生服务中心建设。全市共投入资金94.91万元,较好地改善了农村计划生育服务条件,提升了技术水平和综合服务能力,构建了新型农村计划生育技术服务体系。三是进一步完善计划生育利益导向机制,以奖、优、补、扶、保为主体的利益导向,通过"贡献者奖、困难者扶、损失者补、有病者保"的利益导向机制,把计划生育工作提升到一个新的台阶。

【强化资金的跟踪问效】 按照监督检查计划,对科技专项资金、计划生育奖励扶助资金、中等职业学校助学金发放情况进行了检查。继续推行教育项目工程中介机构审计制度。委托中介机构对市属学校基建及维修工程决算进行了审计。2009年共审计项目15个,项目总额2252万元,在市教育局已审计的基础上审减资金111.9万元。

(马　勤)

经济建设财政管理工作概述

2009年,经济建设财政管理工作围绕"保增长、保民生、保稳定"的要求,以扩大内需作为主线,把支持自主创新和新兴产业作为主攻方向,把调整结构和稳粮增收作为主要目标,把节能减排和生态建设作为重中之重,全面贯彻落实扩大内需政策,努力实现扩内需三个"百分之百"的目标任务。

【主动作为,认真落实中央扩大内需政策】 为应对复杂严峻的国内、外经济形势,认真贯彻落实了中央扩大内需促进经济增长的一系列政策。及时拨付中央及省投资资金。采取急事急办、特事特办的方式,在保障重大项目资金安全的前提下,进一步简化项目资金拨付程序,加快资金调度,确保建设资金及时、足额到位;积极落实配套资金。在编制2009年度财政预算时,优先足额保障中央扩大内需民生类工程项目配套资金。向省财政积极争取地方政府债券资金。认真梳理财政对相关项目的优惠政策,理清市财政对各项目的政策投入。通过努力,2009年全市地方政府配套资金落实率达到100%;强化资金监管。迅速转发《财政部关于加强扩大内需财政财务管理有关问题的通知》(财建[2009]133号),及时掌握项目建设进度,切实加强对项目资金使用、管理的监督检查,防止和杜绝滞拨、截留、挤占、挪用等行为的发生。同时,为落实扩大内需"三个百分之百"政策,与市发改委一起在全市范围开展"三个百分之百"督查,对发现的问题,及时予以纠正、并督促整改。

【强化措施,确保工程类民生工程顺利实施】 对工程类民生工程,切实履行职责,强化部门协调配合,扎实推进。一是加快农村饮水安全工程进度。全年争取中央资金803万元,争取省级资金3175万元,市级配套资金738.4万元,解决了11万人农村饮水安全问题。二是完成农村公路建设目标。2009年争取中央资金1594万元,争取省级配套资金836.55万元,安排市级配套资金996.25万元,完成农村公路建设159.4公里,大大地改善了全市县乡交通基础设施薄弱现状。三是全面推进病险水库除险加固工程。2009年争取省级配套177.5万元,对省计划的5座小型水库进行除险加固。四是有序开展农村沼气工程建设。全年争取中央资金180万元,争取省级配套资金30万元,支持2处养殖场大中型沼气工程建设。同时,积极探索工程类民生工程项目的后期维护管理制度,争取在制度上切实体现"建得成、用得上,管得好"。

【发挥职能,促进经济社会又好又快发展】 紧紧围绕市委、市政府的决策部署,充分发挥经建部门的职能作用。积极争取中央和省财政支持。会同有关部门,紧紧抓住财政部对经建专项资金实行"以奖代补"和"按因素法分配"的改革机遇,千方百计争取省厅对淮南市资金和项目的支持。2009年,共争取中央和省经建方面专项资金8.8亿元,为全市经济发展和社会和谐提供了强有力的支撑和保障。加大重大建设项目投入。2009年,全市各级财政部门筹措大量经建资金,重点支持了淮河骨干工程、病险水库除险加固、城镇污水处理设施及配套管网、农村安全饮用水、农村沼气工程、农村道路等事关国计民生的重大基础设施建设。支持区域经济发展。争取皖北贴息资金615万元,重点选择了20个企业进行贴息,为企业发展增强了活力,进一步推动了区域经济快速发展。

【创新机制,积极推进各项改革】 始终把改革创新作为破解工作难题的切入点。积极推进燃油税费改革。国家成品油价税费改革实施后,积极配合有关部门,及时收集整理了详细的基础资料,积极向省财政争取燃油税转移支付基数3517万元。另外,为确保燃油税中央转移支付资金"四不变原则"落到实处,及时将转移支付资金拨付到交通部门。同时,配合市审计部门制定全市政府还贷二级公路债务申报方案,科学界定债务范围,并按期完成了政府还贷二级公路债务上报工作,确保了成品油价税费改革平稳实施。大力支持新能源和节能环保产业发展。紧紧抓住国家鼓励发展新能源和节能环保产业的机遇,积极组织此类项目的申报,争取国家和省的支持。2009年,组织申报了燃料乙醇补贴项目、秸秆能源利用和非粮生物化工项目、光电建筑一体化补助项目、可再生能源建筑示范城市项目、20兆瓦金太阳工程示范项目等。同时,积极贯彻省政府《关于加快新能源和节能环保产业发展的意见》,开展了新能源和节能环保情况研究,积极探讨设立创业投资基金。为提升自主创新能力,财政部、国家发改委开始启动新兴产业创投计划试点,为争取该政策的项目和资金支持,对该项政策进行了积极的探索和研究。

【立足本职,稳步推进各项重点工作】 大力推进污染减排。积极配合有关部门,加大专项资金投入,落实相关财税政策,进一步促进资源节约和生态环境保护。一是加大污染减排基础设施建设投入。争取中央水污染防治资金221万元、城镇污水处理设施配套管网以奖代补资金1040万元,大大提高了全市污染减排的能力。二是加大污染减排监测能力建设投入。积极争取上级专项资金,重点支持淮河流域水质自动监测站建设,大力支持市环境监控中心建设。

大力支持治淮等水利工程建设。在中央扩内需、调结构、保增长、惠民生的重大决策部署下,2009年,争取中央和省资金10302万元,市级配套资金4037万元,有力支持全市重大水利基础设施建设。一是全力保障治淮骨干工程顺利实施,安排拨付治淮资金6870万元。二是顺利推进大型灌区续建及节水改造,拨付茨淮新河灌区续建及节水改造资金602万元。三是积极支持大型排涝泵站改造,拨付2667万元对1座大型排涝泵站进行改造,恢复和改善了农村排涝设施,为粮食增产增收奠定了基础。

大力支持粮食生产和提高农民增收。及时发放各类粮食补贴。为支持种粮农民春耕生产,全年累计下达各类粮食补贴资金20108万元,保证了农民购买化肥、农药等农资产品及春耕生产的资金需要。大力支持粮食清仓查库工作。按照国家统一部署,在全市开展了粮食清仓查库工作。及时下拨了清仓查库工作经费及其他新增支出。积极谋划新增农资综合补贴项目工作。按照农资综合补贴动态调整机制的相关规定,2009年中央财政新增农资综合补贴资金425万元,集中用于粮食基础能力建设,根据省厅的要求,积极谋划,为新增补贴建设项目提出了完整的方案。

(马　琼)

农业财政管理工作概述

2009年,农业财政管理认真贯彻加强"三农"工作的方针政策,以建设社会主义新农村为主题,以农业增效、农民增收为重点,不断加强服务意识,积极争取资金,完善支农资金管理,不断提高支农资金的使用效益,有力地促进了农业和农村经济的发展。

【转变支农资金投入方式】 加强现有支农项目储备库的建设,由市财政局按照国家财政支农的有关政策和项目申报指南,结合淮南市具有比较优势的农业项目,分门别类建立支农项目储备库,对于市级财政拟安排的支农项目,根据市委、市政府对农业工作的部署和省财政本年度的工作要点严格把关;对于省财政拟支持的项目,根据以往年度省厅安排支农项目的轨迹,年初下发文件,要求各县区提前申报,及时地深入实地审核。将符合项目申报要求,体现地方特色,适应市场机制,对农业增效、农民增收有辐射作用的项目放入储备库,从中择优选择。另一方面,归口安排农业投资项目。财政部门安排的支农资金,由财政部门牵头、协调和管理。明确各级主管部门的职能,划清各主管部门所负责规划和管理的农业投资项目的范围、内容,确保各部门申报的项目不交叉、不重复。同时,由财政部门负责对各主管部门提出的投资项目进行审查,及时综合,划分归口,对交叉、重复的项目予以调整。根据农业农村发展的重点和公共财政职能,合理确定资金投入的重点。严格资金分配程序,坚持资金项目的申请按制度办事,资金项目选择进行评估论证,资金项目确定集体研究,坚决杜绝"人情项目"、"关系项目",避免资金分配的随意性。

【整合支农资金,支持农业发展】 2009年紧紧围绕促进农民增收,按照市委市政府下达的工作任务目标,大力推动全市农业产业化,加强农业标准化和农产品质量安全工作,加大对农业科技创新能力建设和新型农民培训工作的投入,强化农业基础设施建设,充分发挥财政资金的示范引导带动作用,促进农业增产农民增收。根据市委、市政府2009年9号文件精神,将农委所属的新农村建设、农业产业化、农业科技启动、农业结构调整和扶贫(包括省级支持山南七乡镇的省级扶贫资金)等专项资金整合起来,集中安排使用,支持工作基础好、组织能力强、带动作用大的单位和项目。

【抗旱保苗,促小麦丰产丰收】 2008年10月至2009年春,淮南市遭受了历史上罕见的旱冻灾害,连续100多天没有有效降水,旱情严重。市财政及时拨付救灾资金80万元,用于电灌站电费,保证各电灌站全天抽水灌溉小麦,又下拨了农业抗旱专项资金200万元,专款用于抗旱油、电、打机井和抗旱服务队伍的抗旱补助。各项资金全部由财政部门直接拨付到各使用单位,减少了中间环节,保证受灾地区及时用款。抗旱期间市财政局领导带队多次深入基层进行督导,到田间地头了解旱情、进行政策宣传,实行值班制度,确保抗旱信息的及时准确传递,抗旱工作收效明显,保证了小麦的丰产丰收。

【加大泵站技改支持力度】 为统一对跨流域排灌排涝泵站的统一管理,2009年水利部门成立市排灌总站,市政府决定将跨市的潘集泥河站和凤台禹王站划归市排灌总站管理。根据市政府要求,市财政局负责上划单位的资产清查和移交工作。市财政局认真清查核实资产、实事求是确定上划基数,保证了上划工作在汛期前顺利结束。同时,为适应农业和农村经济发展的需要,改变排灌泵站普遍存在的设备老化、效益低、能耗高的状况,进一步加强排灌泵站技术改造工作,促进排灌区管理,市级财政每年安排200万元的经费对泵站技改项目进行补助,并制定了《淮南市排灌泵站技术改造项目资金管理办法》,加强泵站技改资金的管理,提高排灌泵站技改资金的使用效益。

【促进农业产业化发展】 在抓好续建项目建设的同时,积极组织,精心准备,充实、完善项目库,按照公平、公正、公开的原则,经过专家评审,择优选报了潘集区长盛养猪合作社标准化示范带动项目、凤台县农科所优质高产水稻新品种技术集成示范与产业化项目、八公山兴兴豆制品有限公司蔬菜汁豆腐乳及原料大豆生产基地建设项目、蔡城塘联营渔场社会化服务体系建设项目,争取省财政厅补助资金140万元。同时在2008年争取毛集实验区现代农业生产发展项目(水稻)500万元的基础上,争取毛集实验区现代农业生产发展项目(小麦)现代化农业生产资金400万元。

(高　宁)

社会保障财务管理工作概述

2009年,财政社会保障财务管理工作,落实科学发展观,积极推进社会主义和谐社会建设。围绕解决人民群众切身利益的“生活难、看病难、就业难”等问题,积极实施省28项民生工程和市七项民生工程,切实加强社会保险基金的征缴和管理,积极为受金融危机影响的困难企业减负排忧,着力提高城乡居民社会保障水平,加大政府公共卫生服务职能,进一步增强政府公共服务和社会保障能力,让广大人民群众共享改革发展的成果,大力促进和谐淮南建设。

【养老保险保障力度进一步加强】 2009年全市共征收养老保险基金9.36亿元,同比增长22%,全市养老保险支出11.6亿元,在上级养老保险补助2.96亿元资金的支持下,实现了养老保险基金的当年收支平衡,略有结余。这一方面得益于地税、劳动保障部门强化基金征收,加大收缴力度,另一方面得益于养老保险的标准提高,同时,社会保障统筹覆盖面不断扩大,使基金征缴保持了较快的增长态势,社保基金征收更具规范化、入库均衡化、涵盖范围广等特点,总体呈现出良性发展的态势。

【医疗保障体系得到进一步完善】 城镇职工医疗保障资金保障力度得到进一步加强。对政策性破产未参保国有企业和未加入市级统筹企业纳入市级统筹范围,实现了职工医疗保险的更广范围的覆盖;对依法破产企业未参保职工做好统计摸底和资料上报工作,为将依法破产企业未参保职工纳入职工基本医疗保险做好了充分的准备工作;调整完善了城镇居民基本医疗保险办法,居民医保大病门诊的数量由上年的12种增加到15种,提高了保障水平;在全省首开对居民医疗保险实现门诊统筹之先河,让参保居民得到更多的实惠。同时,市财政积极促进居民医保的参保工作,除正常的业务费外,还按每参保一人补助参保登记工作人员2元的标准安排参保费用,使得城镇居民基本医疗保险达到51.5万参保人数,圆满完成省政府下达的征缴任务。新农合实现了全市农村范围的全覆盖。及时完善新农合实施方案,提高补偿封顶线,降低门槛费,提高报销比例,并积极探索解决外出务工参合农民就医问题;积极实施淮河以南四区实现市级统筹,制定了市级统筹方案和时间表,为2010年淮河以南四区实现市级统筹做好了充分的准备工作,提高了新农合资金的抗风险能力。

【财政促进就业成效明显】 2009年,为应对金融危机带来的影响,市委、市政府出台了一系列促进就业的政策措施。为了把政策落实到位,市财政局不放松资金监管,强化资金使用的各个环节,从事前的制度规范,事中的检查督促,到事后的不定期督查,就业资金使用规范、有序。通过调整就业补助政策,规范资金管理,提高资金使用效益。围绕新形势下的就业工作,财政及劳动部门联合下发了《关于印发淮南市就业专项资金使用管理暂行办法的通知》,对岗位补贴、职业介绍补贴、职业培训补贴、职业技能能鉴定补贴等政策相应调整了补贴条件、范围、标准。为进一步规范培训补贴,结合实际,又出台了《关于职业技能培训补贴的实施意见》,将开展培训的50个工种,分为A、B、C三大类,分别执行不同的补贴标准。同时将补贴方式由过去免费培训改为现在先交钱培训后补贴,并将补贴直补到劳动者个人。

【贯彻执行减轻企业负担政策】 一是认真执行五缓四降三补贴政策。劳动、财政、地税三部门建立困难企业缓缴社会保险费联席会议,明确困难企业认定条件及认定程序,已认定45家困难企业。出台《淮南市关于减轻企业负担降低社会保险费缴费比例实施方案》明确缓缴险种、缓缴比例等。二是扩大失业保险基金使用范围。将失业保险基金用于支付培训补贴和岗位补贴,全年共动用失业保险基金支持困难企业2561万元,经认定为困难企业的45家企业都享受了困难企业的政策帮扶,对提高困难职工队伍素质、稳定职工队伍,实现产业转型,保持就业局势稳定起着重要的作用。开展了采煤沉陷区农民就业培训。2009年,市政府下发了《淮南市采煤沉陷区农民培训就业援助行动实施意见》(淮府[2009]161号),并制定针对采煤沉陷区农民的培训实施方案,各有关部门有组织有计划地对采煤沉陷区农民开展就业帮扶,确保每个人都能享受优惠政策。

【完善公共卫生服务体系】 一是社区的服务网络得到进一步完善;在2008年的基础上又改扩建5个社区卫生服务中心,27个社区卫生服务站;二是社区的财政投入得到进一步加强,加大了对社区卫生服务的资金供给,市级配套资金及时到位;通过政府采购,为社区卫生服务机构添置了必要的硬件设备,提高了社区卫生服务机构的公共卫生服务能力;三是公共卫生服务第一次覆盖城乡,实现了城乡基本公共卫生服务均等化;四是加强了社区卫生服务考核制度,市财政局和市卫生局根据上级确定的考核指标,对社区卫生服务内容的考核进行了细化,并组织了由主管部门和专家组成的考核组,对社区卫生服务进行了考核,按考核结果及时下拨政府购买公共卫生服务资金,有力地促进了社区公共卫生服务的开展。

【加强城乡弱势群体的生活保障】 提高城市最低生活标准。在与市民政部门充分调研的基础上,将淮南市城市最低生活保障标准从每人240元/月,提高到每人260元/月,从2010年1月开始执行。扩大了全市城市低保的覆盖面达1%。进一步健全完善农村居民最低生活保障制度。符合政策规定的农村居民全部纳入低保范围,全市新增农村低保对象1052人,按照省文件精神积极对农村低保人数实行提标扩面,扩面后,农村低保对象占农村人口的3.92%,保障面同比提高0.07个百分点,高于全省平均保障水平;农村低保补差水平达到了年人均684元,高于2008年194元,全市累计保障农村低保对象59.87万人次,月人均补助57元,高于2008年14.3元,市财政拨付农村低保资金2292万元,全部实行社会化发放。逐步提高农村"五保户"供养标准。2009年分散供养标准年人均标准达到1300元,集中供养标准年人均达到2566元,全市五保户供养人员15115人全部纳入保障范围,农村五保集中供养人数4599人,五保户集中供养率到达30.42%,完成省下达任务;在院五保供养对象的平均生活标准达到2930元/年,较上年2790元/年增长140元/年,大幅超过省定标准,分散供养保障资金已全部打卡发放。

【沉着应对突发公共危机事件】 2009年世界范围的甲型H1N1流感波及淮南,淮南是全省最早发现甲型H1N1流感的城市。财政部门面对突如其来的公共危机,充分发挥财政部门的后勤保障功能,按照党和政府的要求,坚守在突发公共危机事件的第一线,制定各种应急预案,合理调度资金,及时地提供资金保障,为应对甲型H1N1流感,我市财政共拨付各项资金564万元,并确保各级政府安排的救急资金在第一时间下拨到使用单位。同时加强资金的监督和管理,确保专款专用。

(刘明智)

财政企业管理工作概述

2009年,财政企业管理,紧紧围绕全市财政中心工作,增强创新意识,以服务企业为重点,完成了各项工作任务。

【积极宣传政策,主动服务企业】 在积极宣传政策主动服务企业上主要抓住三个关键点。一是请进门。2009年5月9日,市财政局由企业科牵头召开了保企业、促经济、培财源座谈会,21家企业负责人到会。会上宣传了《促进经济平稳较快发展财政政策80条》及实施程序,涉企科室对具体的办理程序进行介绍。大家议政策、谈思路、出主意、提目标,体现出了财企一家、共克时艰、共谋发展的决心和信心。市财政局在会后将企业负责人提出的有关意见和建议进行梳理上报市政府。二是送上门。组成10个小组,分赴169户企业开展调研,进行送政策、送信息上门活动,以解决部分企业政策信息闭塞的问题。三是搞帮扶。根据市政府《关于建立规模以上工业企业领导联系制度的通知》,深入多家规模以上企业开展专题调研,对有关问题进行解答。

【加大资金扶持,促进企业发展】 面对金融危机的影响,财政部门以积极的财政政策为向导,为企业提供支持和帮助,以发挥财政资金的引导作用和解困作用。一是科学安排本级专项资金支持企业发展。2009年市本级预算安排工业发展专项、工业园区和集聚区基础设施建设贷款贴息、扶持上市融资、国有企业政策性亏损补贴、内外贸经济发展专项等4050万元。根据企业专项资金管理和使用的特点,联合有关综合部门按专项资金管理办法和规定程序,组织各类项目专家评审,做到科学、精细、公正、及时安排项目资金。二是积极组织企业申报国家、省扶持企业发展的各类项目。2009年联合有关部门争取国家、省支持淮南市企业发展各种专项目资金4273万元,其中,争取企业技术改造、节能和资源综合利用、技术创新、中小企业发展、科技型中小企业创新基金等项目73个,支持资金3141万元;争取下乡产品流通网络建设、万村千乡市场工程建设、农村物流服务体系建设、市场监管服务体系建设、促进外经贸区域协调发展等内外贸发展项目资金达1132万元。

【积极稳妥推进家电汽车下乡】 家电汽车下乡工作是财政部门牵头的一项中心工作,为了做好这项工作,市财政局主要采取以下措施:一是及时调整领导小组,健全工作机制,切实加强领导和协调;二是开展淮南市"家电汽车下乡宣传月"活动;三是推进补贴兑付程序简化改革,实行网点代垫直补工作;四是举办家电汽车下乡大型联展活动;五是设立公开咨询投诉电话,及时解答家电下乡工作中存在的问题。2009年全市各销售网点共销售家电产品50524台(部),财政补贴金额1299.45万元,农民购汽车、摩托车6227辆,财政补贴资金922万元;汽车以旧换新5辆,财政补贴资金2.5万元。全市共有备案销售网点316家,已签直补协议的销售网点为213家,占备案销售网点67.41%。

(丁淮生)

外资金融财务管理工作概述

2009年,外资金融工作紧紧围绕财政工作中心任务,按照中央"保增长、保民生、保稳定"的部署,以促进全市经济发展为宗旨,以财政系统"能力建设年"活动为契机,团结协作,共同努力,圆满地完成了全年各项工作任务。

【积极主动开展政策性农业保险工作】 政策性农业保险,是党和政府完善农业支持保护体系,健全农业风险防范机制,加大农业投入、维护农民利益的一项重要举措。2009年,市财政局积极与省财政厅金融处加强沟通交流、与市农委、保险机构等部门相互协调,密切配合,保证了全市政策性农业保险工作的顺利开展。具体操作上根据两家保险公司保单,分季及时结算2009年度种植业、养殖业各级财政保费补贴,全市在保能繁母猪43975头,奶牛4093头,小麦60.1万亩,水稻57.4万亩,财政实际支付保费1420.24万元,其中中央、省级保费补贴1190.98万元,市县级保费补贴229.26万元,受理并赔付资金1286万元。两项保险共为全市农民提供了3.75亿元风险保障,有力地增强了农业抗风险能力。

【进一步加强外贷管理充分发挥资金效益】 外国政府贷款和国际金融组织贷款是以国家信

誉担保的主权外债,被国家列为第一偿还程序。由于其贷款期限长、利率低的特点,近年来淮南市利用外债规模不断扩大,截至2009年年底,全市利用外国政府贷款和国际金融组织贷款项目24个,协议金额折合人民币19.7亿元,现已完工项目11个,在建项目13个。其中2009年已经财政部(省厅)批准项目3个,折合人民币10649万元;已上报财政部待批项目1个,折合人民币2868万元。为了加强项目管理,发挥资金效益,防止外债拖欠,2009年做了大量的工作。首先,对在建项目,要求项目单位加快项目进度,及时提款报账,降低贷款成本,发挥资金效益。市排水公司利用世行贷款1478万美元建设污水收集管网及西部污水处理厂项目,历经6年多的建设,项目于2009年顺利通过了世行和省财政厅、省建设厅的检查验收。其次,加强项目的贷后监督和管理。由于外贷期限长,还款期最长可达40年,给外债管理工作带来很大困难,为了保证贷款安全,防止贷款拖欠,维护政府形象,按照省财政厅的要求,对所有使用外贷的单位全面建立了绩效评价制度和财务情况报告制度,及时掌握用款单位的生产经营情况。再次,加大到期贷款的催收力度,及时归还到期贷款。2009年,全市外贷项目全部实现了按时足额还本付息。共计偿付本息1099.6万美元,其中本金855.28万美元,利息244.28万美元。

【认真做好小额担保贷款贴息审核】　下岗失业人员小额担保贷款是国家为支持和鼓励下岗失业人员自谋职业、自主创业而设立的专项贷款,采取"社区推荐、部门审核、担保机构担保、银行放贷、财政贴息"的办法。2009年,在原复转军人、大学应届毕业生、返乡农民工基础上,与市妇联联合下文将农村妇女也纳入了支持范围,并认真对照《下岗失业人员小额贷款使用管理办法》,对申请贷款合伙人和个人申报的材料进行审核,凡符合条件的及时进行了贴息,确保国家优惠政策真正落到实处。全年财政累计贴息184.54万元。同时协调合作银行,拓宽融资渠道。2009年,全市小额担保贷款累计发放9368.6万元,其中当年累计发放1638万元,这一政策的实施发挥了很好的社会效益,使1926位下岗失业人员实现了就业或再就业。

【合理使用专项转移支付】　为应对全球金融危机的影响,保持全市经济平稳较快增长,2008年年底,省财政通过专项转移支付方式拨付淮南市7000万元,用于支持中小企业担保机构增加资本金和建立中小企业贷款风险补偿基金。其中用于担保机构增加资本金4200万元,用于中小企业贷款风险补偿资金2800万元。同时市财政又配套1000万元打捆使用。按照省财政厅关于两项资金使用管理的指导意见要求,及时在银行开设了专户,对资金实行专户管理。制定了《淮南市中小企业贷款风险补偿资金管理办法》。同时要求凤台县按照市政府的要求,根据实际情况,切实加强资金管理,制定具体的资金管理使用办法,报市财政备案。到2009年年底,共对364户中小企业流动资金贷款进行了贴息,贴息金额1441.37万元。同时为奖励全市各金融机构2008年度对中小企业融资服务工作,对7家金融机构及担保公司2008年度中小企业贷款增量部分进行了142.76万元补偿。

(吴剑波)

农村财政管理工作概述

2009年,农村财政管理工作,认真贯彻落实中央各项惠农政策,进一步完善财政补贴农民资金的发放管理,并加强契税、耕地占用税的征管。

【加强收入征管,"两税"收入快速增长】　2009年,全市共完成契税、耕地占用税"两税"收入3.75亿元,完成年预算的250%,同比增长97%。其中,耕地占用税完成2.2亿元,增长3.6倍;契税完成1.55亿元,增长20%。为确保"两税"收入任务的完成,市财政局重点做了以下工作:一是贯彻积极的财政政策,2008年4季度,市委、市政府出台了《关于促进经济平稳较快发展,保障和改善民生的意见》,其后,市政府又印发《关于促进当前房地产市场健康发展的意见》的通知,从资金、规划、政府服务等方面为房地产市场平稳健康发展助力,市财政积极贯彻执行,拉动了"两税"的快速增长;二是加强收入征管,认真贯彻国家房地产宏观调控政策,积极发挥两税杠杆作用,科学合理编制收入计划,加强收入征管,健全内部管理制度,加强部门配合,抓好源头控管,先税后证,保证了“两税”收入稳定增长;三是严格依法治税,认真贯彻落实政府出台的房地产政策,在坚持依法治税的前提下,用足用好各项扩大内需的契税优惠政策,支持经济发展,严格执行税收政策,不随意开减免税口子。

【围绕扩大内需政策,扩大住房消费需求】 对居民购买商品住房的契税负担,在执行国家契税政策的基础上,市财政给予购房人不同比例的财政补助。对于在2008年12月1日至2009年6月30日期间,个人首次购买90平方米及以下普通住房(含本市农村居民购买的二手房)的,契税税率暂统一下调到1%,由市财政按购房人缴纳契税的100%给予一次性补助;对个人首次购买90平方米以上、120平方米以下普通住房的,按规定税率缴纳契税,并由市财政按购房人缴纳契税的50%给予一次性补助;对购买商业用房的,按照规定税率缴纳契税,由市财政按购房人缴纳契税的25%给予一次性补助。财政部门充分利用报纸、广播、电视、政府信息网站等媒体,加强契税政策的宣传。此项政策惠及购房者2400余户,全市共发放补助资金450余万元。

【完善财政补贴农民资金改革,创新农民补贴资金发放制度】 不断推进财政补贴农民资金的改革,更好地服务于广大农民群众。借助“一卡通”平台,扩大资金发放范围,将政策性农业保险赔付资金通过各县区财政局“一卡通”专户直接打卡发放至农户,充分发挥了“一卡通”的作用。2009年,淮南市全面实施县区级统一发放财政补贴农民资金,提高“一卡通”发放效率。严格按照《安徽省财政补贴农民资金发放操作程序》操作,进一步明确涉农相关部门职责,简化操作程序,加强资金管理。同时根据国家惠农政策的调整,加强与各县区农村信用联社、邮政储蓄银行等代发金融机构协调,对“一卡通”存折补贴项目名称和简称进行修改,保证群众领到“明白钱”。为加快各县区财政补贴农民资金发放网络建设,确保县区将发放数据及时传输至省财政厅,市财政筹措资金,招标采购七台专用服务器,分发各县区,极大地提高了财政补贴农民资金发放数据的上传率。2009年全年全市共发放农民补贴资金万元,同比增加2009万元,资金发放进度达到97%。

【理顺管理关系,加强乡镇财政管理】 为充分发挥乡镇财政职能作用,进一步加强乡镇财政管理,根据省财政厅《关于进一步加强乡镇财政管理的指导意见》精神,经市政府同意,转发至县、区政府,明确了新形势下乡镇财政工作任务和要求。具体要求是乡镇财政要适应农村改革形势,适应落实党和政府农村政策的要求,适应乡镇政府职能转变的要求,围绕管理社会事务、发展农村经济、提供公共服务,着力推进乡镇财政职能转变,做到不缺位,不越位,充分发挥乡镇财政职能作用。各县区根据文件要求,研究制定出具体的贯彻措施和办法,围绕完善财政预算管理,做好农村公共服务;认真落实惠农政策,建立服务工作新机制;强化财政监督职能,提高资金使用效率;加强机构队伍建设,提高乡镇财政管理水平等方面予以实施。

(马　利)

会计管理工作概述

会计管理工作,认真贯彻执行《会计法》及各项规章制度,强化会计基础管理。把会计制度建设、实施作为工作重点,寻求会计管理的新思路,加强会计人员继续教育,努力提高会计队伍素质和会计信息质量。

【增强会计人员法制观念】 加大会计监管力度,增强会计人员法制意识,是规范会计行为、提高会计信息质量的重要保障。为了增强会计人员的法制观念,市财政局做到把法津法规精神贯彻融入会计人员的日常培训中,对《会计法》等相关会计法规的贯彻实施形成长效工作机制。大力开展会计从业培训、后续教育培训,努力提高整个会计队伍的业务素质和法律意识,培养适应市场经济发展需要的会计人才。强化监督检查,进一步规范会计基础工作。督促各单位建立健全单位内部监督、内部控制制度,确保会计人员持证上岗,依法做好会计工作。对会计法律规定的18项裁量权进行了划分,拟定了《会计法》自由裁量三级基准。

【大力推进《企业会计准则》的贯彻实施】 财政部于2007年颁布了新的《企业会计准则》,首先在上市公司及金融机构执行。规定要求新会计准则自2010年1月1日起在上市公司、大中型国有企业(集团)及其他企业中全面执行。为确保新旧准则的平稳过渡和新会计准则的顺利实施,市财政局制定了《企业会计准则贯彻实施方案》,明确各单位新准则的学习任务,要求会计人员把《企业会计准则》的学习作为一项长期工作,采取多种学习方式和途径,确保会计人员快速熟悉掌握新准则内容。市财政局会同市国资委、淮南东辰集团有限公司于2009年8月至10月组织了5期市属国有企业新《企业会计准则》培训班,聘请中国人民大学郭建华教授讲课,根据单位的性质、特点,有针对性地制定培训方案、设置课程。要求县、区财政部门、各主管部门加大新会计准则的宣传力度,充分发挥引导和督促作用,帮助企业做好实施前的准备工作。

【对《小企业会计制度》执行情况开展调研】 小企业会计制度的发布实施,对进一步整顿和规范会计工作秩序、规范小企业财务会计行为,促进小企业的健康发展具有重要的现实意义。按照省财政厅《关于报送〈小企业会计制度〉执行情况的通知》文件要求,市财政局立即联系、走访了有关部门,掌握了小企业的具体情况,同时设计了专门的调查表,发放到部分小企业。调研的情况是,经统计全市5384户小企业中共有4241户企业执行了《小企业会计制度》,占小企业总户数的78.77%,具体的执行情况也相对较好。这其中执行情况较好的行业是住宿和餐饮业企业,达到97.01%。资产总额高于4000万元的企业执行情况也明显好于小于4000万元的企业,比例分别是90.49%和78.17%。在会计基础工作情况中,委托代理记账的企业基本都执行了《小企业会计制度》,设置专门会计机构的企业执行情况也较好。未设置会计机构、仅配备会计人员的企业有525户,执行情况较差,仅有79户执行了《小企业会计制度》,占15.05%。

【规范代理记账机构的管理】 会计代理记账机构的审批是《行政许可法》赋予财政部门的一项职责。为了规范此项工作,市财政局制定了工作流程及联动制度。在"淮南会计网"发布了《代理记账管理办法》、代理记账业务申请办理程序及相关表格方便查询,同时印制了告知单对外发放。办理过程中按照《代理记账管理办法》要求,对每一户申请设立代理记账业务的会计中介机构和申报材料及会计人员的从业资格都进行认真审核并对办公场所进行实地查看,严格按照规定的审核程序及受理时间办理审批,同时告知申请人所享有的依法申请行政复议或者提起行政诉讼的权利。截至2009年12月,全市共有12户会计中介机构具备代理记账资格。

【圆满完成各项会计考试考务工作】 由于各项考试报名均采用网上报名的方式,为方便没有上网及采像条件的考生顺利报名,在全市各县区均设有报名服务点,配备电脑设备免费提供给考生使用,并指定专人现场指导操作,对考生遇到的问题耐心解答、积极帮助。考试中,按照"严格要求、严密组织、严肃纪律,确保考试万无一失"的原则,从考点、考场设置到人员、车辆配备,从监考、巡视到试卷接送、保管,每个环节都做到精心组织、周密安排,明确了相关责任并落实到人。为了加强考试的公正性,为考生提供公平竞争的环境,对监考人员进行了集中培训,并编写了考前培训提纲印发到每位监考人员手中,对监考过程中认真负责的监考人员予以奖励,以提高监考人员的责任心。对在全国职称考试中作弊的考生按照《全国专业技术资格考试违规违纪处理办法》规定,作出了吊销会计从业资格证书、取消当年考试成绩、停考两年的处罚。2009年全市共有7566人次报名参加会计类考试,其中,会计专业技术资格考试2396人。会计从业资格考试4392人,合格2110人,合格率达58.6%,创历史新高。高级会计师考试38人,合格1人。

【加强管理,做好会计人员继续教育培训】 一是加大继续教育政策法规的宣传力度,让会计人员深入了解继续教育是提高从业人员素质、补充专业技能、调整知识结构的主要途径,同时提高单位领导对会计人员继续教育的认知度,取得领导的重视和支持,创造有利于开展会计人员参加继续教育培训的良好社会氛围。二是制定切实可行的培训计划,注重会计培训与经济发展及实际工作相结合,对继续教育培训形式及内容不断改进和完善,按照会计工作的需要及时调整培训内容,以此提高会计人员培训质量。三是分层次、分类型实施培训。聘请了专业教师授课,针对不同人群,开设不同层次的课程,以避免培训内容、深度与参培人员的水平不相符的现象,还专门在大通区、毛集区及市教育局开展了针对性的培训工作。四是借助继续教育培训开阔会计人员视野。利用省财政厅培训及单位系统培训机会,组织单位财务人员先后到厦门、大连等地参加新会计准则和企业内部控制体系培训,开阔了会计人员的视野,进一步更新了会计工作的理念和方法。五是利用网络教学,极大地方便了会计人员学习。利用网络的广泛性、灵活性,在“淮南会计网”上进行会计人员远程教育培训,实行网上报名、网上交费、网上培训、网上考试、网上阅卷,为会计人员提供了便捷、高效的培训服务。教学课件采用国际领先的流媒体技术制作,达到视频、音频与文字同步播放的最佳网络教学效果。

(吴　倩)

国有资产管理工作概述

以资产管理为抓手,以贯彻落实财政部第35号、36号令为主线,统一思想、提高认识、求真务实、扎实工作,收到了实效。

【试行国有资本经营预算】　为贯彻落实《中华人民共和国企业国有资产法》及国务院《关于试行国有资本经营预算的意见》(国发[2007]26号)精神,按照省财政厅要求,认真做好编制国有资本经营预算的前期准备工作,联系市国资委,认真调查核实市属国有、控股、参股企业基本情况,印发了《淮南市市属企业国有资本收益管理暂行办法》(淮府[2007]50号),规范了国有资本经营收入的管理,提高了企业收入分配的透明度。出台了《淮南市关于试行国有资本经营预算的意见》,为编制市级国有资本经营预算创造了极其有利的条件。

【强化公房出租出借管理措施】　在做好公房出租出借日常管理的基础上,市财政局认真履行职责,细化管理措施,进一步加大管理力度。如对行政事业单位出租的公房要求透明价格和时限;针对租金偏低的问题,认真做好市场调查,对出租资产进行有效评估,做到租金与出租资产相配比;对繁华路段房屋出租,要求公开向社会招租和拍租等(2009年各类拍卖资产评估价约430万元,实际拍卖收入高于评估价20%以上)。逐步解决行政事业单位公房出租出借中租期过长、租金偏低、合同约定不严等问题,在一定程序上防止了国有资产的隐性流失。

【切实加强公务用车管理】　在对机关公务用车实行编制化管理的基础上,进一步加大公务用车的管理力度。一是规范公务用车购置程序。7月份,市财政局和市监察局联合印发了《淮南市市直机关公务用车购置操作规程》。财政、监察各负其责,对单位车辆编制、经费来源、配备标准及型号进行严格审核。下半年的公务用车购置费比2008年同期有了明显下降,购车经费开支得到了有效控制。二是做好机关公务用车日常管理工作。依据市委、政府《关于加强市直机关行政事业单位公务车辆管理的暂行办法》(淮办秘[2008]11号),进一步细化了对市直机关公务用车的日常管理,规定各行政事业单位不得长期占用或借用、调换下级单位的车辆,严禁以各种名义向下级单位摊派资金购买车辆,车辆处置须经财政部门审批,并由市财政局依法处置等。

【规范资产处置配置行为】　一是制定《淮南市市直行政事业单位国有资产处置管理暂行办法》,要求各单位把好资产管理“出口”关,严格按照“先报批,后处置”原则处置国有资产。明确资产处置权限,权限内报主管部门审批,超出权限的报财政部门审批。同时,加强对国有资产处置行为监督和管理,加大处罚力度。二是制定《淮南市市直行政事业单位国有资产配置管理暂行办法》,明确规定各单位要求配备资产的,能通过调剂、租赁的,原则上不重新购置,确需购置的必须严格按规定标准配置。三是制定《淮南市市直行政事业单位国有资产产权交易管理暂行办法》,共25条,在产权交易政策、入场资产交易条件等各方面都做了详细规定。该办法的出台,加强了国有资产产权交易管理,促进了单位之间资产的合理流动。

(洪　波)

政府采购管理工作概述

2009年,政府采购工作继续深化政府采购制度改革,加强政府采购监督管理,扩大政府采购范围和规模,充分发挥政府采购政策功能,推动政府采购和谐、健康发展。

【发挥政府采购政策促进发展】 政策功能是政府采购促进经济健康发展的一项重要手段。一年中,认真贯彻落实省财政厅《关于政府采购政策促进我省经济又好又快发展的意见》,促进经济增长。一是对采购编入自主创新产品,如省产汽车及有关家电、钢材、IT等省市产品,在相同情况下优先采购;二是对已列入省自主创新产品目录的其他产品,在采购项目评审时,必须按照省财政厅《关于印发〈安徽省自主创新产品政府采购管理暂行办法〉的通知》中的规定,给予加分等优惠政策;三是各级集中采购机构对能够很好履行政府采购合同的本市供应商,一律减半收取履约保证金,一次性收取投标保证金,直到供应商要求退回投标保证金为止;四是贯彻采购自主创新产品的精神,淮南市与有关单位签订了江淮宾悦轿车的单一来源采购合同。

【强化政府采购预算编制】 政府采购预算是行政事业单位部门预算的一个重要组成部分。市本级自2004年以来开始编制政府采购预算。虽然编制了政府采购预算,但编制质量有待提高,市本级预算单位政府采购预算数与实际政府采购规模差距较大。市审计局在《2007年淮南市本级预算执行和其他财政收支的审计公告》中,着重提出政府采购预算编制弱化,多数预算单位编制政府采购支出预算的意识不强。2009年,大力加强政府采购预算编制工作。一是严格按照《淮南市市级2009年度政府集中采购目录及限额标准》编制政府采购预算,确保法律规定范围内的政府采购项目做到应编尽编,要求各单位按照上年实际采购金额的30%编制政府采购预算;二是扩大财政专项资金纳入政府采购工作的范围;三是加大对政府采购预算编制工作考核力度,将政府采购预算编制和执行指标纳入部门预算编制考核体系。

【加强政府采购机构和人员培训】 提高全市各级政府采购工作人员的业务素质和操作水平,一直是政府采购监督管理工作的重要内容之一,2009年作为全省财政系统的能力建设年,以此为契机,以提高学习能力、创新能力、谋划能力、执行能力和自律能力为目标,以开展政府采购业务培训为手段,努力推动政府采购科学发展、跨越发展、和谐发展。业务培训以专家讲座的形式开展。针对市直中学和市县区两级集中采购机构分别安排了两期讲座,邀请省政府采购中心的专家从政府采购法律法规、政府采购程序和政府采购电子化三个方面进行了讲解。讲座具有较强的针对性和实用性,对解决政府采购工作人员在实际工作中遇到的问题和提高业务素质和操作水平具有明显的作用。

【转变政府采购资金管理方式】 市级政府采购资金专户原管理方式是由政府采购科管理、市国库支付中心代为记账,存在着管理环节较多,支付效率较低,管理与账务处理“两张皮”的弊端。随着政府采购规模不断扩大,支付频率更加频繁,改变专户管理方式势在必行。一是以国库集中支付为主要支付方式,政府采购资金原则上由业务科室录入政府采购预算,采购单位按程序从国库支付系统填报采购计划,采购资金由政府采购科申请支付;二是以政府采购资金专户为辅助支付方式,对单位自筹或无法实行集中支付的采购资金,先归集到专户,由政府采购科根据采购合同从账户直接支付,并做好账务处理。

(沈维玲)

农村综合改革工作概述

认真贯彻落实加强“三农”工作的方针政策,以建设社会主义新农村为主题,以农业增效、农民增收为重点,不断加强服务意识,积极推进全市农村综合改革工作不断向纵深深入,有力地促进了农业和农村经济的发展。

【村级公益事业建设一事一议财政奖补试点工作】 为增强农民民主意识、促进农村基层民主政治建设,提高村民自治水平,进一步完善村级事务管理服务功能。2009年,淮南市开展村级综合改革试验,鼓励和支持农村开展村级公益事业建设一事一议项目建设。10月20日,市政府召开动员会议,全面部署村级公益事业一事一议财政奖补试点工作。全市48个乡镇、633个行政村中已有345个行政村申报实施了一事一议财政奖补项目,实施项目424个,已经竣工验收项目423个,其中农田水利设施项目134个、道路修建项目238个、植树造林项目7个、安全饮水项目5个、环卫设施项目14个、文化体育设施项目13个、其他项目12个。竣工项目受益人口74.13万人,竣工项目金额总额3961.81万元,其中,群众筹资734.4万元,村集体投入549.03万元,社会捐赠31.04万元,市级财政78.86万元,县区财政893.5万元,中央和省财政奖补资金1674.98万元。竣工项目群众筹劳135.66万工日。

【清理化解农村义务教育债务】 2007年,全市全面开展清理化解农村义务教育债务工作,共上报债务项目1029个,债务总额6299.38万元。省化债办锁定淮南市债务总额5290.15万元(其中,市辖区3739.76万元,凤台县1550.39万元)。2008年,清理化解农村义务教育债务工作进入攻坚阶段,市财政先后拨款4750.76万元(其中省补助资金4480万元,市级财政预算安排资金270.76万元),专项用于化解农村义务教育债务。全市化解农村义务教育债务5329.49万元,全面完成农村义务债务化解任务。2009年4月,市化债领导小组组成审查复核组,对各县区清理化解农村义务教育债务工作进行审查复核。按照《安徽省清理化解农村义务教育债务领导小组〈关于印发安徽省清理化解农村义务教育债务工作考核验收办法〉的通知》,市审查复核组针对各县区存在的问题,推出了整改意见。2009年6月,省化债领导小组审查复核组对淮南市清理化解农村义务教育债务工作进行审查复核,认为淮南市已全面完成了化解农村义务教育债务任务,各项基础工作扎实,档案资料完整规范,基本达到了考核验收标准。

【为民服务全程代理制工作情况】 2009年,淮南市为民服务全程代理制工作从规范服务项目、规范运作方式、规范办事程序入手,建立严格的中心管理制度和内部制约机制,进一步完善农村为民服务全程代理体系。截至2009年底,全市48个乡镇(街道)都设立了"为民服务全程代理服务中心",633个行政村全部设立了代理点,为民服务项目最多的乡镇达到69项,累计办理的事项40578件。

(廖　敏)

机关党建工作概述

2009年,市财政局机关党建工作,坚持以邓小平理论和"三个代表"重要思想为指导,深入学习实践科学发展观,贯彻落实党的十七大和十七届三中、四中全会精神,进一步加强党的思想建设、组织建设和作风建设,推动了机关党建工作的进一步发展。

【履行职责谋大局】 认真贯彻执行上级部署。机关党委领导班子配备齐全,各负其责,分工明确,全面履行职责。根据上级党组织工作部署,结合市局实际,切实做到年初有党建工作要点、工作计划和具体措施,年底有总结。各项工作有部署、有检查、有考核,有效落实。对上级党组织布置的重要工作,都能按质按时按量完成。创造性开展工作,通过经常性的上下沟通协调和横向交流互动,不断探索加强机关党建工作的新方法、新经验。

【严格执行党建工作责任制】 局机关党组坚持党要管党、从严治党的方针,着力加强新形势下对党员尤其是党员领导干部的严格教育、严格管理、严格监督,坚持集体领导和个人分工负责相结合的原则,一级抓一级,层层抓落实,建立了党组统一领导,党组书记负总责,分管领导具体抓,人事、监察等有关部门密切配合,机关党组织抓落实的党建工作责任制。坚持把机关党的工作纳入党组工作的整体规划,统一部署、检查和考核,党组主要负责同志把抓机关党建工作情况列为述职范围。党组经常听取机关党组织的工作汇报,提出指导意见,创造条件。与此同时,党员领导干部自觉参加支部活动,按期召开党组民主生活会,认真开展批评和自我批评,确保整改措施落实到位。

【突出重点抓教育】 认真学习党建基本理论,坚持把理论武装作为机关党建工作的重中之重来抓,在武装头脑、指导实践、推动工作上取得了新进展。组织广大党员认真学习马列主义基本理论、"三个代表"重要思想以及党的十七大和十七届三中、四中全会精神。深入学习党章,组织党员干部深入学习党章,强化了党章意识和党员意识,使认真学习党章、自觉遵守党章,切实贯彻党章、坚决维护党章成为机关广大党员的思想共识和自觉行动,增强了宗旨意识和党性修养,提高了全体党员为民聚财、为民理财、为民用财的责任意识。

【扎实开展学习实践科学发展观整改提高活动】 2009年,在市委、市政府的正确领导下,在市整改提高办的精心指导下,局党组坚持以科学发展观为统领,认真开展了学习实践科学发展观整改提高活动。牢牢把握解决突出问题、推动科学发展这个主题,紧密联系实际、突出实践特色、精心组织实施、统筹有序推进,较好地完成了各项整改提高工作任务,取得了很大成效。年初,按照市委学习实践活动办公室要求,上报了13项整改事项。截至2009年底,这13项工作任务已经全面完成。与此同时,市委常委会分解的7项工作任务和市政府党组分解的4项工作任务都得到了很好的贯彻落实。

【积极创建学习型机关】 在全局广泛兴起“创学习型机关,做学习型公务员”活动,丰富完善了党组中心组学习、科室集中学习、干部职工培训等一系列学习制度,促使理论学习经常化和制度化,不断提高干部队伍的综合素质。开展岗位大练兵活动,在全局举办“财政论坛”,每月2期,主要由各科室负责人主讲,概述本部门业务、探讨热点问题、分析未来政策走向、提出今后的思路和对策等。“财政论坛”的成功开设,为全局职工提供了一个相互学习、共同提高的平台,加强了科室之间的相互沟通,引领了全局职工的学习热情,全面提高了全体干部职工的综合素质。

【加强廉洁自律教育】 不断加强对党员干部的廉洁自律教育,坚持以反腐倡廉制度建设推进年活动为抓手,切实加强对党员干部的廉洁自律教育。自市委、市政府部署开展反腐倡廉制度建设推进年活动以来,局党组高度重视,切实加强组织领导,精心制定工作方案,及时动员部署。在市推进办的精心指导和全局干部职工的共同努力下,全局深入开展反腐倡廉制度建设推进年活动,着力营造风清气正的发展环境,有力促进了财政改革与发展,为全市经济社会又好又快发展提供了坚强的财力支撑,推进年活动的各项工作得到了有效落实。一是统一思想,端正态度,正确认识开展反腐倡廉制度建设推进年活动的重大意义。二是成立组织,制定方案,认真动员部署,反腐倡廉制度建设推进年活动深入有序开展。三是深入调研,全面清理,着力健全制度,反腐倡廉制度建设推进年活动达到既定目标。四是强化监督,狠抓落实,推动财政工作,反腐倡廉制度建设推进年活动取得显著成效。

【开展向沈浩同志学习活动】 2009年12月26日,局党组全体成员和机关党委各支部书记赴凤阳县小岗村追思沈浩同志,看到小岗村的变化,深深体会到沈浩同志是财政人的骄傲,是大家学习的标兵。局党组要求,要把向沈浩同志学习作为实践科学发展观的重要环节,掀起学习先进事迹,争创一流业绩的高潮。

【主动联系和服务群众】 为使广大党员干部牢固树立宗旨意识,自觉加强党性锻炼,努力提高服务本领,充分发挥先锋模范作用,市局对原有的众多服务制度进行了补充和完善,通过开展访贫问苦活动、建立对口帮扶服务网络、党员结对帮扶困难群众、实行局领导接待群众来访日制度、畅通党员联系群众渠道等形式,建立了一整套密切联系群众的服务机制。市局积极开展各种形式的帮扶活动,与困难乡村结对子。同淮南十七中、谢区二小,毛集区焦岗乡以及三和乡四店村均结成了帮扶对子。2009年“七一”前夕,组织了一系列学习实践活动。机关党委组织支部书记和部分党员,冒着酷暑赴三和乡四店村进行调研,并慰问了10户党员困难户。近年来,为帮助三和乡四店村解决村级集体经济薄弱,交通不便的状况,市局从办公经费中挤出2万余元,并多次组织干部职工捐款捐物近1.4万元,为该村打深井一口,解决了该村1500多人的吃水问题,并积极支持该村修建一条石子路,有效缓解了该村8个村民组的出行困难,受到了村民们的高度评价。

【加强和改进党员管理】 为切实做到党要管党、从严治党,机关党委严格按照党章,切实加强对党员的日常管理监督。严格坚持党员标准,严把新党员“入口关”,建立健全入党积极分子教育管理培训制度,发展党员审查考核制度、公示制度、责任追究制度等,确保党员队伍质量。按照党章要求和《党内监督条例》、《纪律处分条例》、《党员权利保障条例》和《建立健全教育、制度、监督并重的惩治和预防腐败体系实施纲要》四部党内重要法规,激励和约束每一个党员,用制度管权、管事、管人。通过建立健全完善具体的规章制度,围绕党组织对党员监督、党员之间的监督、群众对党员的监督和舆论对党员的监督,对党员实行了有效的监督。今年上半年,按照市直机关工委的要求和部署,我局组织专人负责党员基本信息管理系统的信息录入工作、并按时保质保量完成了全部工作任务,为加强党员管理的规范化和信息化建设提供了重要基础。

【积极推进"五型机关"创建活动】 2007年以来,市政财局积极推进"五型机关"创建活动,进一步树立以人为本、改革创新、统筹兼顾、规范管理、强化监督的理财理念,将"五型机关"创建活动与财政工作,与机关效能和作风建设,与财政文化建设密切结合,稳步实施,整体推进,不断提高全系统干部职工的政策理论水平、依法执政能力、科学理财能力、开拓创新能力、和谐共建能力,形成了上下联动、齐心协力、共谋发展的新局面。6月,机关党委被市委授予"全市先进基层党组织"称号。

【抓群团发挥纽带作用】 机关工会、团支部和妇工委等组织是党组织和行政部门联系群众的桥梁与纽带。为此,市局不断推进群团工作的规范化和制度化建设。一方面,积极完善各组织机构,使其内部分工明确、形成合力。另一方面,采取寓教于乐,寓教于学的形式,定期或不定期地开展各种群团活动,切实发挥联系群众的桥梁纽带作用。

(吴成进)

人事教育管理工作概述

2009年,局人事教育管理紧紧围绕局党组及局各时期中心工作,提高效能建设水平,强化开拓创新意识,强化各项职能,为财政发展做出了积极贡献。

【日常工作】 2009年,积极配合市委组织部、市人社局、市直机关工委等单位做好全局人事教育工作。年终考核方面,出台了《市财政局2008年度工作人员考核实施意见》,对2008年度科级领导干部和全局工作人员进行了考核,并报市人社局备案。根据考核结果出台表彰决定,对全局在各领域工作中成绩突出的同志进行了表彰。同时,配合市委组织部完成了对局领导班子及县级干部的考核工作。工资方面,健全全局及二级单位工资数据管理工作,年初及时为全局职工核定2009年度级别工资、档次工资或薪级工资等,及时将市管干部工资材料报送市委组织部,确保了工资准时、足额发放。人事调动方面,及时准备人事调动相关材料,协调市人社局、市编办,尽快办理调动相关事宜,并办理入编手续,确保新进人员或调出人员及时到新任岗位工作。档案管理方面,及时对新进人员档案材料进行审查整理,及时移交市管干部档案、学历材料等须报送材料。其他方面,及时为退休职工办理退休手续;认真填写《全省财政系统人事报表》、《公务员统计报表》、《机关、事业单位工作人员工资报表》、《党员报表》等各类报表;协助局领导做好绩效考核工作;热情接待来信来访,做好部分基层财政所同志思想稳定工作。

【机构编制】 干部选拔任用方面。2009年共提拔任用正科级领导干部2名,副科级领导干部3名。机构编制方面,积极争取编制、职数,2009年共增加2名行政编制。配合市编办、市政务中心做好行政审批服务科的申请、成立工作。在新一轮机构改革中,拟定了《关于淮南市财政局主要职责内设机构和人员编制规定的请示》,顺利完成新一轮机构改革工作。人员轮岗方面,2009年4月,组织实施了全局科室负责人大轮岗,15名科室负责人进行了岗位轮换。其他方面,根据市委组织部文件要求,选派1位同志到非公有制企业挂职锻炼,安排2位新录用公务员到基层锻炼。出台了《市财政局聘用人员管理暂行办法》,先后完成2010年度安徽省考试录用公务员职位申报工作和全市事业单位考试录用工作人员职位申报工作。

【教育培训】 培训调训方面,制定了《2009年干部培训计划》,进一步完善干部培训档案管理工作。认真落实各级调学任务,顺利完成省厅、市委组织部、市直机关工委、市委党校等单位多项调学工作。配合省财政厅组织了全省财政系统县(区)长岗位培训班;举办了第一期全市农村财会人员财政支农政策培训班,培训财政所工作人员、村会计、代理机构会计共268人。思想教育方面,十分注重干部职工的思想动态,每星期举办一次全局范围内的政治学习。按照市委组织部要求,带领全局干部职工认真学习《干部选拔任用工作条例》等重要文件。其他方面,组织全市财政系统代表队参加全省财政系统信息化与电子政务应用技能竞赛,在全省名列前茅。

(戴 冰)

财政监督检查工作概述

财政监督工作突出民生工程、扩大内需和治理"小金库"工作重点,积极开展财政监督检查工作,圆满完成了20项监督检查任务。

【突出重点开展专项监督检查】 开展民生工程检查,保障政策资金落实。全年安排民生工程专项检查任务5项,占全年工作计划的50%。2009年"两节"期间城乡特困低保户粮油补助及特困群众生活救助专项资金使用管理情况检查,发现并纠正了发放过程中手续不健全的错误。市传染医院2007~2008两年度前期开诊专项资金及社区卫生服务站建设专项资金的管理情况检查。对专项资金的管理和会计核算提出了依法规范的要求。2008年度农村安全饮水项目专项资金使用管理情况检查,抽查了1县5区12个乡(镇)村,为下一步该项资金的管理提供了信息。2007~2008两年度全市社区卫生服务费配套资金的检查,抽查了全市的5个卫生服务中心。理清了各区配套资金的落实情况。高校和中职学校家庭经济困难学生资助资金政策落实情况检查,并提出了规范财务会计制度的要求。开展专项资金检查,注重安全规范绩效。一是对破产企业留守处2008年度财务收支管理情况检查,对市直各行业协会的109个留守处进行了普查,在具体会计核算上依法提出了要求。二是对市信息办等单位2008年度信息化发展项目资金落实使用情况检查。三是对凤台县肉鸭标准化生产基地建设开展会计信息质量检查,促进信用环境建设。2008年度部分单位会计信息质量检查。提高了单位负责人保证会计信息真实、完整的认识。开展收支两条线检查,维护财经法规纪律。财政各预算单位预算外收支两条线检查。

【积极开展"小金库"专项治理】 "小金库"专项治理工作,是中央统一部署要求展开的阶段性中心工作,分动员部署、自查自纠、重点检查和整改落实四个阶段进行,从5月到年底基本结束。按照局领导安排,监督局承担了市"小金库"专项治理工作领导小组办公室工作人员的组织和具体事物的落实工作。到2009年12月已进入的整改落实阶段,取得以下成效。自查自纠全面覆盖。全市党政机关和事业单位1190家,其中,市直89个主管部门及所属242单位,9个县区(包括一个实验区和两个开发区)及所属859个单位,自查自纠"小金库"阶段工作已全部结束,自查面为100%。自查自纠"小金库"账户50个,累计金额1545.37万元,支出1302.96万元,账户结余242.41万元,已全部收缴同级财政(市本级收缴91万元)。其中,"回头看"期间自查自纠"小金库"8个,累计金额326.47万元,支出181.03万元,账户结余17.25万元。重点检查突出实效。全市抽调及聘请108名专业人员,成立28个重点检查组,检查464个行政事业主管部门及所属二级单位,占应查总数的39%。其中,市本级安排重点检查部门40个及所属二级单位91个,分别占市直部门和所属二级机构的总数的45%和46%;重点领域、重点部门和重点单位检查面100%。查出"小金库"2个,主要违规违纪问题20个,资金余额1799.14万元。其中,应收缴违纪资金18.14万元,应及时上缴财政专户资金345万元,应解缴预算内资金1436万元。

【集中精力完成工作任务】 组织自查的有3项:2008年度城乡义务教育经费保障机制改革、城镇居民基本医疗保险、就业再就业补助资金和农村安全饮水项目建设"四项"民生工程专项资金政策落实、资金使用、财务管理的检查。此项检查涉及一县六区四个市直部门,抽查了六个区及12个部门、10个乡(镇)村。科技型中小企业技术创新基金政策落实和资金使用情况的检查。涉及9个省级创新基金项目单位。开展了会计信息质量检查。配合检查的5项:财政贴息资金专项检查;会计师事务所执业质量重点检查;土地开发复垦资金专项检查;科技攻关计划等7个项目支出绩效考评及企业所得税奖励资金检查。

(常 江)

财政事业发展概况

农业综合开发工作概述

2009年,市农业综合开发工作紧紧围绕新农村建设的总体目标和农业综合开发的具体要求,立足改善农业生产条件、生态环境和提高农业产业化经营水平两大任务,狠抓土地治理、产业化经营和世行三期灌溉三类项目,突出节水灌溉、结构调整、产权制度改革和项目运营管理四个重点,创新思路,强化措施,农业综合开发事业有了长足发展。投资规模稳步上升,经济效益日益明显,农民收入不断增加,为全市农业和农村经济发展、促进农村小康建设做出了积极贡献。

【精心做好各项基础工作】 组织召开全市农业综合开发业务工作会议,传达了全省农业综合开发业务工作会议精神,安排部署2009年农业综合开发项目申报事宜以及2008年项目统计、资金决算工作。组织完成国家农业综合开发2001~2009年全市国内土地治理项目财政有偿资金债务核减工作,核减债务367.695万元;同时完成申报2008年到期产业化项目呆账核销43.8万元。组织开展农业综合开发项目在抗旱保苗中发挥作用调查,撰写"淮南市农业综合开发项目区抗旱保苗显成效"调查材料。承担了省农发局在凤台县举办的皖北片座谈会。圆满完成迎接国家农发办和省农发局对凤台县世行三期加灌农业项目和毛集区世行科技项目实施情况的预检查,并配合局办公室精心组织做好了世行官员和国家农发办对凤台县世行三期加灌农业项目实施情况检查。

【积极编报项目不断扩大财政投资规模】 市农业综合开发部门以现代农业的理念,突出重点,认真考察,严格筛选,择优立项,精心编写项目资料,并组织有关专家对项目进行了论证审定,项目申报一次通过。2009年,省批复项目:一是土地治理项目四个,治理土地2.8万亩。总投资2151.6万元,其中财政资金1605.35万元,群众自筹资金546.25万元。具体是:(1)凤台县古店乡中低产田改造项目,项目总投资823.2万元,其中财政资金614.2万元,群众自筹资金209万元。(2)潘集区架河乡中低产田改造项目,项目总投资748.4万元,其中财政资金558.4万元,群众自筹资金190万元。(3)毛集区焦岗乡中低产田改造项目,项目总投资496.3万元,其中财政资金370.3万元,群众自筹资金126万元。(4)毛集区焦岗乡支持种粮大户项目,项目总投资83.7万元,其中财政资金62.45万元,种粮大户自筹资金21.25万元。二是产业化项目二类,涉及9个单位,总投资1341.4万元,其中财政资金390万元,单位自筹951.4万元。(1)财政补贴类项目1个,凤台县安徽顾桥面粉(集团)有限公司申报的《年产5000吨特色杂粮加工项目》,项目总投资1071.4万元,其中财政资金120万元,单位自筹951.4万元。(2)财政贴息类项目,共8个单位,总投资270万元,全部为财政资金。三是部门项目1个,谢家集区申报的《朱集中型灌区节水配套改造项目》,项目总投资1600万元,其中财政资金1200万元,群众自筹400万元。该项目将分两年实施。四是土地治理省级科技推广项目3个,共60万元财政资金。以上三类项目计划总投资5153万元,其中财政资金3195.19万元,单位或群众自筹1897.65万元。项目投资比2008年增加3492万元,增长210%。财政投资规模创历史最高年份。

【完善项目建设标准,全面完成项目验收】 一是配合市审计局做好2006~2008年3年国内农业综合开发项目资金使用管理的审计工作,对审计中发现的问题及时进行整改,为3年项目总验收打好基础。二是全面开展2006~2008年3

年国内农业综合开发项目市级验收工作。为迎接2006～2008年农业综合开发项目国家验收考评，组织农、林、水、农机、审计等有关专家组成了验收小组，从2009年6月10日起，对2006～2008年3年国内农业综合开发共12个项目进行了市级验收工作。3年农业综合开发12个项目涉及5个项目区的11个乡镇，总投资5613.7万元，其中，财政资金3103.7万元，自筹2510万元。通过检查归纳3年项目建设主要有以下特点：一是领导重视，班子团结，部门配合协调，县乡村开发积极性高，形成了开发合力；二是规划设计科学合理，更加符合农民需要，项目区成方连片，规模效益显著；三是整体水平有所提高，有创新，林路框架上了新台阶，道路平坦，路面较宽，实现了砂石化，作业通道和转弯半径设计布局合理，方田规整，林相整齐；四是水利工程布局合理，实用实效，井台、井房、出水口等设施设计新颖，规范一致，标志醒目；五是制度到位，管理规范。各县区在坚持项目公示制、项目法人制、项目招投标制、项目监理制和资金报账制的基础上，内业资料齐全，管理规范，规划及项目库内容翔实完善。

【建立农业综合开发项目库确定排科技示范项目】 在总结验收2008年市科技示范项目的基础上，市农发办要求每个县区和农、林、水等部门申报三个项目，建立市农业综合开发2009年项目库，组织有关专家对项目进行了论证审定，最终确定10个项目作为2009年市级科技示范项目。

【世行三期和世行科技项目管理】 2009年市农发部门在积极做好已批世行项目管理工作的同时，及时申报资金的报账提款工作。据统计，2009年，市共从世行报账提款807万元，全部用于凤台县、潘集区、毛集区的农业综合开发工作。

（刘世民）

非税收入征管工作概述

2009年，非税收入征管工作积极应对复杂多变的经济形势，认真贯彻落实积极的财政政策和非税收入管理的各项制度规定，继续深化非税征管改革，着力强化收入征管，健全监督检查机制，完善征管系统建设，努力克服宏观经济增速放缓、政策性减收等不利因素的影响，实现了政府非税收入的较快增长，较好地完成了各项工作任务，为促进全市社会经济又好又快发展做出了贡献。全年完成非税收入22.5亿元，同比增长15%，为历史最高水平。

【加强预算管理，推进非税收入征管规范化】

2009年按照财政预算管理和非税收入管理的政策规定，结合近年来的实际收入情况，充分考虑各方面的增、减因素，对当年征收形势进行深入分析，合理确定年度收入目标任务，并对任务进行分解，落实到具体执收单位。利用非税征管系统，对预算执行情况实施动态监控，有针对性地开展监督检查，避免收入出现非正常波动，确保了预算严格执行。大力推进非税收入纳入预算管理工作，在对收入项目认真清理的基础上，依据有关规定，将原实行专户管理的104项基金和行政事业性收费项目，从7月1日起全部纳入财政预算管理，进一步规范了非税收入管理方式，强化了预算约束。根据财政部《关于深化地方非税收入收缴管理改革的指导意见》精神，积极推动县区级非税征管改革工作，6月，凤台县全面实施征管改革，县级71家非税执收单位全部纳入改革范围。

【强化收入征管，保持政府非税收入稳定增长】 严格按照国家、省、市政策规定，认真履行监管职责，实时跟踪了解收入进度情况，对重点执收单位和重点收入项目实行月度统计分析制度，及时发现征收工作中存在的问题，强化对执收单位的督促和指导。进一步规范政府非税收入减免行为，严格执行减免制度，统一减免审批程序，杜绝了违规减免、随意减免的现象。采取各种有效措施，大力加强收入征管，充分挖掘增收潜力，切实做到应收尽收，克服宏观经济增速放缓和国家实施“清费减负”政策等不利因素影响，实现了收入的稳定增长。

【落实积极财政政策，促进社会经济又好又快发展】 首先是深入贯彻实施《安徽省人民政府关于促进经济平稳较快增长的若干意见》，严格执行国家和省关于取消部分行政事业性收费项目的决定，及时将确定取消和停征的收费项目向社会公布，同时对非税征管系统项目库进行了调整和更新,并会同有关部门对执行情况进行监督检查,确保减负政策落到实处。2009 年,全市实际取消和停征了涉及 15 个执收部门的 30 余项收费,全年减轻企业和社会负担约 2200 万元。其次是围绕“保增长、保民生、保稳定”,认真研究国家和省现行有关政策,积极探索建立与实际相适应的收费优惠政策和减免程序。为进一步统一和规范包括开发区、工业园区,以及工业集聚区等各类开发园区优惠政策,在调查研究的基础上提出了进一步规范市开发园区优惠政策的具体意见。意见经市政府常务会议研究通过后,市政府以淮府[2009]96 号文件印发了《关于规范全市开发园区企业工业投资项目行政事业性收费的通知》,全市各类开发园区基本上实现了“零收费”。落实市委《关于推动非公有制经济和县(区)域经济又好又快发展的若干意见》精神,对工商部门涉及非公企业的登记类、证照类等工商管理收费情况进行了调研,提出实施意见,确定了补助基数。为加快淮南市唯一历史文化古镇上窑镇小城镇建设,经过深入调研,提出了《关于上窑小城镇建设有关优惠政策的意见》,报市政府常务会议研究通过,同意上窑镇在小城镇建设过程中享受城市基础设施配套费减免等优惠。做好政策性减免项目审核工作。积极兑现教育基建、开发园区投资项目、保障性住房建设等有关优惠政策。全年,依据有关文件规定共审核办理政策性减免项目 40 个,减免城市基础设施配套费等收费近 3000 万元。

【加强银行代收管理,健全非税收缴体系】 2009 年度修订和完善了《非税收缴委托代理协议》,明确了代理银行的工作职责,强化了奖惩措施。新增通商银行淮南分行为市级非税代理银行,增加代收网点 22 个,且多数位于以往相对薄弱的城郊结合部,网点覆盖范围进一步扩大,使缴款更为便利。2009 年 1 月 1 日起,在市级非税代理银行全面实施了交通违法罚没款代理收缴工作,较之过去仅一家银行代理收缴,大大方便了被处罚人就近缴纳款项。严格执行《淮南市市级政府非税收入银行代收工作考评暂行办法》,对非税收入银行代收工作进行月度考评,每月通报考核结果,督促各代理银行进一步加强代收工作管理,规范、高效服务。市级各代理银行非税收入代收总笔数为 45860 笔,同比增长 12%;代收总金额达 71409.2 万元,同比增长 22%。

【严格非税票据管理,健全“以票控收”机制】 按照国家和省有关规定,制定了市非税局《票据购领制度》《票据保管制度》和《票据使用制度》,进一步完善了票据管理制度体系,明晰了工作规程。严格按照“归口管理、分次限量、核旧领新”的原则,依托非税征管网络系统,严把非税票据发放和核销两个关口,认真做好票据的购领、发放、缴销等日常管理工作。全年累计购领各类非税票据 92050 本,发放票据 88202 本,核销票据 3150 本。上半年,在全市开展了财政票据管理使用情况专项检查,查找并纠正各单位使用、管理中存在的问题。建立票据年检制度,强化“依票控管”机制。从 10 月 15 日起组织力量集中开展全市非税票据年检工作,重点检查票据领用的合法性、票据使用管理的规范性、票款的相符性以及资金是否及时、足额上缴财政等,并就发现的问题要求相关单位进行了整改,增强了票据管理的严肃性。

【强化监督稽查,规范非税收入收缴行为】 严格执行“收支两条线”管理规定,对部门和单位政府非税收入征收管理、资金管理和票据管理进行监督检查。增强日常稽查的严肃性,对不履行职责、应收不收、应罚不罚,挤占、挪用政府非税收入等坐收坐支行为,一经查实即进行严肃处理。突出重点组织专项稽查,全年先后开展了对污水处理费、交警部门规费等行政事业性收费的专项检查,会同交警部门对银行代收罚款工作进行了暗访检查,对国家和省出台的各项清费减负政策落实情况进行了专项检查,开展了财政票据管理使用情况的专项检查。

【结合实际开展调查研究,为领导决策提供依据】 2009 年,围绕财政中心工作,在进一步规范制度建设的同时,针对非税征管中遇到的热点、难点,积极开展调查研究。年初,在对周边地市调研借鉴成功经验的基础上,结合实际,实施了市级非税代理银行全面代收交通违法罚没收入工作,进一步完善了非税收缴体系。为促进全市经济平稳较快增长,鼓励、支持和引导全市非公有制经济健康发展,扎实做好原由工商部门征收的登记类、证照类费用取消后补助基数的核定工作。4月,专门赴合肥、淮北、蚌埠等市进行了考察,在借鉴外地经验的基础上提出《对工商部门免收非公企业登记类证照类行政事业性收费的实施建议》。为进一步推进上窑镇小城镇建设试点工作,切实改善居民居住和生活条件,彻底改变淮南东大门形象。3月,开展了针对小城镇建设试点相关优惠政策的专题调研,形成了《关于上窑小城镇建设有关优惠政策的意见》。为进一步优化投资环境,统一规范各类园区行政事业性收费减免优惠政策。5月,抽调专人深入经济技术开发区、工业园区,以及各区工业集聚区,对现行优惠政策进行了认真梳理,结合现行有关问题规定,提出了《关于进一步规范全市开发园区行政事业性收费有关优惠政策的实施意见》。以上调查研究材料经上报市政府,为政府决策提供了重要依据。

【坚持依法理财,做好自收自支事业单位经费保障】 继续实行部门预算和综合预算,严格按照国家有关政策规定,在认真调研的基础上掌握各单位正常运转和事业发展的经费需求,按照收支统管、统筹安排、综合平衡的原则,合理确定年度自收自支单位预算,并在按程序审核通过后及时下达给单位。在日常管理中严格执行预算,及时拨付经费确保单位的工资发放和正常运转,根据项目实施进度加强专项资金监管,确保专款专用,促进各项事业的健康有序发展。按照《淮南市财政国库管理制度改革方案》的总体部署和财政局党组的要求,实施了市本级自收自支单位国库集中支付改革工作,19家单位自7月1日全部实行网上集中支付,建立了更为规范的支出管理新机制,强化了财政监督手段。

【扎实做好各项基础工作,提升非税管理水平】 一是认真做好非税收入核算工作。严格执行有关核算制度,规范工作流程,加强与代理银行、执收单位之间的账务核对工作,缩短待查数据处理周期,确保了非税收入资金核算的及时、准确。二是加快资金划解速度。根据一般情况按旬划解、特殊情况随时划解的原则,及时办理资金结算和划解,确保了政府非税收入按时足额缴入国库或财政专户。三是建立了政府非税收入收缴执行情况报告制度。认真落实省财政厅《关于编报非税收入收缴执行情况报告的通知》精神,建立了全市收缴执行情况报告制度,明确了各级财政部门和市直执收单位的职责任务,认真及时完成全市非税收入收缴执行情况报表的编报工作,并对执行情况和收入形势进行深入分析,为下一步加强管理、推动工作提供了参考和依据。四是做好非税征管系统维护管理工作。根据各项收费政策调整和管理工作的需要,及时更新基础数据库,保证了非税收入的顺利收缴。根据征管工作需求,积极推进网络建设,在软件服务商的支持下完成了新版非税征管信息系统的修改、完善工作,解决了历史数据接收中存在的问题,于9月1日正式启用新版系统,进一步增强了系统收缴、核算、票据管理和收入分析功能,为实现非税征管科学化、精细化提供了更为可靠的技术保障。

(董　礼)

国库支付工作概述

2009年,国库支付中心以科学发展观为统领,围绕全市财政工作重点,强化窗口服务意识,狠抓党风廉政建设,扎实苦干,开拓创新,较好地完成了全年各项工作任务。

【2008年年终部门决算】 为及时、准确、全面完成部门年终决算工作,国库支付工作采取早布置早安排。首先做好年终决算的前期准备工作,克服了纳入集中支付单位多,中心人员较少的困难,加班加点与财政各业务科室、各预算单位对账,为年终决算的顺利完成夯实基础。在年终决算期间,全力以赴投入到工作中,圆满地完成全市财政年终决算工作。

【国库集中支付工作新进展】 全年共办理支付业务30145笔,金额16.56亿元。其中预算内13.78亿元,预算外2.78亿元。直接支付11.31亿元,占总支付的80.4%;授权支付5.26亿元,占总支付的19.6%。2009年,在全额、差额预算单位全部纳入集中支付后,又有17户自收自支单位又纳入了国库集中支付管理。

【加强业务培训实现支付系统升级】 一是直接支付实现了"财银直联",提高了国库支付速度,实现了信息共享,强化了资金监控,节省了纸张耗材和工作量。二是实现了预算单位自行退单。2009年国库支付中心为方便预算单位用款，提高工作效率，在努力提高优质服务的同时，不断改进支付网络服务功能。增加了预算单位自行退单功能。三是实现了清算数据的网上传输。积极与人民银行配合，通过FTP方式传送支付清算数据，与以往用U盘报送相比，不仅提高了清算工作的效率，也进一步提高了集中支付效能，实现时时清算，为无纸化清算打下了良好的基础。

【开展财政资金安全检查】 为保证财政资金的安全，实时开展财政资金安全大检查，做到全面安排，分工明确，确保自查全面、不留死角，注重实效。主要体现在：完善了支付管理流程，设置了资金安全岗位，加强了重要空白凭证及印鉴管理，对《财政直接支付汇总清算额度通知单》、《财政直接支付凭证》等重要空白凭证，由专人专柜负责管理，实行领用时登记和定期核销制度，确保重要票据的安全。进一步完善内控制度，建立了严格的印鉴管理制度，专人负责，分人分印管理，做到了人走章锁。建立了定期或不定期的对账制度，在省级检查中得到了省检查组的充分肯定。

【扎实开展能力建设年活动强化党风廉政建设】 深入贯彻落实科学发展观，坚持“为国理财，为民服务”的宗旨，以形势教育、正反典型教育，党纪政纪教育为主要内容，结合建国60周年大庆，通过开例会、上党课等方式，增强党员干部思想道德修，同时注重财政文化建设与廉政建设相融合，营造良好的工作环境，树立窗口形象。以生动活泼的形式，自编自演了反映财政工作取得的成绩及财政人学习实践科学发展观沉着应对金融危机的快板书《财政人落实科学观》及相声《心中有数》等节目。完成了《完善国库集中支付制度加强财政资金管理》课题1个。

（郭庆东）

政府采购工作概述

2009年，市政府采购工作坚持以科学发展观为统领，紧紧围绕全市财政工作重点，规范程序、加强服务、廉洁高效、严格依法采购，较好地完成了各项政府集中采购工作任务。

【重点项目的招标工作】 2009年度，市政府采购中心本级共开展政府采购活动610次，完成采购预算7037.57万元，节约资金850.07万元，节约率12.08%，顺利完成全年各项采购工作。其中圆满完成了几项重点项目的招标任务，保证了各重点项目工作的顺利开展。如：市公安消防支队119消防通信指挥系统、市城市建设投资公司家具、档案柜等专用设备、市政管理处路灯项目、市新闻出版局“农家书屋”项目、市环保局环境空气质量自动监测系统、市财政局农村局专用服务器项目、市直机关办公楼电梯采购及安装项目、市国土局、市容局汽车项目、市社区医疗服务配套设施项目等。

【强化落实　规范采购行为】 政府采购中心始终把《政府采购法》和18号令以及《淮南市市级2009年政府集中采购目录及限额标准》作为政府采购的根本依据。深入学习有关政策，深刻领会精神实质，全面了解条款和基本内容，提高依法做好政府采购工作能力。严格按有关规定，依法开展采购工作，规范政府采购行为，提高资金使用效益。工作中，根据采购单位委托采购的不同项目、不同类别、不同预算金额分别采用公开招标、询价、单一来源及网上采购等方式进行采购。严格按《政府采购法》的操作规程进行操作。规范项目审核。在项目资金落实、审批手续完备的情况下，信息部才予以接收。规范标书制作，依照以往标书为基础范本，对标书进行了完善和改进。规范开评标活动，以确保结果的公正性。规范验收结算，对一些技术复杂、科技含量高的项目，请有关专家和采购单位共同验收，验收合格填写验收单、手续齐全，财务监督部按合同开付款申请书，切实维护供需双方利益。

【进一步规范工作运行机制】 一是建立重大采购项目标前论证体系。对于要求复杂且预算金额较大的项目，开标前邀请专家对项目的技术、价格等进行综合评估，帮助采购人和采购中心克服在重大项目中技术力量不足和对市场信息掌握的不够准确等困难，切实提高采购质量。二是建立采购项目调查回访制度。以问卷、电话回访的形式，以货物、定点服务采购项目为重点跟踪有关项目，有效督促中标供应商履行合同。三是严把供应商资质审查关。对要求参加政府采购的供应商从信誉、业绩、服务质量等方面,进行严格资质审查方可进入政府采购供应商信息库。对重大项目开标前,严格项目的供应商资质审查关,对已进入政府采购市场,但业绩信誉低的单位进行通报并进行治理,为政府采购提供正常竞争程序。

【发挥政策功能　服务经济发展】　充分运用政府采购的政策工具,通过政府采购的调控功能和市场导向作用,深化政府采购改革和创新,实行支持自主创新的政府采购政策和措施。一是改进政府采购评审方法,给予节能、环保、自主创新产品加分待遇。二是探索实行激励自主创新的政府首购和订购制度,支持自主创新产品和本地中小企业发展。如在市政管理处路灯采购项目中,采购中心就积极推荐供应商库中的淮南市启迪电子有限公司自主研发生产的安全低压,具有节能、环保、寿命长等显著优点的LED灯具,实行单一来源采购。

【强化服务功能　营造和谐环境】　采购中心在工作中始终牢记法律赋予的责任和使命,切实增强服务意识,打造"让政府放心、让采购人省心,让供应商倾心"的和谐局面。不要、不拿,尽心尽力服务于社会,采购过程中做到廉洁自律,热诚为采购单位与供应商提供平台,认真耐心的对待来访人员及供应商,解答政府采购相关法律法规及采购程序。牢固树立中心人员全心全意为民服务的思想,做到急需方之所急,为满足需求方的时间需要,加班加点为采购单位购买物资。采购过程中,坚持做到"公开、公平、公正、合理、效率"的阳光采购原则。

【引入采购方案前期论证程序】　市环保局环境空气质量自动监测系统为单一来源采购任务,该项目总预算为250万元,包括长光程差分吸收光谱法自动监测系统,微量振荡天平法自动监测仪等设备,经谈判该项目最终中标价为164.36万元,节约资金85.64万元。在该项目采购中,市政府中心引入了采购方案前期论证程序,通过充分利用专家资源,在开标前对项目的技术、价格等方面进行综合评估,帮助采购人、采购中心等部门克服在重大复杂项目技术力量的不足和对市场信息掌握的不够准确等困难,确保了财政资金的安全性、有效性。类似这样的采购方案前期论证活动在消防支队通信指挥系统等项目中也发挥了重要作用。

【开展"能力建设年"活动　提升政府采购工作质量】　2009年,市政府采购中心积极开展能力建设年活动,进一步增强学习能力、创新能力、谋划能力、执行能力、自律能力,勇于创新,提高科学理财的能力。在信息化建设、履约监督上不断创新,在创新中求发展。一是加强"淮南政府采购平台"网站建设,改进和完善网上采购系统,将政府采购制度及相关政策放在网上,打造一个全新的政府采购平台,网上采购的实施得到了广大采购单位和供应商的认可,政府采购更加透明。二是网上采购系统的运用实现了政府采购的效益和效率、监管和服务的有机结合。在监督手段、监督方法上利用评标室安装的监控设备,对开标、评标的全过程进行"可视化监督",及时发现问题及时解决问题,充分发挥了特邀监督员的作用。

(陶　梅)

担保投资工作概述

2009年,市担保投资公司深入学习实践科学发展观,按照保增长、保民生、保稳定的要求,努力发挥融资担保职责作用,积极支持中小企业发展和全民创业活动。全年为169户中小企业办理融资和再就业担保贷款37964.1万元。年底,在保户数131户,在保余额为28750万元。

【积极支持中小企业发展】　从结构上看,扶持煤电化相关产业51户担保贷款14845万元,占39%;扶持农业产业化龙头企业41户担保贷款10360万元,占27%;扶持加工制造企业22户担保贷款6390万元,占17%;扶持高新节能环保企业7户担保贷款4000万元,占11%;扶持教育科技创新企业5户担保贷款1050万元,占3%;扶持下岗再就业劳动企业43户担保贷款1319.1万元,占3%。通过担保贷款有力地支持了中小企业,为中小企业发展带来了新的活力。2009年由担保贷款增加企业产值75918万元,增加利税3800万元,增加就业岗位4845个。

【公司自身经营良性运转】　市担保投资公司全年经营收入778.5万元,其中,担保费收入

492.82万元,占63%;利息收入138.63万元,占18%;其他收入87.94万元,占11%;营业外收入59.11万元,占8%。经营支出756.22万元;计提各项风险准备金460.33元,计提各项费用131万元,以确保发生代偿时有充足的代偿准备。公司经营情况良好,在扶持企业发展的同时,实现了自身的良性运转。

【扩大担保融资平台降低担保费率】 2009年在与市属6家国有商业银行签订合作协议的基础上,又与市工行、市农行、市浦发行签订了合作协议,使担保合作银行达到了9家。同时与省担保信用集团签订了再担保合作协议,正式加入省信用担保体系,增强了信用担保的能力。为加大落实积极财政政策力度,促进经济平稳较快发展,解决中小企业融资难问题,切实降低中小企业融资成本,市财政局进一步下调市担保投资公司费率。综合考虑客户信用等级、贷款金额、贷款期限、管理成本、风险程度等因素,实行担保差别费率。下调前执行的担保费率,是按银行同期贷款基准利率的50%下浮10%的单一费率,年担保费率2.39%。下调后的担保费率为银行同期贷款基准利率的50%下浮30-50%的差别费率。其中对于信用等级高、涉农、节能环保、科技创新、政府鼓励等重点支持领域的企业担保费率下浮50%,年担保费率为1.33%;正常企业担保费率下浮40%,年担保费率为1.60%;信用等级相对较低、担保期限较长(一年以上)的企业下浮30%,年担保费率为1.86%。

【为节能环保企业提供融资担保以促进“两型城市”建设】 积极搭建担保平台,加大对生物医药、电子信息、新材料、新能源、轻工等节能环保高科技型企业的担保融资力度,截至目前,为10户节能环保高科技型企业提供担保贷款8550万元,有利地支持了“两型城市”的建设。其中,为科技节能项目企业担保融资6400万元,分别是:淮南市启迪电子有限公司、淮南市永大再生资源开发有限公司、淮南市聚友固硫型煤有限公司、淮南新光神光纤线缆有限公司、东芝堂药业安徽有限公司、淮南振淮蓬帆实业有限公司、安徽群发再生资源发展公司。为清洁环保项目企业担保融资2150万元,分别是:淮南淮清环保有限公司、安徽三益经济发展有限责任公司。由担保融资增加企业产值17116万元,增加利税852万元。

【提高工作效率和服务水平】 学习借鉴外地经验,结合本市的工作实际,对工作流程中不顺畅的地方进行了改进,改“流水式”服务为“一站式”服务,部门角色随机转换,对20万元以下的担保业务实行简易程序,对每个项目都实行A、B角制度,提高效率,防控风险。为了应对金融危机,帮助中小企业渡难关。公司组成工作小组深入企业调研,把相关政策汇编成册送到企业,了解企业的资金需求和融资困难,与企业共同探讨在抵押物不足情况下的融资途径和方式方法,取得了积极的成效。

【开展争创青年文明号活动】 市担保公司在开展主营业务,加强各项制度建设的同时,十分注重团建工作,把加强共青团组织建设当作深入学习实践科学发展观的重要活动之一。市担保公司员工多为团员青年,为充分发挥他们在担保投资业务工作中的先锋模范作用,公司积极开展了争创青年文明号活动。一是及时成立公司共青团组织,夯实团组织基础;二是开展共青团活动,增设活动宣传栏;三是设立了青年文明号监督栏和意见箱,接受社会各界的监督,力争使公司团建工作迈上一个新的台阶。

(施文勇)

信息网络工作概述

2009年,市财政信息中心按照“金财工程”暨财政信息化建设要求,结合“数字安徽”和财政电子政务建设需要,努力发挥自身职能作用,紧紧围绕财政改革和财政管理开展信息技术工作。

【启动金财工程应用支撑平台的推广实施准备工作】 按照省厅的统一部署,市财政局成立了“市财政局金财工程领导小组”,并组织编制了《淮南市财政系统金财工程实施方案》,明确了在统一的金财工程应用支撑平台上,构建能够满足一体化业务管理需要的财政信息化应用系统,为进一步实施市本级应用支撑平台的建设和推广进行了积极准备。

【完成计算机机房的达标建设】 按照省厅信息化工作领导小组关于组织市、县(区)财政部门开展机房达标建设的要求,市财政信息中心从2008年底开始精密部署、精心选址,于2009年底建成70余平方米的标准化机房,顺利通过省厅信息化工作领导小组的达标验收,位居全省市级财政前列。

【进一步推行局机关办公自动化】 按照省厅信息中心和市信息中心关于"进一步推行电子政务"的指示精神,市财政信息中心在专业软件公司的配合下,进一步完善了办公自动化系统,全面实现了公文处理、信息发布、综合资料查询和个人办公应用的网络化,规范了工作流程,提高了办文办事效能,增强了机关办公与业务工作的透明度。2009年,局机关通过网上处理收发文达5000余件。

【建设并完善财政业务网站】 按照财政政务公开的要求,2009年建设开通了淮南民生工程网,加大宣传民生工程的惠民政策,及时公布民生工程的实施进度。并进一步完善政府采购网和淮南会计网,有效实现了招投标信息发布、会计考试报名和继续教育的网络化。同时安排专人参与"市民心声"网站互动,对于宣传财政工作、提升财政形象,扩大财政影响、提高工作效能、推进财政政务公开起到了积极作用。

(郑义军)

县区财政篇

各县区财政工作概述

凤台县财政工作概述

2009年是深入贯彻十七大和十七届三中、四中全会精神,加快建设和谐凤台的重要一年,也是全面应对金融危机,确保“十一五”规划顺利实施的关键一年。全县广大财税干部坚持主动理财、依法理财、科学理财、民主理财,围绕全县中心工作,真抓实干、务实奉献,圆满完成年度各项工作任务。

【财政收支情况】 加强与税务部门的协调配合,密切跟踪财税政策调整动向,强化收入征管,依法组织收入,努力提高财政运行质量。全县财政收支完成情况为:全县财政收入212236万元,增长27%,其中,上划中央收入111725万元,增长21.5%;地方一般预算收入100492万元,增长33.7%;财政局自身完成19553万元,增长65.7%;契税、耕地占用税收入稳步增长,“两税”征收入库3369.9万元,占预算任务的295%。全县财政一般预算支出169020万元,增长36.3%。其中,县级一般预算支出158777万元,增长37.8%;乡镇级支出10243万元,增长17.1%。

【科学合理编制部门预算】 深化部门预算改革,坚持早编、细编部门综合预算,建立部门单位基础数据信息库,调整完善支出定额标准,继续统一使用“e”财部门预算编制软件,提高预算编制的科学性、规范性和完整性。各部门、单位按照要求,认真组织编制本部门、本单位的部门预算,经认真审核,并经县十五届人大常委会第二十次会议审查批准,于2009年4月21日,将批准的预算以财政局财预[2009]28号文件批复到各部门、单位执行。同时,完善扩权强镇试点镇财政管理体制,加大对试点镇财政扶持力度。

【民生工程实施工作】 按照省、市总体部署,凤台县委、县政府高度重视民生工作,在实施省28项、市7项民生工程基础上又增加5项,共实施40项民生工程。全县40项民生工程资金总投入26686万元,其中,中央级资金12374万元、省级5702万元,市级1255万元,县级配套7355万元,其中县级资金占应配套的110.8%。年初,县政府及时调整凤台县实施民生工程领导小组;制定下发了《关于2009年实施40项民生工程的通知》,分解了民生工程任务,调整、修改并完善项目实施办法,完善民生工程监督检查、资金审计工作办法,召开2009年全县实施民生工程工作会议,与相关部门签订《2009年实施民生工程目标责任书》,落实部门责任,建立部门责任追究制度;明确工作责任,制定工作计划;强化资金管理,县财政设立民生工程财政专户,专账核算,统一管理民生资金,足额落实2009年度40项民生工程县级分担资金7355万元,并严格民生预算执行。加大宣传力度,编印《凤台民生简报》,与相关部门走进县电台《阳光热线》栏目组,解答听众问题,在《凤凰台》晚报上设立“民生巡礼专栏”,同时印发“实施民生工程、构建和谐社会”宣传材料4000余份张贴到各乡镇及自然庄,发放民生工程政策解读10万余份到每户群众手中,让各项惠民政策走进千家万户。严格项目考核,开展民生工程专项检查和综合督查,确保各项民生工程深入有序实施。

【财政补贴农民资金“一卡通”工作】 增加种粮农民直补资金规模,加快资金发放进度,确保补贴资金及时、足额发放到农民手中,充分调动种粮农民积极性,促进农民增产增收。凤台县2008年末实有耕地总资源99万亩,其中:常用耕地69万亩(含采煤塌陷),临时性耕地31.4万亩。粮食种植面积144万亩,农业人口50.5万人,享受补贴户数12.8万户。2009年,凤台县共收到省市、县三级各项补贴资金14023.79万元,发放13488.9万元。

【实施政策性农业保险】 根据淮农保[2008]4号精神,制定了《凤台县政策性种植业保险试点工作实施方案》,把小麦和水稻保险面积按种植面积的35%和40%分配到乡镇,凤台县小麦保险面积21.4235万亩,水稻20.952万亩,农业保险参保15个乡镇,加上开发区和小麦原种场共有17个单位,农户上交小麦保险保费49.2万元,承保23.67万亩;水稻上交保费701.6万元,承保23.86万亩。投保农户小麦受灾报案共35670亩,经核实为26494亩,勘损、理赔已结束,理赔金额为96.37万元,理赔款通过“一卡通”财政专户正在发放中。水稻保险、水灾、病虫及风灾各乡镇正在上报、勘损。

【会计集中核算向国库支付转轨改革工作】 按照“纵向到底、横向到边”的要求,全面推开国库集中支付制度改革,积极推进财税库银税收收入横向联网,建立健全国库集中支付动态监控机制。根据《安徽省人民政府关于改进和加强财政支出管理的若干意见》要求和省财政厅关于财政国库管理制度改革工作部署,凤台县被列为第三批县级会计集中核算向国库集中支付转轨县,为适应国库管理制度改革的需要,县财政局积极开展调研、学习和培训工作,向县编委申请将凤台县会计核算中心转轨为凤台县财政国库支付中心,县政府下发了“关于印发《凤台县财政国库集中支付改革方案》及配套文件的通知”,选择县委办等5个县直单位从2009年月12月1日开展了国库集中支付制度改革试点,计划到2010年5月前转轨完成。

【积极支持“三农”】 一是进一步加大财政支农预算安排,确保财政支农重点。贯彻落实中央1号文件和全省农业农村工作会议精神,加强农口部门预算编制工作,将县级财政支农资金的重点放在农业基础设施建设、农业科技进步,支持建设现代化农业,支持生态建设、防灾救灾、农民培训、民生工程、农业社会化服务体系建设、小型农田水利建设、农田防护林建设、扶贫开发和社会主义新农村建设。2009年累计安排农口部门及项目资金预算5755万元,增长48%。二是强化预算执行力,确保财政支农预算执行进度。牢固树立为农服务意识,加强与农口部门协调和配合,合理安排支农项目,确保财政农业资金及时足额到位,全年支农支出1.53亿元,占预算的255%,增长43%。三是做好项目申报和资金管理,积极争取省、市财政对凤台县农业发展的支持。全年成功申报农业良种补贴项目资金1400多万元,农业三增工程项目资金40万元,扶贫资金500多万元,重点农水项目资金880万元,其他农业项目资金1000多万元。在项目资金管理工作中,严格执行《淮南市财政农业专项资金报账制管理实施细则》,做到资金跟着项目走,杜绝截留、挪用、套取财政专项资金问题的发生。同时,全力以赴做好抗旱救灾工作。筹措救灾资金137万元,有力的保证了抗旱资金的供应,全县抗旱灌溉面积达到100%,浇灌小麦62万亩,为午季丰收打下了坚实的基础。

【“小金库”专项治理取得成效】 一是县委办公室、县政府办公室下发了《关于成立县“小金库”专项治理工作领导小组的通知》,召开动员会议,制定了《凤台县党政机关和事业单位“小金库”专项治理工作实施方案》。二是做好宣传工作,利用网络、电视等手段广泛宣传报道“小金库”专项治理的相关政策规定,利用“阳光热线”专栏进行了记者问答和听众问答活动。三是认真做好分阶段各项工作。开展自查,努力实现“小金库”专项治理自查自纠面达100%,做好自查报表的上报小结工作,全县共自查上报单位个数192个,其中党政机关单位77个、事业单位115个;自查阶段全县清查出“小金库”单位11个,以前年度结余250.24万元,2007年以来收入929.08万元,2007年以来支出344.06万元,期末结余835.26万元。其次,开展重点检查。按照省、市工作部署,制定了《凤台县治理“小金库”重点检查阶段工作方案》,抽查了部分单位,没有发现违规乱纪现象,对自查中发现的问题各单位都进行了纠正,自查款项全部进行了调账处理。第三,以建立健全防治“小金库”的长效机制为目的,从监察、财政、国资、审计各抽调3人组成四个检查组,从12月7日开始,对县教育局等12家单位进行了检查。

【搞好村级公益事业建设项目“一事一议”财政奖补试点】 2009年8月凤台县被省政府批准为村级公益事业建设“一事一议”财政奖补工作

试点县。县里及时制定了村级公益事业一事一议财政补贴工作相关政策制度,召开了动员会和调度会,对该项工作做出了具体部署。财政奖补标准除上级补助外,凤台县采取1:1配套措施,农民筹多少,县财政就按村实际筹资配多少,共安排县级财政资金720万元,省补资金578万元。从2009年10月开始正式实施,全县16个乡镇、1个经济开发区160个村申报并审核批准实施的村级公益事业建设项目242个,项目总投入资金2320万元,其中:群众筹资307.7万元、村集体资金359.6万元、社会捐赠31万元、县级财政投入720万元、省及中央财政资金923万元,群众筹劳92.5万个工日。主要建设项目是乡村道路、农田水利设施、植树造林、环卫设施、文化体育设施建设等。到年度已经完成的项目达60%以上,其余项目也都正在实施建设之中。

【推动机关效能建设】 进一步推进"五型机关"建设,将"五型机关"创建与财政工作紧密结合,与机关效能建设密切结合,与作风建设密切结合,与财政文化建设密切结合,改进机关作风,加大政务公开和办事公开力度。成立了"凤台县财政局机关效能建设工作领导小组",下发了"关于印发《进一步加强机关效能保障制度建设工作》方案及有关制度的通知",按照省市财政厅局的要求,积极开展能力建设年活动,落实效能建设各项制度,全力提高机关效能建设,坚持系统联动、全员参与,努力打造一支能力强、结构优、素质高的干部队伍,为财政事业发展提供坚实的智力支持和人才保障。

(蒋亚鹏)

田家庵区财政工作概述

2009年,田家庵区财政收入完成67487万元,增长8.1%,财政支出完成47817万元,增长18.66%。

【加大优化支出力度】 区财政加大支出管理力度,不断改进和加强支出管理,大力节减一般性财政支出,提高财政支出效益。把保工资当作财政的重要任务,特别是规范津贴补贴以后,进一步强化工作责任,强化工作措施,确保财政负担人员基本工资及时足额发放。继续实施民生工程,确保社会保障支出。保证农业、教育、科技等重点领域的经费按政策安排到位。

【重点解决民生问题】 进一步调整和优化财政支出结构,切实解决事关人民群众的现实问题。实施民生工程是构建和谐社会、促进社会公平、解决人民群众"生活难、看病难、上学难"等突出问题的重要举措,区财政认真落实财政支出向民生工程倾斜的方针,积极调整支出结构,合理分配财力,克服财政压力不折不扣地筹集落实民生工程资金,切实将钱用在为民办实事、办好事上。全面做好涉农补贴工作。区始终坚持把维护农民的利益放在第一位,加大对农民的补贴力度,将所有财政补贴资金集中统一发放,建立财政专户,组成检查组监督各项政策的落实情况。由于政策优越、宣传到位、措施得力,各项涉农资金均已全部发放到位。

(王　艳)

大通区财政工作概述

2009年,大通区财政工作以科学发展观为统领,紧紧围绕全区经济社会发展思路和年度财政收支目标,按照"保增长、抓管理、重民生、促发展"的工作思路,加强调查研究,全面贯彻落实国家积极财政政策,充分把握、利用好国家应对金融危机而出台的各项财政政策及扩大内需资金,积极支持培植财源,千方百计挖掘增收潜力,积极主动地争取上级支持帮助。排除税收政策调整、新增税源缺乏和全球性金融危机等因素影响,在刚性支出不断增加的情况下,较好地完成了各项财政工作任务,为全区政治社会稳定和经济健康协调发展做出了应有的贡献。

【财政收入稳定增长】 2009年,全区财税部门紧密配合,强化服务意识,加强税收征管,推动财政收入再上新台阶。全年完成财政总收入19531万元,完成年预算的112.2%,同比增长27.9%;完成地方财政收入8770万元,完成年预算的113.2%,同比增长31%。

【优化支出结构关注民生工程】 按照十七大提出的着力保障和改善民生,推进社会体制改革,扩大公共服务,完善社会管理,促进社会主义公平正义,努力使全体人民学有所教,劳有所得,病有所医,老有所养,住有所居,推进建设和谐社会的目标。财政部门根据上级财政的要求和政策,不断优化调整支出结构,增强与民生有关的各项重点支出的保障力度。一是保证了全区的正常运转和工资发放。在收支矛盾突出,现金调度异常困难的情况下,一方面积极向上争取转移支付资金和拆借上级预算资金;另一方面调整支出结构,大力压缩一般性支出。在保障全区正常运转的同时,认真贯彻执行工资统一发放政策,优先保证财政供给人员国家统一规定的工资和津补贴的正常发放,及时兑现了义务教育阶段学校绩效工资。二是积极落实资金,确保民生工程顺利实施。根据年初市政府与区政府签订的民生工程责任书要求,按照区政府对实施民生工程目标任务分解,积极行动,认真开展工作。首先抓资金筹集,积极与上级财政及相关部门联系,争取上级配套资金,认真筹措区级财政配套资金,并及时拨付到位。2009 年全区民生工程项目总投资 3773.6 万元,其中区配套资金 445.1 万元。其次抓资金的管理,对工程类资金实行专户管理,专项拨款,专账核算,用款实行区级报账制。将资金的拨付与工程建设进度和竣工验收结合起来,切实加强事前、事中、事后的监督管理,严格跟踪问效,确保专款专用,切实提高资金的使用效益;对发放到户到人的资金,严格执行“政策公开、程序透明、支付到人、打卡发放”的阳光操作方法,实行社会化发放,杜绝民生工程资金冒领、挪用和截留等现象。

【各项惠民政策得到较好落实】 本着“稳定补贴面积、提高补贴标准、完善兑现办法”的原则,认真做好对种粮农民直接补贴工作。2009 年,按照全省统一的补贴标准,兑现直补资金 195 万元,享受补贴农户 26377 户;农资综合直补 1473 万元,享受补贴农户 25983 户;水稻良种补贴 139 万元,享受补贴农户 21444 户;小麦良种补贴 106 万元,享受补贴农户 24706 户;退耕还林补助资金 305 万元,享受补贴农户 3983 户。家电下乡和汽车摩托车下乡补贴试点工作有条不紊推进,全区汽车摩托车下乡补贴分别兑现 105 辆和 149 辆,兑现补贴资金 45.8 万元;家电下乡产品兑现 2720 台次,兑现补贴资金 68.93 万元。

【深化改革,进一步提升财政管理水平】 一是规范乡镇财务管理工作扎实推动。根据省政府《关于开展全省乡镇财务管理工作的通知》精神,针对乡镇财务管理中出现的问题,对乡镇财务实行“六统一”,即统一账簿设置、统一科目设置、统一报表制度、统一软件管理、统一票据管理、统一档案管理,举办了乡镇财政所人员业务培训班,建立了例会制度、考核制度、监督制度。二是深化部门预算改革。通过对近年来各单位经费的实际使用情况调查,结合区本级可用财力,科学合理确定部门预算定额标准,预算的合理性、科学性得到增强。加强项目资金的编审和管理,按照“有保有压”原则,根据综合财力情况,实施按轻重缓急合理排序,优先安排区委、政府确定的重大项目以及部门事业发展迫切需要切实可行的项目。进一步提高预算编制的透明度,自觉接受人大监督。三是政府采购行为更加规范。不断加强政府采购制度建设,积极拓展政府采购范围。2009 年实现政府采购 194 次,采购预算金额 633.88 万元,实际采购金额 559.8 万元,节约资金 74.08 万元,节约率为 11.69%。全年采购范围涉及货物类和服务类,采购规模同比上年增加 354.69 万元,增长 172.9%。

【强化监督,进一步规范财政收支行为】 随着经济的发展,财政涉及的资金项目也越来越多,为保证资金、项目落到实处,专款专用,发挥资金应有的效益。在加强日常财政监督的基础上,进一步加大财政专项监督检查力度。开展会计信息质量检查工作。为切实加大会计监督力度,全面提升会计信息质量,进一步整顿和规范会计秩序,在全区范围内开展了会计信息质量检查。重点检查:会计核算是否真实合法,信息披露是否充分完整,是否存在会计造假行为。行政事业单位是否严格执行了部门预算、国库集中支付、收支两条线等管理制度。二是开展“小金库”专项治理工作。按照《淮南市党政机关和事业单位“小金库”专项治理工作实施方案》(淮办发[2009]23 号)和全市党政机关和事业单位开展“小金库”专项治理工作会议精神,我区认真开展了清理“小金库”工作。根据上级要求,全区有 151 个行政事业单位参加了自查自纠,自查自纠率为 100%,区局与纪检、审计等部门组成 3 个检查组,对 25 个区直主管部门、62 个二级事业单位进行了重点检查。在这次“小金库”专项治理工作中,虽未发现有私设“小金库”现象,但此项工作进一步严肃了财经纪律,加强了法制教育,强化了财务管理,确保了资金的合理使用。三是开展财政票据管理使用情况专项检查。为加强财政票据管理,规范政府非税收入征收行为,切实落实“收支两条线”管理,按照省财政厅统一部署,根据淮南市财政局《关于开展财政票据管理使用情况专项检查的通知》(淮财非税[2009]177号)文件,认真领会精神、明确重点、落实责任,对全区49个行政事业单位领用的票据进行了清查。经检查,各单位均能遵守财政票据购领、管理、发放、核销管理制度,未发现违反政府非税收入管理和财政票据管理规定的其他行为。四是开展财政支农资金专项检查。按照淮南市财政局《关于开展财政支农检查工作的通知》(淮财农[2009]263号)的文件精神,8月份,财政局牵头,纪检、农林水利、物价、审计等相关部门配合,对全区退耕还林补贴、森林生态效益补偿、江淮分水岭、农业产业化、社会化服务体系、新农村建设等各项专项资金共计1916.6万元进行了全面检查。经检查,各项专项资金全部实现了报账制,各项资金都按照规定用途使用,不存在截留、挪用和挤占现象;各单位都建立了科学合理、分工明确、覆盖全面的支农资金管理体系;项目资金的使用达到了预期的效益目标,项目区的群众得到了真正的实惠。

【内增素质,进一步加强财政队伍建设】 坚持以人为本的管理理念,把素质提高作为队伍建设的着力点,2009年区局结合能力建设年活动,以增强政治意识和大局意识为重点,加强思想建设;以狠抓落实、增强执行力为重点,加强作风建设;以完善惩治和预防腐败体系为重点,加强反腐倡廉建设。以深入学习实践科学发展观活动为契机,进一步加强和改进党建工作,增强党建工作的针对性和实效性。充分发挥了基层党组织的战斗堡垒作用、领导干部的模范带头作用、党员的先锋模范作用,建设了一支政治坚定、业务熟练、作风优良的财政干部队伍。

(蒋振辉)

谢家集区财政工作概述

2009年,谢家集区财政工作以科学发展观为指导,以促进谢区崛起和服务西部大建设为中心,不断深化财政改革、提高管理水平,收入总量大幅增加,财政保障能力进一步增强,财政运行呈现出又好又快态势,财政预算执行情况良好。2009年,全区财政收入22142万元,完成预算的119.75%,同比增长32.67%,其中国税收入13887万元,完成年预算118.69%,同比增长33.61%;地税收入7293万元,完成年预算的119.36%,同比增长30.47%;非税收入962万元,完成年预算141.47%,同比增长36.26%。

【千方百计促增收】 2009年,区财政部门面对复杂多变的经济环境,密切跟踪分析经济和财政收入形势,依法加强收入征管。强化税源监控和财源潜力调研,严格执法,确保应收尽收;积极培育新税源建设。在政策范围内,积极争取企业入驻本地区,利用政策扶持、资金担保等方式,扶持企业早开工早见效;完善信息交流机制。加强财政、国税、地税的联系和沟通,坚持月度财税收入调度机制,初步建立区镇信息通报机制;完善税收增收激励措施。充分调动各方面组织收入的积极性和主动性;进一步注重涵养税源、财源。区财税部门在应收尽收的基础上,合理确定税款,适时入库,确保收入可持续稳定增长。2009年全区财政收入年净增长5452万元,呈加速增长之势。

【全力以赴促发展】 加快配套项目资金落实。抢抓国家扩大内需和西部大建设机遇,积极配合各部门争取国家建设项目,千方百计筹集资金,确保国家扩大内需等项目建设顺利实施;着力改善经济增长结构。大力发展物流、仓储等现代服务业,提高第三产业对经济发展的贡献率;积极落实“家电、汽车下乡”政策。改进兑付方式,加快补贴资金兑付速度,促进农村消费;实施农村“一事一议”项目财政补贴。推进农村基础建设,促进农业增效;扶持本地企业做大做强。充分发挥国家积极财政政策的引导作用,帮助企业进行技术改造和产业升级,提高竞争力;拓宽企业融资渠道。进一步利用小额贷款公司,为中小企业解决融资难问题;支持工业园区建设。利用政策性贷款不断加大财政投入,2009年累计投入建设资金1500万元。

【倾心尽力保民生】 围绕社会主义新农村建设和改善民生,进一步调整优化财政支出结构,压缩一般性支出,重点保障民生和社会事业的投入。2009年,全区投入35项民生工程资金6138万元,其中区级配套640万元,民生工程资金同比增长93%。为保证配套资金落实,财政部门及时调整了支出预算,并按照项目实施的需要,由区财政先行垫付,有力地保证了各项民生工程的顺利实施。粮补、综合直补等28项涉农补贴全部实行"一卡通"方式发放到户,全年累计发放资金2708万元,同比增长7%,受益农户8万余人。同时按照厉行节约的要求,大力压缩一般性支出,不断加大教育、卫生、农业等社会事业的投入。

【锲而不舍抓管理】 强化财政监督力度。配合纪委、监察、审计等部门,认真开展"小金库"专项治理工作,严厉打击财务违纪行为,堵塞漏洞,防止财政资金流失。规范部门财务管理。以"小金库"专项治理为契机,理顺关系,强化部门财务规范意识,提高部门财务管理水平,严格执行"收支两条线"制度。提高村级财务管理水平。按照上级的统一部署,认真开展财政支农培训。着力提高村级财务人员业务素质,为实施"村财乡管"打好基础。推行学习型机关建设。按照向沈浩同志学习和"能力建设年"活动的要求,加强制度建设,建立长效机制,切实增强推进科学发展的自觉性,进一步提振精神状态,强化大局意识,进一步调动广大党员干部的积极性。

(丁九洲)

八公山区财政工作概述

2009年,八公山区经济发展实现新跨越,全区实现地区生产总值35亿元,比上年增13%。完成固定资产投资5.66亿元,增长82%。区属规模以上工业企业完成增加值3.79亿元,增长1.44%。全年实现社会消费品零售总额实现5亿元,比上年增长10%。城镇居民人均可支配收入14998元,增长10%。农业总产值增长9%。农民人均纯收入6690元,增长15.3%。财政收入15756万元,同比增长21%,财政支出13880万元,增长17%。

【积极落实财政政策不断拓展税源经济】 一年来,财税部门迎难而上,主动加强财政宏观经济形势分析,通过召开财税部门财税分析调度会、座谈会、督查收入进度等形式,了解重点税源的动态情况,依法强化财政税费征管,千方百计挖掘增收潜力,确保应收尽收。认真落实国家、省、市出台的促进经济增长各项政策,做大税源,保证了财政收入稳定增长。切实将经济发展的成果充分体现到财政收入上来,不断做大财政"蛋糕",全年实现了财政收入增长21%的良好成绩。国税部门紧紧围绕依法组织收入这一中心,加强税源监控。加强税收分析和预测工作。加强源头控管。夯实征管基础,强化税源管理。深化所得税管理,具体抓好所得税汇算清缴工作。2009年国税部门完成收入10650万元,突破"亿元大关",比上年增长20%,对财政收入贡献率达到67.6%。其中增值税10324万元,增长22%,企业所得税384万元,下降19%。地税部门坚持把依法治税贯穿工作始终,按照科学化、精细化的要求,打牢基础,强化管理,努力提高管理质量和效率,逐步建立严密、有效的税源管理和监控体系。2009年地税部门共组织收入7062万元,其中地方税收入4926万元,增长34%。社保费收入1568万元,增长11%。财政部门认真落实《八公山区非税收入管理实施细则》,政府非税收入完成396万元,为年预算的165%,同比减少125万元,下降24%。

【积极应对金融危机抢抓机遇促发展】 抓住机遇,努力争取国家、省、市资金支持,2009年安排项目编制及前期工作经费85万元,支持发改、旅游、国土、农业等部门加大项目争取力度。积极争取淮南市西部城区及移交学校补助等政策,2009年财政转移性收入达9703万元,比上年增加了2660万元,增长38%。落实扩大内需政策,为保增长奠定基础,实施中央扩大内需项目11个,安排中央扩大内需资金995万元,有效地扩大了政府投资。实施家电下乡汽车摩托车下乡,全年补贴家电和汽车摩托车共637台(辆),兑付补贴资金42万元,拉动农村居民消费323万元。发挥财政政策调控作用,帮助企业渡难关谋发展,安排节能减排、科技创新等发展专项资金108万元用以激发企业发展活力。投入100万元资金参股加入市担保公司,以招商引资方式筹建了1家小额贷款公司(注册资金2000万元),积极引导金融机构对中小企业的融资支持。加大对重点工程和重点产业的投入,安排190万元用于乐涧套旅游景区道路建设,安排410万元用于地质博物馆等项目建设,安排133万元用于黑山、花山环境治理,安排320万元支持八公山区工业园建设,安排新农村建设资金110万元用于朱岗村、南塘村基础设施建设,安排257万元用于豆腐产业、农田水利、农业产业化、畜禽养殖、森林生态效益等项目。加强园区建设。立足现有产业基础和资源环境,整合优惠政策,进一步强化园区功能建设,加快基础设施建设和项目引进步伐。全区基础建设和重点工程得到了强有力的保障,为全区经济增长方式转变和可持续发展打下了坚实的基础。

【优化财政支出结构千方百计保民生】 在年度财政预算执行中,对用于民生工程的项目资金,做到"两优先一加强":优先安排,在年初预算中对继续实施的民生工程配套资金优先足额安排,对新增项目和提标扩面项目提前预留;优先拨付,建立了民生工程资金拨付"绿色通道"和应急预拨机制,保证工程早启动、早实施、早完工。加强监管,对发放和补助类资金严格执行阳光操作办法,对工程建设资金严格实行专户管理,确保专款专用。2009年共投入民生工程资金2269万元,其中,区配套资金291元。较好地完成了26项民生工程工作任务,扩大了公共财政覆盖面,基本上保证了广大人民群众"学有所教、劳有所得、病有所医、老有所养、住有所居"。对未列入省市民生工程项目的民计民生社会事业也比照民生工程同样得到财政的优先保障。安排城市低保金1053万元,保障了弱势群体的基本生活;发放了义务教育阶段教师绩效工资基础性部分,全区1918名教师月增资132万元;安排540万元用于区内廉租住房建设,城市低收入家庭住房保障水平有了新的提高;兑付各类涉农补贴347万多元,鼓励了农民种粮积极性;安排校舍安全专项资金297万元和其他教育专项资金155万元,教育基础设施维修改造步伐加快;安排50万元建立信访救助基金,信访稳定工作有了强有力的资金保障;积极推进村级公益事业一事一议财政奖补工作,到位资金56万元;另外全年安排优抚优待345万元、残疾人事业70万元、计划生育105万元、民族宗教23万元、社区运转及建设220万元、镇村补助经费75万元。全区社会事业各个层面的财政投入不断加大,促进了社会和谐、稳定、进步。

【在改革创新中提高财政科学管理水平】 完善预算编制、执行、监督相分离的预算管理机制,细化预算编制、严格项目管理。理清财政供养范围,完善定员定额标准和项目备选制度,全面推进部门预算管理改革;修定了《八公山区财政资金审批程序》,进一步规范了预算执行和追加程序,明确了财政部门的职能,强化预算约束监督机制;不断扩大"一折通"使用范围,加强资金跟踪检查,确保农民能够快速及时领到补贴款,有效控制因发放环节不畅造成农民上访事件,同时加大对"一免两补"回头看力度,加大补贴方式改革的调研,促进农村经济的全面协调可持续发展。三是继续深化政府采购改革努力完善国库集中收付制度。按照公开、公平、公正的原则,全部实行公开招标采购,对中小型采购采取集中的办法,形成规模后再组织实施采购。扩大政府采购规模,努力降低行政成本,全年安排政府采购项目40个,预算金额239万元,实际合同金额216万元,节支率为9%;探索国库集中支付改革新模式,在财政统发工资、统办医疗保险、统办住房公积金、教育经费、政府采购项目资金、农业专项资金、教育专项资金、两镇经费推行了集中支付试点,集中支付资金面达60%;进一步规范行政事业单位国有资产收益及处置收入的管理,资产收益和处置收入及时足额上缴财政专户;积极配合纪检、监察、审计等部门做好扩大内需、支农资金、义务教育保障经费、社保资金等专项资金检查,确保专项资金及时足额到位。重点加大了乡级财政收入的组织力度。对八公山区乡镇财政管理体制的执行情况进行了分析,结合各乡镇实际情况和上级财政管理体制要求,在广泛征求乡镇意见后,制定了新的乡级财政管理体制。同时按照各乡镇财源分布情况确定2009年乡镇财政收支指标。同时加大乡镇财源建设的扶持力度和财源绩效的考核力度,调动乡镇政府当家理财的积极性和主动性。到年末,乡镇财政收入可实现14000万元。随着各项财政改革的不断推进,区财政正在逐步改变过去重收入、轻支出,重分配、轻管理,重使用、轻监督的管理方式,初步实现了财政管理模式由粗放型向精细化的转变。

(吴 青)

潘集区财政工作概述

2009年,潘集区财政工作紧紧围绕区委、区政府确定的工作目标和区八届人大四次会议批准的预算收支任务,按照中央、省、市"保增长、保民生、保稳定"和实施积极财政政策的工作要求,加速推进财政科学化、精细化管理,积极稳妥实施各项改革和制度创新,财政各项工作跃上一个崭新的台阶,财政收入平稳较快增长,超额完成了全年预算收入任务;财政支出结构及绩效进一步优化,基本实现了"一要吃饭、二要建设"的支出目标;公共财政体系日益成熟,民生事业支出保障有力;财政投入机制进一步健全,财政对重点和法定项目投入有力、有序、有效;财政改革和发展正向适应社会主义市场经济发展要求的公共财政体制目标阔步迈进。

【财政收支情况】 2009年由于全区财政收入经过连续两年高速增长之后,当期无新增投产项目,加之,一定程度上受到全球金融危机的影响,财政增收经历了前所未有的考验。面对挑战,区委、区政府及财税部门,牢牢抓住中央扩内需、保增长的政策机遇,紧紧围绕"1676"奋斗目标,全力实施"2345"行动计划,全面落实积极财政政策,采取了一系列投资拉动和项目带动措施,促进了全区经济平稳较快发展,实现了财政经济"企稳回升"和"稳中有升",超预算完成了全年任务,收入总量继续位居全市县、区第三。2009年全区财政工作显著特点可以概括为:既是全区财政增收最困难的一年,也是全区投入拉动、优化环境、强化征管、攻坚克难力度最大的一年。

2009年全区财政收入完成34500万元;完成预算的105%,比上年实际增收4308万元,增长14.3%。主要项目完成情况是:税收收入完成31000万元,完成预算的103%,超收1000万元,增长13%。其中,国税收入完成19000万元,占预算的119%,增长4%;地方工商各税收入完成12000万元,占预算的86%,增长30%。非税收入完成3500万元,完成预算的117%,增长71%。省、市转移支付和补助24000万元,上年结转347万元,调入资金4391万元。

2009年全区财政支出完成47988万元,为预算的115%,比上年增长12%。主要支出项目完成情况是:一般公共服务6744万元,国防95万元,公共安全1158万元,教育15000万元,科学技术450万元,文化体育与传媒647万元,社会保障和就业6684万元,医疗卫生4910万元,环境保护105万元,城乡社区事务1225万元,农林水事务4408万元,交通运输119万元,采掘电力信息等事务433万元,粮油物资储备等管理事务310万元,其他支出4700万元,上解支出1000万元。

【民生工程顺利实施】 2009年安排实施38项民生工程,其中,省级25项,市级6项,区级7项。

一是组织推动进一步加强。2009年,全区民生工程实施工作,做到了早谋划、早安排、早动手,并根据工作需要,调整充实了区民生工程实施工作领导小组,制定印发了工作方案,召开了全区民生工程实施工作动员大会,与各成员单位、乡镇街道签订了目标责任状,明确民生工程成员单位主要领导为第一责任人,分管领导为具体责任人,承担民生工程任务的单位均成立了相应的工作组织,明确了专人具体负责民生工程日常管理工作,为民生工程的顺利实施提供了组织保障。

二是督促检查进一步强化。为不断加大民生工程实施力度,强化协调调度,精心组织,精细操作,上下联动,形成工作合力。民生工程实施工作领导小组坚持每月召开一次调度会,对当月民生工程的实施进展情况及实施过程中存在的问题予以总结通报,及时分析、发现项目实施过程中好的经验、好的做法,并进行交流,对实施相对滞后的项目,分析原因,及时研究、解决工作中出现的问题和矛盾,督促整改落实,加快项目实施进度。在民生工程实施过程中,监督、检查、暗访始终贯穿其中。2009 年,全区共开展综合性督查三次,专项督查四次,开展经常性检查 20 余次,有力地推动了民生工程的深入开展。

三是制度机制进一步健全。为完善民生工程实施管理制度,创新工作机制,保障项目实施,区民生办制定了 14 项工作制度,区监察局、审计局分别牵头制定了民生工程监督检查工作实施方案和民生工程审计监督的实施意见,区委、区政府结合科学发展观学习实践活动研究出台了关于实施民生工程的保障机制。民生工程实施的制度框架基本形成。

四是普及宣传力度进一步加大。区电视台开辟了民生工程宣传专栏,采取滚动字幕、电视访谈等多种形式,广泛宣传民生工程的内容,各责任单位就本单位负责实施的民生工程内容、范围、标准等印发了宣传手册、明白纸、致群众的一封信等宣传资料。区民生办印发了 3 万份民生工程宣传手册、1000 份民生工程贺年卡,制定了《2009 年民生工程宣传行事例》。为更加有效地营造宣传氛围,10 月 24 日,区民生办组织各成员单位在袁庄城区开展了民生工程宣传一条街活动,发放各类宣传材料 1 万余份,受教育人数达 2 万余人次。通过全方位、多层次地广泛宣传,不断提升了民生工程的社会知晓度,广大群众支持民生工程、欢迎民生工程、参与民生工程的意识日益增强。

五是资金投入和管理进一步规范。为保障民生工程的顺利实施,区财政及时安排、筹措资金,克服当前财政困难,足额落实区级配套资金,确保项目资金及时拨付。2009 年,共完成民生工程投入约 13500 万元,占全年任务的 112.5%,其中完成区级配套投入 1500 万元,占预算的 100%。项目资金严格按照管理要求,发放类资金一律实行“一卡通”打卡发放,工程类资金根据施工进度,采取报账拨款,直拨施工单位。项目资金的投入,有力地促进了民生工程的稳步推进。

【完善财政涉农补贴管理】 为了更好地落实党的惠农政策,区政府及时调整充实了区财政补贴农民资金管理和发放工作领导小组,分管区长为组长,区政府办、监察、财政、农业、民政、林业、计生、残联、信用联社等单位负责人为成员单位,负责全区的财政补贴农民资金管理和发放日常工作,定期或不定期召开领导小组会议,回顾和总结前一阶段工作,研究解决发放工作中存在的实际问题,布置下阶段的任务,取得了较好的效果。其次,以《财政补贴农民资金管理和发放操作规程》和《潘集区财政补贴农民资金管理和发放实施细则》为依据,加强财政和区有关部门之间的分工协作。区财政局负责补贴资金专户的管理、补贴资金的拨付和监督检查;区农委、民政、林业、计生、残联等部门具体负责补贴对象的摸底统计和核实工作,并及时正确地向区财政提供补贴对象发放清册;区信用联社负责财政补贴农民资金“一卡通”打卡发放工作,并做到农户存折的补贴项目打录简称规范,让农户看了明白。财政局与区信用联社签订了委托代发农民补贴资金协议,明确了双方的职责。

2009 年,财政补贴农民资金管理和“一卡通”发放工作继续按照“巩固、完善、规范、提高”的要求,以完善财政补贴农民资金数据库为基础,以推进信息化、网络化建设为手段,以建立健全补贴资金发放长效机制为保障,进一步加大督查力度,保证了党的惠农政策的落实。2009 年,全区共向农民发放 17 项财政补贴,补贴农民资金 8284 万元,真正让党的惠民政策落到了实处。

【实行科学精细化管理进一步提升预算执行绩效】 为适应全区发展趋势和新形势下做好财政工作的迫切需要,继续围绕财政收支目标和绩效评价,坚持从实际出发,实事求是,立足创新,建立健全管理制度和运行机制。一是注重流程设计。根据精简程序、理清环节、分清责任、明确标准的要求,健全和优化财政管理流程。严格按照“二上二下”的程序和定额标准编制部门预算;完善预算执行情况分析报告制度,准确把握财政收支走势,严格控制预算追加调整;加强会议集中核算管理,制定印发了区直单位财务报账手册;全面清理撤并了区直一级机构和部分二级机构银行账户,基本具备了会计集中核算向国库集中支付过渡的条件;进一步完善了监督制约机制,成立了专门的监督检查机构,制定了年度监督检查计划,实施了涉及预算执行、非税收入、专项资金等五个方面二十个项目的专项检查;进一步完善了财政资金从预算到执行,从指标下达到拨付,从报账付款到跟踪问效的高效运行机制,进一步健全部门间监督体系,促进责任落实,使预算编制、预算执行、预算监督、绩效评价等各项工作均依流程运行。二是注重制度创新。在执行好已有行之有效的工作制度的基础上,进一步健全各项工作规范,做到反映财政工作规律,符合财政工作实际,发挥财政部门职能,促进经济社会发展,2009年完成了财政制度建设汇编第二辑制订汇编,建立了财政支持工业经济发展,新农村建设,城乡基础设施建设及民生工程实施四大投入增长机制,为财政科学化、精细化管理,提升财政工作绩效提供了坚实的制度保障。三是严格财政监督。积极推进财政监督关口前移,强化事前和事中监督。积极邀请人大、政协领导介入预算编制,实施全过程零距离监督,提高预算透明度;积极运用自查、检查、重点调查等多种手段,加强对教育、卫生、民政等重点部门、行业、资金的专项检查,确保资金安全;进一步建立健全预算编制、执行和监督相互协调、相互制衡的工作机制,实行信息共享、审批牵制,印鉴分设、分级管理、责任到人的管理模式,强化财政资金管理,确保高效安全运行,提升财政工作绩效。

【加大财政队伍建设力度增强财政事业发展后劲】 按照政治坚定、开拓创新、求真务实、勤政廉政、团结协调的要求,积极打造财政干部队伍。以加强能力建设为核心,认真落实省、市财政部门对新一轮大规模培训干部的部署,全面实施了区本级及乡、村财务人员大轮训工作;以“五个一”活动为载体,全方位、多层次,富有成效地开展能力建设年活动;进一步改进工作作风,发动和鼓励财政干部深入基层、深入部门、深入群众开展调查研究;充分利用政治学习和专题研讨会,深入开展理想信念教育,深入推进财政系统党风廉政建设和反腐败斗争;全面实施人才培养和引进战略,出台了关于鼓励财政干部参加继续教育的实施意见,招录了一批具有本科以上专业学历人员充实到重点岗位;积极宣传社会主义核心价值体系,加强财政工作宗旨教育,加强精神文明创建力度,财政窗口单位服务能力进一步提升。财政干部队伍正向学习型组织、创新型团队、实干型集体迈进,全区财政事业可持续发展后劲明显增强。

(聂宏伟)

毛集实验区财政工作概述

2009年,毛集实验区财政局深入贯彻落实科学发展观,紧紧围绕区工委、区管委的经济发展思路和工作目标,坚持“三保”(保增长、保稳定、保民生)方针,强化财税征管,深化财政改革,规范财政管理,充分发挥财政职能,大力支持招商引资工作,努力培植财源,努力增收节支,在保增长、扩内需、调结构、惠民生方面发挥了积极作用,有力地推动了全区国民经济和各项社会事业发展。

【财政收支情况】 按照年初确定的财政收入增长目标,结合税源实际,在广泛调查和精确测算的基础上,统筹安排,分解任务,财税密切配合。为强化税收征管,多次召开国、地、财三家协调会议,确保了财政收入及时划转、均衡入库。2009年全区财政收入入库7402万元,扣除上缴省级企业所得税及个人所得税82万元,本级实现财政收入7320万元,占年预算的207%,比上年增长142.5%,剔除花家湖税收本级实现收入3627万元,比上年同期增长20.1%。其中,一般预算收入完成3521万元,占年预算的160%,比上年同期增长97%;税收收入完成7036万元,比上年同期增长148.8%,税收收入占财政收入比重达到95%;收入结构进一步优化,质量进一步提高。纳入一般预算管理的政府非税收入完成366万元,比上年同期增长31%。在支出上,从“保稳定、促发展”的大局出发,坚持集中财力保工资发放、保社会保障、保机构运转、保法定和政策性支出兑现。2009年财政支出总计13208万元,比上年同期增长14.4%。其中农林水、教科文卫、社保等支出完成8759万元,占财政总支出的66.3%。有效保证了法定增长要求,支出结构更加合理,重点支出得到了较好保障。其中:一般预算支出12979万元,比上年同期增长16.1%;基金支出229万元,占年预算的73.9%。

【培植骨干财源】 充分发挥财政职能,加大项目争取和建设力度,促进区域经济加快发展。全力打造新型工业园区。一是在财力匮乏的情况下,千方百计积极筹措资金,用于工业园区的基础设施建设。二是积极配合区工委、区管委“十一五”规划的实施,认真调查研究,采取积极的财税政策,大力扶持招商引资。三是配合有关单位和部门,做好项目申报工作,财政局与农业局合作跑省财政厅、省农委,已成功申报并正在实施400万元现代农业(小麦)项目。四是积极做好花家湖煤矿税收划转工作。根据市政府第29次常务会议纪要和市政府第70次专题会议纪要精神,从2009年7月1日起,国投新集花家湖矿的税收由毛集实验区国税、地税分局征收,除企业所得税分别缴入省、市金库外,其他全额缴入毛集实验区金库。经过多次与国投新集能源有限公司会谈与协调,同意国投新集能源有限公司提出“以花家湖矿的产量占国投新集公司产量确定比例,由毛集实验区国税局、地税分局按月进行预征,年终清算”的意见,市财政局、市国税局、市地税局、市人行四家共同行文《关于国投新集花家湖矿有关税收问题的通知》(淮财预[2009]482号),确定了征收比例和缴库方法,增值税和印花税征收比例为35%(按近三年国投新集花家湖矿煤炭产量占国投新集在淮南市境内总产量的比例确定),个人所得税征收比例为25%(按花家湖矿的工资总额占国投新集工资总额的比例确定),资源税、房产税、城镇土地使用税等由毛集区地税分局具实征收,国投新集花家湖矿缴入凤台县金库的7~11月份的税收调入毛集区金库。11月20日,区局向市财政局上报《关于国投新集花家湖矿税收调库的请示》,市财政局同意将缴入凤台金库的税款39945466.37元分两个月调入区金库。

【财政涉农工作】 在新农村建设中,认真贯彻落实各项惠农政策,紧紧围绕“多予少取放活”的方针,全面落实了农机补贴、良种补贴、退耕还林补贴和农机柴油补贴等一系列惠农政策。全年打卡发放粮食直补257万元,粮食综合直补1350万元,小麦良种良法示范户补贴50万元,政策性农业保险补偿资金31万元等16项所涉及的补贴,累计发放补贴资金2556万元,较好地完成了涉农补贴工作。按有关文件精神,与区新农办共同申报了2009年度新农村建设专项资金项目,落实新农村建设资金263万元,并与区新农村建设办公室共同验收了2008年新农村建设专项资金项目,有力推动了新农村建设深入开展。同时,配合区相关部门积极争取支农、科技、旅游、环保等项目资金。

【实施民生工程】 2009年实施的民生工程项目任务有24项,其中继续实施的项目有14项,新增项目10项(省级6项,市级4项)。全市民生工程实施工作会议召开后,迅速行动,立即召开了全区民生工程实施协调会议,及时调整充实了区实施民生工程领导小组,区民政、卫生、教育、农业、水务、劳动就业、计生、交通、环保等部门分别制定了《民生工程实施规划与方案》,并建立健全民生工程横向和纵向协调推进机制,形成整体工作合力。2009年全区民生工程各级财政投入资金3166万元,其中:区级财政配套资金414万元,配套项目涉及21项,区级配套资金全部配套到位,各成员单位通力合作,确保工程进度和工程质量,全年民生工程任务全面完成。

【农业综合开发】 认真贯彻执行国家农业综合开发政策,落实农业综合开发工作计划,积极组织实施已审批的农业综合开发项目。一是狠抓2008年项目扫尾工程,完成了安徽省淮南市斑点叉尾鱼回苗种繁育基地建设。该项目财政资金196.8万元,其中无偿资金58.8万元,有偿资金138万元。二是加快推进“以农民为中心的可持续农业技术体系建设和推广示范项目”实施,项目总投资1345.6万元,2005~2007年3年批复投资1284万元,中期调整后资金为991万元。现已完成736.33万元,完成占中期调整后资金总投资的74.3%。世行投资572万元,现已申请回补资金532万元,占世行投资的93%。完成了栽培技术、作物茎秆利用、土肥保持、病虫害控制、节水技术、土壤侵蚀控制、农牧综合农业、农业信息技术、服务和培训系统等项目建设任务。三是积极申报市级科技示范项目,根据淮南市财政局《关于2009年淮南市农业综合开发科技示范项目申报事宜的通知》(淮财农发[2009]345号)通知精神,编制了3个项目,经过市专家评审,批复项目1个,项目总投资20万元。四是加快2009年农业综合开发焦岗乡土地治理项目实施进程。项目投资总额为496.3万元;其中财政资金370.3万元(中央财政资金252万元,省财政资金93.1万元,市级财政资金15.12万元,区级财政资金10.08万元),自筹资金126万元。

【规范政府采购】 按照“上规模、抓规范、建机制”的工作思路,坚持采购信息公开、采购过程公正、采购结果公平的原则,进一步理顺政府采购秩序,规范政府采购活动。2009年,政府采购范围不断扩大,政府采购管理体制逐步理顺,政府采购制度不断完善,政府采购透明度不断增强,政府采购管理水平不断提高。采购项目预算数123.3万元,实际支出采购金额108.4万元,节约资金14.9万元,资金节约率为12%。

【“小金库”专项治理】 及时成立领导小组,并于6月19日召开了全区党政机关和事业单位“小金库”专项治理工作动员会,对“小金库”专项治理工作进行了部署安排。自8月20日至9月20日对区直部分单位实施了“小金库”重点检查工作,从41个区直主管部门中安排重点检查单位18个,占区直主管部门的45%。区“治理办”于8月14日对检查组全体人员进行了重点检查工作布置及专题培训,并对检查分工、检查程序、检查方式、方法和检查的完成时间做了统一要求,检查组要按照统一的规范开展工作,做到六个统一:即“统一检查通知(由区“治理办”统一发放)、统一检查内容、统一检查工作底稿、统一工作时间、统一检查报告、统一处理处罚(由区“治理办”统一处理处罚)。通过清理检查“小金库”,进一步严肃了财经纪律,加强了法制教育,强化了财务管理,确保了各项收入应收尽收,确保了资金合理使用,进一步完善了行政事业单位的财务管理制度,从源头防范腐败现象发生。

(王立勋)

经济技术开发区财政工作概述

2009年是开发区财政任务比较艰巨的一年,面对重重困难与挑战,财政部门在市委、市政府和开发区管工委的正确领导下,积极发挥职能作用,强化税收征管,保证税收及时足额入库;优化支出结构,保障招商引资、基础设施建设等重点工作的顺利实施;增强服务意识,积极服务企业,努力提高服务水平;规范各项规章制度,为开发区经济社会发展提供有力的财力保障。

【财政收支情况】 2009年开发区完成财政总收入12700万元。完成一般预算支出8341万元,主要用于兑现企业扶持资金,保证机关工作正常运行和开发区基础设施建设;支付土地报批费用3240万元,保证了2009年土地报批工作;支付征地补偿资金1012万元,保障了入区企业用地需要。

【债权债务清理情况】 为缓解开发区建设资金和土地报批资金紧张局面,开发区财政在利用自身有限财力的同时,积极争取上级财政部门的支持,争取土地出让收入尽快划转,2009年市财政划转开发区土地出让收入及返还耕地占用税2963万元,申请基建贴息3000万元。加强债权债务的清理,一是通过与市城投公司多次磋商,达成一致意见,签订了债权债务确认书,一次性化解开发区长期(借)贷款及基础设施建设欠款本息3.3亿元;二是加快土地款清欠工作,把好土地转让关口,收回土地款2367万元;三是对开发区长期债权进行分类梳理。对仍在正常生产经营的债务单位完善有关债权债务确定程序,对已不正常生产经营的债务单位按法律要求实施相关司法程序。

【为企业服务及扶持企业政策的制定】 为扶持企业积极走出金融危机困境,开发区财政树立服务意识,努力提高服务水平。一是及时出台有关财税扶持政策,加快淮南经济技术开发区工业项目建设进度,会同招商部门制订了《淮南经济技术开发区工业项目专项扶持资金暂行办法》、《淮南经济技术开发区〈关于推动非公有制经济和县(区)域经济又好又快发展的若干意见〉实施办法》。二是加大政策宣传力度,为认真贯彻落实市委、市政府的工作部署,把保企业、保经济作为当前的中心工作抓好抓实,区财政局配合市财政局召开区内部分重点企业座谈会,开展送政策、送信息到企业活动,对国家出台的一系列促进经济增长,扶持企业发展的政策进行了宣讲,发放了《促进经济平稳较快发展财政政策80条》及《申报优惠政策的具体实施程序》等资料,对企业提出的意见和建议进行了详细的解释和解答,帮助企业及时了解和掌握国家政策,争取政府扶持。三是加快扶持资金兑现拨付进度。2009年区财政局加快了扶持资金审核进度,千方百计筹措资金,于7月底全部完成企业财政扶持资金奖励兑现工作,同时对因企业自身原因造成漏报的,按照《开发区财政扶持暂行规定》要求,应于下一年度申报,今年区财政又增加一次申报,加大了财政扶持力度,尽最大努力做好企业扶持工作,2009年对37家企业支付扶持资金1324万元。四是牢固树立服务意识,不断提升服务质量,对不涉及本部门的工作,如企业找到,同样想方设法积极协调有关部门,帮助企业解决困难。

【财政涉农补贴】 全面贯彻落实省财政厅“落实各项惠农政策,完善落实一卡通农民补贴发放工作,提高服务农民质量”精神,为方便新增享受财政补贴农户领取存折,财政局采取提前公告发放时间,到村发放的方法,使耕作之余外出务工、做生意的农民能合理安排时间领取存折,同时,财政局人员将存折的使用和保管注意事项对每一位前来领取存折的农民进行了详细的解释,切实保障农民补贴资金的安全发放。在安徽省开展家电下乡和汽车、摩托车下乡活动后,区财政局采取多种宣传方式,将国家的惠农政策落实到位,累计发放宣传手册30份,张贴《致农民朋友的一封信》100份,发放宣传彩页1000余份,扩大了宣传面。

【“小金库”专项治理工作】 按照全市统一安排,区财政局在管工委的领导下,根据《关于转发〈淮南市党政机关和事业单位“小金库”专项治理工作实施方案〉的通知》要求,高度重视此项工作,一是召开了传达、落实、部署工作专题会议,统一思想认识,营造工作氛围。二是成立了开发区“小金库”专项治理工作领导小组,印发了《淮南经济技术开发区“小金库”专项治理工作实施方案》,积极行动,认真部署。三是明确责任和分工,由区财政局牵头,审计监察部门配合,对开发区各部门及开发区财政拨款的各派出机构进行全面自查、重点检查和回头看、整改工作。

(柏　云)

山南新区财政工作概述

2009年,山南新区财政局,以保障建设资金为主线,努力规范资金管理,突出抓好重点项目的资金支出,不断提高资金使用效益,在新区开发建设中发挥了积极的作用。财政体制设立后,区财政局积极组织财政收入,加强预算管理及财政监督,各项财政管理工作逐步步入规范化轨道。2009年山南新区财政总收入完成2693万元。

【健全机构,做好组织收入的基础工作】 一是设立新区财政体制。为了进一步落实市委、市政府《关于加快山南新区开发建设的决定》,积极与市财政沟通,并配合相关部门对山南新区财政体制进行调研。2009年7月30日,淮南市人民政府正式批复了关于印发《淮南市山南新区财政管理体制(试行)的通知》(淮府[2009]79号)。财政体制的设立对于进一步发挥财政职能,形成自我发展的长效机制,推动新区经济更好更快发展起到促进作用。二是设立山南新区金库。积极配合市人民银行落实了设立金库的相关事宜,金库的设立为山南新区的各项税收及时足额入库奠定了基础。三是建立总预算会计制度,为了适应财政管理体制的要求,进一步规范会计核算,建立并执行了总预算会计制度,并使用了总预算会计软件。

【大力组织收入】 一是配合税务部门摸税源。山南新区税务征收机构成立后,积极配合税务部门,对新区范围内的入驻单位及建设项目进行全面摸底,并对税源结构、纳税对象进行分析和研究,确定征管重点,做到有的放矢。二是抓好重点行业和重点税种的税收征管。加强建筑施工企业的税收征管,摸清建设项目合同金额、建设施工单位等相关信息,及时了解重点工程税源情况。加强房地产业税收征管,配合税务部门加强土地使用权的出让和房地产开发、转让环节的税收征管。三是及时回收土地出让收入和市级耕地占用税,用于新区开发建设。2009年市财政累计返还耕地占用税10385万元,土地出让金35507万元。

【落实征管程序、健全征管措施】 一是落实建设性规费征管程序。建设性规费是新区建设的重要财源,为了确保各项规费的足额征收及规范管理,在新区规划、建设部门的配合下,与市规划局和市房产局共同制定了《山南新区建设项目规费缴纳工作程序》。2009年12月实现了第一笔规费收入233万元。二是落实契税征收程序。结合山南新区实际情况,加强制度建设,制定了契税征收及补贴办法及程序。三是强化责任。严格按照契税征管要求,明确了相关征收人员的工作职责,将责任落实到人,确保审核、开票等环节有序正常进行。四是加强培训。为了进一步推动契税征收工作,组织学习了相关法律、法规并邀请市契税征管中心的同志对征管人员进行了征管软件系统使用等专项培训,通过详细讲解、现场演示等方式,提高征管人员的业务能力。五是健全契税征收台账及税源档案管理。对土地、房产权属转移进行统计并做好建档立卡工作,从而建立起详细的税源台账,及时掌握税源信息。

【积极筹措建设资金】 一是积极探索符合山南新区实际的多元化投融资模式,通过合作开发、代建及BT等模式努力降低融资成本,较好地解决了各项建设的资金需求。截至2009年年底中铁四局集团有限公司已累计投入建设资金27亿元,有力地推动了新区开发建设。二是结合山南新区实际,认真研究利用财政杠杆促进山南新区大发展的各类奖励、优惠政策。三是积极支持山南开发建设公司,广泛开展与政策性银行及商业银行的信用合作业务。同时,根据工作需要,合理制定贷款资金的使用计划,促进了新区的开发建设。2009年共取得农业发展银行及交通银行贷款6.4亿元,促进了新区的开发建设。

【大力支持重点项目建设】 一是稳步推进基础设施建设。2009年,山南新区财政局不断加大资金调度力度,努力推动山南新区加速发展,全年开工项目30个,完成固定资产投资35.83亿元。基础设施项目有序推进,山南新区污水处理厂、自来水厂开工建设;1#变电站各项建设准备工作基本就绪、3#变电站前期工作稳步推进,天然气管网铺设工作进展顺利;合作区内6条新建道路全面开工建设;D、E水系景观项目正在抓紧实施征地拆迁。在建工程项目进展顺利,国投新集于年前搬迁入驻,市级行政中心、武警支队项目主楼已封顶,淮南二中项目基础施工正在进行,首批三家房地产项目全面开工建设。二是全力推进土地报批征收工作。2009年是山南新区大开发、大建设的一年,一大批项目落地开工建设,土地报批、储备、征收任务重,资金需求巨大。财政局加大资金筹集力度,确保土地报批征收费用及时到位。全年报批建设用地16302亩,获批土地10953亩,完成征收9402亩,实施供地6255亩。商业用地出让工作进展顺利,成功拍卖6宗共1601亩土地,累计土地出让价款10.2亿元。土地运作步入良性轨道。

【不断推进招商引资工作】 一是积极落实《印发关于山南新区投资优惠政策的若干规定的通知》中关于税费方面的优惠措施,制定了山南新区建设性规费减免、产业扶持、契税补贴工作程序,为吸引更多优质老企业入驻山南奠定了基础。二是多种招商方式并举,招商成果显著。全年完成招商引资资金25.5亿元,在全市名列前茅。先后与大连正源、广东广弘、北京桑德等一大批较有实力的投资实体合作,推动新区水务项目、星级宾馆、大型购物中心、现代服务中心和住宅区建设,促进开发热点的形成。

【规范资金管理】 一是努力做到资金投入与规范管理相结合。为了加强对项目建设资金的管理,严格按照《山南新区管理委员会项目资金使用管理暂行办法》的规定,确保按合同、按进度、按程序拨付资金。对各类资金按建设项目进行了归类梳理,及时将其所附的合同等相关资料分类存档备查。二是努力做到资金运行与项目规划相结合。新区建设资金需求量巨大,及时与规划、建设等相关部门联系,及时了解项目进展及资金需求情况,在科学分析的基础上,对资金投入进行合理安排,确保了重点项目建设的资金需求。三是规范专项资金管理。为了调动征地拆迁工作的积极性,制定了《淮南市山南新区管委会征地拆迁工作经费管理(暂行)办法》,保证了征地拆迁工作的正常有序开展。同时,围绕着新区开发建设的中心工作,我们加强了土地报批、招商引资等专项经费管理,严格按工作进度拨付资金,确保专款专用及使用安全。

(翟　明)

民生工程建设篇

全市民生工程实施工作有关文件

淮南市人民政府关于2009年实施35项民生工程的通知

2009年3月15日　　淮府[2009]16号

凤台县、各区人民政府,市政府各部门、各直属机构:

为贯彻落实中央进一步扩大内需促进经济平稳较快发展的决策部署,提升民生保障水平,增强公共服务能力,让改革发展成果更多地惠及广大人民群众,市政府决定,2009年实施35项民生工程。现就有关事项通知如下:

一、深入推进原有的17项民生工程

按照"巩固、规范、完善、提高"的要求,认真落实《淮南市人民政府关于深入实施民生工程的意见》(淮府[2008]20号)有关规定,进一步完善政策,提升水平,继续实施好农村居民最低生活保障、农村"五保户"供养、城镇未参保集体企业退休人员基本生活费保障、新型农村合作医疗、城镇居民基本医疗保险、城乡医疗救助、重大传染病病人医疗救治和生活救助、城乡卫生服务体系建设、农村饮水安全工程、计划生育家庭奖励扶助、城乡义务教育经费保障、广播电视"村村通"工程、高校和中职学校家庭困难学生资助、大中型水库移民后期扶持、农村公路"村村通"工程、城市低收入家庭住房困难保障、贫困白内障患者复明17项民生工程。全市农村中小学D级危房改造任务已于2008年完成,自2009年起,农村中小学校舍维修改造纳入正常工作安排,不再列入民生工程项目。

二、大力实施新增的18项民生工程

坚持"尽力而为、量力而行、急事先办、务求实效"的原则,着力解决人民群众最关心、最直接、最现实的利益问题,2009年全市新增实施18项民生工程,其中:省级新增11项,市级新增7项。

(一)省级新增的11项民生工程

1. 农村五保供养服务机构建设。加大全市农村五保供养服务机构新建、改建、扩建力度,逐步提高集中供养率,2009年新增床位1568个,集中供养率达30.43%。

2. 重度残疾人生活救助。对符合政策规定的8379名城镇重度残疾人每人每年补助600元,4421名农村重度残疾人每人每年补助360元,缓解重度残疾人医疗康复支出负担较重、生活水平偏低等困难。

3. 新型农民培训工程。2009年完成新型农民培训任务1.57万人,其中农村劳动力转移培训"阳光工程"0.92万人、新型农民科技培训工程0.1万人、农业专业技术培训和农民创业培训0.55万人。

4. 农民工技能培训工程。鼓励农民就近转移就业,扶持农民工返乡创业,2009年完成农民工技能培训2.44万人,培训后取得职业资格证书率达到60%以上。

5. 提高妇女儿童健康水平。降低孕产妇死亡率、婴儿死亡率和五岁以下儿童死亡率,提高妇女儿童健康水平,计划用4年时间,使我市妇女儿童健康指标达到中部地区领先水平和东部地区平均水平。2009年,婚前医学检查人数5000对以上,对农村孕产妇住院分娩进行补助,完成辖区1所县区级妇幼保健机构规范化建设,以及儿童免疫规划一类疫苗接种给予补助。

6."农家书屋"工程。满足基层农民群众日益增长的精神文化需求,加快建设"农家书屋",到2015年基本覆盖全市所有的行政村。2009年全市建设93家"农家书屋",每个农家书屋配置标准为2万元。

7. 乡镇综合文化站建设。大力繁荣农村文化,到2010年基本实现乡乡有综合文化站建设目标。2009年完成4个乡镇综合文化站建设。每个乡镇综合文化站投资40万元,其中建设资金30万元,配套设施资金10万元。

8. 农民体育健身工程。提高农民体育健身设施水平,2009年在16个行政村实施农民体育健身工程。每村投入3万元,建设一块混凝土标准篮球场,配备一副标准篮球架和两张室外乒乓球台。

9. 政策性农业保险制度。创新支农方式,构建市场化农业支持保护体系,按照《关于开展政策性农业保险试点工作的实施意见》(皖政[2008]42号)要求,进一步加大政策性农业保险试点,政策性农业保险资金由各级财政和投保户共同承担。

10. 农村沼气建设工程。推广使用沼气,加强农村基础设施和环境建设,2009年,建设1个养殖场大中型沼气工程。

11. 病险水库除险加固工程。加快病险水库加固步伐,2009年,对5座病险水库实施除险加固,其中:省计划小型水库1座,完成2008年度以前开工的省计划小型水库除险加固4座。

(二)市级新增的7项民生工程

12. 塌陷区及被征地农民就业培训工程。加大塌陷区及被征地农民技能培训,促进农民就业和增收,2009年,完成0.2万人塌陷区及被征地农民就业培训任务。

13. 城镇小街小巷整治工程。打造整洁优美的城市环境,方便市民出行,分年度对全市小街小巷进行集中整治。2009年,市政府实行以奖代补方式,对30条城镇小街小巷进行集中整治。

14. 贫困残疾人免费参加新农合和城镇居民医疗保险。建立贫困残疾人医疗保险机制,缓解贫困残疾人医疗保险负担,2009年,对符合政策规定的3.8万名贫困残疾人,享受免费参加新农合和城镇居民基本医疗保险的优惠政策。

15. 老工伤人员纳入工伤保险。将全市符合规定的8000名老工伤人员全部纳入工伤保险。

16. 农村计划生育奖励政策。进一步完善农村计划生育奖励政策,对农村已领取独生女光荣证的家庭给予每月50元的贡献奖,对农村两女结扎户的家庭给予每月30元的节育奖。

17. 农村清洁工程试点。以农村"村容整洁"、改善农民生活环境为目标,结合省新农村建设"千村百镇示范工程"和市新农村建设"1860示范工程",在潘集区开展农村清洁工程试点,按自然村每50户居住范围为标准建设垃圾池,配套相应人员和清运设施,实现村内道路清扫和垃圾定期清运。

18. 村镇生活污水生态处理工程试点。加强农村环境保护工作,推进污染减排,做好村镇生活污水治理,全面推进社会主义新农村建设。2009年,选择部分村镇建设生态式污水处理工程试点。

三、工作要求

实施民生工程具有扩大内需与改善民生的双重效应,已经上升为国家"扩内需、保增长、调结构、重民生"宏观调控政策的重要内容。今年实施35项民生工程,是2009年市政府的重点工作之一,涉及领域更宽,受益面更广,工作强度更大,各县区、各有关部门要认真落实胡锦涛总书记"一项一项抓好落实,不断抓出成效"的重要指示精神,以对人民群众高度负责的精神,精心实施每一项民生工程,提高保障水平,建立健全解决民生问题的长效机制。

(一)强化协调调度。民生工程的受益群体主要在基层、在农村,各级、各部门要下移工作重心,搞好协调服务,加强督促检查。要对照与市政府签订责任书的各项要求,层层分解任务,做细实施方案,明确推进措施,精心组织,精细操作。市各有关部门要加强指导,上下联动,密切配合,形成合力。工程类项目要简化审批程序,及早下达计划,争取早开工、早建设、早见效。

(二)强化资金保障。各级要加大民生工程资金筹集力度,进一步调整财政支出结构,压缩一般性公用经费,加快资金拨付进度,确保应承担的配套资金及时足额到位。如国家出台有关提高民生工程项目补助标准的规定,将相应减少县区配套,缓解基层资金压力。各级财政、审计部门要加强对民生工程资金管理使用情况的监督,严防发生挤占、挪用、滞留以及虚报冒领等行为,提高资金使用效益。

(三)强化制度建设。加大规范补助或发放到人的项目管理力度;推行工程类项目法人责任制、招投标制、合同管理制、工程监理制、资金报账制、竣工验收制“六制”管理。完善已建成农村饮水安全工程、农村公路“村村通”、乡镇卫生院、村卫生室等民生工程设施运行、维护、管理等各项制度,充分发挥民生工程项目的效益。

(四)强化督查考核。要采取随机抽样、暗访、排查等多种方式进行督查,发现问题,及时解决。市实施民生工程领导小组将组织综合督查,督查结果作为年度考核的重要依据。市政府各部门要加强分类指导,改进专项督查方法,推动各项工程平衡、有序实施。市政府将继续对民生工程年度实施情况进行考核评比,严格兑现奖惩措施。

(五)提升实施效果。注重用民主的方法推进民生工程,坚持群众路线,广泛听取群众的意见和建议,及时发现、认真总结推广基层创造的好经验、好做法,及时研究、认真解决工作推进中出现的问题和矛盾,使各项政策措施更加深入人心。广泛宣传各项惠民政策措施、民生工程实施成效等,让广大人民群众进一步了解、支持和参与民生工程,提高社会影响力,为民生工程的实施营造良好的社会氛围。

淮南市人民政府关于2009年民生工程资金筹措有关问题的通知

凤台县、各区人民政府,市政府有关部门:

市委、市政府决定,2009年,在实施28项省级民生工程的基础上,我市再增加实施7项民生工程,全市共实施35项民生工程,实施意见和配套办法即将制定下发。原2008年实施的民生工程项目,除农村中小学危房改造因项目到期退出以外,其余继续实施。2009年,省级新增农家书屋工程、乡镇综合文化站建设、农民体育健身工程、政策性农业保险制度、农村五保供养服务机构建设、重度残疾人生活救助制度、新型农民培训、农民工技能培训、农村沼气建设工程、病险水库除险加固工程、提高妇女儿童健康水平11个项目;市级增加塌陷区及被征地农民就业培训工程、城镇小街小巷整治工程、农村计划生育奖励政策、老工伤人员保险工程、贫困残疾人免费参加新农合和城镇居民基本医疗保险、农村清洁工程及村镇生活污水生态处理工程试点7个项目。现就2009年35项民生工程资金筹措有关规定通知如下:

一、农村居民最低生活保障制度

所需资金仍按原政策执行,即:田家庵区、大通区、谢家集区、八公山区扣除省财政按原农村特困救助人数计算的补助基数后,由市与区财政按7∶3比例负担。凤台县、潘集区、毛集实验区以及划转七乡镇省扩面提标部分由省与县(区)财政按7∶3比例负担,市扩面提标部分由市与县(区)财政按7∶3比例负担。

二、农村“五保户”供养制度

全市“五保户”供养标准为每人每年1300元。凤台县、潘集区、毛集实验区及划转七乡镇由省财政按年人均850元标准补助,县(区)财政按年人均350元标准补助,市提标100元由市财政与县区按7∶3比例负担。八公山区及田家庵区、大通区、谢家集区原乡镇由省财政按年人均500元标准负担,其余800元由市与区财政按7∶3比例负担。

三、城镇未参保集体企业退休人员基本生活费保障制度

市级所需资金由市政府统筹解决;凤台县、潘集区、毛集实验区所需资金由省财政与县(区)财政按1∶1比例负担;其他市辖区所需资金由市与区财政按1∶1比例负担。

四、计划生育家庭奖励扶助制度

奖励扶助资金:国家规定的每人每年720元部分,由中央、省与市县(区)按5∶3∶2的比例负担。市、县(区)承担部分,凤台县、潘集区、毛集实验区由省财政承担;八公山区、田家庵区、大通区、谢家集区由市财政从计划生育专项资金中解决。省提标部分,由省财政承担。

特别扶助资金:由中央与省按5∶5比例分担,省提标部分,由省财政承担。

五、大中型水库移民后期扶持政策

按照《国务院关于完善大中型水库移民后期扶持政策的意见》(国发[2006]17号)规定,所需资金,由中央财政统筹安排。

六、城市低收入家庭住房困难保障机制

根据《国务院关于解决城市低收入家庭住房困难的若干意见》(国发[2007]24号)、《安徽省人民政府关于解决城市低收入家庭住房困难的实施意见》(皖政[2007]106号)、财政部印发的《廉租住房保障资金管理办法》(财综[2007]64号)、省财政厅修订的《安徽省廉租住房保障专项补助资金管理实施办法》(财综[2008]847号)规定,建立城市低收入家庭住房困难保障机制所需资金,按照保障方式进行筹集:

租赁补贴所需资金,主要由中央和省财政廉租住房保障专项补助资金解决。省级财政预算安排的廉租住房保障资金通过"以奖代补"专项补助市县。

实物配租所需建设资金,由市、县政府多渠道筹集:(1)住房公积金增值收益扣除计提贷款风险准备金和管理费用后的全部余额;(2)从土地出让金净收益中按照不低于10%的比例安排用于廉租住房保障的资金;(3)市、县财政预算安排用于廉租住房保障的资金;(4)争取中央预算内投资补助、中央财政廉租住房保障专项补助资金及省级财政专项补助资金;(5)社会捐赠的廉租住房保障资金;(6)其他资金。

资金筹集比例:市辖区由市级负责落实,凤台县由县级负责落实。

七、重度残疾人生活救助制度

对全市1.28万名贫困重度残疾人(城市8379名,农村4421名)给予生活救助,城市按每人每年600元补助,农村按每人每年360元补助。所需经费,省与市、县(区)按8∶2的比例分担。市、县(区)承担部分,凤台县、潘集区、毛集实验区由县区财政承担,八公山区、田家庵区、大通区、谢家集区由市与区按7∶3比例承担。所需资金从残疾人就业保障金中安排。

八、城乡义务教育经费保障机制

向农村义务教育阶段学生免费提供国家课程教科书,所需资金由中央财政负担;农村义务教育阶段中小学公用经费资金由中央和省财政共担;补助农村贫困寄宿生生活费所需资金,中央按照落实基本标准所需经费总额的50%给予奖励性补助,地方财政应承担的50%部分,凤台县、潘集区、毛集实验区由县区财政承担;八公山区、田家庵区、大通区、谢家集区由市与区按5∶5比例承担。

城市义务教育免学杂费和公用经费,由省财政负担60%,市区财政负担40%。市区财政负担部分,市属学校由市财政全额承担,区属学校扣除省财政补助后的差额,市财政给予80%补助,区财政承担20%。享受城市低保家庭学生,同步享受"两免一补"政策,其中:市属学校由市财政全额承担,区属学校由市财政给予50%补助。

九、高校和中职学校家庭经济困难学生资助制度

高校(高职)国家奖学金由中央财政全额负担;高校(高职)国家励志奖学金和国家助学金,中央和地方按6∶4的比例分担,地方分担部分,根据财政供给渠道实行分级负担,即省级财政供给的学校由省财政负担,市级财政供给的学校由市级财政承担,资金由财政预算安排,民办高校、高职(含独立学院)由省财政承担。

中等职业学校国家助学金,中央和地方按6∶4比例分担,地方分担部分,根据财政供给渠道实行分级负担,即省级财政供给的学校由省财政负担,市级财政供给的学校由市财政负担,资金由市财政从财政专项资金中安排。凤台县、潘集区、毛集实验区财政供给的学校由省级与县、区财政按8∶2的比例分担,其他市辖区供给的学校由市与区财政按8∶2的比例分担。凤台县民办中等职业学校由省级与县财政按7∶3比例分担,其他民办中等职业学校由省级与市财政按7∶3比例分担。

十、新型农民培训工程

农村劳动力转移培训:2009年计划培训0.92万人,中央按中央培训任务和人均310元标准补助,省级按总任务和人均100元标准补助,市、县(区)按培训任务和人均100元标准安排。市、县(区)安排部分,凤台县、潘集区、毛集实验区主要由县(区)财政承担,八公山区、田家庵区、大通区、谢家集区由市与区按7:3 比例承担。

新型农民科技培训:2009 年计划培训0.1 万人,中央按人均350 元标准补助,省级按人均50 元标准补助。

农业专业技术和农民创业培训:2009 年计划培训0.55 万人,省级按人均500 元标准补助,市、县(区)按人均100 元标准安排。市、县(区)安排部分,凤台县、潘集区、毛集实验区主要由县(区)财政承担,八公山区、田家庵区、大通区、谢家集区由市与区按7:3 比例承担。

十一、农民工技能培训工程

2009 年计划培训农民工2.44 万人,所需资金由中央财政补助资金安排。

十二、新型农村合作医疗制度。新农合筹资标准为每人每年100 元,其中:中央财政人均补助40 元,省财政人均补助30 元,县(区)财政人均补助10 元,农民个人缴费20 元。

十三、城镇居民基本医疗保险制度

实行以个人和家庭缴费为主、政府支持和社会捐助相结合的筹资机制。中央财政每人每年补助40 元,省财政每人每年补助30 元,凤台县财政补助每年不低于10 元;市区财政补助40 元,其中:市级财政补助30 元、区级财政补助10 元。

十四、城乡医疗救助制度

所需资金通过地方财政安排、争取省补助、福利彩票公益金、社会捐助等多渠道筹集。市级财政按不低于上年省财政专项补助资金总量(含中央补助部分)20% 的比例安排资金,其中:区级承担10%。县级财政按不低于上年省财政专项补助资金总量(含中央补助部分)10% 的比例安排本级资金。

十五、重大传染病病人医疗救治和生活救助保障机制

所需资金由中央、省与市、县(区)财政共同负担。

艾滋病:对艾滋病病人的抗病毒治疗经费,由中央财政负担;机会性感染治疗经费由省财政定额补助;特困艾滋病病人及孤儿孤老的生活救助经费由省财政定额补助。

结核病:对结核病及并发症患者,化疗费用由中央财政负担;治疗费用由省财政定额补助。

血吸虫病:晚期血吸虫病病人救治费用由中央和省财政负担;急性血吸虫病病人救治费用由市、县(区)财政按照1:1 比例定额补助。

经国家和省级卫生部门确诊的其他重大传染性疾病,救治费用由省财政和地方财政按1:1 比例负担,其中:地方承担部分市与县(区)按1:1 比例承担。

十六、贫困白内障患者复明工程

2009 年,省计划统一实施500 例,所需资金由省财政解决。

十七、城乡卫生服务体系建设

农村卫生服务体系,建设资金地方筹集部分省级承担80%,市、县(区)承担20%。市、县(区)承担部分由市与县(区)按1:1 比例分担,按省下达的年度投资计划和规定的配套比例,由各级财政安排落实。

城市社区卫生服务体系,所需资金由中央、省、市(区)财政按3 元、5 元、5 元的比例负担。市(区)负担部分由市与区按1:1 比例负担。建立城市社区卫生服务机构的县,县财政按服务人口每人每年5 元的标准安排。

十八、提高妇女儿童健康水平

农村孕产妇住院分娩救助资金由中央财政负担;免费婚前医学检查经费由省与市、县(区)按1:1 比例分担,市、县(区)承担部分,凤台县、潘集区、毛集实验区由县区承担,八公山区、田家庵区、大通区、谢家集区由市与区按1:1 比例承担;县级妇幼保健机构房屋维修、设备购置经费由省财政承担;儿童计划免疫接种补助经费由中央和省财政承担。

十九、农家书屋工程

2009 年计划建设农家书屋93 家,每家书屋2 万元,其中:中央财政补助1 万元,省财政补助0.7 万元,市、县(区)财政承担0.3 万元。市、县(区)财政承担部分,凤台县、潘集区、毛集实验区由县区承担,八公山区、田家庵区、大通区、谢家集区由市与区按7:3 比例承担。

二十、乡镇综合文化站建设

2009 年计划建设乡镇综合文化站4 个,其中:田家庵区2 个、谢家集区1 个、八公山区1 个。每个站40 万元(建设资金30 万元,配套设施设备资金10 万元)。市、区财政每个站承担资金6

万元,由市与区按7:3比例承担。

二十一、农民体育健身工程

2009年计划在16个行政村建设标准的“农民体育健身工程”,每村补助3万元,其中:中央财政补助1.5万元,省财政补助0.9万元,市、县(区)财政承担0.6万元。市、县(区)财政承担部分,凤台县、潘集区、毛集实验区由县区承担,八公山区、田家庵区、大通区、谢家集区由市与区按7:3比例承担。

二十二、政策性农业保险制度

凤台县、潘集区、毛集实验区保费补贴筹集。种植业保险保费负担比例为:中央财政补贴35%、省财政补贴35%、县区财政补贴10%、种植场(户)承担20%。养殖业保险保费负担比例为:能繁母猪保险保费中央财政补贴50%、省财政补贴25%、养殖场(户)承担20%,地方财政补贴资金由市财政承担;奶牛保险保费中央财政补贴30%、省财政补贴25%、养殖场(户)承担40%,地方财政补贴资金由市财政承担。

市及其他市辖区保费筹集。种植业保险保费负担比例为:中央财政补贴35%、省财政补贴25%、种植场(户)承担20%、地方财政补贴资金按市、区7:3比例承担。养殖业保险保费负担比例为:能繁母猪保险保费中央财政补贴50%、省财政补贴21%、养殖场(户)承担20%,地方财政补贴资金由市财政承担;奶牛保险保费中央财政补贴30%、省财政补贴21%、养殖场(户)承担40%,地方财政补贴资金由市财政承担。

市、县(区)保费安排不到位的,中央和省财政不予补贴。

二十三、农村饮水安全工程

2009年计划解决11万人饮水问题,所需资金由中央、省和市、县(区)共同负担。市、县(区)财政负担部分按5:5的比例分担,分别由市、县(区)政府按省下达的年度投资计划和配套比例予以落实。

二十四、农村公路“村村通”工程

2009年,我市计划开工建设农村公路“村村通”工程170公里,资金标准12.5万元/公里,市财政筹资标准6.25万元/公里,所需资金1062.5万元,从预算安排的农村公路建设资金中解决。县(区)筹资标准6.25万元/公里,所需资金1062.5万元,县(区)筹集资金主要来源是:地方财政在预算中安排的农村公路建设补助资金,地方交通规费收入(或分成收入),个人捐资或通过农民一事一议筹集的资金,其他等。

二十五、农村五保供养服务机构建设

2009年计划新增床位1568个,总投资2730万元。所需资金通过争取省财政投入和国家霞光计划资金、市级福彩公益金和市、县(区)财政安排。市、县(区)承担部分,凤台县、潘集区、毛集实验区主要由县区承担,八公山区、田家庵区、大通区、谢家集区由市与区按7:3比例承担。

二十六、农村沼气建设工程

2009年计划建设1处养殖场大中型沼气工程项目,资金由中央、省财政补助和养殖场自筹解决。

二十七、病险水库除险加固工程

2009年计划加固5座。市、区承担资金部分,由市与区按6:4比例承担。

二十八、塌陷区及被征地农民就业培训工程

2009年,全市计划实施塌陷区及被征地农民就业培训0.2万人,市区所需资金由市财政从再就业专项资金中解决,凤台县所需资金由县财政从上级补助的再就业专项资金中解决。

二十九、城镇小街小巷整治工程

2009年,全市计划完成30条城镇小街小巷整治任务,市财政按照每条小街小巷10万元标准实行以奖代补。

三十、农村计划生育奖励政策

对农村已领取独生女光荣证的家庭每月给予50元贡献奖,对农村两女结扎户的家庭每月给予30元节育奖,所需资金由市与县区按7:3比例承担,市级资金主要从计划生育专项资金中安排。

三十一、老工伤人员保险工程

全市老工伤人员8000人,市财政补助200万元,其他从工伤保险基金中支付。

三十二、贫困残疾人免费参加新农合和城镇居民基本医疗保险

全市贫困残疾人3.8万人,其中:参加新农合2.6万人,参加城镇居民基本医疗保险1.2万人。所需资金由市与县(区)按5:5比例承担,市级资金从残疾人就业保障金中安排。

三十三、农村清洁工程试点

2009 年,在潘集区 22 个村开展农村清洁工程试点,每村每年补助 3 万元,其中:市财政每村补助 2 万元,区财政每村补助 1 万元。

三十四、村镇生活污水生态处理工程试点

2009 年,开展村镇生活污水生态处理工程试点,建设资金主要从排污费中列支。

另外,"十一五"期间,省里未下达我市广播电视"村村通"工程建设任务。

民生工程实施过程中发生工程量(人数)变化的,所需资金按上述方案筹集。

各县区财政部门要主动加强与相关部门联系,明确计划任务,认真测算民生工程财政投入。年初预算安排中,民生工程配套资金不得留下硬缺口。由于政策计划调整,预算安排不足的,要通过优化支出结构,压缩一般性支出、动支预备费、努力实现预算超收等方式,足额安排。要及时拨付民生工程资金,确保工程实施的需要。凡应直接发放或补助到人的资金,要实行"政策公开、程序透明、支付到人、打卡发放"的社会化发放办法,及时足额发放到人到户;凡是按人数补助到学校、医院等单位的,要严格审批程序,核实补助对象,及时足额拨付到项目实施单位,确保专款专用;凡涉及工程建设的资金,要实行专户管理,严格按照工程进度和资金管理办法拨付资金,确保工程建设资金、工程建设进度、工程建设标准、工程建设质量全面落实。要加强民生工程资金监管,完善资金管理制度,加强审计监督,严禁挤占、挪用、拖欠民生工程资金,切实提高资金使用效益。

关于调整淮南市实施民生工程领导小组的通知

2009 年 3 月 20 日　　淮府办秘[2009]17 号

凤台县、各区人民政府,市政府各部门、各直属机构,各有关单位:

根据工作需要,经市政府同意,调整市实施民生工程领导小组,调整后的成员名单如下:

组　长:曹　勇(市政府市长)
副组长:戴启远(市委常委、市政府常务副市长)
常务副组长:魏耀民(市政府副市长)
成　员:陈贵洲(市政府副秘书长)
左家凤(市财政局局长)
花学筑(市发改委主任)
赵期中(市农委主任)
杨　杰(市民政局局长)
杨舒生(市劳动和社会保障局局长)
陈庆稳(市卫生局局长)
葛晓辉(市教育局局长)
李艾军(市交通局局长)
孙献光(市文化局局长)
王天安(市人口计生委主任)
陈锦玲(市房产局局长)
陈　克(市监察局局长)
陈永多(市审计局局长)
金　昶(市体育局局长)
刘　琦(市环保局局长)
马光明(市文指办主任)
詹政烜(市统计局局长)
邵春学(市残疾人联合会理事长)
徐启超(市新闻出版局局长)
管迎新(市财政局副局长)
王寅生(市水利局副局长)

领导小组下设办公室,左家凤同志兼任办公室主任,各成员单位主要负责人为办公室副主任。

关于印发《淮南市财政局民生工程内部工作机制》的通知

2009年3月18日 淮财办[2009]81号

局属各单位、机关各科室(局):

为贯彻落实《淮南市人民政府关于2009年实施35项民生工程的通知》(淮府[2009]16号),更加规范有序地做好民生工程牵头工作,现就财政局内部科室之间建立民生工程工作协调联动机制的有关问题,提出如下意见:

一、明确工作机构和职责

市实施民生工程领导小组办公室(以下简称市民生办)设在财政局,办公室主任由局主要领导担任。市实施民生工程领导小组办公室下设工作办公室(以下简称局民生办)。局民生办由综合科、预算科、国库科、行政政法科、教科文科、经济建设科、农业科、社保科、企业科、外资金融科、监督检查局组成。

市民生办负责牵头组织实施全市民生工程。局民生办承担市实施民生工程领导小组及其办公室日常事务。按照科室职能分工,各有关科室负责民生工程资金预算、资金筹措和拨付等财政财务管理,并支持配合对口联系部门组织实施民生工程。局民生办和局内各有关科室要各行其职、各负其责,加强民生工程资金管理,促进民生工程健康有序发展。

二、确定民生工程资金筹措办法

根据省政府确定的年度民生工程实施项目和省财政资金筹措方案,结合我市实际,拟定我市民生工程市与县区配套资金筹措办法。民生工程目标任务确定后,筹资方案、资金测算由局预算科牵头负责制定,局民生办和各有关科室配合。

三、制定完善配套文件和政策

局民生办牵头制定和完善民生工程年度实施办法和政策措施,各有关业务科室根据所负责的民生工程项目,结合民生工程实施过程中出现的新情况,及时会同相关主管部门,配合制定、修订、完善工程实施办法和相关政策。同时,各有关科室要积极配合市直相关部门逐步完善已建成项目设施运行、维护、管理办法,并及时将有关政策文件报市民生办备案。

四、执行民生工程资金预算

在年度财政预算安排中,预算科及有关业务科室对已经明确的民生工程项目,足额安排市级配套资金,并适当考虑新增民生工程项目的预留资金。民生工程资金预算由各有关科室负责具体执行,确保民生工程资金及早安排、及时拨付。各科室民生工程资金拨付文件同时送局民生办。各有关科室每月汇总上级和市级民生工程资金拨付情况,由局民生办及时汇总报局领导,协调解决资金落实、拨付进度等问题。

五、加强民生工程资金监管

各业务科室制定完善民生工程资金管理办法,严防发生挤占、截留、挪用、虚报冒领等行为,保证民生工程资金安全,提高民生工程资金使用效益。财政监督局要将民生工程项目资金监管纳入年度财政监督工作计划,并探索民生工程资金绩效评价机制。局民生办协助各科室开展民生工程资金监管工作,及时将资金运行中的有关问题反馈各科室,并协调相关部门加强审计、财政监督。

六、畅通工作联动机制

各有关科室要加强与市直相关部门的联系,跟踪掌握各项民生工程进展、政策变动及出现的问题。及时向局民生办提供本科室民生工程专题信息和相关工作进展情况,并协助局民生办催报市直相关部门各项工程进展情况等材料。局民生办根据情况适时召开办公会议,向各有关科室通报全市民生工程进展情况、存在问题,研究措施,统筹推进各项民生工程。各有关科室要配合相关部门适时开展专项检查,跟踪政策落实情况。局民生办根据掌握情况,适时要求开展专项检查,参与相关调研、检查活动。局民生办负责策划、组织全市性民生工程宣传活动,各业务科室积极配合相关部门做好民生工程宣传工作,统一布置安排、统一宣传口径、加大宣传力度、提升宣传效果。

七、开展综合督查考核

局民生办负责制定民生工程年度监督检查方案和考核方案,统一组织对县区民生工程实施情况进行综合督查和考核,各有关科室根据统一安排抽调骨干人员参加督查考核工作。年终,局民生办将对信息报表报送等相关工作开展情况进行总结表彰,凡因工作失误造成严重后果的将严肃处理。

关于建立市财政局民生工程分工负责制的通知

2009年3月30日　　淮财办[2009]101号

局属各单位、机关各科室:

为深入推进我市35项民生工程,进一步强化组织协调能力,确保完成民生工程各项目标任务,经研究决定,市财政局建立民生工程分工负责制。现将有关事项通知如下:

一、左家凤(局长、市民生办主任):负责民生工程全面工作。

二、陈寅(副局长),联系部门:市发改委、市交通局、市水利局、市房管局、市文明委、市新闻出版局、市环保局。具体项目:(1)农村饮水安全工程;(2)农家书屋工程;(3)农村公路"村村通"工程;(4)城市低收入家庭住房困难保障机制;(5)城镇小街小巷整治工程;(6)村镇生活污水处理工程。负责县区:田家庵区、大通区。归口科室:行政政法科、经济建设科、综合科。

市政府采购中心主任吴鹰协助陈寅工作。

三、张瑞昌(副局长),联系部门:市教育局、市农委、市水利局、市人口计生委、市体育局、市文化局。具体项目:(1)计划生育家庭奖励扶助制度;(2)城乡义务教育经费保障机制;(3)高校和中职学校家庭经济困难学生资助制度;(4)乡镇综合文化站建设;(5)农村计划生育奖励政策;(6)农民体育健身工程;(7)新型农民培训工程;(8)农村沼气建设工程;(9)病险水库除险加固工程;(10)农村清洁工程。负责县区:谢家集区、八公山区。归口科室:教科文科、农业科。

市非税收入征收管理局局长曹宏协助张瑞昌工作。

四、管迎新(副局长),联系部门:市民政局、市卫生局、市劳动和社会保障局、市农委、市发改委、市残联。具体项目:(1)农村居民最低生活保障制度;(2)农村"五保户"供养制度;(3)城镇未参保集体企业退休人员基本生活费保障制度;(4)重度残疾人生活救助制度;(5)农民工技能培训工程;(6)新型农村合作医疗制度;(7)城镇居民基本医疗保障制度;(8)城乡医疗救助制度;(9)重大传染病病人医疗救治和生活救助保障机制;(10)贫困白内障患者复明工程;(11)城乡卫生服务体系建设;(12)提高妇女儿童健康水平;(13)农村五保供养服务机构建设;(14)塌陷区及被征地农民就业培训工程;(15)贫困残疾人免费参加新农合和城镇居民医疗保险;(16)老工伤人员纳入工伤保险;(17)政策性农业保险制度;(18)大中型水库移民后期扶持政策。负责县区:凤台县、潘集区、毛集实验区。归口科室:社保科、企业科、外资金融科。

市财政国库支付中心主任郭庆东协助管迎新工作。

局领导按照工作分工,负责对相关业务科室民生工程工作进行指导、督促;审查与有关部门联合制定的民生工程实施文件;研究审定民生工程资金筹措办法及审查测算配套资金;督促及时拨付民生工程资金,加强资金监管;督促科室分头落实各项具体工作任务。对所负责的县区和部门负有联络、协调、调度等职责,按照分工的民生工程项目,定期不定期开展调研、督查等工作,共同协商、研究解决民生工程实施过程中存在的问题和矛盾。

关于成立市财政局民生工程领导小组的通知

2009年3月30日 淮财办[2009]102号

凤台县、各区财政局,局机关各科室(局)、局属各单位:

根据市政府有关文件精神,2009年全市将实施35项民生工程,市实施民生工程领导小组办公室设在市财政局。为了加强民生工程组织协调,强化资金保障和管理,经研究决定,成立市财政局民生工程领导小组。成员名单如下:

组　长:左家凤(市财政局局长)

副组长:陈寅(市财政局副局长)

副组长:张瑞昌(市财政局副局长)

常务副组长:管迎新(市财政局副局长)

成　员:郭庆东(市财政国库支付中心主任)

吴　鹰(市政府采购中心主任)

曹　宏(市非税收入征收管理局局长)

于天奎(行政政法科科长)

吴　斌(综合科科长)

陈彦臣(预算科科长)

马　利(教科文科科长)

沈维玲(经济建设科科长)

马　勤(农业科科长)

刘明智(社保科科长)

洪　波(企业科科长)

刘世民(外资金融科科长)

张琳娜(国库科科长)

宋晓云(监督检查局局长)

宋道河(民生办副主任)

领导小组下设办公室,管迎新同志兼任办公室主任,宋道河为专职副主任,具体负责办公室日常工作。

关于建立民生工程资金拨付绿色通道的通知

2009年3月1日 淮财民生[2009]339号

局机关各科室(局)、局属各单位:

为了认真贯彻落实省委、省政府和市委、市政府关于实施民生工程的决策部署,扎实做好民生工程资金保障工作,及时拨付各项民生工程资金,经研究决定,建立市财政局民生工程资金拨付绿色通道。

一、在资金安排上,对继续实施的民生工程项目在每年财政预算安排中早排预算、早作保障,同时调整支出结构,提前预留部分资金,保障新增项目需要。

二、对上级到位资金实行随到随拨,凡是涉及民生工程的资金,实行急事急办、特事特办,原则上每一笔资金要在两个工作日内及时足额拨付到位。

三、在上级补助资金未到位的情况下,根据具体情况对急需资金实行提前垫付。对已经明确计划任务的民生工程,及时调度资金,保障各项工程尽快启动。

四、全局上下要严格按照市委、市政府和局党组的要求,认真履行职责,发挥职能作用,加大工作力度,严肃工作纪律,确保为民生工程的实施提供资金保证。凡因延误拨付民生工程资金、影响上级民生工程检查、考核的,将实行责任追究制度。

全市民生工程实施纪实

全市35项民生工程实施情况总结

市民生办

2009年,在市委、市政府的坚强领导下,全市各级、各部门认真贯彻落实关于实施民生工程的决策部署,精心组织,科学调度,统筹安排,立足抓早、抓实、抓细、抓紧,35项民生工程目标任务圆满完成,各级财政累计投入资金7.7亿元,惠及全市220万城乡居民,人均受益350元,取得了明显成效。

一、主动作为,真抓实干,不折不扣地落实惠民政策

(一)全面组织动员。一是及时传达贯彻落实。全省民生工程会议召开后,我市立即召开了全市工作动员会,及时贯彻实施,并签订了目标责任书,把各项目标任务分解落到实处。二是全面提升领导规格。市委、市政府调整了市民生工程领导小组,由市长任组长,市委常委、常务副市长和分管副市长任副组长,加强对民生工作的领导。将市财政局民生办升格为副县级,为各县区民生办增配一名副科级领导职数,充实组织协调力量。三是广泛动员群众参与。坚持问政于民、问需于民、问计于民,市政府召开了问计于民座谈会,下发了关于全面开展问计于民活动的通知,提高人民群众参与度和满意度。

(二)完善创新机制。努力做到"三个着力",一是着力完善配套政策。根据省、市有关精神,研究制定了民生工程资金筹措办法。对新增实施的民生工程项目和政策发生变化的项目,研究制定了35个配套文件。二是着力健全体制机制。健全民生工程内部管理制度,完善了协调推进机制、信息报送考评办法、档案管理制度,以及市财政局民生工程内部工作机制等11项规章制度。三是着力创新工程实施。调整完善了城镇居民基本医疗保险政策,在全省首创城镇居民医保普通门诊统筹和报销制度;谢家集区确定浙江平湖两所协议医院,率先建立新农合"异地就医结报"新机制,方便外出务工农民异地就医报销;制定了农村公路管理养护、农村安全饮水工程运行管理、乡镇文化站及农家书屋长效管理的政策措施,确保民生工程项目持久发挥效益。研究制定了35个民生工程实施配套文件,增加完善了纵向、横向协调推进机制等11项规章制度和管理办法。调整完善了城镇居民基本医疗保险政策,谢家集区率先建立新农合"异地就医结报"新机制,市政府制定了农村公路管理养护等管理措施,确保民生工程项目持久发挥效益。

(三)强化资金保障。全市累计拨付民生工程资金7.7亿元,其中:市及县区配套2亿元。在资金保障方面做到优先安排、优先拨付、优先配套、加强监管。一是优先安排。在年度财政预算中,做到民生工程配套资金优先足额安排,对新增项目和提标扩面项目提前预留。二是优先拨付。建立了民生工程资金拨付"绿色通道"和应急预拨机制,保证工程早启动、早实施。在中央和省级投资计划下达之前,预拨3000多万元,保证了农村饮水安全工程、乡镇综合文化站、农民体育健身、乡镇卫生院、村卫生室等项目的快速实施。三是优先配套。在确保规定配套资金前提下,对每个乡镇卫生院再增加投入50万~100万元,每个村卫生室再增加投入3万元。市财政增加城乡义务教育经费提标补助资金752.9万元。从政府转贷资金中优先安排廉租房建设资金4000万元,保证工程顺利实施。四是加强监管。对发放和补助类资金严格执行阳光操作办法,对工程建设资金严格实行专户管理,确保专款专用,杜绝挤占、挪用和拖欠。财政、监察、审计等部门充分发挥监管职责,对民生工程资金实施全过程监管,确保落实民生工程资金。

(四)加强督促检查。一是"五位一体"联合督查。建立了目标管理、政务督查、行政监察、审计监督和舆论监督"五位一体"的民生工程督查机制,逐月通报民生工程进展情况,接受社会监督。二是领导带头狠抓督查。建立了民生工程市级领导定期督查机制,市领导先后12次深入基层,现场督查协调,逐个查摆问题,逐个现场解决。市民生办采取现场督查和暗访相结合的形式,切实加大督查力度,先后进行了17次现场督查和9次暗访,并及时通报督查情况,要求限时整改。三是多方参与强化监督。市政府督办室、市民生办牵头开展全市性综合督查,以《淮南政务督查》形式,将督查情况报送各级领导和有关部门。建立民生工程媒体通报制度,按月在《淮南日报》向社会公开通报民生工程进展情况。结合舆情长效监督,设立群众监督电话,开设"市民心声"网络论坛,开展"政风行风热线"电台互动活动,邀请人大代表、政协委员视察,确保民生工程阳光、透明运行。

(五)强化协调调度。一是坚持例会调度。市委工作会议、市人代会、市政府常务会议专题听取、审议民生工程实施情况,推进民生工程实施。市政府每季度召开一次各县区、各成员单位参加的全市调度会,市民生办定期和不定期召开了9次民生工程联席会议。二是坚持序时调度。制定民生工程推进时间表和进度表,加强序时调度,倒排工期,做到每月有目标、每周有任务、每天有进展。三是坚持纵横协调。建立纵向、横向沟通机制。加强部门联动工作,成员单位互通信息、协同推进;建立目标责任制,层层分解任务,逐项落实责任,严格目标考核。四是坚持基础管理。建立了翔实的民生工程基础数据库,规范民生工程内部建设,分类设置民生工程档案资料,分县区绘制项目建设进度示意图。

六是开展舆论宣传。坚持问政于民、问需于民、问计于民,在实施省级28项民生工程的基础上,广泛征求群众意见,增加7项市级民生工程。印发宣传材料32万份,广泛设置宣传栏、标语、黑板报,发放明白纸、公开信,提升群众知晓度。发挥社会各界、新闻媒体的参与作用,在《淮南日报》开辟"35项民生工程巡礼"专栏,在电视台发布民生工程公告,开展"民生暖春行动",送民生工程春联5000份,在全省市级率先开通"淮南民生工程"网站,发布网络信息120条,编报52期《民生工程简报》,制作民生工程专题片,扩大宣传覆盖面。

二、多措并举,改善民生,又好又快推进项目实施

在民生工程的实施上,全市上下始终坚持做到思想上不动摇、行动上不懈怠、做法上不折腾,确保又好又快实施35项民生工程。

一是8项生活补助类项目保障有力。农村低保实现提标扩面,保障标准提高到1080元,累计保障农村低保对象59.86万人次,资金全部发放完毕。15115名农村五保供养对象实现应保尽保,供养标准达到1300元以上,均按季打卡发放。704名城镇未参保集体企业退休人员基本生活费得到保障。实施计划生育家庭奖励扶助制度,全市确认享受对象1450人。完善大中型水库移民后期扶持政策,499人直补资金基本按时打卡发放。建立城市低收入家庭住房困难保障机制,核准登记租赁补贴保障户数6007户,开工建设廉租住房。实施重度残疾人生活救助,保障对象9423人。全市1171户独女户和4678户两女户,每月分别享受50元和30元的计划生育奖励补助。

二是9项医疗卫生类项目稳步实施。新型农村合作医疗实现全覆盖,参合人数达112.6万人,参合率达95.2%。推进城镇居民基本医疗保险制度,全市参保人数达51.5万人。全面开展城乡医疗救助,累计救助65887人次。落实重大传染病等病人的医疗救治和救助措施,救治救助人数259例。推进城乡卫生服务体系建设,全市完成15所乡镇卫生院、62个村卫生室、32个社区卫生服务机构规范化建设,培训全科医师和社区护士160人。实施贫困白内障患者复明工程,完成手术503例。提高妇女儿童健康水平,完成免费婚检7407对,占目标任务的148%;儿童预防接种77.2万剂次,农村孕产妇住院分娩补助8307人次,完成1个妇幼保健机构建设任务。8000多名老工伤人员纳入工伤保险。贫困残疾人免费参加新农合和城镇居民医疗保险。

三是5项教育培训类项目巩固提升。推进义务教育经费保障机制改革,全面免除义务教育阶段学生学杂费,努力提高公用经费标准,向农村义务教育阶段学生免费提供教科书,补助贫困寄宿生生活费,全市30多万名义务教育阶段学生受益。建立健全高校和中职学校家庭经济困难学生资助体系,发放各类奖助学金2.25万人次。新型农民培训16640人,农民工技能培训25727人,塌陷区及被征地农民就业培训2205人,全部超额完成年度目标任务。

四是9项农村和农业基础设施类项目全部建成。开展政策性农业保险,全市在保能繁母猪43975头,在保奶牛4093头,小麦入保60.14万亩,水稻入保57.4万亩,保险赔付金额728.6万元。实施农村饮水安全工程,解决11万人饮水安全问题。加快农村公路"村村通"工程建设,完工里程159.4公里。推进农村五保供养服务机构建设,改扩建敬老院18个,新增供养床位1680个。完成1处大中型沼气工程建设。完成4座病险水库除险加固工程,开工建设1座。完成30条城镇小街小巷改造、22个村农村清洁工程和7处村镇生活污水处理项目。

五是4项农村文化建设类项目如期完工。完成93个农家书屋、4个乡镇综合文化站、19个农民体育健身工程建设任务,广播电视"村村通"多年前已实现全覆盖,极大丰富了广大农民的体育文化生活。

三、丰富内涵,提升层次,建立健全民生工程长效机制

2010年全市将实施42项民生工程,其中:省级民生工程在28项的基础上再增加5项达到33项,新增的5项分别是:(1)校舍安全工程;(2)农村留守儿童之家;(3)光荣院建设;(4)社会(儿童)福利院建设;(5)农村清洁工程。我市结合实际,按照既要尽力而为,又要量力而行的原则,在2009年市级7项民生工程继续实施的基础上再新增两项达到9项,新增的两项分别是:(1)采煤沉陷区居民搬迁安置(以奖代补);(2)加快农村卫生室建设。

当前,我市的民生工程实施过程中还存在工作推进机制不够健全,项目实施不平衡,工程质量有待提高,项目管护日益紧迫等问题。对此,我们将高度重视,认真加以解决,更加注重改善和保障民生,建立健全实施民生工程的长效机制,在发展中促转变,在转变中谋发展,不断"巩固、完善、调整、提高",把我市的民生工程提高到一个新的水平,真正把民生工程办成民心工程、德政工程,让广大群众更多、更快、更好地享受改革发展的成果。

一是强化领导,建立健全组织保障机制。强化民生工程的组织领导,落实民生工程市级领导分级联系制度。各县区、各牵头部门明确专职工作人员,担负起实施民生工程的"第一责任",实行"一把手"亲自抓,分管领导具体抓,经办人员一线抓的工作机制,确保民生工程工作组织有方、协调有力、推进有效。加强县区民生工程协调机构建设,督促各县区落实民生工程机构和人员,确保工作有人干、责任有人担、政策不走样。

二是加大投入,建立健全多元筹资机制。发挥财政主导作用,不断加大对民生工程的投入力度,优先安排民生工程资金,打足预算,重点保障。拓宽民生工程资金筹集渠道,采取政府项目规划、政策扶持、以奖代补、贴息、配套、担保等形式,鼓励和引导社会资金投入,形成稳定的多元化筹资机制。加大各类民生资金的整合力度,不断提高资金使用效益。完善民生工程资金拨付"绿色通道",畅通民生工程资金拨付渠道,确保各项民生工程资金及时足额到位。

三是加强管理,建立健全工程管护机制。督促项目主管部门和建设单位高度重视工程质量,全面推行工程类项目法人责任制、招投标制、合同管理制、工程监理制、资金报账制、竣工验收制"六制"管理,确保工程项目的质量和效果。进一步明确管理主体,加大已建成项目的后续管理力度,落实农村卫生服务体系建设、农村饮水安全工程的税费、用电等优惠政策,对已建成的农村公路"村村通"、乡镇卫生院、村卫生室等工程类项目,健全完善现有项目管理制度。同时,积极会同有关部门尽快出台住房、沼气、饮水、农家书屋、文化站、体育健身、五保服务机构等建成项目的运行、维护、管理制度,确保民生工程项目持久发挥效益。

四是各司其职,建立健全协调推进机制。建

立健全上下联动、横向互动、合力攻坚的沟通协调机制。各级民生办充分发挥协调沟通作用,定期召开协调会议,增强工作主动性和责任感,及时掌握新情况,采取新措施,确保服务到位、协调到位。充分发挥牵头主管部门协调调度作用,对上加大与上级部门的联系,主动做好汇报反映工作,多汇报项目实施情况,多反映工作中好的做法和经验,多增加感情交流和工作联系;对下注重调查研究和督促检查,注重搞好协调服务,明确推进措施,精心组织,精细操作,加强指导,上下联动,密切配合,形成合力。

*五是严格奖惩,建立健全激励约束机制。*在层层实行目标管理责任制、实施督查考核的基础上,健全完善科学考核、绩效评价制度,全面评价民生工程的经济效益、社会效益和生态效益。完善督促检查机制、考核奖惩机制,开展暗访、互查等多种形式的督查考核,对各级、各部门履行职责、实施工作、政策落实及完成效果进行目标责任考核,充分调动工作创新和争先进位的积极性。落实"五位一体"民生工程综合督查制度,加大执法监察、审计监督、财政检查力度,严防虚报冒领、截留、挤占、挪用民生工程资金,发现违法违纪行为,依法严肃处理,切实做到奖罚分明、令行禁止。自觉接受人大、政协和社会舆论监督,不断提高群众对民生工程的知晓度、满意度和支持度。

附:淮南市2010年42项民生工程项目

一、省级33项

1. 农村居民最低生活保障
2. 农村五保户供养
3. 城镇未参保集体企业退休人员基本生活保障
4. 计划生育家庭奖励扶助制度
5. 大中型水库移民后期扶持政策
6. 城市低收入家庭住房困难保障机制建设
7. 重度残疾人生活救助
8. 城乡义务教育经费保障机制
9. 高校和中职学校家庭困难学生资助
10. 新型农民培训
11. 农民工技能培训
12. 新型农村合作医疗
13. 城镇居民基本医疗保障
14. 城乡医疗救助
15. 重大传染病病人医疗救治与艾滋病人生活救助
16. 贫困白内障患者复明工程
17. 城乡卫生服务体系建设
18. 提高妇女儿童健康水平
19. 政策性农业保险
20. 农村饮水安全工程
21. 农村公路"村村通"工程
22. 农村五保供养服务机构建设
23. 农村沼气工程
24. 病险水库除险加固工程
25. "农家书屋"工程
26. 乡镇综合文化站建设
27. 农民体育健身工程
28. 农村广播电视"村村通"工程(我市已实现全覆盖)
29. 校舍安全工程
30. 农村留守儿童之家
31. 光荣院建设
32. 社会(儿童)福利中心建设
33. 农村清洁工程

二、市级9项

1. 塌陷区及被征地农民就业培训工程
2. 城镇小街小巷整治工程
3. 老工伤人员纳入工伤保险
4. 贫困残疾人免费参加新农合和城镇居民医疗保险
5. 农村计划生育奖励政策
6. 市级农村清洁工程
7. 村镇生活污水生态处理工程
8. 采煤沉陷区居民搬迁安置(以奖代补)
9. 加快农村卫生室建设

淮南市民生工程纵向协调推进机制

（市民生办）

为推进民生工程制度化、规范化建设，建立健全持续推进的长效机制，进一步加强市、县区间的工作协调，上下联动、形成合力，现就市、县区民生办间建立民生工程纵向协调推进机制，提出如下意见。

一、加强机构和队伍建设

县区进一步加强民生工程工作力量，完善民生工程协调工作机构，做到工作有人干，责任有人担，政策不走样，确保各项民生工程有序推进，确保年度目标任务圆满完成。

二、明确工作责任

市民生办负责牵头组织全市民生工程，制定全市民生工程实施意见、筹资方案和实施办法，安排拨付中央、省级和市级资金，组织开展全市性综合督查和年度考核，在协调有关部门完成本级民生工程任务的同时，加强对县区民生工程工作的督查指导。县区民生办负责开展政策宣传、落实配套资金，协调督促各项目实施单位完成目标任务。

三、制定工作计划

县区认真贯彻全市民生工程工作会议精神，结合全市民生工程工作要点和工作计划，认真制定本级民生工程实施方案、相关政策、配套措施，制定目标明确、措施具体的工作计划，把目标任务分解到每个部门、每项工作、每个环节。督促各牵头部门细化工作方案，及早拨付工程资金，及早开工项目建设。明确工作重点，创新工作方式，进一步完善民生工程沟通联络、资金落实、督查考核、政策宣传、情况报送、档案管理等各项工作制度，有计划有步骤地完成各阶段重点工作。

四、保证资金落实

县区民生办按照全市民生工程筹资方案要求，加强与相关部门联系，明确计划任务，认真测算民生工程财政投入，制定具体筹资方案。各县区财政部门要积极优化支出结构，探索建立稳定多元的筹资机制，加强与上级财政的协调沟通，保证民生工程资金足额配套，及时足额拨付，确保工程实施需要。加强资金财务监管，完善民生工程资金管理制度，加强资金审计监督，切实提高资金使用效益。

五、加强协调调度

县区民生办建立健全纵向、横向和内部民生工程联络员工作网络，加强指导，密切配合。定期召开民生工程协调小组会议、办公室会议、联络员会议，全面掌握工程进展情况，及时发现存在困难问题，一项一项调度推进。经常向党委、政府和市民生办反映工程进展和存在问题。

六、创新完善政策

县区民生办深入基层，深入实践，广泛听取群众的意见和建议，了解新情况，发现新问题，研究新措施，为党委、政府和有关部门科学制定政策、合理谋划工作，推进民生工程的深入实施提供依据。积极开展民生工程相关资源整合，推广惠民直达工程试点和"一线实"工作方法，不断创造新经验、新做法。完善已建成民生工程设施运行、维护、管理等各项制度，充分发挥民生工程项目效益。

七、抓好督促检查

县区民生办配合市民生办做好全市性综合督查工作，认真制定督查方案，采取随机抽样、暗访、排查等多种形式，定期不定期开展综合和专项检查活动。加强执法监察和审计监督工作。对民生工程工作落实情况进行严格考核和评议。结合信访举报，纠正查处违纪违法行为。

八、加强政策宣传

县区民生办通过报纸、广播、电视、网络等媒体，宣传民生工程政策、报道先进典型、交流先进经验。采取群众容易接受、通俗易懂和喜闻乐见的形式，多角度、多层面、全方位地深入宣传，努力营造良好的社会氛围。发动各部门采取宣传栏、标语、黑板报、明白纸、公开信等多种形式加强宣传，让各项政策措施深入人心，接受人民群众监督。

九、做好信息报送工作

县区民生办定期向上级民生办报送民生工程各类信息，反映各部门民生工程实施工作中切实的举措、先进的经验、典型的事例、突出的问题、显著的效果等。原则上每个县区每月报送市民生办信息不少于2条。

十、做好报表报送工作

县市民生办认真布置本级民生工程报表报送工作，并按规定时间和路径向上级民生办报送民生工程报表，要求数字准确、内容完整、报送及时。上报市民生办的报表，各县区按月报送。

十一、实施目标考核

县区民生办研究制定本级《民生工程考核办法》。年终，组织完成本级的考核工作，并配合省、市民生办完成全省年终考核工作。

加大"三农"民生投入　加速推进城乡一体化

潘集区财政局

几年来，我区不断加大民生工程实施力度，从2007年的12项民生工程增加到2009年的38项民生工程，民生工程覆盖面不断拓宽，财政投入逐年加大，公共财政职能逐步集中到民生工程上来，涉及经济、社会、文化等各个领域。2009年全区财政支出47000万元中，直接用于与广大农民生活直接相关的教育、卫生、社保和就业、"三农"等方面的民生支出就达29000万元，占支出总额的62%。公共财政的阳光已经普照农村大地，民生工程惠及千家万户，城乡面貌发生翻天覆地的变化，城乡差距不断缩小，城乡一体化进程正在快速推进。

一、实施民生工程，增强发展后劲，逐步缩小城乡差距

基础设施建设具有"扩内需、保民生"的双重功效，是拉动经济增长的动力，我区牢牢抓住这条主线，作为保障民生、发展生产的切入点，加大对农村基础设施的投入。一是加大对农村公路及配套设施的投入。"要致富，先修路"，几年来，我区新建了62条109.5公里的农村"村村通"公路，完成了5个农村客运站205个候车亭建设，开通了环城公交车，财政投入达2900万元，有力地促进了公路建设、管理、养护、运输一体化，进一步促进了我区农村经济的发展。二是加大财政支农力度促进农村经济发展。潘集区是农业大区，民生工程实施以来，财政逐年加大对"三农"的投入，农民的收入有较大幅度的提高。据统计，2009年度，我区农民年人均收入4500元，较上年增长12%；城镇居民年人均收入14000元，较上年增长7.6%，以上数据不难看出，农村年人均收入增幅较城镇高出近5个百分点，我区的城乡收入差距逐年缩小。2009年，为进一步发展农村经济，切实实现农民增收，农业增效，我区实施了农业产业化提升及农民工创业园建设区级民生工程，采取以奖代补的方式，给予土地经营大户项目扶持，加快了土地流转的步伐；完成了农民工创业园建设工程，为农民工创业提供了平台。三是加大生态环境基础设施的投入。改善农村居住环境是新农村建设重要的内容。2009年，建成一座农村生态污水处理站，实施了22个试点村——清洁乡村美化家园工程，修建垃圾池及垃圾收集点391个，完成2000座农村卫生厕所建设任务，解决了3.6万人的农村饮水不安全问题，农村生态环境得到了整治和改善，初步改变了农村脏、乱、差的面貌，城镇水平进一步提升。

二、实施民生工程，优先发展教育，推进教育均等化

教育是民族振兴的基石，必须优先发展。我区始终把发展教育，尤其是加大对农村落后地区教育的投入力度，放在更加突出的位置，千方百计保证有限的财力向教育领域倾斜。2009年，结合教育民生工程的实施，区财政投入教育方面的资金达15000万元，重点用于提高中小学公用经费保障水平和校舍改造、落实农村义务教育保障机制改革以及农村中小学维修改造工程等，积极落实教育“两免一补”政策，为2056名贫困寄宿生发放生活费补助156万元；落实义务教育保障经费2100万元，全面兑现了义务教育阶段教师的绩效工资，促进了城乡基础教育均衡和谐发展。3年来，全区用于教育基础设施建设投资达2.1亿元，新建翻建校舍11.9万平方米，新建教学楼26座。2009年，开工建设了区职教中心，启动了校舍安全工程，在加强教育硬件建设的同时，推进各级各类教育的协调发展，幼儿园入园率达91%以上，小学入学率、巩固率保持100%，初中年入学率100%、巩固率保持98%以上，残疾儿童入学率保持80%以上，高中入学率71.6%。

三、实施民生工程，改善医疗条件，推进城乡卫生服务一体化

百姓健康就是最大的民生，农民看病难、看病贵问题是民生中的焦点。2009年区财政投入医疗卫生资金4000万元，比上年增长88.8%。建成1个乡镇卫生院、22个村卫生室；区财政投入350万元，保障了全区359025人参加新农合，全年新农合资金支出3341万元，农民群众切实得到了实惠；为彻底解决群众病有所医的问题，我区不断改善医疗条件，投资2200万元新建了区医院住院病房楼及妇幼保健院门诊综合楼；全区11所乡镇卫生院新建医疗业务用房9000平方米，区、乡、村三级医疗救治网络全面加强，服务能力明显提高。同时，建立健全基层预防保健网络，加强区疾病预防控制中心实验室建设，卫生应急能力明显提高，全区城乡医疗服务水平和能力的差距大幅缩小。

四、实施民生工程，拓宽就业渠道，推进城乡居民平等就业

财政部门全面落实各项就业和再就业优惠政策，加大投入，全力开展农民工就业、新型农民、塌陷区失地农民等培训类民生工程的实施力度，全年投入就业资金1052万元，完成劳动力转移培训3000人、农业专业技术培训1500人，农民工技能培训2450人，培训合格率均达100%，实现就业率达95%，实施了“百户百名”农村致富新星培训带动工程。实施“立体转移”工程，推进就业、培训、维权“三位一体”工作模式。激励各类主体竞相创业发展。2009年全区新发展个体工商户738户、工商企业101家，个体工商户转型升级为企业9家，城镇新增就业12301人，新增农村富余劳动力转移2.1万人、回乡创业人员120名，6.1万人在外务工。同时，以“培训型、技能型、长期性、基地型、服务型”为特色，实施农民劳动技能提升工程，促进农民稳定就业、择优就业。

五、实施民生工程，提升社保能力，推进城乡社会保障一体化

从困难群众最现实、最迫切的需求入手，加强社会救助网络民生建设，健全农村低保制度，实现应保尽保、分类施保。2009年区财政用于农村低保方面的资金达到1173万元，全区53533人次的农民从中受益，农村五保户集中、分散供养标准每人每年分别达到1800元和1500元，有效保障了贫困群众的基本生活。2009年区财政投入城乡医疗救助资金273万元，救助大病和慢性病患者580人，解决了部分城乡低保户的经济负担。

2009年，通过38项民生工程的实施，从健全完善农村义务教育经费保障机制，到全面实施城乡居民医疗保险，再到完善城乡低保制度，促进了基础公共服务均等化等，民生财政建设实现由点及面、由城市到农村、由治标到治本的深化和提升。城乡一体化水平在全面实施民生工程中得到了平稳快速提高。

“新农合”异地报销的几点做法

谢家集区财政局

谢家集区实施“新农合”异地报销,为参合群众免除异地参合之忧,提供病有所医之便。这一方式受到赴外地务工人员的欢迎,延伸了民生工程的内涵。

一、领导重视,因地制宜,勇敢迈出“异地报销”第一步

谢家集区农村人口9万有余,是安徽省实施新型农村合作医疗制度的最后20个县区之一。从新农合成立之初,区委、区政府就高度重视该项工作,成立新农合医疗管理委员会和监督委员会,加强对新农合工作的领导。区政府将新农合工作列入年度重点工作和民生工程重点督察项目,在区财力非常紧张的情况下,在人员、编制、经费、办公地点、办公设施上实现了“五到位”,并调配了专用的督察车辆。每次重要工作会议区委、区政府主要领导都莅临参加,听取工作汇报,研究部署农合工作。区分管领导经常深入到新农合管理中心了解新型农村合作医疗建设和运行情况,实地解决遇到的困难和问题。

我区农村人口在外务工的达到3万余人,这个特殊群体,仅仅在浙江省嘉兴市平湖一带就多达7000余人,在亲缘、地缘拉动下,形成了相当规模的居住群落。和谐的平湖市将外地务工者亲切地称为“新居民”,并不拘一格地打造新居民服务机制。但是,“看病难”是影响他们融入当地生活的一大鸿沟。呵护农民的“新农合”,在跨地域实施过程中常会遇到一种尴尬:“流出地管不着,流入地管不好。”怎样才能保障参合农民在异地就医的权益呢?2007年,我区开始对破解这个普遍性难题进行了探寻。庞大的民生工程,夯实基础是关键。我区顺应农村现实的变化,在平湖新仓流动党支部和驻平湖市新仓镇工作站的基础上,区卫生局走出去,积极联系平湖卫生部门洽谈磋商。经过近3个月的数次协商,两地卫生部门就参合方案进行了三轮修改,在参合对象、参合方式,就医模式、补偿方法等具体操作环节达成共识。2008年6月12日,双方正式签订了“新农合”定点医疗机构服务协议,确定了平湖市第一人民医院和新仓镇中心卫生院作为我区参合农民的定点医院,授予了定点医疗机构的牌匾。此后我区在平湖的参合农民进入这两家医院看病时,完全能够享受与在家乡一样的医疗服务,而定点医院报销则执行安徽“新农合”的各项诊疗项目和用药目录政策。外出务工人员吃了个定心丸,再也不为异地就医发愁了。

二、强化基础,创新方式,再次迈出“网络结报”第二步

这一打破常规的“平湖就医模式”,获得了两地党委、政府的特别重视,并将此作为民生工程的亮点加以推介。新华社及其皖浙主流媒体对这一跨省就医、报销的做法予以报道。我区“新农合”的跨地域对接,是一个融洽的开端。但仍有一些新问题值得探索。如:皖浙两省的“新农合”政策不尽相同,报销额度不同,系统管理不能衔接,报销程序、单处方限量、住院用药都有差距,农民报销单据拿回报销,报销补偿款的时间跨度周期长等等。如何完善两地方案的对接,尽最大可能方便务工群众,是摆在农合工作面前的一个新的问题。

为了更加方便群众就医,使“平湖现象”进一步延伸。2009年6月,区卫生局和农合管理中心有关人员前往平湖,召开座谈会,听取务工群众的想法,续签了定点医疗协议。2009年7月,市、区民生办和区卫生局再赴平湖,调研听取异地结报工作。针对群众提出的建议,在征求平湖两家定点医院的意见后,合管中心报经新农合管委会批准,决定实行网上审核结报。农合管理中心为工作站购置了高精度的扫描仪,平湖工作站专人收集群众的报销资料,通过扫描传给管理中心审核,由管理中心审核后转账给工作站专户发放补偿款。通过网上审核医疗信息,减少中间环节,提高了补偿速度,更大程度的方便了群众就医,得到了异地群众的好评。

三、超前谋划,积极沟通,尝试迈出“公共卫生对接”第三步

架通皖浙两地的“绿色通道”,在服务“新农合”参合农民时给了我们一个启示:“离乡不离管,两地双落实,民生利百姓,农合惠万家”,在农合的工作中,我们成功的迈出了可喜的第一步,使得民生工程的惠民效应得到充分的体现。在新的卫生改革形势下,能否实施卫生服务进一步对接,是我们进一步尝试的新课题。

2009年9月,市卫生局、财政局、计生委联合下发了《淮南市促进基本公共卫生服务逐步均等化实施意见》,要求各区结合实际,认真实施。区财政局高度重视,要求农合办能否以异地结报为依托,以实施意见为契机,配合卫生局尝试实施公共卫生的对接。按照工作要求,区合管中心积极的和平湖有关部门联系,尝试在健康教育、儿童保健、孕产妇保健等公共卫生方面实施合作,我们已将工作的设想和平湖市卫生局、平湖定点医院进行了沟通,正在等待平湖卫生部门意见反馈,如果能够得到有效实施,又是方便务工群众的很好举措。

通过努力,广大外出务工群众就医后能及时得到医药费用补偿,免除了异地看病之忧,参加新农合真正得到了实惠。

两年间,平湖参合务工群众28人,住院就医花费12.29万元,获得住院补偿6.12万元,次均补偿0.22万元,实际补偿比51%。最高补偿拿到14257元。新农合工作是个长期的惠民工程,新的一年里,谢家集区将以“推进民生工程,提高服务功能”为主题,落实政策,多措并举,创新方式,改善服务,使该项惠民政策继续得到有效的落实。

落实一事一议财政奖补政策　做好做实村级公益事业

凤台县财政局

凤台县村级公益事业建设“一事一议”财政奖补工作从2009年10月开始实施,全县16个乡镇(含经济开发区)160个村1178个村民小组申报了248个村级公益事业建设项目,被批准实施的项目242个,项目总投资2320万元,其中:群众筹资307.7万元、村集体资金359.6万元、社会捐赠31万元、县级财政投入720万元、省及中央财政资金923万元,群众筹劳92.5万个工日。项目涉及乡村道路、农田水利设施、植树造林、环卫设施、文化体育设施建设等。现将村级公益事业建设“一事一议”财政奖补主要工作开展情况报告如下:

一、加强领导,明确责任

凤台县实施一事一议工作点多面广,时间紧、任务重,县委、县政府要求各乡镇、各有关部门从建设社会主义新农村、富民强县、构建和谐社会的高度出发,提高认识,高度重视,加强领导,抓好落实;要求县农村综合改革领导小组领导实施好全县一事一议工作,由县综改办牵头,县农委、财政、交通、水利、建委、文化、体育等相关业务部门按照各自的分工密切配合,各乡镇成立了专门机构,负责本乡镇一事一议工作的组织实施,乡镇主要领导对试点工作负总责,分管领导具体抓落实,并派出指导组到村指导实施工作,切实把好事办好,实事做实,取得成效。

二、制定方案,明确政策

为了做好村级公益事业建设“一事一议”财政奖补试点工作,2009年9月17日县长办公会议专题听取和研究了县财政局“关于在全县范围内开展一事一议财政奖补工作”的汇报。会后,我们在深入调研、座谈的基础上,结合凤台实际,制定了《凤台县村级公益事业一事一议财政补贴工作实施意见》(凤政办[2009]87号)和《凤台县村级公益事业建设一事一议专项资金管理办法(试行)》、《凤台县农村一事一议财政奖补项目公示办法》(财农综改[2009]80号),并及时召开了全县“一事一议”财政奖补工作动员会,做了具体部署,为一事一议工作的顺利实施做好了充分的准备。

为了激励全县“一事一议”工作的开展,我们进一步放宽了政策:一是对“一事一议”补助的标准除上级补助外,采取1:1的配套措施,即农民筹资多少,县财政就按村实际筹资配多少,共安排县级财政资金720万元。二是把县内的国营农林场纳入“一事一议”补助范围。三是群众迫切需要建设的项目可筹资两年的资金,下年不再筹资。四是对涉及跨村的项目可以由村共同实施。这些惠民政策的实施,激发了村民参与“一事一议”筹资筹劳的热情,调动了农民参与公益事业建设的主动性,促进了全县农村基础设施建设和公益事业的发展。

三、规范管理,阳光操作

一是加强宣传、积极引导。利用会议、培训、标语、广播电视等多种形式进行广泛宣传,做到家喻户晓。

二是运行过程公开,确保“一事一议”的科学与民主。把村务公开贯穿于“议事”的全过程,努力做到议前公开、议中公正、议后公示,极大地调动了群众的积极性,使群众参与议事、监督全过程,形成了村务事、村民议、村委会执行、村民监督的工作局面,推进了村级民主决策、民主管理、民主监督的落实。

三是县、乡财政设立了“一事一议”财政奖补资金专户,集中管理,分村核算,执行财政报账制度。各村严格执行筹资筹劳上限15元和10个义务工的标准,尊重农民意愿,做到不增加农民负担、不形成新的债务、不搞半拉子工程,共缴入县财政专户的群众筹资款698.3万元。

由于时间紧、任务重,我县规定11月20日为2009年度项目申报结点,到11月20日止,全县共有160个行政村申报了一事一议财政奖补项目248个,各村的一事一议奖补项目报来后,县综改办、县财政局、县农委对每一个项目的项目效益、投资规模、建设标准、筹资筹劳额度的合理性、合规性进行了严格而细致的审核,对不在奖补范围的项目一律不予通过,对超过筹资筹劳标准需举债兴办的项目和已得到财政资金支持的项目一律予以否决,保证了每一个经审批的奖补项目都符合政策要求。通过严格审查,最后审批通过了完全符合条件的242个项目,确保了所批项目符合奖补规定和群众意愿,确保村民直接受益。

由于去年此项工作开展的较晚,截至2009年12月底全县一事一议财政奖补项目只完成项目工程的60%,剩下的工程需要在2010年3月底前才能全面完成。今后我们将进一步加大宣传和工作力度,充分利用电视、广播、报刊、村务公开栏、科技下乡等形式,广泛宣传农村“一事一议”筹资、筹劳兴办集体公益事业的目的、意义和作用,营造全民投入农村公益事业“一事一议”建设的良好氛围,确保“一事一议”筹资筹劳程序完善、运作规范。同时,及时拨付财政配套资金,充分发挥财政资金调动农民参与乡村公益事业建设积极性、主动性和创造性的引导作用,让以往“事难议、议难决、决难行”的“一事一议”焕发出蓬勃生机。

加大财政支农资金项目整合力度 全力推进采煤沉陷区综合治理 努力实现可持续发展

潘集区财政局

潘集区是一个煤炭资源大区,煤炭开采促进了地方经济发展,也给地方带来土地沉陷、生态环境遭受破坏等负面影响。2009年,我区被列为“全省财政支农资金整合试点县区”之一,这不仅对我区财政支农资金的使用管理提出了更高的要求,更为我区整合支农资金、推进沉陷区综合治理提供了重要的历史机遇。在实践中,我们大胆探索,积极创新,初步形成了以生态开发治理为核心内容、支农资金整合与沉陷区综合治理有机融合的“后湖模式”,提高了支农资金的使用效益和政策效应。

一、基本做法

(一)强化政府引导,突出协作共管。整合支农资金是对多年来形成的支农资金管理模式的一次创新,牵涉面广、政策性强,区委、区政府高度重视,专门成立了领导小组,建立了支农资金使用决策机制,加强了支农资金项目的立项、审批、验收全程监督,形成了政府主导、财政牵头、部门协作、齐抓共管的特点。细化部门职责,明确任务分工,建立了相应的分工协作机制,形成了在同一项目区资金“统分”结合的联系制度,各类专项资金仍按原渠道进行管理,原部门承担的管理职责仍保持不变。在具体建设经营中,采取了市场化运作方式,努力做到引导不越位,服务不缺位,保证了“后湖模式”的健康成长。

(二)精心设计方案,科学编制规划。根据国家支农政策,按照“因地制宜、统筹规划、突出重点、集中投入”的原则,我区紧密结合产业发展实际,充分征求社会各界意见和建议,科学合理确定后湖作为项目实施区,精心设计实施方案,高起点编制总体规划和控制性详规,充分考虑生态建设、农业生产和旅游服务业相互配套,功能分区做到生态林、精品农业、生态旅游和休闲娱乐合理配置,形成“一园六区”。特别是在土地流转方面,确定了“公司 + 合作社 + 农户”的方案和“三不三明显”的发展目标。即:土地权属不改变,沉陷土地不荒废,失地农民不失业和生态环境明显恢复,土地产出明显提高,农民收入明显增加,受到了项目区群众的普遍认可。

(三)集中整合投入,提高资金效益。研究制定项目发展规划和项目资金管理办法,充分发挥政府政策的导向作用和财政资金的杠杆作用,带动和吸引多渠道、多层次的资金投入,以采煤沉陷区综合治理、土地流转、农业基础设施建设、农业产业化建设为平台,整合支农资金 5000 余万元,集中投入后湖项目区,建设集生态、观光、休闲于一体的特色农业产业区。在资金投入上,我区综合采取“直接投资”、“以奖代补”、“财政贴息”等多种办法,将整合资金投放于项目区农田水利、道路等基础设施建设,吸引和鼓励受益农民、社会各界通过经营方式参与项目区建设,对龙头企业采取税收优惠、贷款贴息等扶持方式,支持龙头企业扩大生产规模,推进农业产业化项目建设,增强企业带动能力和辐射效应,促进农业增效、农民增收。

(四)尊重群众意愿,保障农民利益。在支农资金整合及项目实施过程中,我们始终把尊重群众意愿作为谋事的基础,让农民成为项目实施的主体,把促进农民增收作为成事的关键。从生态园的规划设计、建设发展到经营管理,都充分尊重群众意见,让农民群众直接参与进来,真正做到民主决策、民主管理。项目实施过程中,按照“政府引导、农民自愿”的原则,组建农民生产合作社,自主经营管理核心示范区,鼓励和吸引群众自愿入股、承包经营园区项目。同时积极搭建土地流转平台,有序流转项目区分散土地到生态园集中经营,开展特色养殖、种植,提高土地收益和农产品附加值,让失地农民除煤矿补偿的青苗费外,增加了“分红”,参与公司劳动的,还有工资收入,进一步拓宽了农民收入渠道。

(五)规范运行机制,增强发展活力。支农资金整合涉及面多、资金量大,我区坚持用创新的思维、完善的制度推进整合工作。一是统筹集中使用。在不违反各部门资金管理使用有关规定的前提下,按照部门既定的工程建设项目质量目标,捆绑项目、集中投放,变“散钱”为“整钱”,变分散投入为集中使用,充分发挥资金的规模效应。二是规范资金管理。研究制定了《潘集区支农资金整合项目及资金管理办法》,按照资金来源性质不变、用途不变、管理方式不变的原则,设立专户专账,专户储存,专款专用,实行报账制管理和招投标制度,实现资金直达,保障资金安全高效运行。三是明确运作程序。坚持政府引导、市场运作的方式,明确政府、公司、合作社、农户等各方权利义务和相互关系,制定了决策、管理、监督等机制,明确了利润分配的形式和比例。

二、初步成效

2009 年,在区委、区政府的正确领导和省市财政部门的正确指导下,我区采取规划引导、统筹安排、明确职责、项目带动、部门协调等措施,本着渠道不乱、性质不变、多方投入、各记其功的原则有效地整合了不同渠道的支农资金5000余万元,取得了显著的效果。

(一)社会共识逐渐形成。通过座谈会、政策宣讲和专题辅导,区直各有关部门、项目实施区对财政支农资金整合在社会主义新农村建设中的重要作用有了新的认识,特别是领导干部对开展支农资金整合认识上有了新提高,部门的自觉性和主动性得到明显增强,项目区农民认识水平和参与积极性空前高涨,为进一步推动财政支农资金整合和沉陷区综合治理创造了良好的社会环境。

(二)农村生产生活条件显著改善。按照适度规模、集中连片的原则,通过实施土地整理、土地流转、产业化建设等项目,治理塌陷地10000余亩,形成田、沟、路、渠、林等综合配套,农业综合生产能力显著提高,基本建成了集生态、观光、休闲于一体的特色农业产业区,组建了农民生产合作社和专业合作组织,农民群众通过承包、入股等多种方式,得到了更多实惠。

(三)资金使用效益明显提高。我区紧紧围绕潘集发展实际,结合采煤沉陷区综合治理,以后湖村整村推进为平台,积极整合区级资源,加大资源和资金整合力度,实施集中连片开发、合力攻坚的战略,有效破解采煤沉陷区可持续发展的难题,实现了财政支农资金与部门资金、沉陷区治理资金及其他社会资金的有机融合,放大了财政支农资金使用效益,闯出了大规模开发治理采煤沉陷区和实施新农村建设的新路径,项目区的辐射示范和带动作用明显增强。

三、几点启示

当前,财政支持新农村建设,不仅要加大增量投入,更重要的是要整合财力,用好存量,要以改革创新的思路推进支农资金整合,切实提高财政支农资金的杠杆作用和使用效益。

(一)因地制宜是做好支农资金整合,保障项目实施效果的前提。在整合支农资金时,我区广泛借鉴各地发展生态农业、成立农业合作组织、推进土地流转、发展规模经营的先进经验,紧密结合潘集采煤沉陷区面积越来越大的实际情况,以沉陷区综合治理为平台,以土地复垦、土地流转、产业化建设为突破口,通过成立农村合作组织,把农户组织起来,积极发展规模农业、生态农业、高效农业和观光农业。这种立足区情求创新、实事求是谋发展的务实作风和创新精神,让“后湖模式”萌芽扎根,使采煤沉陷区治理和支农资金整合达到了有机融合。

(二)把握市场导向是做好支农资金整合,保障项目实施效果的基础。瞄准市场建设项目,是“后湖模式”发展的第一步。淮南市城区人口超过100万,城市居民日益旺盛的休闲消费需求,为后湖生态园发展观光农业奠定了市场基础。正在推进的淮南大建设,为后湖生态园发展花卉苗木业提供了消费需求。靠近城区、矿区的区位优势,为后湖生态园发展蔬菜和养殖区构筑了销售渠道。在社会主义市场经济条件下,开展沉陷区治理、发展农村经济都必须突出市场导向,以市场的思路谋划发展,以市场的办法解决问题。

(三)创新发展理念是做好支农资金整合,保障项目实施效果的关键。借鉴工业规模经营理念,培育龙头企业,实现规模经营;借鉴工业资本运营理念,变土地为股份,招商引资,增加农业投入;借鉴工业项目运作理念,抓好农业项目的储备、申报、建设和管理,用好的项目争取资金吸引投资;借鉴工业社会协作理念,创新农村合作经济组织,变农户小生产为社会化大生产;借鉴工业市场营销理念,市场调研引路,选准农业品种,发展农业产业化。这种以发展工业的理念机制和办法发展农业,走出一条转变农业发展方式,促进农业结构优化升级,构建现代农业产业体系的道路,推动了农业和农村经济社会的发展。

开展能力建设年活动和『小金库』专项治理专题篇

开展能力建设年活动

关于印发《淮南市财政系统开展能力建设年活动的实施方案》的通知

2009 年 3 月 2 日　　淮财办[2009]55 号

凤台县、各区财政局,局机关各科室(局)、局属各单位:

现将《淮南市财政系统开展能力建设年活动的实施方案》印发给你们,望认真贯彻执行。

淮南市财政系统开展能力建设年活动的实施方案

为巩固“作风建设年”、“规范管理年”活动成果,结合“五型机关”创建活动,打造一支政治坚定、业务精良、作风过硬、和谐进取的财政干部队伍,根据省财政的统一部署,结合我市财政系统的实际,局党组决定,2009 年在全市财政系统开展“能力建设年”活动。特制定本实施方案。

一、指导思想、基本原则和活动目标

(一)指导思想

坚持以科学发展观为统领,着力增强财政干部队伍学习能力、创新能力、谋划能力、执行能力、自律能力,进一步提升主动理财、科学理财、依法理财、民主理财本领,为推进科学发展、跨越发展、和谐发展提供坚强的财政人才保障。

(二)基本原则

1. 坚持以人为本。把激发人的潜能、促进人的全面发展作为财政干部能力建设的出发点,全面提高干部队伍整体素质。

2. 坚持服务大局。把更好地贴近中心、服务大局作为财政干部能力建设的着力点,有效提升财政干部服务科学发展的水平。

3. 坚持与时俱进。把解放思想、开拓创新作为财政干部能力建设的切入点,推进财政工作更好地体现时代性、把握规律性、富于创造性。

4. 坚持实践检验。把增强本领、推动发展作为财政干部能力建设的出发点和落脚点,切实解决群众最关心、最直接、最现实的利益问题。

(三)活动目标

1. 学习能力建设努力提高“三种能力”,即汲取知识、系统思考、联系实际的能力。

2. 创新能力建设努力实现“三项创新”,即理财思路、体制机制、管理方式的创新。

3. 谋划能力建设努力掌握“三个本领”,即判断形势、把握机遇、科学决策的本领。

4. 执行能力建设努力培养“三大作风”,即认真负责、严谨务实、雷厉风行的作风。

5. 自律能力建设努力达到“三条要求”,即坚定信念、筑牢防线、自我约束的要求。

二、主要内容

(一)提高学习能力

学习能力是提高素质的内在要求,是践行科学发展观的迫切需要。紧密结合“创建学习型机关”活动,牢固树立学习是第一需要和终身学习的理念,坚持工作学习化、学习工作化。以深入学习科学发展观的理论体系和财政理论业务知识为主线,注重提高综合素养。建立学习培训激励导向机制,鼓励干部职工提高学历层次,把提供学习培训机会作为一种重要的奖励形式。坚持个人自学与集中培训相结合,在安排好自学的同时,定期组织专题学习和讨论交流。每月至少安排一次党组中心组理论学习会或班子学习会,确定一个中心主题和一名重点发言人。

认真组织县(区)财政局长,乡镇财政所长参加省厅举办的专题轮训;组织收听收看省厅举办的三个专题讲座;组织全体在岗干部职工参加财政基础知识网上测验。

(二)提高创新能力

创新能力是推动财政事业发展的活力源泉。紧密结合“创建创新型机关”活动,培养独立思考、系统思考能力,激发创新创造潜能。创新理财观念,跳出财政看财政,着眼大局,拓宽思路,主动作为,服务发展。创新管理方式,适应新形势、新任务的要求,切实转变理财方式,确保财政资金发挥最大效益。创新体制机制,按照科学发展观的要求,探索建立新的体制机制,促进经济社会全面协调可持续发展。搭建创新平台,营造鼓励创新、宽容失败的环境氛围,激励财政干部在实践中突破陈规,奋发有为。

积极推进“两项制度、五大体系”建设。“两项制度”,即专项资金整合制度、绩效考评制度。“五大体系”,即构建自主稳定增长的财政收入体系,保障和改善民生的公共财政支出体系,适应新形势要求的现代预算管理体系,适应均等化要求的省以下财政分配体系,促进科学发展的公共财政调控体系。县(区)财政局和局属各科室(局)、单位要结合实际,在某一方面进行创新,也可多方面探索,并及时将创新成果报送市局。

(三)提高谋划能力

谋划能力是创造性地开展工作、圆满完成各项目标任务的必然要求。一要掌握科学思维方法。认真学习党的理论创新成果和财政经济政策,结合财政职能,在观察、分析和处理问题时科学思考。二要深入调查研究。深入基层群众调研,广纳群言,找准上级精神和基层实际的结合点,找准抓落实的切入点和着力点。三要建立有效指导机制。在处理繁杂任务时,要建立先统后分的“统筹机制”,在指导基层工作时,要建立对口挂钩的“责任机制”,在抓工作落实时,要建立严格的“督导机制”。四要切实解决矛盾问题。既要增强抓大事、谋大事的能力,也要注重解决潜在性、经常性问题,透过现象看本质,做到见微知著、未雨绸缪。五要不断开拓创新。主动研究新事物、接受新观念、形成新思路,创造性地开展工作。

县(区)财政局应结合本地实际,从财政支持经济发展和农村改革发展的角度提出解决思路,集中开展财政支持经济社会发展调研活动,形成专题调研报告,凤台县财政局按省厅要求提交1~3篇,各区财政局提交1篇。市局机关调研任务另行安排。

(四)提高执行能力

执行能力是工作作风、能力和水平的具体体现,是财政服务科学发展的核心能力。坚持“快、细、严”的要求。“快”:提高办事效率,强化时间观念和效率意识,倡导“立即行动、马上就办”的工作作风,做到抓住时机、加快节奏、雷厉风行、务求实效;“细”:树立“细节决定成败”的意识,防止粗枝大叶,发扬“一盎司”精神,确保财政工作经得起时间和实践检验;“实”:脚踏实地,立足岗位,埋头苦干、兢兢业业,严谨务实、勤勉刻苦;“严”:树立强烈的责任意识和进取精神,把工作标准调整到最高,精神状态调整到最佳,尽心尽责、不折不扣地履行职责。

围绕市委市政府决策部署,把全市财政工作目标任务分解到各科室(局)、单位,分解到各市县财政部门,在明确目标任务的基础上,加强督查指导;建立跟踪问效制度,全程监督检查财政重点工作落实情况,注重激励约束,及时纠正偏差。

(五)提高自律能力

自律能力是遵纪守法、廉洁从政的根本保障,是依法、依规、依序办事的必备素质。自律能力建设要紧密结合《省财政厅关于推进惩治和预防反腐败体系建设2008~2012年工作任务的实施意见》的贯彻实施,切实筑牢“三道防线”。第一道,要努力改造世界观、人生观,牢固树立正确的理想信念。第二道,加强法制意识和法律修养,严格遵守财经法规和财经纪律,不滥用手中权力。第三道,切实严治家风和身边环境,严管、严教。每一位财政干部都要经常检点自己的言行举止,自觉做到清正廉洁。大力弘扬艰苦奋斗的优良传统,始终保持与同人民群众的血肉联系,自觉规范约束自身言行举止,做到权为民所用、情为民所系、利为民所谋,规规矩矩做事、干干净净从政、清清白白做人,真正成为廉洁自律的表率。

集中开展反腐倡廉教育活动,教育和引导财政干部职工坚定理想信念,牢固树立马克思主义世界观、人生观、价值观,牢固树立正确的权力观、地位观、利益观和社会主义荣辱观;大力开展党员干部廉洁从政和廉洁自律教育;认真开展党的优良传统和作风教育;切实加强财政廉政文化教育,促进廉政文化进机关、进家庭,形成“以廉为荣、以贪为耻”的廉政文化氛围。健全反腐倡廉制度建设,严格执行《中国共产党党内监督条例》。进一步完善集体领导和分工负责、重要情况通报和民主生活会制度;严格执行述职述廉、廉政谈话和定期打招呼制度;探索研究符合科学发展观和正确政绩观要求的干部考核评价体系。加强监督制约,针对重要岗位和关键环节实施重点监督,围绕财政行政管理权、监督检查权、人事管理权、社会中介机构监管权、内部行政事务管理权五个方面,县(区)财政局和局机关科室(局)、单位集中开展一次自查自纠活动,并形成分析报告报市局。

三、总体要求

(一)加强组织领导

市局成立能力建设年活动领导小组,局党组书记、局长左家凤同志任组长。局机关各科室(局)、局属各单位能力建设年活动在局党组统一领导下实施;县(区)财政局能力建设年活动在市财政局党组指导下,分级组织实施。市财政局成立能力建设年活动领导小组,领导小组下设办公室,设在局办公室,负责活动日常工作。县(区)财政局比照市局,成立相应的组织领导机构。

(二)精心组织实施

“能力建设年”活动分三个阶段:一是宣传发动阶段(2009 年 1 月 1 日至 3 月 15 日),局机关各科室(局)、单位,县(区)财政局根据实际制定实施方案,并报市财政局活动领导小组备案。二是组织实施阶段(2009 年 3 月 15 日至 2009 年 12 月 10 日),各科室(局)、单位,县(区)财政局按照市局的统一部署,根据指导意见和活动方案确定的目标任务,周密组织实施,市局活动领导小组适时组织阶段性督查指导。三是总结考核阶段(2009 年 12 月 11 日至 2009 年 12 月 20 日),县(区)财政局认真总结活动经验,提交总结报告。各科室(局)、单位能力建设年活动情况纳入 2009 年市财政局效能建设绩效考核内容。

(三)拓展活动载体

各科室(局)、单位,县(区)财政局应结合实际开展形式多样,丰富多彩的活动,特别是针对五项能力建设的薄弱环节,积极创新开展富有特色、紧贴实际的活动,确保能力建设年活动丰富多彩、取得实效。

关于开展能力建设年“四送四抓”活动的通知

2009 年 4 月 29 日　　淮财办[2009]136 号

局机关各科室(局)、局属各单位:

按照省财政厅部署,2009 年在全省财政系统开展能力建设年活动。为了积极应对复杂的经济形势,全面完成各项财政任务,把能力建设年活动推向高潮,以优异的成绩迎接建国 60 周年,经局党组和能力建设年活动领导小组决定,开展能力建设年“四送四抓”活动。现将活动内容与安排计划通知如下:

一、“四送四抓”活动的主要内容

以科学发展观为指导,按照能力建设年活动目标为要求,围绕市委、市政府的中心任务,推进淮南财政科学发展,迈上新台阶,在 9 月底前,开展“四送四抓”活动。“四送四抓”即:向中小企业“送政策、送信息”,向特困群体代表“送关怀、送温暖”,在复杂的形式面前“抓调研、抓宣传”,在机关工作中“抓学习、抓创新”。

二、“四送四抓”活动的组织领导

该项工作由能力建设年活动领导小组统一领导,由领导小组办公室具体安排。

三、活动时间

自本通知下发之日起到9月底结束。

四、工作计划与要求

各科室、局属单位在能力建设年活动领导小组的组织下协调进行。局领导班子成员实行对口负责制并指导有关活动的开展。(1)向部分中小企业“送政策、送信息”,以召开座谈会和深入企业调研结合进行。(2)向弱势群体的特别对象“送关怀、送温暖”,选择城乡不同的特困或需要鼓励的若干户家庭进行精神上的关心和适当的经济资助。(3)面对复杂经济形势“抓调研、抓宣传”,各科室(单位)要按照局年初下达的课题进行调研,5月初列出提纲,按照调研过程不同情况,在6~9月间上报正式文本。财政宣传(含新闻媒体宣传)工作,由办公室具体组织实施。(4)在机关人员中“抓学习、抓创新”,由机关党委、监察室、办公室、人教科负责,分别在加强党性教育、加强廉政教育、加强行政能力教育、加强社会公德教育等方面适时开展专题讲座、培训、建议征文、实地参观等系列活动。

五、工作落实

在能力建设年活动领导小组的领导下,活动办公室协调有关科室,分类列出可行性活动计划,经领导小组同意后进行具体实施。各业务科室、局属单位参加活动的情况和效果,要有记录备查,并列入年终考核内容。

以上通知要求,望各科室(单位)按照党风廉政建设和能力建设年活动的总体要求,迅速加以落实,真抓实干,务求实效,以优异的成绩向新中国成立60周年献礼!

淮南市财政系统能力建设年活动总结

2009年11月22日

为巩固“作风建设年”和“规范管理年”活动成果,打造一支政治坚定、业务精良、作风过硬、和谐进取的财政队伍,结合“五型机关”的创建活动,按照省财政厅的部署,2009年,淮南市财政系统开展了“能力建设年”活动。

市财政局党组十分重视“能力建设年”活动的开展,成立了以局党组书记、局长左家凤任组长、局党组成员任成员的市财政局能力建设年活动领导小组。2009年3月2日,市财政局以淮财办[2009]55号文制定并下发了《淮南市财政系统能力建设年活动的实施方案》。明确了“坚持以科学发展观为统领,着力增强财政干部队伍学习能力、创新能力、谋划能力、执行能力、自律能力,进一步提升主动理财、科学理财、依法理财、民主理财本领,为推进科学发展、跨越发展、和谐发展提供坚强的财政人才保障”为指导思想。按照省厅的要求,在活动中,始终做到“四个坚持”:坚持以人为本。把激发人的潜能、促进人的全面发展作为财政干部能力建设的出发点,全面提高干部队伍整体素质。坚持服务大局。把更好地贴近中心、服务大局作为财政干部能力建设的着力点,有效提升财政干部服务科学发展的水平。坚持与时俱进。把解放思想、开拓创新作为财政干部能力建设的切入点,推进财政工作更好地体现时代性、把握规律性、富于创造性。坚持实践检验。把增强本领、推动发展作为财政干部能力建设的出发点和落脚点,切实解决群众最关心、最直接、最现实的利益问题。通过能力建设年一系列活动的开展,全市财政干部的学习能力、创新能力、谋划能力、执行能力和自律能力得到了明显的提高。

一、全面抓好政治业务学习

我局把提高学习能力当成提高财政队伍素质的基本要求,把讲学习的精神融入到日常工作当中去。特别是在当前金融危机的大背景下,充分发挥财政促进经济发展的拉动与助推作用,全面落实积极的财政政策,加强政治学习尤为重要。

一是坚持政治学习,提升政治水平。坚持每周组织全局职工进行政治学习,传达学习上级文件、学习党的方针政策和业务知识,分析当前实际工作,探讨解决问题。二是开展财政论坛活动。全局各科室负责人分别就科室的主要工作,从历史沿革到政策的变化,以及当前工作中存在的问题和下步工作措施等,登台论述,促进了研究工作的主动性,加强了科室之间的沟通了解,取得了很好的效果。三是开展读书活动。局里为全局每位干部职工订购了《辉煌60年》、《六个为什么——对几个重大问题的回答》、《一部书读懂中国史》等书籍发给机关工作人员,通过读好书、理清思想、增长见识。同时还将本局相关制度编辑成册,刊印《淮南市财政局工作制度汇编》,分发给全市财政系统的每一名干部职工,供大家学习,以便在工作中随时做到以制度管人管事。四是坚持不断培训,在干中学、学中干。2009年,市财政局机关有13人到市委党校、青干班、妇干班、民主人士培训班进行培训,有6人取得中级职称和注册会计师职称,有8人参加党校研究生学习,即将毕业的有4人。并组织48名乡镇财政所长分批参加省厅举办的轮训。我局在全省率先成功编撰出版了农税简史,省财政厅农研会在我市举行了首发仪式。

二、时刻注重财政工作的创新性

财政部门是综合经济职能部门,财政工作涉及面广,政策性强,任务艰巨。市局认真结合全市实际,创新理财观念,着眼大局,拓宽思路,主动作为。

一是创新管理制度。在贯彻积极财政政策上,出台了《淮南市市级项目前期工作经费管理暂行办法》,对市级项目前期工作经费的管理和使用做出具体的规定,为合理利用市级经费提供了政策依据;出台了《关于进一步规范市本级财政资金审批程序的通知》,通过规范审批范围,合理设置审批权限,保障资金使用安全,增强资金使用透明度,提高了财政资金的使用效益。为支持中小企业发展,在为担保投资公司注资扩大规模的基础上,出台了降低费率的办法,解决企业融资难、融资成本高的问题,并出台《淮南市小额担保贷款跟踪管理考核奖励办法》,加强小额担保贷款后期跟踪管理,实现小额担保贷款自身良性循环,受到了下岗失业人员、返乡农民工、大学生及中小企业普遍欢迎。

二是具体工作不断创新管理方式。在民生工程实施过程中,市财政局建立了民生工程内部工作机制,明确机构和职责,确定民生工程资金筹集办法,并加强资金监管,开展综合性的考核监督;建立民生工程纵向协调推进机制和民生工程横向协调推进机制,开辟民生工程资金筹集绿色通道,建立民生工程进展情况媒体通报制度,这些新措施,确保了财政资金发挥最大效益。在具体工作上,结合实际,调整完善了城镇居民基本医疗保险政策,在全省首创城镇居民医保普通门诊统筹和报销制度;谢家集区结合农民外出务工实际,确定浙江平湖两所协议医院,率先建立新农合“异地就医结报”新机制;制定了农村公路管理养护、农村饮水安全工程运行管理、乡镇文化站及农家书屋长效管理的政策措施。再比如,今年春节前我市在全市开展了民生工程送春联下乡活动,收到了良好的社会宣传效果,该活动得到了《中国财政》的图文报道。

三是积极推进“两项制度、五大体系”建设。“两项制度”,即专项资金整合制度、绩效考评制度。“五大体系”,即构建自主稳定增长的财政收入体系,保障和改善民生的公共财政支出体系,适应新形势要求的现代预算管理体系,适应均等化要求的省以下财政分配体系,促进科学发展的公共财政调控体系。出台了《淮南市财政局支出进度考核试行办法》,加快支出进度,确保资金及时发挥效益,规范津贴补贴,加强部门预算。

三、执行能力得到进一步提高

在工作中努力做到“快、细、严、实”。年初,把全市财政工作目标任务分解到各科室(局)、单位和各市县财政部门,明确目标任务,加强督查指导;建立跟踪问效制度,全程监督检查财政重点工作落实情况。全年组织23个检查组对非税收入、重大项目及民生工程资金进行专项检查,全年出台财政工作管理文件35份。

一是促进中小企业发展。在面对国际金融危机影响的情况下,为切实贯彻落实积极财政政策,市局开展了“四抓四送”活动,即:向中小企业“送政策、送信息”,向特困群体代表“送关怀、送温暖”,在复杂的形势面前“抓调研、抓宣传”,在机关工作中“抓学习、抓创新”,整理出台了《促进经济平稳较快发展财政政策80条》及《实施程序》,由局领导带队,组织机关各科室同志组成10个组,分赴各县区150个企业进行调研,并在调研的基础上,形成了《淮南市中小企业发展中存在的问题及对策建议》的调研报告,为领导决策提供依据。通过“四送四抓”,全方位地提升了财政队伍能力和财政工作水平。发挥市担保投资公司融资平台作用,为中小企业筹集资金。到10月底,为企业提供担保融资3.76亿元,增加产值6.57亿元,增加了4109个就业岗位,增加了利税3287万元。

二是积极支持社会保障体系建设。1~10月份,财政支持社会保障和就业资金已达15亿元,增长74.5%,医疗卫生资金2.83亿元,增长12.2%。市财政局为建立健全社会保障体系,出台了《淮南市贫困重度残疾人生活救助资金管理实施细则》、《淮南市创业培训管理实施细则》等文件;投入189万元打造基层劳动保障平台;在年初甲型H1N1流感蔓延时,时刻关注疫情的发展,制定资金保障预案,快速开启绿色资金通道,先后两次安排疫情防控经费共40万元,预拨市疾病预防控制部门用于购置甲流应急物资。

三是加大对“三农”工作的支持力度。认真做好粮食直接补贴兑付工作。2009年对农民粮食直补工作圆满完成,总补贴资金2.01亿元。严格按照规定,全部实行“一卡通”发放。截至目前,全市共发放各项农民补贴资金3.21亿元,资金发放率达97%。发放补贴对象211万人次。深化农村综合改革。开展村级公益事业建设一事一议财政奖补试点工作,精心制定试点工作实施方案,明确了试点范围、奖补对象、奖补方式、工作措施和步骤。如凤台县在一事一议工作中制定了《凤台县村级公益事业建设一事一议财政补贴工作实施意见》,对全县的村级公益事业建设一事一议财政奖补试点工作做出了具体部署。认真开展家电汽车下乡工作。全面实行了网点代审、网点先行垫付资金的办法,最大程度地为农民提供了方便。截至10月底,全市销售家电产品34578台(部),销售金额7269万元,财政发放补贴26256台(部),补贴金额713万元。农民购买汽车、摩托车3210辆,销售款4278万元,财政发放补贴449万元。扩大政策性农业保险的范围。截至10月底,全市在保能繁母猪43975头,实现应保尽保,全市奶牛共投保4093头,全市午季小麦共投保60.13万亩,全市水稻共投保57.19万亩,政策性农业保险均超额完成任务,为全市农民提供了4.17亿元的风险保障。

四、改进思路,促进谋划能力的提升

在工作中掌握科学的思维方法,深入开展调查研究,紧密结合实际,超前谋划,全面统筹,不断促进谋划能力的提升,确保各项制度的贯彻落实。

一是认真开展深入的调查研究。财政调研,是财政工作的一个重要组成部分。抓好财政调研和课题研究,对促进财政科学发展、贯彻积极的财政政策、全面完成财政各项目标任务都有着十分重要的意义。因此,市财政局紧紧抓住调查研究这个重要手段,把深入调查研究之风作为一种基本的工作态度和必须的工作环节,在调研中掌握实情,发现问题,整改落实。2009年,从围绕中心、支持发展、服务大局、提升能力的角度出发,结合各个科室(局)的实际,在自行上报的基础上,确定了不同的选题任务。相关科室接到调研课题后,立即着手,开展调查和研究工作,并形成有问题、有分析、有对策的调研信息。目前,已完成《农民工就业政策落实情况、存在的问题及财政对策》、《强化耕地占用税征管切实有效保护耕地的几点对策》、《关于政法专网建设的几点思考》等多篇调研材料,部分调研信息被省财政厅、市委、市政府采用。同时,市局还把这项工作与年终考核进行挂钩、与能力建设年活动紧密结合进行推进,以期取得实效。

二是全面做好协调落实工作,提升谋划能力。财政工作纷繁复杂,矛盾多,关注度高,协调沟通至关重要。市财政局重视谋划能力的提升,通过沟通协调,争取各方面、各部门的支持保证各项工作全面落实推进。从实施民生工程,“小金库”专项治理工作,家电下乡,到农村综合改革,村级公益事业建设一事一议财政奖补试点工作,无不需要财政部门的协调落实。出台了《淮南市汽车摩托车下乡操作办法》、《关于建立民生工程资金拨付绿色通道的通知》等制度,建立工作领导小组,与相关部门沟通,结合工作实际,明确各部门职责,精心组织实施,通过采取多种方式,认真向广大群众宣传政策,注重边工作边督查边整改,采取相关部门督查与群众督查相结合,确保工作得到有效的贯彻落实。

五、加强自律能力的培养和党风廉政建设

一是加大反腐倡廉建设教育,筑牢思想堤坝。为提高全局干部职工自律水平,主要领导为大家上党课。要求全局党员干部要时刻起到先锋队作用,强化责任意识,不计较个人得失,在工作中要勤字当头,勇于创新,不辱新时期财政队伍的光荣使命,全心全意为人民服务,为构建社会主义和谐社会贡献力量。同时,在局领导班子和中层干部中不定期地进行廉政谈话,以提高干部队伍的整体素质。

二是加强党风廉政制度建设。结合省财政厅《关于推进惩治和预防反腐败体系建设2008—2012年工作任务的实施意见》,印发了《淮南市财政局关于加强反腐倡廉制度建设执行工作的实施办法》和《淮南市财政局2009年反腐倡廉主要工作任务分解》,加强反腐倡廉建设;根据党中央、国务院、中共中央纪委、监察部、财政部《关于采取有力措施认真贯彻落实厉行节约八项要求的通知》精神,切实加强公务购车用车、会议经费、出国(境)经费、公务接待经费等消费性支出管理。2009年全市压缩一般消费性支出共计1511.76万元。同时,以制度建设为抓手,以建设节约型社会为目标,以提高资金使用效益为重点,从源头上进一步规范公务支出。我局出台了《淮南市行政事业单位人员因公临时出国(境)经费管理暂行办法》、《淮南市市直机关公务用车购置操作规程》等一系列管理办法。同时,代市政府草拟了《关于厉行节约严格经费管理切实降低行政成本的通知》,坚持厉行节约,反对奢侈浪费,努力营造勤俭理财的社会氛围。同时,切实加强政务公开工作,结合当前形势,从“三保”、服务角度出发,建立健全各项资金经费规章制度,并向社会进行宣传,以接受全社会的监督。

六、能力建设年活动促进财政工作迈上新台阶

通过开展能力建设年活动,全市各级财政部门的五项能力得到有效的提高,财政工作的发展迈出崭新的步伐。一是表现在财政收入得到了稳步快速增长。1－10月份,全市财政收入完成65.57亿元,为年预算的97.8%,同比增长23.9%。其中:地方收入完成32.44亿元,为年预算的95.4%,同比增长24.2%;市本级财政收入完成31.7亿元,为年预算的101.1%,同比增长29.2%,市本级地方收入完成15.44亿元,为年预算的95.4%,同比增长27.5%。预计全年我市财政收入达到75亿元,增长24.7%,其中:市本级完成34.6亿元,增长24.4%。全市地方收入达到37亿元,增长23.7%,其中,市本级地方收入17.42亿元,增长27.2%。二是表现在财政支出结构得到了科学优化。1－10月份,全市财政一般预算支出44.6亿元,为年预算的79.9%,同比增长36.7%。市本级财政一般预算支出24.2亿元,为年预算的78.4%,同比增长56.4%。从支出项目看,教育、社会保障和就业、医疗卫生、农林水事务、城乡社区事务得到了充分保障。一般公共行政服务支出在总支出中的比重进一步下降,把节约的资金用在保增长、保民生、保稳定上。三是表现在财政各项职能得到了有效发挥。全市财政系统面对全年的严峻形势,采取了通过财政政策与资金扶持双管齐下的办法,积极应对全球金融危机影响,力保地区经济不滑坡、财政收入不下降、民生工程有保障、社会事业有发展。这些预期目标已经圆满实现,得到了市委、市政府和相关部门的肯定。四是表现在财政工作得到了市委、市政府和社会各界的充分肯定。在全市的绩效考核评比中取得了前五名的成绩,在政风行风评议也名列全市前茅。许多单项和专项工作由于出色地完成任务,获得了省厅和上级有关部门的表彰。

能力建设是一个永恒的课题,市局将在今后的工作中,认真贯彻落实科学发展观和中央、省、市的各项方针政策,继续开展能力建设活动,以使能力建设活动常态化、制度化,进一步提高财政系统干部职工的各项能力,与时俱进,以科学创新的精神开展好各项财政工作,充分发挥好财政职能作用,为淮南的崛起贡献积极的力量。

开展“小金库”专项治理

淮南市党政机关和事业单位“小金库”专项治理工作实施方案

市纪委、市监察局、市财政局、市审计局

“小金库”治理工作是深入贯彻落实科学发展观的具体体现,是完善社会主义市场经济体制的必然要求,是深化收入分配制度、财税体制等改革的重要内容,是建立健全惩治和预防腐败体系、推进反腐倡廉建设的重大举措,具有重要的现实意义。根据《中共中央办公厅、国务院办公厅印发〈关于深入开展“小金库”治理工作的意见〉的通知》(中办发[2009]18 号),中共中央纪委、监察部、财政部、审计署《关于印发〈关于在党政机关和事业单位开展“小金库”专项治理工作的实施办法〉的通知》(中纪发[2009]7 号)、《中共安徽省委办公厅、安徽省人民政府办公厅关于转发〈安徽省党政机关和事业单位“小金库”专项治理工作实施方案〉的通知》(厅[2009]18 号)精神,现就我市党政机关和事业单位开展“小金库”专项治理工作,制定如下实施方案:

一、专项治理的范围和内容

(一)专项治理范围

此次专项治理范围是全市党政机关和事业单位,事业单位要以财政全额拨款事业单位为重点。

党政机关包括各级党的机关、人大机关、行政机关、政协机关、审判机关、检察机关以及工会、共青团、妇联等人民团体。

事业单位是指按照《事业单位登记管理暂行条例(修正)》(中华人民共和国国务院令第 411 号)和中央机构编制委员会办公室《关于批转〈事业单位登记管理暂行条例实施细则〉的通知》(中央编办发[2005]15 号)规定所设立的各类社会服务组织。

(二)专项治理内容

违反法律法规及其他有关规定,应列入而未列入符合规定的单位账簿的各项资金(含有价证券)及其形成的资产,均纳入治理范围。重点是 2007 年以来各项“小金库”资金的收支数额,以及 2006 年底“小金库”资金滚存余额和形成的资产。对设立“小金库”数额较大或情节严重的,应追溯到以前年度。

“小金库”主要表现形式包括:

1. 违规收费、罚款及摊派设立“小金库”;
2. 用资产处置、出租收入设立“小金库”;
3. 以会议费、劳务费、培训费和咨询费等名义套取资金设立“小金库”;
4. 经营收入未纳入规定账簿核算设立“小金库”;
5. 虚列支出转出资金设立“小金库”;
6. 以假发票等非法票据骗取资金设立“小金库”;
7. 上下级单位之间相互转移资金设立“小金库”。

二、专项治理的方法和步骤

此次专项治理工作从本方案下发之日起至 2009 年 11 月底基本结束,主要采取自查自纠和重点检查相结合的方式进行。共分为四个阶段:

(一)动员部署阶段(从本方案下发之日至 2009 年 6 月 10 日)

各县区、市直各主管部门要落实领导责任,成立领导小组及其办公室,形成一把手负总责、一级抓一级、层层抓落实的工作格局。做好思想发动、政策宣传、计划制定和组织部署等工作。

支持群众监督,鼓励群众举报,在全社会营造良好的工作氛围。

(二)自查自纠阶段(2009 年 6 月 11 日至 6 月 30 日)

凡列入此次专项治理范围的党政机关、事业单位,要按照本方案要求,抓紧制定具体工作方案和落实措施,认真组织自查,做到不走过场、全面覆盖。对自查中发现的各种违法违规问题,必须自觉纠正,并按“填报说明”(见附件 4)的规定如实填报《单位“小金库”自查自纠情况报告表》(见附件 1)。自查面必须达到 100%。

为保证自查效果,各县区、市直各主管部门要组织力量有重点地进行督促指导,及时做好政策解释和咨询工作。有关部门和单位也要组织力量开展内部检查,尽量把问题解决在自查阶段。各级“小金库”专项治理日常工作机构根据《单位“小金库”自查自纠情况报告表》汇总填列《“小金库”自查自纠情况统计表》(见附件 2),逐级上报。各县区和市直各主管部门“小金库”专项治理日常工作机构于 2009 年 6 月 25 日前将自查自纠总结报告和统计表,报送市“小金库”专项治理工作领导小组办公室。

(三)重点检查阶段(2009 年 7 月 10 日至 10 月 31 日)

在自查自纠的基础上,各级“小金库”专项治理工作领导机构要组织开展重点检查,重点检查面不得低于纳入治理范围单位总数的 5%,重点领域、重点部门和重点单位检查面不低于 20%。

重点检查对象:

1. 执收、执罚权相对集中的部门和单位;

2. 教育、卫生、交通、民政等与人民群众利益密切相关的部门和单位;

3. 宾馆、培训中心、招待所、出版社、报社、杂志社等与党政机关、事业单位有隶属关系的单位;

4. 以前检查发现存在“小金库”的部门和单位;

5. 有群众举报的部门和单位;

6. 自查自纠措施不得力、工作走过场的部门和单位。

重点检查要与规范津贴补贴、规范行政事业单位经营性资产管理清查、节约和控制行政成本支出、加强银行账户监管,以及行政事业单位发票管理检查、救灾资金管理使用情况检查、扩大内需促进经济增长和政策落实情况监督检查等工作相结合,也要与财政监管、审计监督、税务稽查等日常监管工作相配合,整体推进,综合实施。

在重点检查阶段,同时,对市直行政事业单位的银行账户进行一次全面清理;制定《淮南市市级预算单位公务卡管理暂行办法》,并选择部分单位进行公务卡试点。

重点检查报告及《“小金库”重点检查情况统计表》(见附件 3)要逐级上报,各县区、市直各主管部门“小金库”专项治理日常工作机构汇总后,于 2009 年 10 月 30 日前报送市“小金库”专项治理工作领导小组办公室。

(四)整改落实阶段(2009 年 11 月 1 日至 30 日)

各县区、市直各主管部门、各单位要针对治理工作中发现的问题,制定整改措施并抓好落实,做到资金资产处理到位、违纪责任人员处理到位。要深入剖析问题产生的原因,完善制度,深化改革,强化源头治理;建立健全防治“小金库”的长效机制。各级“小金库”专项治理工作领导机构要加强对整改落实情况的督促检查。

各县区、市直各主管部门“小金库”专项治理日常工作机构要将专项治理工作情况形成书面报告,于 2009 年 11 月 25 日前报市“小金库”专项治理工作领导小组办公室,由其对全市“小金库”专项治理工作进行全面总结分析,形成专题报告,经市“小金库”专项治理工作领导小组审定后报市委、市政府。

三、专项治理的政策规定

对专项治理中发现的“小金库”,要严格按照“依法处理,宽严相济”的原则进行处理。

(一)“小金库”治理工作鼓励自查,对自查发现的问题从轻从宽处理

凡自查认真、纠正及时的,对责任单位可从轻、减轻或免于行政处罚,对有关责任人员可从轻、减轻或免于处分。对自查出的“小金库”,要如数转入符合规定的单位账簿,依法进行财务、税务等相关处理。各部门、各单位对其所属单位进行的内部检查,视同自查。

(二)对被查发现的“小金库”,除依法进行财

务、税务等相关处理外,还要对责任单位和责任人员依法予以行政处罚,并依纪依法追究责任

对设立“小金库”负有领导责任和直接责任的人员,依照《设立“小金库”违纪行为适用〈中国共产党纪律处分条例〉若干问题的解释》、《设立“小金库”违法违纪行为政纪处分暂行规定》,严肃追究责任。

(三)对专项治理工作中走过场的部门和单位,主管部门和专项治理领导机构要及时了解掌握有关情况,给予通报批评并责令整改;对问题严重的,要追究主要负责人的责任

(四)对在专项治理工作中弄虚作假、压案不查、对抗检查、拒不纠正、销毁证据、突击花钱、打击报复举报人的,或重点检查中发现“小金库”数额巨大、情节严重的,要按照有关规定从重处理。涉嫌犯罪的,移交司法机关依法处理

(五)《中共中央办公厅、国务院办公厅印发〈关于深入开展“小金库”治理工作的意见〉的通知》下发后,再设立“小金库”的,对主要领导、分管领导和直接责任人要严肃处理,按照组织程序先予以免职,再依据党纪政纪和有关法律法规追究责任

(六)对专项治理工作中发现的其他违反法律法规的问题,按国家有关法律法规进行处理

四、专项治理的组织领导

此次专项治理工作在市委、市政府的领导下,实行分级负责、分口把关。

成立市“小金库”专项治理工作领导小组,主要负责指导和协调“小金库”专项治理工作,研究制定有关政策规定和治理措施,协调解决有关重要问题。领导小组办公室设在市财政局,具体负责“小金库”专项治理的日常组织协调工作。

各县区、市直各主管部门要比照市里的做法成立由分管领导牵头、相关部门负责人参加的“小金库”专项治理工作领导机构,并设立日常工作机构,于2009年6月10日前,将人员名单报送市“小金库”专项治理工作领导小组办公室。

五、专项治理的工作要求

(一)精心组织、扎实推进

各县区、市直各主管部门各单位要采用适当的方式进行动员部署,迅速行动,建立机构,切实做到思想、领导、组织、责任到位。要充分利用新闻媒体,多形式、多层次、多角度地宣传报道治理工作的重要意义、工作内容和政策规定,对治理工作中发现并查处的典型案例有选择地予以公开曝光。通过编发工作简报,在报刊、广播、电视、网络开辟专栏等方式,及时通报治理工作进展情况,着力推进治理工作。

(二)畅通渠道、落实制度

各县区、市直各主管部门“小金库”专项治理日常工作机构要畅通群众意见反映渠道,设立并公布举报电话、举报信箱。要认真做好举报电话和人民来信来访的受理工作,建立举报登记和查处督办制度,指定专人负责,做到举报一件、查处一件。同时,注意发挥网络举报作用。要认真执行信访工作保密制度,切实保护举报人的合法权益,对打击报复举报人的,依纪依法从严惩处。对举报有功人员,根据查出并已收缴入库的“小金库”资金、税款和罚款的金额,给予3% ~5%的奖励,奖金最高限额为10万元,由同级财政负担。

(三)沟通协调、健全机制

市“小金库”专项治理工作领导机构及日常工作机构要主动加强同各县区和市直各主管部门各单位的沟通联系,加强对方案制定、自查自纠、重点检查、案件移送等工作的督促指导,建立起分工明确、运转顺畅、配合有力的专项治理工作协调机制。纪检监察机关和组织人事部门要加强对有关纪律规定执行情况的监督检查,严肃查处违纪违规典型,对有关责任人员及时作出处理;财政、审计部门要做好重点检查和违反财政法律法规问题的处理处罚工作;宣传部门要协调有关新闻单位做好宣传工作;公安机关要做好“小金库”有关经济犯罪案件的侦查处理工作;税务部门要做好有关涉税问题的查处工作;人民银行和银监机构要协调商业银行对专项治理工作给予支持配合,对专项治理中涉及的账户查询、资金冻结和划转等事宜,依法及时办理,特别是对“小金库”举报线索的核查取证工作,有关金融机构要积极配合。

(四)强化督导、务求实效

市“小金库”专项治理工作领导小组将派出督导组,分赴各县区和市直各主管部门各单位加强督促指导,总结和宣传好的经验做法,督导查

办典型案件,评估验收治理效果。对专项治理工作组织领导不力、自查自纠和重点检查不认真,以及拒绝接受重点检查的部门和单位,要通报批评并责令立即整改。各县区和市直各主管部门各单位也要结合专项治理工作开展情况,对下级和所属单位专项治理工作进行督促指导,确保"小金库"专项治理工作取得实实在在的成效。

附件:

1. 单位"小金库"自查自纠情况报告表(略)
2. "小金库"自查自纠情况统计表(略)
3. "小金库"重点检查情况统计表(略)
4. 填表说明

附件 4

填 表 说 明

为提高"小金库"专项治理报表统计工作的科学性、准确性和完整性,现对专项治理报表填列工作说明如下:

一、关于单位"小金库"自查自纠情况报告表(附件 1)

(一)凡规定治理范围内的党政机关和事业单位,在自查结束后,不论有无"小金库"问题,都要填报《单位"小金库"自查自纠情况报告表》,经单位负责人和财务负责人签字盖章后,按财务隶属关系,上报给上级单位,并逐级汇总报送上级专项治理日常工作机构。

(二)表头填列自查单位的单位名称、单位性质(党政机关或事业单位)及主管部门。

(三)本表由八项组成:第一项为 2006 年底"小金库"资金滚存余额和资产原值,资产原值按取得时价格(价值)填列。

第二项为 2007 年至今"小金库"资金来源合计,按实际发生数填列。第三项为 2007 年至今"小金库"资金支出合计,按支出实际发生数填列,其中:"弥补经费"指弥补符合同级以上财政部门规定开支范围和标准的经费支出。第四项为期末"小金库"资金滚存余额和资产原值,填列截至自查时"小金库"资金滚存余额和资产原值。第六项自查发现"小金库"及纠正情况中,"小金库"个数计算方法为:一个账户为一个"小金库",由个人管理或固定地点存放的现金、有价证券、固定资产权证、股权和债权凭证等资产,按照管理人或存放地点的数量确定"小金库"个数;"纠正处理"指已完成财务、税务等处理。第七项自查发现"小金库"处理情况,按应纠正处理和已纠正处理的实际情况填列。第八项自查处罚通报情况,受行政处罚人数按财政、审计等行政执法机关处罚的人数填列;受组织处理人数按组织部门处理的人数填列;受党纪政纪处理人数按纪检监察部门处理人数填列。

(四)本表第四项期末"小金库"资金滚存余额和资产原值应等于第一项加上第二项减去第三项。

二、关于"小金库"自查自纠情况统计表(附件 2)

(一)此表由各县区和市直各主管部门专项治理日常工作机构按财务隶属关系,根据所属单位上报的《单位"小金库"自查自纠情况报告表》填制,并逐级汇总。

(二)此表共九项,其中第一项为自查基本情况,由各县区和市直各主管部门专项治理日常工作机构根据所属单位自查情况填写。第二项至第九项填列方法与《单位"小金库"自查自纠情况报告表》相应项目相同。

三、关于"小金库"重点检查情况统计表(附件 3)

(一)此表由市"小金库"专项治理工作领导小组办公室组织的重点检查小组和各县区、市直各主管部门专项治理日常工作机构根据重点检查情况填报或汇总。

(二)此表的填列方法与《"小金库"自查自纠情况统计表》中自查相应项目相同。

四、其他说明

(一)附件 1~3 中填列"其他"项目的必须在备注中予以说明。

(二)"账户"包括以单位或个人名义开立的银行账户及其他在证券公司、保险公司、基金公司、期货公司、信托公司、财务公司等金融机构开立的有账号和户名的账户。

(三)"小金库"中有外币的,按照截至自查或重点检查时的汇率折算成人民币。

五、报送要求

(一)《"小金库"自查目纠情况统计表》(附

件2)由各县区和市直各主管部门“小金库”专项治理日常工作机构于6月25日前报送市“小金库”专项治理工作领导小组办公室(通信地址:淮南市财政局陈洞路金海大厦十楼,邮政编码232001,联系电话:0554—6667311,传真:0554—6667311)。

(二)《“小金库”重点检查情况统计表》(附件3)由各县区和市直主管部门“小金库”专项治理日常工作机构于10月30日前报送市“小金库”专项治理工作领导小组办公室。

(三)为便于计算机汇总,不得随意变更报表格式。

(四)在报送书面报表的同时,报送电子文档。

在全市“小金库”治理工作会议上的讲话

何小祥

(2009年6月5日)

同志们:

党中央、国务院和中央纪委对“小金库”治理工作一直高度重视,去年中央印发的《建立健全惩治和预防腐败体系2008—2012年工作规划》中明确要求继续对“小金库”进行专项清理。为深入贯彻落实中纪委第三次全会和国务院第二次廉政工作会议精神,中共中央办公厅、国务院办公厅印发了《关于深入开展“小金库”治理工作的意见》。4月24日,中央治理“小金库”工作领导小组在北京召开了全国“小金库”治理工作电视电话会议。5月15日,在我省“小金库”治理电视电话会议上,省治理“小金库”工作领导小组组长、常务副省长孙志刚同志作了重要讲话,提出了明确要求。今天,我市召开“小金库”专项治理工作动员暨业务培训会议,按照中央和省《关于深入开展“小金库”治理工作的意见》要求,对在全市党政机关和事业单位开展“小金库”专项治理工作进行深入动员部署。同志们一定要充分认识“小金库”问题的严重危害性和治理工作的现实紧迫性,把思想和行动统一到中央和省委、省政府的重要决策部署和工作要求上来,切实增强责任感和紧迫感,把“小金库”治理工作作为促进保障经济建设健康有序发展和反腐倡廉建设的一项重点任务,抓紧抓实抓出成效。下面讲三点意见:

一、从讲政治、讲大局的高度,充分认识开展“小金库”专项治理的重要性

今年,是新世纪以来国内经济形势最为严峻的一年,保增长、保民生、保稳定的任务十分艰巨。严峻形势、艰巨任务对各级党政机关带头厉行勤俭节约提出了新的更高要求。为此党中央决定,集中一段时间在全国范围内开展“小金库”专项治理,这是党中央立足新形势、新挑战和新机遇作出的重大决策部署。是源头治理腐败,深入推进党风廉政建设和反腐败斗争的重大举措。

“小金库”由来已久,其危害十分巨大,社会影响极其恶劣。一是影响收入的公平性。过去有的单位设立“小金库”用于单位职工的各项福利发放。2007年5月,公务员“津补贴”均已到位,如“小金库”问题不解决,不同部门同一级别的公务员收入不平衡的问题将难以根治,最终会破坏公务员之间的公平性。二是成为滋生腐败的土壤。由于“小金库”脱离监督,远离预算,就会为单位请客送礼、吃喝玩乐、乱发“福利”等提供了方便条件,败坏了党风党纪、更严重的还在于影响了政府职能的转变,使一些执法部门的职能异化,不是为民服务,而是热衷罚款、创收,损害了党和政府的形象。三是影响了积极的财政政策的效果。当前金融危机仍未探底、经济环境依然严峻,投资、消费、出口拉动经济增长的三架马车动力不足,保持经济平稳较快发展成为宏观调控的首要任务。在复杂的经济形势下,实施积极的财政政策更要把握好着力点:一方面实行结构性减税,采取减免税、提高出口退税等方式减轻企业和居民税收负担,促进企业扩大投资,增强居民消费能力。另一方面牢固树立过紧日子的思想,严格控制一般性支出,特别要压缩行政开支,降低行政成本,严肃财经纪律,严厉查处小金库,防止资金体外循环。

“小金库”的存在,不仅导致会计信息失真,扰乱社会主义市场经济秩序,造成国家财政收入和国有资产的流失,而且违背了科学发展观的要求,扭曲了市场对资源的合理配置,削弱了政府宏观调控能力,影响了经济平稳较快发展。“小金库”的存在,已成为滋生铺张浪费、奢靡享受、违法乱纪的“温床”,严重败坏党风政风和社会风气,妨碍经济社会健康发展,影响社会和谐稳定,危害党和国家的建设事业。“小金库”的存在与蔓延,某种程度上说明了现行收入分配制度、财税体制等现行制度与管理中存在着问题与漏洞。因此,开展“小金库”专项治理是贯彻落实科学发展观,完善社会主义市场经济体制的客观需要,是实现从源头上惩治和预防腐败,加强作风建设的必然要求,是深化收入分配制度、财税体制等改革的重要内容。同时,也是三保能否落到实处的重要措施。要通过专项治理,完善财政、财务、会计和资金管理,规范收入分配秩序,逐步建立健全防治“小金库”的长效机制。

二、迅速行动,狠抓落实,坚持“六个到位”确保“小金库”专项治理的实效性

衡量“小金库”治理是否取得实效,关键看自查自纠阶段自查的问题是否真实全面,重点检查阶段是否认真查处典型案例(当然是指有典型案件),整改落实阶段是否建立健全长效的治理和预防机制。为此,必须按照有序、有力、有效的原则,抓好各个阶段各个环节的工作。刚才,市“小金库”专项治理工作领导小组副组长、市财政局局长左家凤同志宣读了专项治理工作实施方案,张瑞昌、李长安同志作了专项政策业务指导,对“小金库”治理工作进行了全面具体部署,明确了专项治理的范围内容、方法步骤、政策规定、组织领导和工作要求。这个方案和业务培训具有很强的针对性和指导性,各县区、各部门要认真组织传达和学习,结合实际抓好贯彻落实,并进一步细化措施办法,认真谋划、周密部署,迅速开展治理工作。领导小组成员单位要按照部门工作职责各司其职,明确工作任务、完善工作措施、健全规章制度、狠抓工作落实,形成治理工作的整体合力。

一是宣传发动到位。各县区、各部门要及时宣传、解疑释惑,使广大党员干部和人民群众及时了解“小金库”专项治理的重要意义、工作部署和政策规定。要充分利用新闻媒体及时向社会发布通告,公布举报电话、举报信箱和保障奖励措施,搜寻问题线索,提高检查效率。要注重提高治理工作的透明度,采取召开会议、新闻发布及工作简报等形式,及时向社会公布专项治理进展情况及实际效果。着力激发全社会关注、支持和参与治理工作的热情,为治理工作顺利开展奠定坚实的思想基础和群众基础。

二是政策引导到位。这次“小金库”治理在政策上有四个突出的特点:一是鼓励自查自纠。凡自查自纠的问题实施从轻、减轻或免予处理或处罚的政策。希望各县区、各部门主要负责同志一定要重视和组织开展好自查自纠工作,努力把问题解决在自查自纠阶段。二是做到边整边改。针对查出的问题,要及时制订整改方案,明确整改目标,落实整改措施,切实做到边整边改。三是严惩顶风违纪。对于治理工作开展后继续设立“小金库”的,要先免去有关领导的职务,再根据党纪政纪的处分规定严肃追究责任。四是奖励据实举报。希望各县区、各部门高度重视和运用这些政策手段,充分发挥政策引导作用,确保“小金库”治理工作取得实实在在的成效。

三是责任落实到位。各县区、各部门要高度重视,按照统一要求,尽快组建成立相应的领导和工作机构,形成主要领导亲自过问、分管领导亲自挂帅、主要部门领导全程参与、相关部门联合办公的领导体制和工作机制,为做好清理工作提供强有力的组织保障。这里需要特别强调的是,各县区、各部门主要负责人及财务负责人要对自查自纠情况负责,自查自纠总结报告及报表要由单位主要领导签名确认,其目的就是落实责任追究制度。

四是清理范围到位。此次专项治理的范围限定在党政机关和事业单位,事业单位要以财政全额拨款事业单位为重点。自查面必须达到100%,而重点检查面不低于纳入治理范围单位总数的5%,重点领域、重点部门、重点单位检查面不低于20%。同时在自查自纠阶段结束之际,对全市党政机关和事业单位的银行账户进行一次全面清理,单位所有银行账户及资金必须严格按照要求,由财务部门统一管理,严禁内设机构开设和管理银行账户。同时,要进一步深化“收支两条线”改革,积极完善票据管理,严格执行“银行代收、收缴分离”规定,加快财、税、库、行联网和电子结算体系建设进程,推行网络结算,截断“小金库”的主要来源,铲除“小金库”赖以滋生的土壤。

五是整改完善到位。去年,在省委、省政府的统一领导下,我市认真开展了反腐倡廉制度建设推进年活动,效果十分明显,我们要巩固和深化这一成果,督促各县区、各部门针对“小金库”治理中查出的问题,全面研究分析现行财税制度与管理中存在的漏洞,及时制订整改方案,明确整改目标,切实做到边整边改。进一步建立健全规章制度,完善财务管理,推进财务公开,强化财务监督,积极探索研究防治“小金库”的长效机制,从源头上预防“小金库”问题的发生。

六是督查指导到位。要弘扬求真务实、真抓实干的工作作风,加强对各县区、各部门工作开展情况的监督检查,尤其加强对重点领域、重点部门和重点单位工作开展情况的监督检查,坚决纠正行动迟缓、措施不力、工作不实、效果不好等问题。要加强对有关纪律规定执行情况监督检查,严肃查处违纪违规典型,同时要注意总结推广好的经验做法,为切实做好“小金库”治理工作营造良好氛围。

三、加强监督、严肃执纪,切实维护有关政策、法规和纪律的严肃性

一要严明工作纪律。“小金库”是滋生腐败的温床,治理“小金库”是加强财政资金监管,推进财政改革的基础性工作,也是从源头上预防和治理腐败的重要措施。应该说,近年来我市不断加强财政管理,深化财政改革,财经秩序进一步规范,但也有个别部门和单位财经纪律意识淡薄、监督管理缺位,存在私设“小金库”现象。在这次专项治理活动中,各县区、各部门要牢固树立大局意识,坚决执行下级服从上级、部门服从全局的原则,做到令行禁止。各级领导干部要带头执行国家有关法律法规,带头执行市委、市政府的有关规定,积极主动的组织开展清理工作,凡是属于清理范围的,要做到闻风而动,带头落实整改。对查出的“小金库”资金一律没收,上缴财政。检查和清理工作坚持自查从宽、被查从严的原则。在自查自纠的基础上,纪检监察、财政、审计监督部门要密切配合相关部门对自查自纠的情况进行监督检查,对检查发现的违规问题,既要按照有关规定进行纠正处理,又要按照党纪政纪和党风廉政建设责任制的有关规定,对当事人和责任人进行责任追究,给予党纪政纪处分。这次的治理工作务必做到“四个不准”,即不准有弹性、不准弄虚作假、不准姑息手软、不准搞下不为例。

二要严厉查处腐败。从严惩处,把查办案件作为维护纪律的中心环节,坚持把解决“小金库”这个突出问题作为资金监管、源头治腐的重点来抓,加大查处涉及“小金库”问题违纪违法案件力度,坚决惩治腐败分子,严肃党纪国法。对私设“小金库”所产生的腐败,必须严惩不贷,只有硬起手腕加大查处力度,才能达到警示和教育的目的。要按照“自查从宽、被查从严”的原则,对检查中发现的问题必须一查到底,对不按规定办的,该曝光的曝光,该处理的处理,该免职的免职,决不姑息纵容。这里,我强调三条纪律:第一,凡是被查发现的“小金库”,除依法进行财务、税务等相关处理外,还要对责任单位和责任人员依法予以行政处罚,并依纪依法追究责任,数额巨大、情节严重的,从重处理。第二,凡是被查发现治理工作中走过场的,要通报批评并责令整改,问题严重的,追究主要负责人的责任;弄虚作假、压案不查、对抗检查、拒不纠正、销毁证据、突击花钱、打击报复举报人的,要按照有关规定从重处理,涉嫌犯罪的,移交司法机关处理。第三,凡是被查发现治理工作开展后继续设立“小金库”的,对主要领导、分管领导和直接责任人,按照组织程序一律先予免职,再依据党纪政纪和有关法律法规追究责任。各级纪检监察机关要严明纪律、严肃查处这方面的违纪违法案件,并有选择地予以公开曝光,发挥反面典型的警示教育作用。这里,再谈一点希望:希望各单位领导在动员会后,按照时间要求,抓紧制定切实可行的工作措施,及时组织力量开展内部自查,努力把问题解决在自查自纠阶段,不辜负中央和省委、省政府对各级干部的信任和爱护。

三要严守工作职责。“小金库”治理工作涉及面广、任务重,必须按照职责分工,分级负责、分口把关,形成整体合力。首先,要强化责任分解。各县区、各部门要按照《淮南市党政机关和事业单位“小金库”专项治理工作实施方案》的要求,实行严格的工作责任制,制定切实可行的工作措施,确保“小金库”治理工作取得预期成效。要强化领导责任,形成一把手负总责、一级抓一级、层层抓落实的工作格局,组织实施好本部门及所属单位的治理工作。其次,要形成工作合力。各相关部门要加强协作,充分发挥牵头部门和成员单位的业务特长与职能优势,建立起分工明确、运转顺畅、配合有力的工作协调机制,做到团结共事、优势互补、形成合力。

同志们,治理“小金库”工作意义重大,任务艰巨。各县区、各部门要按照这次会议的部署和要求,进一步增强大局意识、政治意识、责任意识,进一步提高专项治理工作的自觉性、主动性,以认真负责的态度、求真务实的作风,扎实做好“小金库”治理工作,为深入推进我市党风廉政建设和反腐败斗争,着力推进惩治和预防腐败体系建设,保持我市经济又好又快发展作出应有贡献!

关于全省治理“小金库”工作会议精神及我市贯彻意见的汇报

(2009 年 5 月 31 日)

一、全省治理“小金库”工作会议主要精神

2009 年 5 月 15 日,我省治理“小金库”工作电视电话会议在合肥召开。省治理“小金库”工作领导小组副组长、省财政厅厅长陈先森主持会议,省纪委、省监察厅、省财政厅、省审计厅等牵头部门领导、省委组织部、省委宣传部、省公安厅、人民银行合肥中心支行、省国税局、省地税局、省银监局成员单位、省直各部门负责人在合肥主会场参加了会议。各市、县(区)党委、政府分管领导和有关部门负责人在各地分会场参加了会议。会上省审计厅副厅长戴克柱宣读了《中共中央办公厅、国务院办公厅印发〈关于深入开展“小金库”治理工作的意见〉的通知》(中办发[2009]18 号)、省纪委常务副书记、监察厅厅长张东安作了工作讲话,省治理“小金库”工作领导小组组长、省委常委、常务副省长孙志刚作了动员讲话。

5 月 25 日,省治理工作领导小组办公室在合肥举办了全省治理“小金库”工作远程培训会议。会上省纪委巡视员杨晓珊、省财政厅副厅长吴天宏、省审计厅总审计师何结华,对“小金库”专项治理工作业务问题分别作了培训指导。

孙志刚常务副省长在动员讲话中,要求全省各级各部门首先要统一思想,充分认识“小金库”治理工作的重要意义。“小金库”治理工作是深入贯彻落实科学发展观,完善社会主义市场经济体制的必然要求,是建立健全惩治和预防腐败体系,加强作风建设的重大举措,是深化收入分配制度,财税体制改革的重要内容。二是要明确任务,准确把握“小金库”治理工作的用力方向。准确理解治理范围,科学把握工作重点,切实加强政策引导,始终坚持整体推进,切实强化源头治理。三是要求真务实,努力形成“小金库”治理工作的强大合力。加强领导,落实工作责任;加强配合,完善协调机制;加强宣传,营造良好氛围;加强督导,抓好工作落实。孙志刚常务副省长在讲话中进一步强调了“小金库”专项治理工作是党中央、国务院统一部署的决策行动,明确了我省治理工作的范围、主要内容、方法步骤和政策规定。

(一)*治理范围*。此次专项治理范围是各级党政机关和事业单位,事业单位中以全额拨款事

业单位为重点，自查面必须达到100%，重点检查面不得低于纳入治理范围单位总数的5%，重点领域、重点部门和重点单位检查面不低于20%。

（二）主要内容。违反法律法规及其他有关规定，应列入而未列入符合规定的各项资金（含有价证券）以及形成的资产。重点是2007年以来各项“小金库”资金的收支数额，以及2006年底“小金库”资金滚存余额和形成的资产。“小金库”的表现形式主要包括：

1. 违规收费、罚款及摊派设立“小金库”；

2. 用资产处置、出租收入设立“小金库”；

3. 以会议费、劳务费、培训费和咨询费等名义套取资金设立“小金库”；

4. 经营收入未纳入规定账簿核算设立“小金库”；

5. 虚列支出转出资金设立“小金库”；

6. 以假发票等非法票据骗取资金设立“小金库”；

7. 上下级单位之间相互转移资金设立“小金库”。

（三）方法步骤。我省“小金库”专项治理工作到11月底基本结束，分四个阶段进行：

第一阶段动员部署，从方案下发日至2009年5月31日；

第二阶段自查自纠，时间从2009年6月1日至30日；

第三阶段重点检查，时间从2009年7月10日至10月31日；

第四阶段整改落实，时间从2009年11月1日至30日。

（四）政策规定。对专项治理中发现的“小金库”，要严格按照“依法处理，宽严相济”的原则进行处理。自查自纠问题从宽处理，被查被纠问题从严处理，顶风违纪问题从重处理，举报有功给予奖励。

二、我市治理“小金库”工作贯彻落实意见

根据全省治理“小金库”工作会议精神和部署要求，现提出如下贯彻意见：

（一）成立淮南市治理“小金库”工作领导小组，组长由市纪委书记何小祥担任，第一副组长由市政府副市长魏耀民担任，副组长由市纪委常务副书记市监察局局长陈克、市政府副秘书长陈贵洲、市财政局局长左家风担任。市纪委、市委组织部、市委宣传部、市监察局、市财政局、市审计局、人民银行淮南中心支行、市公安局、市国税局、市地税局、市银监局为领导小组成员单位。领导小组下设办公室承担日常工作，办公室主任由市财政局局长左家风兼任，副主任由市监察局副局长余承斌、市财政局副局长张瑞昌、市审计局副局长李长安担任，办公地点设在市财政局。

（二）市纪委、市监察局、市财政局、市审计局根据省“小金库”专项治理工作实施方案精神，制定《淮南市党政机关和事业单位“小金库”专项治理工作实施方案》，建议按照省发文规格模式，由市委办公室、市政府办公室转发（实施方案附后）。

（三）召开全市“小金库”专项治理工作动员暨业务培训会议。会议拟定于2009年6月5日召开，参加人员：市委、市政府领导，领导小组成员单位负责人，县区政府分管领导、纪委、监察局、财政局、审计局负责人，市直主管部门分管领导、财务负责人及下属单位财务人员。会议由市政府副市长魏耀民主持。主要议程安排：

1. 市“小金库”专项治理工作领导小组副组长、市财政局局长左家风宣读《淮南市党政机关和事业单位“小金库”专项治理工作实施方案》；

2. 市“小金库”专项治理工作领导小组副组长、市纪委常务副书记、监察局局长陈克作专项治理工作纪律要求；

3. 市“小金库”专项治理工作领导小组办公室副主任、市财政局副局长张瑞昌作专项治理工作范围、内容、方法步骤和报表填报业务培训指导；

4. 市“小金库”专项治理工作领导小组办公室副主任、市审计局副局长李长安作专项治理工作有关政策法规业务培训指导；

5. 市“小金库”专项治理工作领导小组组长、市委常委、市纪委书记何小祥作动员讲话。

三、需要明确的事项

此次“小金库”专项治理工作涉及面广、政策性强、业务量大、时间紧迫，为保障我市专项治理工作顺利进行，需要明确以下事项：

（一）人员抽调。市“小金库”专项治理工作领导小组办公室下设综合协调、政策宣传、检查督导三个工作组,建议从市纪委、监察局抽调2人,市审计局抽调2人,市委宣传部抽调1人,市财政局抽调5人。

(二)工作经费。为保障此次“小金库”专项治理工作顺利进行,建议解决必需的工作经费。

(三)举报电话。为保障方便群众举报,畅通信息渠道,市纪委监察局、市财政局、市审计局各设立一部举报电话。

淮南市“小金库”专项治理工作总结

按照党中央、国务院和省委、省政府的部署要求,淮南市把“小金库”治理工作作为深入贯彻落实科学发展观,完善社会主义市场经济体制的必然要求;作为贯彻落实党的十七届四中全会和中纪委四次全会精神,加强党的执政能力和作风建设,优化政治生态环境,建立健全惩治和预防腐败体系的重大举措;作为深化收入分配制度、财税体制改革和加强财政管理的重要内容;作为应对金融危机冲击,促进淮南经济社会平稳较快发展的抓手,树立先学一步把握精神实质,先行一步把握工作动态,先思一步把握政策导向,先想一步把握工作尺度的“四先意识”;坚持宣传发动、政策引导、责任落实、清理范围、整改完善和督查指导“六个到位”;注重合力、注重指导、注重督查、注重整改,认真宣传把握政策,精心组织动员部署,扎实开展自查自纠,深入推进重点检查,边查边改、纠建并举、标本兼治,取得了阶段性成果:

——自查自纠全面覆盖。全市党政机关和事业单位1190家,其中,市直89个主管部门及所属242个单位,9个县区(包括一个实验区和两个开发区)及所属859个单位,自查自纠“小金库”阶段工作已全部结束,自查面为100%。自查自纠“小金库”账户50个,累计金额1545.37万元,支出1302.96万元,账户结余242.41万元,已全部收缴同级财政(市本级收缴91万元)。其中:“回头看”期间自查自纠“小金库”8个,累计金额326.47万元,支出181.03万元,账户结余17.25万元。

——重点检查突出实效。全市抽调及聘请108名专业人员,成立28个重点检查组,检查464个行政事业主管部门及所属二级单位,占应查总数的39%。其中,市本级安排重点检查部门40个及所属二级单位91个,分别占市直部门和所属二级机构总数的45%和46%;重点领域、重点部门和重点单位检查面100%。查出“小金库”2个,主要违规违纪问题20个,资金余额1799.14万元。其中,应收缴违纪资金18.14万元,应及时上缴财政专户资金345万元,应解缴预算内资金1436万元。

——严肃查处举报事项。截至目前,我市共收到举报信件20件。其中,省“治理办”转办11件查处报果7件,查实“小金库”2个涉及金额16.85万元、违纪情况5起涉及金额7.1万元,责令退款0.36万元,应收缴余额0.3856万元,撤销银行账户2个,行政和党纪处理5人,调离工作岗位3人;市接举报9件查处2件,其他举报事项核查工作也已基本结束。

——清理账户创新管理。全面清理行政事业单位银行账户和推行公务卡消费制度改革试点,是我市从源头治理“小金库”根本举措,也是切合实际开展治理工作的两大创新。目前,清理银行账户1283户,确定需要重点审理规范的账户80户;推行公务卡制度改革试点前期准备工作基本就绪。

——加强宣传督导县区。治理工作期间,我市通过《淮南电视台》新闻报道3次,《淮南日报》专题宣传3次、编发《简报》18期、《会议纪要》2期,《动态》3期,报送省《治理工作简报》信息3条、市《财政信息》5条;市治理工作领导小组召开全市工作大会3次、专题会议4次、市“治理办”主任办公例会9次、开展县区督察指导工作3次;同时,召集县区治理机构参加工作会议3次、业务培训会议5次。目前,我市治理“小金库”整改落实阶段工作已基本结束，现将主要工作总结如下：

一、切切实实自查自纠

（一）加强领导、健全机制

5月15日全省“小金库”治理电视电话会议之后，市委、市政府领导立即组织召开了由市相关部门负责人参加的“小金库”专项治理工作筹备会议，传达贯彻了《中央办公厅、国务院办公厅印发〈关于深入开展“小金库”治理工作的意见〉的通知》（中办发[2009]18号）、中共中央纪委、监察部、财政部、审计署《关于印发<在党政机关和事业单位开展“小金库”专项治理工作的实施办法>的通知》（中纪发[2009]7号）和《安徽省党政机关和事业单位“小金库”专项治理工作实施方案的通知》（厅[2008]18号）精神；成立了以市委常委、市纪委书记何小祥为组长，市政府副市长魏耀民为第一副组长，市纪委、市委组织部、市委宣传部、市监察局、市财政局、市审计局等9个部门领导为成员的淮南市“小金库”专项治理工作领导小组，全面负责指导和协调“小金库”专项治理工作；制定了《淮南市党政机关和事业单位“小金库”专项治理工作实施方案》（以下简称《实施方案》，淮办发[2009]23号）；设立了领导小组办公室，并从市纪委、市监察局、市财政局、市审计局抽调了10名专业骨干组成了综合协调、政策宣传和重点检查三个工作组，具体负责专项治理业务工作。领导小组成员单位及办公室人员按照部门和岗位职责，明确任务，各司其职，建立了分工明确、运转顺畅、配合有力的专项治理工作协调机制，形成了专项治理工作整体合力。

（二）周密部署、全面推进

按照中央和省委、省政府统一部署要求，为使治理“小金库”工作严格遵守时间规定、高度保持步调一致，我市结合实际采取了“动员部署与业务培训两会合并、动员部署与自查自纠两段衔接”的方式，及时组织召开了由市直主管部门分管财务领导、财务负责人及所属单位财务负责人、县区分管财政领导及纪委、监察局、财政局、审计局负责人共有400多人参加的“小金库”专项治理工作动员暨业务培训会议。会议对全市“小金库”专项治理工作进行了全面部署，对“小金库”治理的报表填报和政策法规进行了指导讲解。要求县区和市直部门单位认真组织学习贯彻，立即行动起来做好方案制定、机构设立和政策宣传工作。严格按照《实施方案》政策原则和方法步骤要求，抓紧制定具体工作方案和落实措施，迅速启动“小金库”自查自纠阶段工作，提高专项治理工作效率，整体推进我市“小金库”专项治理工作。

（三）强化宣传、畅通渠道

我市充分利用新闻媒体，多形式、多层次、多角度地强化政策宣传，营造治理工作氛围，畅通群众反映意见渠道，欢迎社会各界参与监督。一是在《淮南电视新闻》专题报道、《淮南日报》和《淮河早报》开设专版，宣传“小金库”专项治理工作重要意义、工作部署和政策要求，克服“无害心理”、“侥幸心理”和“应付心理”，充分认识“小金库”是个“大问题”的危害性和治理工作的重要性、紧迫性；发表“小金库”专项治理工作答记者问，深入细致地解答问题，解读政策，消除疑虑。二是编发《工作简报》18期，及时通报我市工作进展情况，指导全市治理工作，总结推广经验做法，推动治理工作顺利进行。凤台县不仅编发了《简报》，而且专门设计了“小金库”治理网站，与群众交流沟通，征求工作意见，倾听群众呼声。三是按照鼓励举报的政策精神，在《淮南电视新闻》、《淮南日报》、《淮河早报》、《淮南政府网站》和淮南新闻网站等多种新闻媒体，向社会公布举报电话、举报信箱、举报电子信箱，并制定了专人受理举报事项的工作制度和保密纪律。畅通群众反映意见的渠道，激发全社会关注、支持和监督治理工作的责任感。截至自查自纠结束，共接到“小金库”举报信息18件。其中，省“治理办”移交办理举报10件；市“治理办”接到8件。按部门分：教育5件、卫生3件、市容3件、文化2件、公安1件、其他部门4件。

（四）把握政策、培训督导

“小金库”专项治理工作涉及面广政策性强，为引导治理工作健康有效地开展，我市治理工作领导小组在积极贯彻落实中央和省委、省政府治理工作精神的基础上：一是组织市县区“治理办”认真学习中央、省、市治理工作文件精神。吃透政策精神，把握政策界限、找准用力方向，掌握工作节奏;二是按照治理工作要求,组织市县区业务人员培训,指导讲解治理政策法规,安排两名人员专门负责自查自纠阶段报表填报指导和审核把关工作,确保自查自纠报告表和统计表及时准确上报、真实全面反映情况;三是派出督导组深入县区和市直部门单位进行督导,及时了解沟通情况,掌握工作进度,发现问题及时纠正,不走过场不留死角,保障治理工作按照《实施方案》明确的方向和要求进行。

(五)全面覆盖、回头检验

按照市《实施方案》规定要求,此次全市应纳入专项治理范围的行政事业单位共1190家。其中,市本级331家包括89个主管部门、242个二级预算单位;9个县区(包括毛集实验区、市开发区和山南新区)及所属859行政事业单位。截至6月30日,市直89个主管部门和9个县区,按规定要求上报了领导小组、自查自纠报告表、统计表和书面自查工作总结,自查面达到100%,实现了全面覆盖;为了扎扎实实做好自查自纠阶段工作,按照省“治理办”要求,我市认真组织开展了“回头看”活动,并收到了明显效果。自查自纠阶段我市共自查申报“小金库”账户50个,累计金额1545.37万元,支出1302.96万元,账户结余242.41万元。其中,自查自纠阶段自报“小金库”42个,累计资金1193.09万元,支出1121.93万元,余额71.16万元;开展“回头看”活动期间,全市行政事业单位再次对照政策,自查“小金库”账户8个,金额352.28万元,支出181.03万元,结余171.25万元;并将结余资金全部上缴同级财政,“小金库”账户全部撤销。

我市在自查自纠阶段,始终坚持边查边改、纠建并举、标本兼治的原则。一方面鼓励自查自纠,倡导如实申报,及时将违规资金缴入规定账户,并依法进行财务、税务等相关处理;另一方面,注重建立健全制度,规范管理机制,进一步增强财经纪律的严肃性,提高财政财务管理意识水平。积极探索“小金库”治理工作的新思路、新举措,把“小金库”治理工作与节约和控制行政成本支出、清理市直行政事业单位银行账户、推行公务卡结算改革试点、强化国库集中支付力度,促进扩大内需经济增长政策落实和加强党风廉政建设紧密结合起来,综合实施,统筹推进,使我市财政财务和资产管理水平登上了一个新的台阶。

二、踏踏实实重点检查

(一)领导重视、组织得力

重点检查是治理“小金库”工作的主要方式和重要措施。为了认真做好重点检查阶段工作,我市“小金库”专项治理工作领导小组,在自查阶段工作结束后,及时召开了“转段”工作会议,制定印发了《淮南市治理“小金库”重点检查阶段工作方案》(淮金组[2009]2号,以下简称《重点方案》)和《关于清理市直行政事业单位银行账户的通知》(淮金组[2009]3号)文件;组织召开了市直行政事业单位“小金库”专项治理重点检查阶段工作动员大会,对重点检查阶段和银行账户清理工作的内容范围、步骤程序、方式方法、组织领导、工作要求和纪律规定作了具体部署要求:

一是准确界定对象比例。按照中央、省、市《实施方案》要求检查的六类重点检查对象,参照中央和省确定的重点检查面比例,结合实际情况,我市采取了“重点必查、科学摸排、两个45%”的方式确定重点检查对象和比例,即在确保将执收、执罚权相对集中的部门,与人民群众利益密切相关的教育、卫生、交通、民政、宾馆、报社以及有群众举报的11个部门单位列为重点检查对象的同时,对一般重点检查单位则根据日常管理和群众反映等综合情况确定29个,体现公平公正;两项合计确定重点检查部门40个,占市直89个部门总数的45%以上,并要求各检查组在对重点部门所属二级单位的延伸检查面不低于45%;县区原则上参照此比例要求制定重点检查阶段工作方案,开展重点检查阶段工作。

二是科学确定方法步骤。我市重点检查阶段工作分两个步骤进行:第一步从7月10日至9月10日,各检查组对重点检查部门及所属单位进行实地检查、集中核查群众举报;第二步从9月11日至10月31日,市“治理办”审理各检查组整改建议、提出初步处理意见、报市领导小组研究处理决定。检查方法主要从实物盘点、账户核对、票据核对、收入核实、支出追查、往来清理、账表核对、调查问询等方面入手,保证检查成效。

三是统一规范检查规则。按照“依法行政、依法监督”的要求,规范开展重点检查工作行为,做到八个统一:统一检查通知、统一检查内容、统一检查工作底稿、统一工作时间、统一检查报告、统一处理处罚、统一检查程序、统一检查公告。要求各检查组在进点检查的同时,选择适当的位置张贴该部门单位“自查自纠报告表”和“重点检查公告”,便于干部群众监督参与。

四是清理账户创新管理。全面清理行政事业单位银行账户和推行公务卡消费制度改革试点,是我市从源头治理“小金库”有力举措,也是切合实际开展治理工作的创新。把银行账户的清查作为清查“小金库”的突破口,采取单位自查申报、签订责任承诺书、银行配合申报核实和清理规范的方式,进一步加强银行账户的管理;同时,积极推行公务卡消费制度改革试点准备工作,控制现金支出,从账户源头和现金渠道双管齐下治理“小金库”。

五是非重点部门同时推进。此次“小金库”专项治理的范围是所有党政机构和事业单位,为了达到突出重点,全面治理,整体提高的效果,我市在重点检查阶段,要求非重点部门严格按照《重点方案》规定,认真组织本系统、本部门内部开展重点检查工作,市“治理办”将保留对其直接检查的权力,如发现有不认真、走过场问题,随时责令重新自查自纠并列入重点检查对象。

(二)加强力量、突出重点

按照“两个45%”的检查面要求,我市针对“小金库”重点检查涉及面广、任务量大、专业性高的特点,为了掌握政策原则、保障工作力量、取得检查实效,市“治理办”抽调24名专业人员组成8个重点检查组,其中:从市纪委、市财政局、市审计局选调7名科级干部担任组长,同时,聘请专业机构17人作为检查工作的专业力量,认真组织参检人员进行业务培训,及时安排各检查组进驻重点检查部门开展工作,“治理办”领导责任到人随时实地检查指导;县区参照市级做法制定了重点检查实施方案,确定了重点检查对象,公布了举报电话和邮箱,共抽调84名业务骨干,成立20个检查组开展工作。市县区在重点检查工作中,注重“两个突出”:一是突出把上级规定要求必查的六类对象作为检查工作重点;二是突出对举报信件的核实查处。把握“四个结合”:把重点检查工作与清理银行账户、规范津贴补贴范围标准、加强国有资产管理和票据管理紧密结合起来,综合治理,整体推进。

(三)明确职责、严明纪律

为了保障重点检查阶段工作的有序有效进行,市“治理办”根据《重点方案》制定了工作责任制,强化了保密和廉政纪律。首先明确了检查组长负责制,各检查组要及时向市“治理办”报告检查进度和重大情况;市“治理办”实行了主任办公例会制度,定期听取各组工作汇报,掌握工作动态,总结交流检查经验方法,研究解决有关问题,做好有关联系协调工作,加强对检查人员的管理和检查组日常工作的督促指导,对检查中发现的重大问题及时向市治理“小金库”工作领导小组报告。重点检查期间,市“治理办”共召开主任办公会9次,编发《工作动态》3期,《会议纪要》2期,报送省《治理工作简报》信息3条、市《财政信息》5条。建立了举报接待、受理登记、查办转办督办和查处结果审理机制,明确了举报信件的查处工作由纪检监察部门统一负责、财政和审计部门积极配合的措施。要求检查人员严格保密检查工作涉及的事项,严禁接受被检查单位的宴请招待和任何礼品礼金;在重点检查期间,检查组的交通及工作就餐由市“治理办”统一安排,不得增加被查单位负担。这些工作机制纪律和做法,赢得被查单位的理解和支持,加快了检查工作进度。

(四)严格检查,深刻剖析

我市重点检查阶段,初步审理重点违规违纪问题20个,涉及违纪违规资金1799.14万元。其中,应收缴违纪结余资金18.14万元,包括“小金库”2个,虚报冒领4人“停薪留职”人员工资余额11.86万元,乱收“补课费”余额5.18万元,违规处罚医保定点零售药店罚款1.1万元;应及时上缴财政专户资金345万元,应解缴预算内资金1436万元。违纪违规问题的主要表现形式,一是通过虚报冒领财政资金设立“小金库”,二是乱收费形成的“小金库”,三是通过截留或转移应上缴国有资产经营收益“坐收坐支”,四是滞留应及时解缴国库资金周转使用。对以上查出的问题,我市一方面,按照《重点方案》规定,召开市“治理办”主任专题会议,集体研究定性,提出初步处理意见,上报市领导小组研究决定;另一方面,深刻剖析“小金库”问题在来源上更为复杂、在形式上更为多样、在运作上更为隐蔽,在范围有所蔓延、在层次上向下级转移等新情况新变化的根源成因,立足从管理体制机制的层面,认真查找制度缺失和薄弱环节,完善管理机制,弥补管理漏洞,积极采取有效措施,健全规章制度,落实整改措施,坚持做到纠建并举、标本兼治,务求实效。

(五)清理账户、创新管理

按照市《清理账户通知》规定,市本级银行账户清理工作分自查、核实和规范三个步骤进行。在自查申报阶段,单位与银行双向申报账户共1283个。按账户性质划分,零余账户278个,专用账户460个、一般账户70个,定期账户49个。经市领导小组研究,对未按清理银行账户通知规定期限上报80个账户,由市纪委监察部门牵头,财政、审计和人民银行积极配合查明原因,凡是不符合账户开设和管理规定的一律撤销;同时,对拟保留的1203个账户余额,按照专项资金和业务经费的性质类别分类理清,认真检查账户开设和管理情况,严格按照《银行账户管理办法》规定,该保留的保留,该撤销的撤销。与此同时,公务卡消费制度改革试点工作,也完成了调研论证、试点选择和方案制定等前期准备工作,待市政府批准即可实施。届时,我市将从银行账户源头、现金支出渠道、资产管理方式等方面多管齐下,进一步增强防治"小金库"发生的管理能力。

(六)鼓励举报、严肃查处

鼓励群众举报是治理"小金库"工作的政策要求,也是坚持群众路线,接受群众监督,欢迎社会各界参与治理工作的有效措施。为此,市"治理办"设置举报电话、电子信箱和举报箱并在淮南日报和政府网上向社会公布,畅通和拓宽群众反映问题的渠道。治理工作期间,我市共收到举报20件(重点检查阶段增加2件)。其中,省"治理办"转办举报11件,市"治理办"接到9件;涉及教育5件、卫生3件、文化3件、市容2件、公安2件、其他5件。市"治理办"按照分级负责、分口查处、限期报果的原则,安排市重点检查组检查10件,批转县区查处10件。目前,省举报已查处报果7件,市接举报已查证2件,其他举报事项核查工作也已基本结束(附专题报告)。查实"小金库"2个涉及金额16.85万元,其中,市交警一大队违规收费6.27万元设置1个,市少儿图书馆虚报冒领1人8年工资10.58万元设置1个;查出其他违纪情况5起涉及金额7.1万元,责令退款0.36万元,应收缴余额0.3856万元,撤销银行账户2个,行政和党纪处理5人,调离工作岗位3人;在查处群众举报的工作中,市县区"治理办"和纪检监察部门,始终坚持实事求是原则和严肃认真的态度,做到事事有着落、件件有交待,赢得了广大群众认可和支持。

(七)督导县区、着力促进

本次治理工作的原则是"分级负责、分口把关"。为了整体推进我市治理工作,市"治理办"在抓紧抓好本级治理工作的同时,把督促指导县区工作贯穿全过程。在重点检查期间,共组织县区"治理办"人员业务培训5次;8月下旬市"治理办"又专门下发了《关于对凤台县、各区重点检查工作进行检查督导的通知》,组成了由市"治理办"领导带队的3个督导工作组,开展了县区重点检查工作情况的检查指导。重点检查期间,县区共抽调人员84人,组成20个检查组,安排重点检查单位333个,占县区行政事业单位总数的39%,平均检查面比例达到中央规定的基本要求;但也客观存在着开展不平衡和质量问题。按照中央和省"治理办"要求,要把达不到检查面比例和质量要求、自查自纠和重点检查两个阶段均为零申报地市县区,作为重点检查阶段"回头看"工作的重点,必须给予高度重视。对此,市"治理办"将进一步加大督促指导工作的力度,抓住整改落实阶段开展"回头看"的时机,集中精力,采取措施,推进县区治理工作,确保治理工作的严肃性、整体性和有效性。

三、扎扎实实整改落实

整改落实阶段是否严肃处理违法违纪行为、建立健全长效机制,是检验"小金库"治理工作能否取得实效的重要标志。为了扎扎实实做好整改落实阶段工作,我市领导小组于11月24日,召开了由市治理工作领导小组成员单位领导、办公室主任及工作人员,县区治理工作领导小组组长及办公室主任参加的"整改落实阶段工作会议",及时传达省治理"小金库"整改落实阶段工作会议精神,认真总结全市前一阶段工作成果经验,安排部署整改落实阶段主要工作:

(一)严肃处理、限期落实、确保整改取得实

效

一要抓紧处理,在注重实效上下真功夫。按照市领导小组提出的:不准有弹性、不准弄虚作假、不准姑息手软、不准搞下不为例的“四个不准”要求,对核查清楚、取证落实的违规违纪问题,依照法规政策和检查处理规则,实事求是认定性质情节、集体研究处理意见,及时下达处理决定,限期落实处理措施;特别是对已查实的群众举报案件,严格按照《实施方案》规定的政策和纪律要求,从严从重从快处理,执行举报奖励规定和保密纪律。

二要抓实督察,在促进落实上下真功夫。为了巩固和扩大治理工作成果,按照中央和省“治理办”的要求,我市将认真组织开展“回头看”工作,加大对达不到检查面比例和检查质量要求的县区单位的督察督导力度,采取限期纠正、回访落实和责任追究措施,确保主要问题处理决定和整改措施落实到位,坚决防止和纠正走过场、搞形式的现象,严厉制裁阳奉阴违、避重就轻、变相抵制处理决定的行为。

三要抓好总结,在追根求源上下真功夫。处理处罚只是必要措施,建章立制才是最终目的。为此,市县区治理机构将认真做好重点检查阶段工作总结,深入分析带有普遍性问题发生的规律、特点、形式和背景,研究查找思想观念、体制机制及规则程序等方面存在的缺失、漏洞和不足,为建立健全和完善防治“小金库”的制度机制建设,提供科学有效的定性定量分析和理论实践依据。

(二)建章立制,综合治理,积极探索长效机制

“小金库”存在的危害性和治理的反复性人所共知,屡禁不止、屡治不绝的主要原因,在于其手段的隐蔽性、形式的多样性、来源的复杂性、利益的集体性和处罚的软弱性。因此,要彻底根除“小金库”必须坚持思想教育与机制建设、监督制约与严肃查处、处理事与处理人相结合的原则,多管齐下、综合治理:

第一,构筑道德防线,使其不想。首先要加强思想教育,使各级管理和财务工作者,牢固树立正确的人生观和价值观,不想也不愿利用手中的权力为小团体及个人谋私利。二要深入开展法纪教育。进一步加强党的方针政策、法律法规和廉政纪律的宣传教育,选择典型事例解剖分析警示教育,使大家懂得知法守法的大局利益,违法违纪的经验教训,增强遵纪法守意识。三是加强财务人员职业道德建设。培养财务人员强烈的事业心和责任感,倡导坚持原则、忠于职守,增强抵制违法违纪行为的自觉性。

第二,完善事权财权,使其不愿。不可否认,现行的事权财权确实存在着一些不配套、不规范和不实际的地方,客观上强化了部门单位设立“小金库”的冲动。对此应当本着实事求是的态度,采取疏堵结合的方法,抓紧改革完善事权财权体制,坚持事权和财权科学对应,实现财政资金分配的实际公平,保障单位正常开支运转和各项事业的进行,有效消除行政经费分配不均的状况,彻底打消一些单位为弥补经费不足而设立“小金库”的念头。

第三,消除利益冲突,使其不必。进一步深化分配制度改革,实行阳光工资,体现同工同酬基本原则,消除分配不均弊端,理顺国家和地方、集体和个人、部门之间、行业之间的利益关系,强化利益间的共同性、一致性,让“小金库”没有存在的必要。

第四,健全监管机制,使其不便。一是规范国库集中收付制度。实现财政拨款由国库直达用款单位,改变资金分散、层层拨付的做法;全面推行公务定点接待和公务卡结算制度,防止公务消费中套取现金私设“小金库”问题的发生。二是强化国有资产经营预算管理。建立从资产形成、配置、使用、产权变更到处置全过程管理的行政事业资产监控体系,严格执行国有资产收益“收支两条线”管理规定;认真清理对行政事业单位闲置办公用房等经营性资产,实行集中管理经营,以切断“小金库”的资金来源。三是创新监督检查机制。特别是要着重加强财政监督检查机制建设,实行财政日常管理信息系统与监督检查系统的端口对接,突出事前事中监督检查,建立贯穿财政资金运行全过程、覆盖财政资金活动全方位的新型财政监督机制。

第五,加强制度建设,使其不能。加强法律、法规、制度建设,完善内、外部的管理机制、监督制约机制,努力做到有法可依、有章可循,制度上

不留空挡,管理上不留空隙。一是推进行政审批制度改革。大力削减行政审批项目,科学界定服务收费项目,严格规范审批程序和收费标准,增强收费行为的透明度。二是加快构建公共财政体系框架。抓紧修订《预算法》,把规模庞大的预算外收入全部纳入政府预算管理,增强预算的透明度,加强财政收支和部门预算管理。三是不断完善财务管理。按照《会计法》等有关财政法规的要求,结合本部门的实际,建立健全严格的财务管理、内部审计和财务公开制度。四是严格账户审批管理。认真清理行政事业单位的银行账户,彻底解决公款私存、账外设账、多头开户等问题,严格行政事业单位银行账户审批管理。五是创新会计核算管理方式。对具备条件部门单位推行集中核算制,暂不具备集中核算条件的试行会计委派,并定期进行岗位交流和调整充实。六是严格执行票据管理制度。严格票据的领取、使用、稽核和缴销,严肃查处各种使用非法票据的行为。七是大力推动职务消费制度改革,努力建立一套消费形式货币化、消费主体个人化、消费标准公开化、激励机制有效化和监督管理简单化的职务消费新制度。

第六,加大打击力度,使其不敢。一是要严格执法执纪,财政、审计、纪检、监察、银行、税务、司法等有关职能部门要协调配合,建立和完善信息共享机制,经常互通监督情报,发挥各个监督部门的作用,形成合力。一经查出,要按照党纪、政纪和相关法规政策,严肃查处,决不姑息迁就。二是要以“制约权力”为核心,不断加大、完善对“一把手”的监督管理,改变“一把手”决策权不受制约的现状,让权力在阳光下运行。三是要完善群众举报制度。要设立并公布举报电话、制作举报信箱,注意发挥网络举报作用。建立完善举报登记、查处督办、保密规则和举报奖励制度。

财政调研篇

财经论文、调研报告

优化积极财政政策　保持经济增长势头

左家凤

2008年第四季度后,由于金融危机扩散蔓延,世界经济险象环生。面对严峻复杂的经济形势,为了抗御危机的冲击,战胜严重困难,党中央、国务院从容应对,果断决策,及时实施了积极的财政政策和适度宽松的货币政策,取得了显著效果。就淮南市在过去的一年多时间里财政经济运行形势看,由于贯彻政策坚决,结合实际紧密,发展目标明确,措施手段得当,整体经济以较短的时间脱离了谷底,回升并走上了持续稳步增长的轨道。2009年全市GDP完成500亿元,比上年增长13%,财政收入完成75亿元,比上年增长24.7%,较为成功地实现了化危为机、保持又好又快发展的既定预期目标。

一、贯彻实施积极财政政策收效明显

过去的一年多时间,促进经济增长是财政工作的重中之重,淮南市财政局积极研究了国家的各项经济政策。2009年初整理出台了《促进经济平稳较快发展财政政策80条》及《实施程序》,抓住关键点,努力将政策用好、用足、用出效果。

在贯彻实施积极财政政策和财政资金投入上,充分体现出了以下五个效应。一是项目投资的倍增效应。积极争取上级资金促进全市经济发展,全年中央扩大内需资金直接安排项目261个,涉及保障性安居工程、节能减排和生态建设等六个方面,项目计划投资14.61亿元,争取中央资金7.08亿元,省级配套和补助资金7126万元,预计带动全社会投资41.9亿元以上。二是扶持企业的激活效应。市财政局先后组成10个组分赴各县区150个企业进行调研,了解困难,研究对策。全年安排促进经济平稳较快发展专项资金超过1.4亿元,用于工业园区建设贴息、企业发展税收返还、商贸流通、服务业等重点领域。发挥市担保投资公司融资平台作用,为企业提供担保融资3.8亿元,新增产值7.6亿元,增加利税4000万元。三是招商引资的推手效应。取消非公企业和个体工商户各类登记、证照费用,市本级免除费用部分市财政全额承担,对区级免除费用给予50%的补贴,全年财政补助资金超过290万元。四是居民消费的促进效应。推进家电、汽车摩托车下乡工作,全面实行网点代审、现行垫付资金的办法,全年销售家电下乡产品52196台(部),汽车、摩托车6010辆,发放财政补贴资金2141万元。五是民生工程的辐射效应。促进公共财政投入向民众倾斜。2009年淮南市实施35项民生工程,全年共拨付资金7.7亿元,民生工程在实施过程中呈现出组织强、资金实、督查严、效果好的特点。通过实施民生工程,全市直接受益群众达到220万人,低收入群体的生活得到明显改善,城乡一体化进程不断加快。而且通过民生工程项目的建设实施,对社会民间资金、微观经济、消费、就业等等都带来积极的影响。

二、对未来一段时间淮南财政形势的总体判断

当前,我国经济回升向好的趋势不断得到巩固,淮南市支柱产业煤炭、电力、化工等产品的需求和价格已经企稳回升。在此基础上,总体判断2010年淮南市财政收入可望继续保持平稳增长态势,财政将在动力与压力并存的情况下运行。

有利因素主要表现在,一是对宏观经济向好的预期。我国主要经济指标持续转好,宏观经济回暖向经济复苏转变的迹象已经日益明显。尽管目前仍然面临不少困难和问题,但中央将进一步加强和改善宏观调控,积极处理保持经济平稳

较快发展、调整经济结构和管理通胀预期的关系,继续实行积极的财政政策和适度宽松的货币政策,提高经济增长的质量和效益,宏观经济向好可以预期。二是对煤、电产业产能释放和价格盘升的预期。2010年,淮南市煤、电支柱产业经营形势谨慎乐观,煤炭产能释放仍存在较大空间,随着宏观经济的逐步复苏,下游产业用电需求回升,火电企业机组发电时间有望进一步增加。预计2010年煤炭价格保持稳中有升态势将是大概率事件。三是对资源性产品价格改革的预期。国家发改委多次提出要推进电力、天然气、水等资源性产品价格改革,有关政策有望在短时间内出台。资源性产品价格改革,意味着相关产品将迎来新一轮提价,淮南的电力企业综合实力强,拥有大容量机组和调峰机组,有望在竞争中获得优势。四是对居民消费价格指数(CPI)上涨的预期。2009年我国居民消费价格指数(CPI)持续负增长,11月由负转正,随着经济企稳回升,2010年CPI预计为3%左右。CPI指数上涨因素对财政收入的影响不容小视,具有明显的增收和放大作用,尤其是对主体税种增值税、营业税的影响更大、更直接。五是投资拉动效应的预期。目前淮南市"大建设、大发展"的进程正积极推进,扩大内需中央投资项目、山南新区建设等一批重点工程正加紧施工。随着建设高峰期和项目结算期的到来,投资因素对税收的拉动效应开始显现。六是对第三产业发展的预期。近年淮南市第三产业保持较快的发展势头,固定资产投资增幅远高于第一产业和第二产业,成为经济发展的新动力。可以预见第三产业的振兴对全市经济增长和财政增收的贡献将日益突出。

财政面临的困难和压力,突出表现在财政支出刚性增支因素很多,存在诸多急需化解的难题。预计2010年市本级新增刚性支出超过4.5亿元,具体而言,一是义务教育阶段教师绩效工资改革、医疗卫生体制改革、政法经费保障体制改革,以及事业单位全面推进绩效工资改革,"四大改革"仅市本级财政就比2009年预算增加支出2.4亿元;二是继续支持经济平稳较快发展,增加支出4200万元,主要包括工业园区贷款贴息支出、外贸发展和招商引资支出、企业税收返还支出,以及扩权强镇、扶持山南七乡镇发展支出等;三是民生工程支出进一步加大,增加支出5980万元,主要包括采煤沉陷区治理支出、民生工程扩面提标及新增项目预留、人口和计生专项支出,以及市委、市政府出台的支持西部城区发展支出等;四是社会各项事业发展需要大量新增投入,主要包括新农村建设支出、城市建设和维护支出、校园安全工程支出、省十二届运动会经费等。

三、进一步优化积极财政政策促进经济全面好转

财政乃庶政之母。无论是刺激经济发展还是抑制经济过热,财政总是在起到宏观调控和微观调节的作用,在分配与再分配过程中更是一个有形的"杠杆"显示积极的状态。财政,对于政权拥有者来说,是执政的基础也是执政的核心内容之一。因此,结合当前所面临的经济形势,结合预期要实现的社会经济发展目标,如何进一步优化积极的财政政策并加以实施,促进淮南经济健康平稳快速发展,是摆在各级党委、政府、财政经济部门和企业等各界的共同任务。笔者认为,今后一段时间,我市财政要在积极"有为"上显示出信心,创新理念,以科学发展观的要求,力求在以下三个带有全局性的工作上有所突破。

*(一)在实现"两个总量扩张"的同时力求质量与效益。*2010年,不仅是"十一五"规划的最后一年,更是为实现新一轮增长周期打牢基础的关键一年。财政部门必须正确对待经济运行中的新情况、新问题,坚持把"两个总量"做大,并同时注重质量和效益,使淮南崛起腾飞的基础更为坚实。其一是推进项目投资总量的扩张。就已有的项目投资实际情况看,虽然纵向对比增量不小,但是对淮南这样一座资源型、工矿型、城乡结合型和因历史原因在城乡基础建设上欠账多的城市来讲,各类项目、尤其是大型基础和工业项目投入依然有所不足。项目是拉动地方经济超越式增长的重要动因,所以财政部门必须放眼全局,加大对"五外"和招商引资工作的支持,统筹区域协调发展,支持开发区、山南新区和工业聚集区建设。(1)继续加大资金投入,确保促进经济发展投入水平较2009年不降低。(2)认真研究宏观政策的变化,建立完善项目资源库,做好各类项目的申报工作,全力争取国家及省的政策

和资金支持。(3)加强政府融资平台建设,扩大投、融资渠道,缓解经济发展、城市建设资金需求与财政投入不足的矛盾。(4)建立国有资本经营预算,盘活资产,整合资源,发挥存量资产效益。其二是推进财政收入总量的扩张。在经济发展的基础上,财税部门要更加注重对产业、行业的分析,强化税源调查、管理和监控,完善收入目标责任考核机制,加强财政经济形势分析,做到谋划早、方案全、措施细,注重发现和解决趋势性、苗头性、结构性问题,及时加以解决,实现全市财政收入再上新台阶,力争两年财政收入超百亿元,通过财力规模的壮大,保障淮南经济的可持续发展和社会的和谐进步。

(二)在政策支持上通过整合资金促进产业升级。要从淮南实际出发,从财政自身条件出发,努力促进一、二、三产业协调发展。一是坚持农业优先促和谐,确保城乡一体化进程进一步加快。虽然说农业在全市经济总量中占比不大,但是乡村面积大、人口多、存在突出的弱势和贫困群体需要帮助致富的问题,所以我们要紧紧围绕稳粮、增收、强基础、重民生,采取更加有力的措施,促进农业农村经济又好又快发展,推进城乡一体化进程。进一步增加财政支农投入,健全"三农"投入稳定增长机制。加大农业基础投入,加大对水利建设、农村污水处理、安全饮水工程等项目的投入。支持节水灌溉、人畜饮水、乡村道路工程建设,不断改善农村基础设施。促进种植结构调整,鼓励农民种植优良品种,完善产粮大县奖励政策,支持粮食深加工产业。加强农业综合开发,改造中低产田,做好土地治理项目和产业化项目的申报。扩大政策性农业保险,使农民种养殖业得到更多的风险保障。二是坚持协调发展,优化振兴二、三产业。支持经济结构优化调整,大力培植新兴财源。(1)继续做大做强煤、电、化产业。拉长延伸产业链条,提高产品附加值,不断谋划煤电新项目,壮大产业规模和实力。(2)大力发展新型制造业。实施促进企业自主创新的财税优惠政策,扶持企业开展技术改造、技术创新、节能减排和资源综合利用,保障重大科技专项实施,增强高新技术产业对财政经济的支撑和拉动作用。(3)统筹内外贸发展。扶持内贸重点企业升级改造,支持配送中心、连锁、便民等业态建设和市场工程建设;扶持具有一定出口潜力的项目,推进外经贸孵化器工程。(4)进一步加快国有企业改革。加快淮化集团主辅分离、辅业改制的步伐,推进皖纸公司招商引资工作,支持企业上市融资筹备工作,扩大上市企业培育类型。

(三)在积极财政政策的实施中对资金要重引导强监管。财政部门是在人大监督下的政府管理资金的专门性机构。保证财政收入的稳步增长重要,而如何科学有效地分配财力,把有限的财政资金用出最佳效果更是一个关键性命题。要做到坚持统筹兼顾保重点,确保财政支出结构进一步优化。坚持统筹兼顾,保证重点的原则,调整和优化财政支出结构,把有限的财力用到促进经济和社会发展的关键领域。充分认识保增长、保民生、保稳定的重要意义,支持经济发展,支持医疗卫生体制改革、义务教育阶段教师绩效工资改革、政法经费保障体制改革、事业单位绩效工资改革"四大改革"。要做到在保证必要支出增长的同时,严格控制一般性支出。从严从紧编制经费支出预算,努力降低政府行政成本。加强各部门单位压缩经费的检查工作,做好会议费、差旅费管理办法的修订工作。建立资产动态管理制度,对行政事业单位出租资产进行严格监督。深化政府采购制度改革,完善各类招标方式,力求资金节约。同时,进一步加强支出进度管理,强化预算执行意识,建立月度支出联系会议制度,改进薄弱环节,协调、督促主管部门和预算单位加快对财政资金的安排、拨付和使用,尽快发挥财政资金的功效。要做到从科学化精细化出发,强化财政改革和财政创新。把握财政管理的客观规律,通过完善科学的管理制度、运行机制和工作方法,增强财政管理的实效。运用信息化、专业化、系统化的管理技术,完善业务流程,明确职责分工,加强协调配合,推进绩效评价,提升工作绩效。加快建立由公共财政预算、国有资本经营预算、政府性基金预算和社会保障预算组成的"四大预算体系",增强政府预算的完整性和统一性。全面实施部门预算制度,深化国库制度改革,推行预算绩效评价,推进体制机制创新,不断提高财政管理工作的针对性、有效性、严密性、创新性、规范性和持续性。

从财政收支看我市实施资源型城市转型的必要性

左家凤

淮南市位于安徽省中北部，地处淮河中游，是安徽省重要的工业城市，国家大型能源基地。辖五区一县及一个国家级综合试验区，总面积2596.4平方公里，总人口237.9万人，其中非农业人口108.5万人。淮南市是缘煤而建的城市，国家为开发淮南煤炭资源，于1950年升为省辖市，1984年与青岛、重庆等市一同经国务院批准为“较大城市”，享有地方立法权。淮南作为华东乃至全国重要的能源基地，是典型的资源型城市，20世纪50年代起即为全国五大煤田之一，截至2006年底，生产原煤近6亿吨，发电3500亿千瓦时，为华东乃至全国经济建设作为了重要贡献。但是随着老矿区矿产资源的逐步枯竭，接续替代产业增长乏力，社会矛盾增加，财政收支面临着前所未有的困难和问题，经济结构转型、优化、升级迫在眉睫。

一、淮南财政对国家和省的贡献

多年来，淮南财政为国家经济建设和各项社会事业的发展做出了积极的贡献，但由于受特殊的产业布局、财源结构以及财政体制的影响，市级自身可用财力增长缓慢，规模偏小。与省内同为资源型城市的马鞍山、铜陵、淮北相比，2007年，全市财政收入48.5亿元，分别低于马鞍山市、铜陵市42.9亿元和1.8亿元；市级财力总量为20.3亿元，低于马鞍山市12.6亿元；市级财政供养人员可用财力4.15亿元，分别低于马鞍山市、铜陵市和淮北市9.13亿元、5.25亿元、0.46亿元。

（一）税种结构决定着中央和省享有较高的分成比例

作为一个以煤电为支柱财源的老工业城市，财政收支主要来自于煤电产业。财政收入中，中央和地方共享税——增值税和所得税所占的比重最大，占财政总收入总量的2/3，作为共享税，收入的75%要上划中央和省财政，地方可用部分仅占25%，此外，消费税、车辆购置税等全部为中央固定收入。2003～2007年5年间，全市财政总收入完成175.7亿元，上划中央收入累积达到93.9亿元，占财政总收入的53.4%。

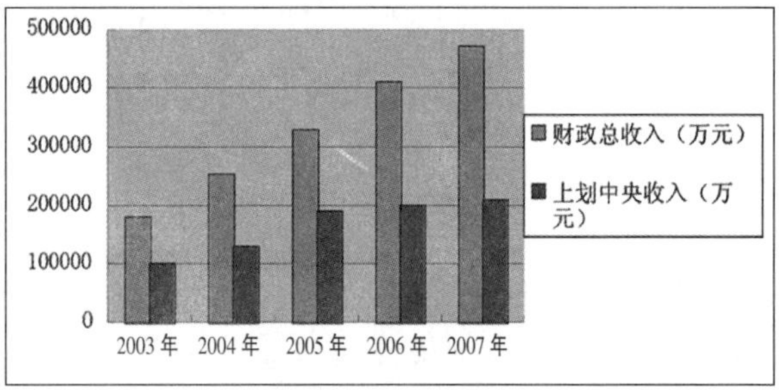

2003～2007年财政总收入和上划中央收入情况

（二）财政体制决定着我市财政承担较大的上缴基数

1994年，中央对地方实行分税制财政管理体制，省里也相应确定了各市的财政管理体制，我市为财政上缴市之一，各项体制基数均以1993年为基期年核定。作为一个老工业基地，我市财政上缴任务一直较大，上解省支出由1994年的16826万元增长到2007年的23.9亿元，增长了9倍；而返还收入从1994年的13127万元增长到2007年的24768万元，仅增长88.7%。2007年，我市财政收入中上缴中央收入，加上上解省支出扣除省两税返还，净上缴达25.59亿元，占财政总收入的52.8%，地方财力比重仅为47.2%。

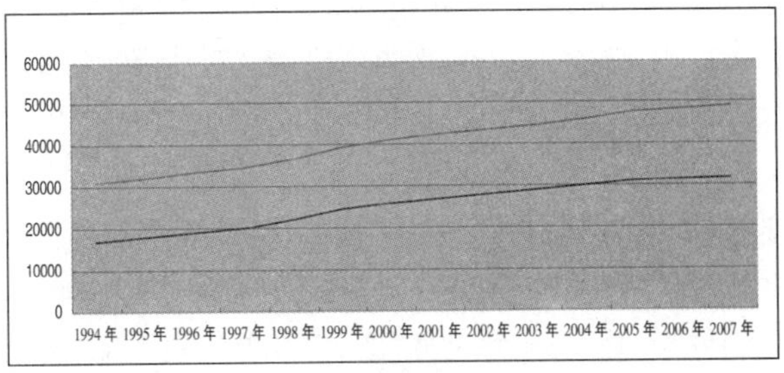

1994～2007上解支出和两税返还比较

二、作为老资源型城市在经济社会发展中存在的突出问题

(一)经济结构和财政收入结构失衡,煤电产业比重畸高

依靠国家投资、因煤而立、缘煤而兴是淮南城市发展的历史轨迹,因而在经济结构上呈现出过于依赖第二产业结构特征,2007 年,全市地区生产总值完成 358.7 亿元,三次产业比例为 10.57:55.51:33.92,第二产业中又着重依赖于煤炭、电力等资源型产业。统计数据显示,1994 年至 2006 年间,我市煤电产业比重不断上升,2006 年,煤炭、电力规模以上工业增加完成 86 亿元、25.9 亿元,分别占全市规模以上工业增加值的 64.3%、19.3%、比 1994 年提高 33.5 个、2.1 个百分点,经济发展对资源产业的依赖进一步增强。

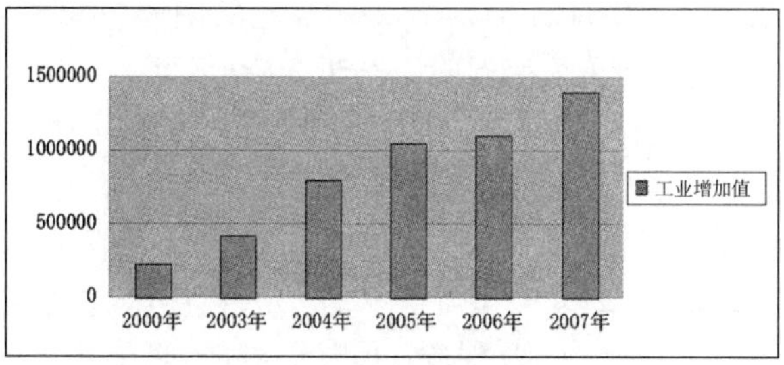

近几年煤电产业增加值

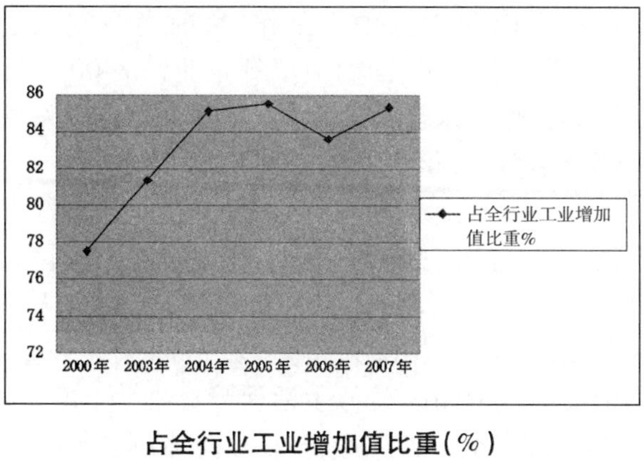

占全行业工业增加值比重(%)

从财政收入看,近年来,收入主要来源于煤炭、电力等支柱行业。根据对重点税源企业情况的分析,2007 年来自煤炭、电力行业的税收收入占重点税源企业的 73.4%,其中煤炭行业占 58.5%,电力行业占 14.9%。从 1994 年的分税制改革以来,到 2007 年,来自煤炭电力行业的税收比重提高了 29.2 个百分点。

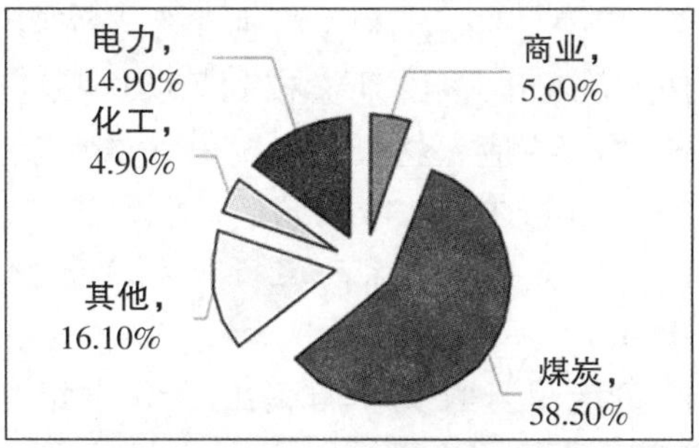

2007 年分行业收入情况

(二)资源枯竭、矿井关闭,财政减收数额大

历史上,大通是我省重要的原煤产地,是淮南煤矿的发源地。新中国成立后,大通矿区所属的大通煤矿和九龙岗煤矿年产量逐步提高,历史最高年产量达 286 万吨。新中国成立后的 30 多年,大通矿区所属煤矿累计出煤 4280 万吨,为国家和地方提供利税近 10 亿元。受资源枯竭影响,1979 年、1982 年,大通煤矿、九龙岗煤矿主体矿区井先后报废。1984 年,为了缓解煤炭供需矛盾,大通区进行地方煤矿新区建设,从 1984 年至 1996 年十几年间,先后开办了 15 对矿井,煤炭产量逐年递增,1996 年产量达到 25 万吨,每年提供地方税收近 2000 万元,1997 年开始部分矿井关闭,至 1999 年,所有矿井全部关停。大通矿区在近百年开采历史上,一直是地方经济的支撑点和主要税收来源,为我市经济发展和税收增收做出了巨大贡献。受资源枯竭影响,大通煤矿、九龙岗煤矿和地方小煤井关闭报废,财政减收较大。

与之相对应,20 世纪 50 年代至 60 年代,国家在我市谢家集、八公山地区投资建设谢家集一矿、二矿、三矿,李郢孜一矿、二矿,毕家岗矿、李嘴孜矿、孔集矿等 8 对大中型矿井。70 年代至 80 年代,国家又集中力量建设潘谢矿区。20 世纪末,在潘(集)谢(家集)地区建设的这些矿井进入资源枯竭期。2002 年,经全国企业兼并破产和职工再就业工作领导小组批准,孔集矿、谢集矿、李一矿、李二矿、谢二矿、潘二矿等六对资源枯竭矿井关闭破产。六对矿井原煤设计生产能力 520 万吨,最高年产量超过 600 万吨。破产关闭前,六对矿井每年可实现销售收入 5.4 亿元左右,实现税收近 6000 万元。六对矿井破产关闭,对我市

社会经济和税收影响巨大,大量职工需要转岗、再就业,其中,提前退休纳入地方养老统筹管理的工伤人员650人;12所学校和7所医院移交地方管理;物资供应、运输、矿山机械等关联产业相继萎缩,每年减少税收收入超过1亿元。

(三)社会保险体系的运行和发展承担着巨大的压力

1. 养老保险收支矛盾突出。20世纪90年代,淮南矿业集团由部属企业下划地方管理,按照建立现代企业制度的要求,实行主辅分离。2000年,大量附属于煤炭采掘主业的三产陆续剥离,并移交地方。目前,矿业集团剥离的集体企业人员达3.68万人,其中在岗18467人,退休18395人。退休人员每月养老金支出需1437万元,地方财政每年需补助资金1亿多元,大大加重了地方财政负担。我市养老保险从1999年开始出现收支缺口,且逐年呈扩大趋势,2007年养老保险收支缺口达到35821万元,比1999年增加29885万元,预计2008年收支缺口将达到47000万元,对财政运行产生巨大冲击。主要原因是:(1)企业退休职工多,赡养率高。我市是老工业城市,上世纪60年代就已具有相当规模,企业人员现已进入退休高峰期,退休人员以每年9%的速度递增,每年平均新增退休人员5500人。截至目前,全市参保职工21.3万人,领取养老金的退休人员8.7万人,赡养率达41%,平均2.4个参保人赡养1个退休人员。(2)养老保险实际缴费能力不足。我市养老保险参保职工实际缴费人数18.6万人,占参保人数87%,其中8.8万人只能按最低工资基数缴费,占参保人数55.7%,缴费水平低。除中心协保人员缴费水平偏低,且全部为财政代缴,目前在中心人员2.6万人,养老保险由市财政按67.6元/人标准代缴。灵活就业参保人数高达6.1万人,其中享受社会保险补贴人数1.7万人,按20%的低费率缴费,且稳定性差。(3)养老保险基金征收困难,收支矛盾尖锐。市属国有和集体企业整体效益不佳,拖欠养老保险严重。据统计,目前的养老金欠费已高达3.3亿元。养老保险扩面均为个体、民营、私营企业人员,缴费稳定性差,基金来源不足。养老金挂账现象较为严重,对财政远期支付加重了负担。(4)养老保险收入存在体制障碍。煤炭、电力工业是我市主导产业,也是养老保险增收的主要来源。但其养老保险为省行业统筹,使我市无法享受煤电等主导产业发展的成果,对我市养老保险体系建设造成体制性障碍。

2. 出中心工作对市财政构成整体性、长期性的影响。一是协保人员多,保障时间长。协保人员最长需保障20年,年需协保费用6500万元,解除关系人员多,费用大,已支付经济补偿金、回购股金及债务1.6亿元。二是失业保险面临长期还款压力。为解决出中心资金不足,以市企业资产经营公司为贷款主体,向交通银行和徽行贷款14000万元,由于收回的市直企业资产整体质量不佳,市财政将可能最终承担还贷责任。三是出中心工作资金匮乏且难以筹集。由于市企业资产经营公司变现资金周期较长,资金支持有限,出中心协保费用难以筹集。现出中心办公室每月只能为协保人员发放210万元的困难补助,累计欠缴养老、医疗保险资金近3900万元。

3. 下岗职工基本生活保障遗留问题压力大。我市下岗职工基本生活保障从1998年开始建立,纳入保障范围的职工年平均3.2万人,保障标准为272元(基本生活费192.7元、代缴养老保险67.6元、代缴失业保险11.7元)每年需支出870万元。2004年实施下岗职工出中心大多数企业已完成下岗职工出中心工作,目前尚有皖纸公司、新集纺织公司、淮南肉厂等企业约8400人因出中心工作尚未全面开展,市财政每月继续发放下岗生活费,每年约需支付2200万元。

4. 城市低保人员多,低保任务重。我市缘煤而建,在城市化进程中,吸纳了大量农业人口及其家属,矿区人口占城市人口比重大,城市人口来源复杂,城市贫困人口多,城市低保任务重。目前淮河以南四区最低生活保障标准为240元/月,淮河以北三县区最低生活保障标准为200元/月。全市纳入城市居民最低生活保障范围的家庭3.2万户,低保人员7.5万人,覆盖面6.9%,月平均支出815万元。低保支出增长快,财政压力大,2007年城市居民最低生活保障支出9008万元,增加1039万元,增长16.6%。

5. 就业总体形势较严重。(1)下岗失业人员积量大。1997年以来,受经济改革和企业改制影响,我市的下岗职工一直呈逐年上升之势。2004

年市属国有企业5万余名下岗职工出中心,集体企业下岗职工约2万名,虽然部分下岗失业人员实现了再就业,但稳定性较差,目前仍有2万余名下岗失业人员未能再就业或为充分就业。(2)新生劳动力增量大,城镇劳动力供大于求的问题突出。我市每年新增需安置的城镇劳动力约在1.5万人左右,新成长劳动者由于缺乏相应的培训和就业经历,通常只能从事非全日制工作、临时(短期)工作或生产率不足的工作而处于就业不足状态。(3)农村剩余劳动力转移量大。据统计,2007年我市农村外出务工的人员达到24万人,占全市农业人口18.61%,其中约有3.5万人在本市城镇就业。随着我市经济不断发展,农村劳动力谋求就近城市就业的人数将继续增加。(4)国民经济增量对就业的拉动效应较低,就业弹性明显下降。随着经济增长方式逐步从过去的粗放式发展模式向集约型模式转变,经济对就业的拉动弹性系数下降。我市经济结构是以公有制主体结构的煤、电、化基础上发展起来的,计划经济体制下,实行人人就业的分配制,经济体制改革后,企业成为市场主体,减员增效,实现利益最大化是企业的必然选择,企业改制后,分流多余人员成为企业首要选择。同时,随着煤电生产机械化。电气化水平的提高,相对减少了对劳动力的需求,现在产的万吨煤炭能力的矿井用工3000人左右,电力用工需求量更少,就业形势仍不容乐观。

6. 企业移交学校财政负担沉重。截至2007年底,我市正式接收的各类企业所办的中小学校共67所,接收人员6779人,其中在职教职工4608人,退休人员2171人。这其中省属淮南矿业集团移交中小学校41所,移交在职教工3143人、离退休人员1569人。总体上,按照现行支出水平,我市接收的各类企业移交学校每年的人员工资和运转经费将新增财政支出1.2亿~1.5亿元。2009年6月,过渡期结束后,各项支出全部由地方财政承担。

从2007年起,我市实施城乡义务教育保障机制改革,按照省里有关配套资金政策,城市义务教育免学杂费资金,我市除潘集区外,市本级及其他市辖区将全部由地方承担。我市移交义务教育阶段学生人数55857人,其中初中17913人,小学37944人,年免除学杂费地方需配套资金1708万元。在财政收支矛盾异常突出的情况下,企业分离办学进一步加剧了地方财政困难,市区财政不堪重负。

(四)环境污染严重,生态遭到破坏

淮南市煤炭开采对地表及生态环境的破坏十分严重,集中表现在采煤沉陷区面积扩大,煤矸石堆积量加大。全市因采煤造成的沉陷区面积约130平方公里。截至2006年年底煤矸石产量约662万吨,历史堆积量累计3000万吨,占地近8000亩,预测2010年煤矸石累计达5000万吨以上。煤矿塌陷区和矸石区造成大面积土地受损,可用耕地数量逐年减少,失地农民和企业的纠纷接连不断。

与此同时,资源型企业对环境的污染呈涉及范围广、多层次性的特点。首先,大气污染以烟煤性为主,主要为二氧化硫、氮氧化物、烟尘等。2006年全市工业废气排放总量1100亿标立方米,占全省工业废气排放量的12.6%,其中:工业二氧化硫排放量11.6万吨,占全省的20.3%。其次,固体废弃物主要来自煤电行业。2006年,全市工业废物产生量1065万吨,占全省固体废物产生量的21.2%,其中粉煤灰产量346万吨,煤矸石产量652万吨,煤电两行业的固体废弃物产量占全市的93.7%。再次,水环境不容乐观。淮南市辖淮河干流5个监测断面水质总体在Ⅲ~Ⅳ类,其中Ⅳ类水质占35.2%,Ⅴ类及Ⅴ类以上水质占24.1%,与全省相比,全省监测的234个地表水断面中,Ⅰ~Ⅱ类水质占16.2%.我市则没有Ⅰ~Ⅱ类水质,全省劣Ⅴ类水质为19.6%,我市比省高出4.5个百分点。从总体上看,目前我市工业增加值只占全省的7.1%,而工业二氧化硫排放量、固体废弃物污染重要指标超过全省的20%以上,生态环境恶化,环境治理的任务艰巨,资金压力巨大,历史欠账较多,已成为影响淮南经济和社会事业发展的主要因素之一。

(五)基础设施落后,历史欠账多

1. 城市基础设施较为落后。截至2007年底,我市建成区面积为94.6平方公里,城市道路总长度为648公里,道路总面积947万平方米,人均道路面积9.29平方米。

2006年,在老省辖八市中,我市人均道路面积、排水管道密度以及建成区面积占市区面积的比重均位居最后第一位;用于城市维护建设的资金支出仅高于安庆市,居第七位;而建成区人口密度为1.75%万人/平方公里,居第二位。这表明,一方面,我市的城市基础设施总体水平仍较为落后,在老省辖八市中处于最低水平。另一方面,城市基础设施的历史欠账较多,筹资压力巨大,建设任务十分繁重。

2006年安徽建设统计年鉴部分数据

城市	城市维护建设资金支出(万元)	人均道路面积(平方米)	排水管道密度(公里/平方公里)	市区面积(平方公里)	建成区面积(平方公里)	建成区面积占市区面积的%	市区人口(万人)	建成区人口密度(万人/平方公里)
安徽省	659835	13.37	1.41	35341	1135.85	3.2	1868.6	1.65
合肥市	97226	17.18	8.05	596	224.74	37.7	193.1	0.86
芜湖市	143040	14.74	1.45	720	116.61	16.2	104.3	0.89
马鞍山市	38240	16.00	4.64	340	68.3	20.1	61.8	0.9
铜陵市	47563	12.92	0.87	227	35.65	15.7	43.4	1.22
安庆市	10150	10.75	1.09	821.2	55.29	6.7	73.7	1.33
淮北市	23651	9.38	1.96	294	57.57	19.6	106.6	1.85
蚌埠市	56486	12.41	1.7	601.5	83.28	13.8	91.4	1.10
淮南市	16404	9.13	0.56	1566.4	93.58	5.9	164.9	1.76

2. 市政基础设施维护费用大。由于我市市区分散,点多、线长、面广,煤矿塌陷区面积较多,建成区面积在省内仅次于合肥,客观上决定了市政、园林设施的建设维护任务十分繁重。由于资金等原因,城市外环路尚未开工建设,206国道穿越我市,过境货物车辆及运煤车辆的碾压,造成市内道路损坏的周期缩短,每年至五年必须进行一次大型维修改造,需要投入的维护费用较大。从市政部门统计的历史道路维修情况看,我市蔡新路、沿矿路、十涧湖路、国庆路、舜耕路维修频率较高。另外,我市的许多道路大多是20世纪80年代中期建设的,要投入维修资金8000万元以上,虽然每年安排2000万元资金有重点的维修改造部分路段,但远远难以满足道路改造的需要,历史欠账越来越多。

3. 棚户区改造任务艰巨。由于我市城市建设主要是缘煤而建、随矿而建。历史上,矿区职工的居住条件简易,棚户区住户居多,再加上城乡交错,"城中村"居多,居住条件简陋。初步统计,全市棚户区面积约在200多万平方米,涉及居民近20万人,如全部改造约需投资25亿元左右,根据《国务院关于解决城市低收入家庭住房困难的若干意见的实施意见》(国发2007[24]号)文精神,我市棚户区改造工作在市政府的统一部署下,于2007年11月,由市房地产管理局、市建委、市规划局组成调研小组已对我市各区的棚户区现状进行一次调研,但由于棚户区改造涉及面广,既有偏远矿区,又有城区旧城,尤其改造资金缺乏必要的来源渠道,棚户区改造的压力大,责任重。

(六)接续替代产业发展乏力

1. 传统工业衰退,税收收入比重降低。我市从建国开始,陆续建设了安徽省造纸厂、纺织厂、皖淮机械厂等40多家国有大中型工业企业,机械、造纸、纺织、陶瓷、制药、电子、冶金、轴承等曾经是我市传统重点工业行业,为我市经济发展和财政收入做出了突出的贡献。本世纪初,受各种因素影响,许多企业先后改制、破产和破产重组,传统行业逐步衰退。

造纸、纺织、陶瓷是我市传统三大地方工业,行业衰退尤具代表性。造纸行业始建于1951年的安徽造纸厂是国家"一五"期间156个重点建设项目之一,凸版纸产量多年位居全国第三,是我国四大卷烟盘纸定点生产企业之一,2002 年破产关闭。1997 年,我市造纸行业纸浆产量达到15585 吨,机制纸及纸板产量 43669 吨,行业实现工业增加 61477 万元,占当年全市工业增加值的2.08%,造纸行业实现税收为 2695 万元,占财政总收入 2.27%;2006 年,机制纸及纸板年产量3400 吨,不到 97 年产量的 1/2,纸浆产量为零,行业实现工业增加值 1167 万元,仅占当年全市工业增加值的 0.09%,比 1997 年下降 98.1%,造纸行业实现税收为 310 万元,占全市总收入 0.07%,比 1994 年下降 88.8%。纺织行业 2000 年全市年产纱 11575 吨,布匹 5745 万米,行业实现工业增加值 9267 万元,占全市工业增加值的 2.99%,纺织行业实现税收为 4556 万元,占财政总收入3.23%;2006 年,全市年产纱 6962 吨,不到 2000年的 2/3,年产布匹 779 万米,为 2000 年的 1/7,行业实现工业增加值 7347 万元,仅占全市工业增加值的 0.55%,比 2000 年下降 20.7%,纺织行业实现税收为 2139 万元,占财政总收入的 0.49%,比 1994 年下降 53.1%。陶瓷行业 1994 年卫生陶瓷、日用陶瓷年产量达到 119 万件,釉面砖 144万平方米;随着淮南瓷器厂破产关闭,我市陶瓷行业从此一蹶不振,卫生陶瓷、日用陶瓷、釉面砖产量全部为零,已经没有税收贡献。

2. 制造业规模小,接续替代产业发展乏力。近年来,我市积极调整产业结构,把大力发展制造业放在突出的位置,但由于自身包袱重、经济实力弱、财力投入少,至今没有实现大的突破。

从规模看,截至 2006 年年底,全市工业企业固定资产总值 346.49 亿元,其中采掘业 219.38亿元,电力生产和供应业 84.09 亿元,制造业 43.02 亿元。按照房屋、设备等固定资产 10 年的使用期计算,制造业每年固定资产折旧为 43.02 亿元。统计显示,2001 ~ 2006 年 6 年间,我市城镇制造业完成投资 27.94 亿元,年均 4.65 亿元,投资严重不足,只能满足设备维修、更新和简单再生产,无法实现行业的发展和扩大再生产。

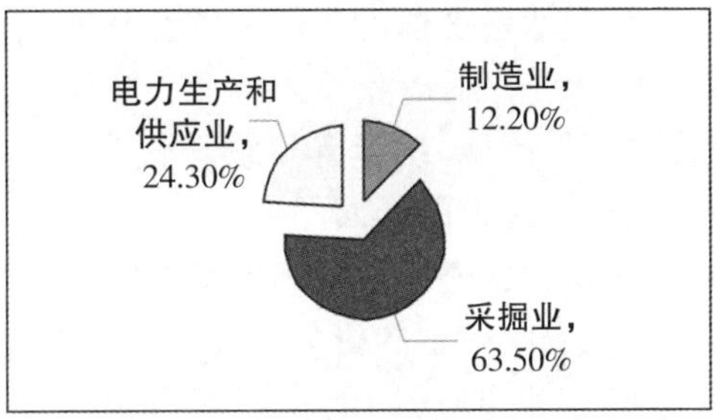

2006 年全市工业企业固定资产情况

横向来看,6 年间我市城镇制造业完成投资27.94 亿元,在全市 17 个市中排名最后,仅占全省制造业投资额的 1.17%;远低于各市 140.92亿的平均水平,不到马鞍山市、合肥市的 1/3,是铜陵市的 1/4、淮北市的 1/2,甚至低于传统农业地市的亳州市、宿州市、池州市。

2001 ~ 2006 年全省城镇制造业建设投资情况

单位:万元

地市	2001 年	2002 年	2003 年	2004 年	2005 年	2006 年	合计
总计	1091941	1764482	3205109	3958825	5323298	8612853	23956508
马鞍山市	104021	261720	647446	691747	950484	1484909	4140327
合肥市	219559	288226	378904	501387	757886	1565224	3711186
芜湖市	140947	261682	475128	537713	744593	930449	3090512
安庆市	127110	110696	250089	253841	412935	674578	1829249
宣城市	22532	90903	196413	373202	418214	684644	1785908
巢湖市	59553	78924	183773	273212	381018	624702	1601182
蚌埠市	87741	145494	216819	197849	343383	474728	1466014
滁州市	43719	76210	131275	219396	292927	646187	1409714
铜陵市	90131	136511	177510	245836	261947	349262	1261197

六安市	32414	52122	78627	100840	146618	281742	692363
阜阳市	39159	45789	99484	97673	110872	153036	546013
淮北市	15643	24181	66400	93084	104762	214256	518326
黄山市	15730	24990	49107	78970	114428	168807	452032
宿州市	33561	38322	68036	78502	77628	124889	420938
池州市	34742	63793	84168	63321	52216	83350	381590
亳州市	17890	31287	57511	74517	9940	89459	370640
淮南市	7489	33632	44419	77735	53447	62631	279353

2006年,全市制造业工业增加值为21.9亿元,占全市工业增加值的16.4%,比1994年下降27.1个百分点。制造业投入不足,食品加工、医药制造、电子、冶金、纺织等接续替代产业和传统工业面临振兴乏力的局面。

三、如何实施资源型城市转型的意见和建议

淮南是一座典型的资源型城市,经济结构单一,煤电产业比重畸高,经济发展和财政增收一直面临很大的结构风险,随着矿产资源逐渐枯竭,矛盾和问题进一步显现。大量老矿区关闭,相关产业逐步萎缩,下岗失业和退休人员不断增加,分离移交学校负担加大,生态环境严重破坏,基础设施历史欠账多,接续替代产业发展乏力,我市国民经济和社会事业发展面临着前所未有的困难和问题,城市经济转型迫在眉睫,时不我待。

资源型城市经济转型是市场经济体制的客观要求,是自身发展一定阶段的必然选择,也是关系城市未来的战略决策,要以深化改革、扩大开放和自主创新为根本动力,不断完善体制机制,大力推进产业结构优化升级和转变经济发展方式,培育壮大接续替代产业,健全社会保障体系,增加就业、消除贫困,改善生态环境和人居条件,维护社会稳定,促进资源型城市经济社会全面协调可持续发展。

(一)*建立资源开发补偿机制,着力解决历史遗留欠账*

在资源开采过程中,遵循市场规律,采取法律、经济和必要的行政措施,引导和规范各类市场主体合理开发资源,承担资源补偿、生态环境保护与修复等方面的责任和义务。要按照"谁开发、谁保护、谁受益、谁补偿、谁污染、谁治理、谁破坏、谁修复"的原则,明确企业是资源补偿、生态环境保护与修复的责任主体。对资源已经或濒临枯竭的矿山,请求国家给予必要的资金和政策支持,帮助解决历史遗留问题,补偿社会保障、生态、人居环境和基础设施建设等方面的欠账。

(二)*加快城市经济转型,培育壮大接续替代产业,构建资源枯竭城市长效发展机制*

以市场为导向,以企业为主体,大力培育发展接续替代产业,因地制宜,寻求切合实际、各具特色的发展模式。对资源开采要制订合理的开采计划,运用新技术、新工艺,提高资源采收率,发展上下游产业,拉长产业链条,提高资源优势转化为经济优势,同时积极培育发展成长性好、竞争力强的接续替代产业,选择好产业转型方向,重点用高新技术。先进适用技术改造传统产业,因地制宜,尽快形成新的主导产业。请国家有关部门在规划重大产业项目布局时,适当向资源枯竭城市倾斜,帮助加快培育新的经济增长点。

(三)*加强社会保障体系建设,着力解决就业等社会问题*

坚持就业优先原则,努力为失业人员和新增劳动力就业创造条件。认真执行职业介绍、职业培训、社会保险补贴、小额担保贷款等就业再就业扶持政策,支持下岗失业人员再就业。大力开发公益性工作岗位,健全就业服务体系,优先解决"零就业家庭"就业问题。鼓励自主创业和企业吸纳就业,对下岗失业人员从事个体经营以及吸纳下岗失业人员符合条件的企业,按规定享受有关优惠政策。支持企业通过主辅分离。辅业改制等渠道,妥善分流安置职工。

采取有效措施努力消除资源枯竭城市的贫

困代际传递现象。对资源枯竭城市中享受城市居民最低生活保障政策的家庭义务教育阶段学生,实行"两免一补"政策。进一步完善基本养老、失业、基本医疗等社会保险制度和城市居民最低生活保障制度,扩大覆盖面,保证各项社会保险金额按时足额支付。完善社会救助制度,对符合条件的贫困人群按规定及时给予救助。请上级财政在安排各项社会保障转移支付时,考虑资源枯竭城市的特殊困难,给予较大支持,维护社会稳定。

(四)治理采煤沉陷区,加强环境整治和生态保护

认真借鉴和吸取历史经验教训,新建矿区着眼长远,科学规划,合理布局,加强对矿山资源开发规划和建设项目的环境影响评价工作,对资源开采的生态破坏和经济损失采取有效防范措施。加强对资源开采活动的环境监理,切实预防环境污染和生态破坏。对政策规定的环境补偿和整治资金,企业要足额提取和安排,政府要足额征收和安排,并确保专款专用,管好用好。推广先进适用的开采技术、工艺和设备,提高矿山回采率和劳动生产率,减少物资能源消耗和污染物排放,大力推进资源综合利用,推广清洁生产技术,积极发展循环经济。

做好土地复垦规划,加大矿山废弃土地的复垦力度。加强采煤沉陷区治理,组织治理采煤沉陷区、矸石山等重大地质灾害隐患,有效预防矸石山自燃和坍塌等事件发生。按照"谁治理,谁受益"的原则,积极引导社会力量参与矿山环境治理。请国家有关部门在采煤沉陷区治理等方面给予必要的资金和政策支持。

(五)加大基础设施建设投资力度,增强和完善城市功能,创造宜居环境

实施城市化战略,加快城市化进程。继续实施"构筑交通框架、推进东进南扩、完善城市功能、优化人居环境、协调城镇发展"的城市建设发展思路,增强和完善城市功能。

抓紧改造棚户区,把城市棚户区改造与推进城市发展、完善城市基础设施、增强城市功能相结合,坚持依法运作,严格执行有关土地使用、城市房屋拆迁等方面的规定,在城市棚户区拆迁补偿安置过程中,妥善解决好特困群体的住房问题,在政策上给予合理的照顾,确保社会稳定。统筹规划,搞好配套建设,按照"全面规划、合理布局、因地制宜、综合开发、配套建设"的方针,实行统一规划、统一拆迁、统一配套、分期实施。切实加强改造后住宅区的管理和服务工作,巩固改造成果。请国家有关部门对棚户区改造的市政公共设施、基础设施及配套学校、医院建设给予适当支持。

对我市政法专网建设的几点思考

陈　寅

政法信息通信专网(以下简称"政法专网"),是在公安部门现有设备、网络基础上,利用公用的广域通信线路资源,以各级公安机关为中心结点,连接全省各级政法委、法院、检察院、司法部门,实现语音、数据和视频三网合一的综合性信息通信网络。推动和完善政法专网建设,通过网络共建互联,实现信息共享,对于加强政法部门间的协作配合,提高执法能力,降低执法成本,加强效能建设,具有十分重要的意义。

一、政法专网的建设历程

我市政法专网建设工作于2005年9月正式启动。为加强组织领导,我市成立了以政法委常务副书记为组长,以市财政、法院、检察、公安、司法等部门分管领导为成员的专网建设领导小组,并成立了办公室,建立了联席会议制度,共同研究、推动专网建设。

按照设备共建、资源共享,充分发挥财政资金效益的原则,我市首先组织了对政法部门现有设备及网络情况的调查摸底工作,并广泛听取各单位对专网的功能需求,在反复论证的基础上,

最终确定了政法专网的建设方案和经费预算,上报省政法专网共建工作领导小组审批。2005 年 12 月上旬,我市政法专网建设方案顺利通过了省里组织的专家评审,并获批准组织实施。

政法专网建设是一项专业性强、科技含量高的系统工程。通过争取,省财政对我市政法专网建设给予了 100 万元资金支持,我市财政也积极筹措建设资金 130 万元,共计 230 万元用于专网设备的采购。在多方共同努力下,2006 年 11 月,我市政法专网基本设备的安装调试工作全部完成,并开通了市中心站与各政法部门间的城域电路。12 月中旬,市级政法专网进行了全面的联网调试,市中心站与省中心站之间、市级各政法部门和对口省主管部门之间的线路物理连接畅通。2007 年 5 月,市级政法专网建成,并召开了全省电视电话视频会议暨开通仪式。市委政法委作为代表在会议上与省主会场接通了 IP 电话。2007 年 7 月,凤台县政法专网也已建成并投入使用,标志着省、市及凤台县数据、语音(IP 电话)和视频三种信号合一的政法专网二期工程建成。

二、政法专网运行成效

从我市政法专网的实际运行效果看,主要表现在以下几方面:

(一)利用专网资源,推进政法各部门信息化发展

1. 我市政法委借助机关局域网设备,于 2008 年 3 月安装了 OA 办公自动化系统,实现了网上考勤、网上办公、网上信息发布,不仅节约了办公经费,还大大提高了办公效率。同时,借助机关局域网,建成了机关视频监视系统,为办公场所的安全、保密等工作提供了保障。

2. 市公安局至省公安厅的二级公安网建设起步于 1999 年,现在已经建成开通了至派出所的公安四级网,实现了市局到各个派出所的 100M 光纤链路。建成了人事管理系统、人口查询系统、派出所基础信息系统、执法办案系统、办公自动化系统、数据传输平台、综合查询系统、信息检索平台等应用系统,基本实现网上办公和无纸化办公。IP 语音电话已经开通到各个派出所。视频会议系统已经开通到各分县局,今年年底前将开通到各个派出所。

3. 市检察院现有专网服务器三台,其中,一台是市院网站服务器,一台是办公、办案系统服务器,另一台作为网络安全服务器。每位检察人员都配有台式电脑,可实现网上办公、网上办案和全国检察系统信息交流。目前,全市两级检察机关都已建立局域网,实现了全国检察机关专网连通。市检察院和凤台县检察院装备了政法视频会议系统。

4. 目前,我市法院系统中市中院、凤台县法院已经联入政法专网,并已开通视频会议、专网电话、数据专网全部功能。近日,市中院与电信局达成协议,将于近期通过 6M 线路与五个区法院直接连接,完成与基层法院的联网工作。

5. 我市六区一县司法局、淮南劳教所、市法律援助中心和 66 个司法所、3 个公证处现已全部接入专网,实现了司法系统四级联网。县(区)局和各基层司法所全部建立了政法网网站。市司法局建立了全市司法行政系统统一的 OA 协同办公系统,并强力推进 OA 协同办公系统在我市司法系统内的广泛应用。市司法局上网信息、县(区)局和淮南劳教所以及基层司法所向市局报送信息一律通过 OA 信息报送流程。省厅基层工作管理平台、安置帮教工作管理平台、公证工作管理平台、律师工作管理平台、社区矫正工作管理平台、信息报送与管理系统等也在积极应用中。为进一步做好信息化全面推广工作,市司法局制订了《信息化应用项目工作计划进度表》,确保在今年 10 月底前完成市级综合平台建设任务。同时,司法所四级网升级改造工作正在进行中,市司法局政法网网站已完成第五次全面改版。

(二)利用专网视频信号,参加跨地区跨部门的视频会议,实现了经济与效率的统一

从调研的结果看,政法专网接通后,我市政法部门使用最多的是视频会议。只需利用专网视频信号,便可以在淮南参与跨地区跨部门的政法会议,不仅大大减少了因会议引起的差旅费开支,而且实现了会议精神上传下达的方便快捷。据了解,自从视频会议系统建成以后,我市政法部门已在淮南参加了多个跨地区的各部门工作会议、专项工作会议和远程视频培训会议,特别是公安系统的视频会议使用的最为频繁。

(三)利用专网 IP 电话,实现了政法部门间

交流畅通和保密需要

政法专网的建立,实现了省与市、凤台县政法各部门间的IP电话联通,通过拨打专用小号,政法各部门间的通话不需要再支付电话费用,既节约了行政运行成本,又保密安全。

三、目前政法专网运行中存在的问题

1. 应用范围有限。目前,我市政法专网的运用仅限于政法各部门内部的信息共享、部门间的IP电话、视频会议,对于政法部门横向间的信息共享仍是空白。

2. 前期投入大,后期维护跟不上。经过前期的大量投入,我市公安局建成了中心站点,政法各部门建成了专用机房。由于维护人员对于政法专网设备的使用、管理、维护缺少专业的培训,很多政法专网设备到公安局中心站后也没有明确告知设备的用途和维护方法,因此,维护人员在工作中常常遇到问题。

3. 对政法专网共建设备的更新、升级缺乏后续的经费保障。目前,政法专网的使用主要是视频会议和IP电话。而视频会议使用的是市公安局中心站的共建设备。随着政法专网逐渐向基层站、所深入,使用共建设备的单位将越来越多。设备老化、电源模块较少等问题会陆续出现,影响政法专网的正常使用。而对政法专网共建设备的更新、升级没有后续的经费保障。

四、对政法专网下一步建设工作的建议

(一)进一步完善对政法专网的维护管理,建立健全政法专网维护机制

从我市政法专网的运行成效看,不仅有力推动了政法部门信息化发展,而且实现了资源的有效利用,提高了工作效率。但政法专网维护管理缺乏统一的技术培训和指导,共建设备的更新、升级等经费支出缺少必要的保障,因此,建议省政法专网建设领导小组进一步完善对政法专网的维护管理,组织必要的专业技术培训,制定常态的设备更新办法,采用政法专款补助等方式,对地市级政法专网设备更新等经费支出进行补助,建立健全政法专网维护机制。

(二)进一步拓展政法专网的使用功能,增强政法部门间的信息交流与合作

目前,政法专网的数据共享仅限于政法各部门系统内部。政法部门间虽然物理上已经联通,但逻辑上并未联通,缺少共享平台,在保障网络安全上也缺少必要的技术支持。为加强各政法部门间的信息共享,进一步拓展政法专网的使用功能,建议先建立一个FTP服务器,便于各家政法部门间数据文件的传输交流,逐步打造政法部门信息共享平台,增强政法部门协同作战的能力。

(三)进一步推动政法专网向区级政法部门的覆盖

从我市政法专网的运行看,已经实现了与省、凤台县的联通,正逐步联接区级政法部门。建议省政法专网建设领导小组针对区级政法部门信息化基础相对较弱等困难,加大在资金、技术上的支持,进一步推动我省政法专网建设又好又快发展。

强化耕地占用税征管
切实有效保护耕地的几点对策

张瑞昌

土地是人类赖以生存的最为重要的资源。随着我国改革开放的深化、工业化进程的加速发展、城镇的日新月异发展,政府和企业征用、占用了大量的可耕土地,导致耕地面积日趋减少。如何正确处理经济发展与保护耕地的关系,如何强化耕地占用税的征管,如何切实保护有限的耕地资源,这是摆在各级政府、各级耕地占用税征收机关、国土资源等部门面前的重要课题之一。为

了加强耕地占用税征管,从认真落实"十分珍惜,合理利用土地,切实保护耕地"的基本国策出发,我们在综合淮南市的耕地状况、耕地占用税的征管情况的基础上,进行了如下的探讨。

一、淮南市耕地基本状况

淮南,位于淮河中游,安徽省中北部,是我国大型煤电能源基地之一。淮南市目前在实施"合淮同城化"战略的同时,进入"大开发、大建设、大发展"的新一轮发展时期,因此,土地资源问题尤显突出。淮南市现辖一县五区、一个经济技术开发区和一个综合实验区,总面积2600平方公里,人口240.9万人,其中农业人口127.9万人,可耕土地212.6万亩,其中灌溉水田130.8万亩,望天田0.22万亩,水浇地11.9万亩,旱地64.9万亩,菜地4.8万亩。人均可耕土地0.88亩,接近于联合国粮农组织规定的0.8亩警戒线。截至2008年底,淮南市因采煤、取土造成土地沉陷面积18.15万亩,其中耕地损毁、塌陷12.07万亩。

二、淮南市耕地占用税征收管理状况

耕地占用税是国家于20世纪80年代后期,随着改革开放的深入,工业化进程的加快,为合理利用土地资源、加强土地管理、保护农用耕地而开征的税种。1987年4月1日,国务院正式颁布了《中华人民共和国耕地占用税暂行条例》(以下简称《条例》),标志着我国保护耕地逐渐走上了法治化的轨道。这一《条例》的颁布实施,是国家运用法律和经济手段控制乱占滥用耕地的重要措施的显现。征收耕地占用税不仅为整治、改良耕地,开发荒山、荒地、荒滩、荒水等筹集了资金,更重要的是通过运用税收杠杆保护了耕地,促进了土地的合理利用。

(一)*淮南市的征收管理状况*。淮南市从1987年起开征耕地占用税,市财政当年征收入库税款217.97万元,截至2007年底,21年共组织征收耕地占用税10144.71万元。2007年12月1日,国务院颁布了新修订的《中华人民共和国耕地占用税暂行条例》,该新《条例》从2008年1月1日起施行。新《条例》在原税额标准上提高了4倍,并对占用基本农田的,在新税额基础上再提高50%,新《条例》施行的2008年当年,全市共组织征收耕地占用税6764.73万元。

淮南市耕地占用税征收情况统计表

单位:万元

征收年度	征收税款			合计
	市本级	凤台县	毛集区	
1987	217.97	0	0	217.97
1988	106.57	0	0	106.57
1989	86.14	7.9	0	94.04
1990	57.4	2.986	0	60.386
1991	208.28	8.976	0	217.256
1992	348.03	9.732	0	357.762
1993	480.17	39.478	0	519.648
1994	74.48	31.482	0	105.962
1995	81.71	90.357	10	182.067
1996	693.42	13.179	0	706.599
1997	88.43	71.73	0	160.16
1998	115.68	41.18	0	156.86
1999	83.89	21.32	0	105.21
2000	44.84	23.81	2	70.65
2001	68.49	23.89	15	107.38
2002	33	27.71	0	60.71
2003	739.96	76.06	0	816.02
2004	153.18	154.16	0	307.34
2005	260.48	60.48	0	320.96
2006	2038.95	646.82	44	2729.77
2007	2156.68	556.71	28	2741.39
2008	5378.7	1346.03	40	6764.73
合计	13516.45	3253.99	139	16909.44

从1987年至2001年主要征收由市级政府批准征用的耕地,省级政府批准征用耕地的税收,通过复垦项目予以安排财力。2002年至2008年耕地占用税征收,凡是在淮南市境内征用的耕地,省财政征收一半,市财政征收一半,其中凤台县征收60%。耕地占用税新《条例》实施的第一年,全市共组织征收耕地占用税6764.73万元。按照淮南市现行财政体制,凤台县、毛集综合实验区征收辖区范围内的耕地占用税,其余行政区

域由市财政直接征收。

(二)加强耕地占用税征管对保护耕地起到了积极作用。为有效地保护我国耕地资源,促进国民经济可持续发展。坚守全国耕地不少于18亿亩红线,国务院颁布了新修订的《中华人民共和国耕地占用税条例》,新《条例》对耕地保护实施了最严格的制度,对加强税收征管,防止乱占滥用耕地,发挥着积极有效的作用,是国家运用法律和经济手段,对保护耕地采取的一项重要措施。

新《条例》不仅以法律的形式强化了征管手段,同时也对减免耕地占用税范围进行了调整,从严规定了耕地占用税减免项目。新《条例》对合理利用土地资源,加强土地管理,保护农用耕地,保障粮食安全,促进国民经济可持续发展,强化税收征管,有着重要的作用。淮南市从开征耕地占用税以来,截至2008年底共组织征收税款16909.44万元,投入到农业开发及土地复垦等方面支出(含国家、省市投入)13960万元,累计复垦耕地3.49万亩,有效保障了耕地数量的动态平衡,为农业发展和经济建设提供了重要保障。2006年至2008年,土地管理部门和财政征收机关利用卫星拍照、日常巡查和群众举报等方式,加大了对耕地保护与税收征管的力度,三年共查处违法用地87宗,立案查处违法用地面积0.75万亩,处罚金额410万元,有效遏制了乱占滥用耕地的行为,为农村社会的稳定、粮食安全奠定了良好的基础。

三、征收耕地占用税与保护耕地存在的问题与对策

农业是国民经济的基础,耕地是从事农业生产的基本条件,作为保护耕地重要手段之一的耕地占用税,在实际征管中也存在一些问题,在淮南主要表现在,一是淮南是缘矿而建的资源型城市,淮南矿区经过数十年连续大规模深度开采,尤其是近几年随着大批现代化高产矿井相继投产和先进煤炭开采技术的快速应用,形成了地质采空面不断扩大,地表沉陷,因采煤导致耕地、基本农田和住房沉陷,造成耕地无法耕种,农民群众住房安全问题日益突出,失地农民越来越多,搬迁安置亟待解决。

淮南市采煤沉陷区行政区域分布情况表

县(区)	沉陷面积(万亩)	占全市沉陷面积比例(%)
凤台县	4.52	25
大通区	2.028	11.17
潘集区	6.44	35.48
八公山区	1.98	10.91
谢家集区	2.24	12.34
毛集实验区	0.94	5.18
合计	18.15	100.08

淮南市采煤沉陷区耕地受损情况表

企业名称	耕地面积(万亩)	已征收面积(万亩)
淮南矿业集团	9.8	5.4
国投新集集团	1.93	
合计	11.73	5.4

由表1、表2可知,淮南市境内采煤沉陷区面积达18.15万亩,其中耕地塌陷11.73万亩,已征用耕地5.4万亩,尚有6.33万亩没有办理征用。根据《安徽省耕地占用税实施办法》第十三条规定:“污染、取土、采矿塌陷等原因损毁耕地耕种,比照临时占用耕地情况,由造成污染、塌陷的单位或个人缴纳耕地占用税。两年内未恢复耕地原状的,税款不予退还。”按照每亩5000元计算涉及耕地占用税31650万元。二是黏土砖瓦窑厂建厂、取土违法占用耕地,导致大片耕地和基本农田被占用,不仅污染水源和环境,还影响到粮食生产的安全和税收的流失。截至2008年底,淮南市境内共有89座黏土砖瓦窑厂,占地总面积3522.9亩,其中占用耕地3330.4亩,按照每亩5000元计算涉及耕地占用税1665.2万元;三是土地治理与土地复垦投入机制尚未规范建立,目前淮南用于土地治理和复垦的支出门出多家,有国土、财政、沉陷办等部门,不利于资金的整合,资金不能发挥最大效益。四是耕地占用税征收、稽查力量薄弱。五是部门配合尚待加强。

耕地是农民群众的最大的利益所在,是农民群众唯一的社会保障和最主要的衣食之源,也是农村社会最大的稳定因素,更是国家粮食安全的根本保证。为了维护国家法律的严肃性,强化耕地占用税的征收,加大投入,切实有效保护有限的耕地资源,现提出五点对策。

(一)加强耕地占用税的征收管理,贯彻落实新修订的《中华人民共和国耕地占用税条例》。《中华人民共和国耕地占用税条例》主要从四个方面进行了修改:一是提高了税额标准。将现行条例规定的税额标准上下限都提高4倍左右。同时,为重点保护基本农田,新《条例》规定,占用基本农田的,适用税额还应在上述适用税额的基础上再提高50%;二是统一了内、外资企业耕地占用税税收负担;三是从严规定了减免税项目。取消了对铁路线路、飞机跑道、停机坪、炸药库占地免税的规定;四是加强了征收管理。明确了耕地占用税的征收管理适用《中华人民共和国税收征收管理法》。因此,各级征收机关要加强学习,细致研读,提高政策理解能力和执行水平,增强执法能力和征管技能。征收机关要增加必要人员充实到征收一线,从严管理,强化征收,把应收的税足额征收上来,重点加强对乱占滥用、临时占用、塌陷土地的征收管理。

(二)实施部门联动,上下配合机制,实现土地资源信息共享。就淮南市而言,要根据淮南市人民政府《关于贯彻落实省政府办公厅关于进一步加强契税和耕地占用税征管工作通知》精神和国家税务总局、财政部、国土资源部《关于进一步加强土地税收管理工作的通知》的要求,各级征收机关要积极主动加强与土地管理部门的协调沟通,形成制度化的联系机制。紧密配合、强化征管、履行好协税护税的责任。各级政府、相关部门充分发挥各职责内的监管优势,形成部门联动、上下配合、动态监管机制。建立和完善信息共享机制,严格按照"先税后证"的程序办理土地权属的划转确认,从源头控制税收的流失。参与土地清查工作,共同组织开展对土地占用情况及耕地占用税缴纳情况的检查,及时了解和掌握税源分布,做好税收的预测和分析。

(三)建立土地治理与复垦的投入机制。按照财政部《关于耕地占用税具体政策规定的通知》中的"耕地占用税50%留给地方,建立农业发展专项资金,用于开垦宜耕土地和整理、改良现有耕地"精神,在加强耕地占用税征收的同时,注重土地治理与复垦资金使用的管理。耕地占用税收入本着"取之于土,用之于土"的原则,依法规范建立农业发展专项资金,用于耕地复垦和改良,整合支出部门和有关土地方面的税费收入,如耕地占用税、土地出让金、新增土地使用费、国债资金、世行贷款等,划归一个部门统筹规划,统一管理,统一使用,相互配合,做到专款专用,重点用于土地复垦和沉陷区治理,以实现耕地的占补平衡。调研中发现,近年来淮南市各县区及淮南矿业集团、国投新集集团在土地复垦和塌陷地治理方面做出了大量有益的探索,取得了一定的经验,截至2008年底,全市已治理沉陷地近1.5万亩,其中复垦造地9000多亩,实现了耕地总量动态平衡的目标,保持了耕地总量不减,耕地用途不变,耕地质量不降低的良性循环。同时充分运用耕地占用税的收入,积极申报土地复垦项目,争取省部级资金,加大对土地复垦和塌陷地治理的进程,切实解决失地农民的问题,正确处理好经济建设与征用土地资源的关系,加强耕地占用税的征管,科学合理利用耕地,促进经济可持续发展,增强农业发展的后劲,使经济建设与土地利用走上良性发展的轨道。

(四)加强耕地占用税征收稽查工作。对耕地占用税的征收,在做好日常征管的同时,要加大对违规占地、临时占地、塌陷地的征收,应该组建一支强有力的税收稽查队伍,严查各类违法占地、临时占地和滥用耕地的行为,加大对土地违法案件的处理。重点对征用土地长期闲置的所有人加征土地闲置费和政府收回措施,加大对土地的有效利用,遏止土地的浪费,保护耕地的后续资源,确保农业发展的后劲。

(五)切实解决失地农民的生活保障问题。近年来,党中央国务院十分关心农村、农业、农民问题,把"三农"问题摆上重要的位置,出台了一系列振兴农业、发展农村经济、致富农民的政策措施,使广大农村发生了重大变化,缩小了城乡差别,农民群众生活得到了很大提高。随着城市化进程的加快,农村经济建设的快速发展,因新农村经济建设和矿产资源的开采,农村土地资源大量减少,直接影响到广大农民的生存。据统计,淮南市采煤沉陷区面积18.15万亩,耕地塌陷占64.7%,2004年到2008年底涉及搬迁安置农民约21011户(约8万人),现已搬迁安置5040户,在建5760户,目前仍有15971户没有得到搬迁安置。如何妥善安置失地农民问题,切实解决失地农民的切身利益,既要解决广大农民的生存问题,又要解决其生活和发展的问题,这就要求各级地方政府一方面加大对土地复垦和治理,另一方面探索出一条解决失地农民的生存之路。目前,我国正在东中西部省市试点农民养老办法,从根本上解决农民的后顾之忧,我市应相随国家对农民的养老试点,整合有关土地方面资金,从耕地占用税收入、土地出让金中拿出一定的比例,对失地农民直接补贴和安置养老,从机制上加大对失地农民的社会保障,维护农村社会的稳定。

民以食为天,地为农之本。有限的耕地资源不但是主要的生产资料,而且是人类生存和发展的基础。能否保有足够数量的耕地资源,直接关系到社会经济的可持续发展。各级党委、政府必须加强耕地占用税的征收管理,依法规范建立土地复垦与治理的投入机制,充分发挥税收对土地管理的杠杆作用,极大地保护好每一寸有限的耕地资源,促进经济健康、有序、可持续发展。

浅谈安徽省的省对市财政体制情况

管迎新

我国是单一高度集权国家。省以下财政体制基本上是根据中央对地方财政体制来确定的。新中国成立以来,伴随着政治经济体制改革和政府职能的转变,中央对地方也带来了省以下各级政府体制及其财力与事权匹配的同步变革。“统收统支”时期,我省地方各级政府没有相对独立的财力与事权。“大包干”和分税制时期,因中央开始分权,我省在财力与事权匹配上有了较大的灵活性和自主性,特别是2000年以后,我省率先在全国创新省以下财政管理体制,对各级政府财力做了很大调整,在推动各级政府事权转变的同时,有力保证了各级政府事权的需要。基于此,这里以改革开放为起点,对我省财政体制的历史沿革进行简要分析,大体经历了五个阶段。

(一)1980～1987年分级包干阶段。1978年,党的十一届三中全会拉开了我国改革开放的序幕。在政府职能的转变过程中,中央开始实行以分权为导向的行政管理体制改革,赋予地方政府在经济、行政和政治上一定的自主事权,并按照财力与事权相匹配的原则,于1980年实行“划分收支、分级包干”的财政体制。与中央保持一致,当年,我省即在怀远和安庆等9县1市开展财政包干试点,省统筹基本建设投资、支农支出、企业挖改和流动资金等发展生产部分和特殊自然灾害救济费等事权,各地包干事权主要是所属行政事业单位人员经费和发展事业支出。在收入包干上,将各地所属的企事业收入、工商税收、盐税、农业税和其他收入等列入包干范围,包干基数则以1980年收支决算为基础经适当调整后核定。收大于支的,实行定额上交;收小于支的,实行定额补助;超基数收入省与各地按比例分成。由此各地财力主要由包干收入基数加上超收分成、再减去定额上交(或加上定额补助)构成。

1983年和1985年,国家对国营企业实行分步利改税,财政体制相应调整为“划分税种、核定收支、超收分成、分级包干”的体制,在事权没有调整的情况下,主要对财力包干范围做了调整:一是将石油、石化、有色、电力四部分所属企业的产品税、增值税和营业税,除70%划作中央固定收入外,省辖八市还交省20%,其余均作为各地参与分成收入;二是除专款收入和城建税作为固定收入外,其余均列入包干财力范围,参与分成。相应的,以1983年决算数为基础核定各地收支基数,并对各地超基数收入分成办法做了一些改变。

(二)1988～1993年“定额上交递增、定额补助递减”阶段。1988年,省政府决定加快沿江马鞍山、芜湖、铜陵、安庆四市的对外开放步伐,在大的体制框架下赋予四市一定经济发展自主权,并进而扩大到省辖八市。在财力匹配上实行“定额上交递增、定额补助递减”的办法,一定三年。一是将省辖市1987年底定额上交省和超基收入除上解中央27.6%外,全部留用作为地方财力;二是省只包干到省辖市,市属县的体制由各市根据具体情况自行确定。当年下半年,省对县财政体制作了改进,最主要的是根据前几年县级财政收入增长情况和财力状况,也实行“定额上交递增、定额补助递减”的包干办法,一定三年。

为进一步简政放权,调动地市推动所辖县(市)发展的积极性,1992年省政府决定,改进财政管理体制,进一步调整对下财力。一是省政府不再直接包干到县,改为直接包干到地市;二是省辖八市的递增上交比例统一为4%,超基数上交省比例原为27.6%,分别调整为合肥、蚌埠、芜湖、淮南、铜陵五市均为27.2%,安庆市27%,淮北市27.4%,马鞍山市27.6%;三是行署、县(市)收入超1990年部分由原上交省36.6%、30%、22.5%,统一改为以地区为单位上交省22.5%;四是行署、市组织所属县(市)的收入奖励政策,按1990年所得奖励数额增加地市支出基数,自1992年起取消奖励政策。这样,省辖八市超基数收入留用形成的财力在政策上就有了一定差异。

(三)1994年~2000年分税制实施阶段。按照建立社会主义市场经济体制的需要,1994年,中央对地方实行以“分权、分税、分征、分管”为主要内容的分税制财政体制改革,在合理界定我省地方政府主要承担本地区政权机关运转所需支出以及本地区经济、事业发展所需支出的基础上,确定我省地方财力主要来自三块:一是中央和地方共享税的地方分成收入;二是营业税、地方企业所得税、个人所得税,城镇土地使用税,房产税等地方税收入;三是中央财政对地方税收返还收入。

为了与中央对省的分税制财政体制改革相衔接,当年,省里按照保证各地既得利益和增强省级宏观调控能力的原则,对地市全面实行分税制财政体制改革。在省与地市事权划分上,省主要承担省级党政机关运转所需经费、省本级直接管理的事业发展支出和调整全省国民经济结构、协调地区发展、实施宏观调控所必需的支出。地市主要承担地市党政机关运转所需经费以及本地区经济、事业发展支出。在财力匹配上,省级财力主要来源于四块:一是省属企业的所得税、利润、计划亏损补贴以及其他收入等,全部列入省级固定收入;二是中央对省“两税”增量按1:0.3的系数返还中,减去省对各地市“两税”增量按1:0.15的系数返还部分;三是省对各地市“农业两税”按1:0.85的系数上解部分;四是原体制上解。以各市、县1993年收入为基础,按原体制应交省的数额,作为各地上解定额,对上解市县按5%递增上解,原体制上解也直接测算到县。各地市财力主要来源于三块:一是地方收入。地方税种(除省属企业所得税等)全部按属地原则划归各市;二是税收返还。增值税25%以及省对各地市“两税”增量按1:0.15的系数返还部分;三是原体制补助。以各市、县1993年收入为基础,按原体制省应补助的数额,作为各地补助的定额,直接测算到县。

省对地市分税制体制改革实施后,省积极推进地市以下财政体制改革。总体上与省对地市的体制相衔接,地市对县财政体制大致有三种类型,财力匹配上也出现了三种情况:一是完全按照省里的模式,对县不另行集中财力,也不给予照顾,主要由芜湖、蚌埠、马鞍山等市;二是照顾型,地方根据自身财力可能,对县予以适当照顾,如减免定额上缴数,降低递增上缴比例等。采取这一做法的主要是一些财力相对较好的省辖市。如合肥、淮北等市;三是集中型,地方采取不同的方式集中县级财力,有的按一定比例集中地方收入,有的集中“农业两税”增长返还部分,有的提高递增上缴比例等。采取这种方式的主要是一些财力较为薄弱的地改市。

(四)2001~2003年公共财政体制构建阶段。1998年我国提出构建公共财政体制后,我省在五河、霍山、南陵等县开展公共财政支出改革试点的基础上,于2001年以省政府文件出台《关于全面推进县级公共财政支出改革意见通知书》,要求按照“一年试点、两年完善、三年规范”的总体部署,推动政府转变职能,明确政府事权,切实将财政支出转到满足社会公共需要上来,加快构建公共财政。与此同时,为了缓解农村税费改革后带来的县乡财力减少,支持县域经济发展,省财政于2002年出台了8条政策措施。在财力调整上主要实行“一个减少,四个取消”,减轻县级财政负担,减少县级财政体制上解1亿元,专项用于农村义务教育;取消县级财政体制上解5%递增的政策,对县级财政体制上解额予以固定;取消县级财政承担的粮食风险基金筹资任务,改由省、市两级承担;取消原县级财政民兵训练费配套政策,民兵训练费全部由省财政承担;取消市从所属县(市、区)集中财力的做法,市级财力相应缺口,由省财政补助80%,并明确今后市级不得以任何形式集中县级财力或向县级转嫁负担。

在这一阶段,根据国务院实施所得税收入分享改革和出口退税机制改革的统一部署,省对各市财力作了进一步调整。在所得税收入分享上,从2002年开始,彻底改变按企业隶属关系分享所得税的做法,按照中央60%、省级15%、市县25%的比例和属地原则统一分享所得税收入,省级除所得税分享15%以上以外,再没有层层划分和分享其他税种。在出口退税负担上,从2004年起,各市、县出口货物退税超基数地方应负担25%的部分,由出口货物的市、县承担。省直外贸企业出口退税超基数地方应负担25%的部分,属省内产品出口的,由供货市、县承担;属购进省外产品出口的,按照核定的出口退税基数,由省外经贸主管部门包干使用。

(五)2004年以来省直管县财政体制阶段。2004年,我省率先对全省57个县实行省直管县财政管理体制,并调整省对下一般转移支付办法,既减少了财政管理层级,也调整了县级财力与事权匹配方式,为扩大县(市)经济社会管理权限试点、推行省直管县行政管理体制奠定了基础。一是调整体制补助(上解)基数。以2003年省核定的县体制补助或上解基数为基础,将2003年市对县的体制补助调整为市对省的定额上解基数,相应增加省对县的体制补助基数。调整后,所有县均为体制补助县,宿州、六安等4市为体制补助市,其他13个市为体制上解市;二是调整税收返还。以2003年各市核定的所属县返还额作为省对各县的返还基数,相应调整省对各市本级的返还基数;三是调整转移支付办法。按照公平、公正、科学、规范的办法,核定各县标准财政供给人数、可用财力和标准人均可用财力,省对下转移支付直接计算到县,并建立最低财力保障机制和财政激励机制;四是调整专项资金补助。各县直接向省直有关主管部门和省财政厅申报专项资金,省财政专项补助资金,直接分配下达到县。

2005年以来,全面开展农村综合改革试点,省财政进一步完善省以下财政体制,继续加大对下移转支付力度,显著增加了市县乡各级政府财力。一是把市辖区和4个非省财政直管县统一纳入市级财政管理;二是建立规范的市级转移支付制度,具体办法与县级增加的最低财力保障转移支付办法基本相同,区别在于市本级按实际人数计算人均可支配财力;三是在继续以标准人均财力来衡量各地财政困难程度的基础上,对低于县级平均标准人均财力困难线的,按其标准人均财力低于困难线的差额乘以其标准人数和补助系数,计算增加的转移支付;四是在出口退税负担上,从2006年起,各市、县出口货物退税超基数部分,由出口货物的市、县承担7.5%,省财政对出口退税负担较重的地方给予适当补助。五是完善县乡财政体制。在事权划分上,乡镇主要承担乡镇财政供给人员和供给单位正常运转经费,以及乡镇社会事业发展支出。乡镇政府农村中小学人员和公用经费、乡镇卫生院补助经费等按有关政策规定列入县级财政支出范围。在财力匹配上,将适合乡镇征管的收入全部留给乡镇,对于财力确实难以保障基本支出需要的,则由县级财政予以补助,确保了基层政府公共服务均等化。

完善国库集中支付制度　加强财政资金管理

郭庆东

国库集中支付制度就是对从预算分配到资金支付、清算,直至资金到达商品和劳务供应者全程的监控制度。按照国家和省级改革的经验,从2002年9月起,我市先在市级6个部门开始实施国库集中支付改革试点,至2003年7月,市级90个部门及其所属265个预算单位已全部实施了国库集中支付改革。

从全面实施改革的情况看,改革进展情况总体上是好的。截至2008年年底,7年间已累计支付资金45.8亿元,其中2007年支付9.44亿元,约占当年市本级财政支出的50%。2008年支付资金13.84亿元,较2007年增长了51.4%;其中财政直接支付9.33亿元,占支付总额的67.4%,财政授权支付4.51亿元,占支付总额的32.6%,直接支付率较2007提高了9.9%。市级国库集中支付改革取得了显著的成效,主要表现在:一是加强了部门预算管理,细化了预算编制,提高了预算支出透明度及预、决算的编制质量;二是规范了预算执行程序,增强了预算执行的科学性,严肃性,提高了财政性资金运行效率和使用效益及政府宏观调控的能力;三是加强了预算部门、单位财务支出的计划性、规范性,提升了其内部控制及财务管理的水平。

经过7年来的改革实践,我市已初步确立了财政国库管理制度体系,建立了联接人行、代理银行、预算单位的国库集中支付管理系统。但由于国库集中支付改革在我国实施仅有8年时间,尚处于稳步发展中,难免会出现一些新情况、新矛盾和新问题,需要不断加以改进和完善。

按照局里年初的统一布置,国库支付中心就如何进一步完善我市集中支付制度,加强财政资金安全这一课题,进行了为期三个月的广泛而深入的专题调研。我们深入基层预算单位进行实进调查了解、召开了部分预算单位座谈会,进行专题讨论,整理成文。

现将调研情况汇报如下:

一、目前我市国库集中支付工作中存在的主要问题

(一)改革政策宣传还不够深入,认识有待进一步统一、提高。市级各部门、单位和社会各界对于这项改革的必要性、重要性和深远意义尚没有完全达到思想上的高度统一、认识上的完全认同。这项改革在社会上的影响范围还不够广泛,有的单位甚至还不知道有这项改革。国库集中支付改革改变了传统的层层拨付做法,使"库款直达",暴露出了一些多年积累的深层次问题,也触动了财政内部业务职能的调整,一些同志对"财政饭新吃法"不理解,存在畏难情绪;部分预算单位和财务人员对国库集中支付制度及相关的会计业务处理不甚熟悉,这些都迫切需要我们进一步转变观念,统一思想,深入宣传,提高认识。

(二)预算单位账户设置存在"双轨制"。国库集中支付制度改革的核心是建立国库单一账户体系,并将所有财政性资金纳入单一账户体系管理。但由于改革初期的复杂性,目前市直预算单位银行账户设置仍保留了老账户,这种账户设置上的新老并存"双轨制",不仅制约着国库单一账户体系的建立,影响改革的效果,同时也给单位违规违纪操作提供了空间,造成部分财政性资金脱离财政部门监管,阻碍了国库集中支付改革深入发展。

(三)业务模式还存在一定的缺陷。目前的业务模式不能处理往来款项,像预算单位的水电费、通信费等银行代扣款业务也不能办理,致使预算单位的基本账户不能撤销。此外,在现金管理方面也存在一定的漏洞。现金一旦提取即体现为支出,存在着预算单位以大额提取现金形式逃避财政监管的隐患。

(四)预算编制还不能完全满足集中支付的

需要。国库集中支付制度,是预算执行方面的改革,能够有效地监督预算的执行情况及结果。但如何有效地提高财政资金的使用效益,预算的编制才是根本。近年来我市在预算编制改革方面已经取得明显成效,通过实行综合预算、零基预算、早编细编预算,加强了预算管理,对提高财政资金的使用效益起到了重要作用。但仍存在项目编制过粗、事前论证不足及编制与执行不能有效衔接等问题,致使执行过程中出现预算单位自行调剂资金、项目资金与日常经费混用等预算编制与执行"两张皮"情况,预算的约束力有待加强。

(五)集中支付管理力度需要加强。主要表现在集中支付效率有待进一步提高;部分预算单位用款计划及经费支出不规范;直接支付与授权支付界限划分不清,有些单位过度使用授权支付,降低了集中支付的有效性;财政内部管理、协调配合有待进一步加强;部分财政资金还没有纳入改革实施的范围;代理银行服务水平和质量尚待进一步地提高等。

(六)国库管理信息系统建设有待进一步加强。目前使用的我省自行开发的支付软件功能亟待完善;国库支付系统与部门预算、指标管理、政府采购等系统没有整合;动态监控系统尚未建立。

二、完善我市集中支付制度的对策建议

按照上级财政部门关于财政国库管理改革的统一规划和要求,结合实际情况,提出对策建议如下。

(一)进一步提高对国库集中支付制度改革的认识。首先,要正确处理好财政改革的力度与预算单位的承受度之间的关系。其次,处理好国库集中支付改革与其他财政改革之间的关系,确保各项财政改革目标一致性,取得整体效益。再次,必须处理好效率与安全的关系,做到安全与效率兼顾。效率与安全是国库集中支付改革的两条"生命线"。只讲效率,不顾资金安全,集中支付改革不仅是危险的,而且还是有害的。只讲安全,不顾支付效率,集中支付改革同样难以为继。

(二)完善国库集中支付制度、措施,建立资金支付有效制衡机制和内控管理制度。国库集中支付改革是对预算执行机制的一项制度性创新,健全并完善相关的配套制度和措施是使改革取得成效的关键所在。国库管理制度改革必须与部门预算和政府采购改革相互促进,才能共同构筑公共财政的基本框架,充分发挥改革的效能。一是完善国库支付运行机制,力争使所有财政性资金都在国库单一账户体系内运行,充分发挥集中支付"倒逼机制"的作用与功效。逐步提高部门预算的规范性、严肃性及科学性;通过严格集中支付,逐步规范单位的支出行为及方式。二是完善财政资金支付参与主体之间的相互制衡机制。三是完善财政部门、预算单位、代理银行及人民银行财政资金支付、清算的内控管理制度,防止资金支付清算风险。四是完善财政直接支付与财政授权支付的后续监管机制,对财政资金进行跟踪问效。五是完善财政外部监督管理制度。完善投诉机制,及时受理预算单位或收款人的投诉,及时处理和纠正违规问题。

(三)加强财政国库信息系统建设,提高国库支付业务的自动化和网络化程度。按照收支一本账原则,做好财政内部各业务系统与支付系统的整合工作,实现预算指标、收入管理、用款计划、集中支付、会计核算、统计分析等财政国库业务的一体化管理。加强国库集中支付改革的信息网络系统建设,减化软件操作流程,加快资金支付速度,方便预算单位用款,保证资金支付符合预算安排和支出进度要求,实现各类财政支出在国库单一账户体系中规范、高效、安全运行。财政和市级各部门要进一步细化部门预算编制。

(四)规范预算单位银行账户管理。在完善国库集中支付制度的基础上,撤销预算单位原有账户,将单位各类资金全部纳入国库单一账户体系管理,实现单一账户体系下预算单位所有资金的统一管理、分账核算。

(五)加强预算单位集中支付的管理,确保单位财政资金支付安全。明确预算单位财政资金安全责任,严格实行会计、出纳分设,财务印鉴分开保管,加强现金、支付系统的安全管理。推行公务卡结算方式试点改革。严格控制现金使用,探索建立新的高效信息查询系统,提高单位财务核算效率。

(六)进一步优化业务流程,提高财政资金支付效率。一是规范操作层面的相关流程,强化时效管理。进一步简化用款计划审批程序,特别是要简化财政内部对用款计划的审批环节,对日常公用经费的审批程序可直接报送到国库部门予以审批,或直接按照均衡拨款的原则在每月底自动产生下达用款计划;进一步规范财政部门的审批时限,尽量在规定的时间内完成审批,保证单位及时用款。积极与银行沟通和协商,简化资金清算程序,延长单位使用资金的时间,方便单位用款。同时,建议人民银行制定更安全更便捷的资金清算和管理办法,逐步取消纸质凭证的传递,实现网上资金的无纸化清算。

(七)进一步完善改革的各项配套措施。一是加强财政国库信息系统建设。进一步完善支付系统的功能,优化信息运行的工作流程,做好预算编制与预算执行的相互衔接;改造和升级硬件设备,提高系统的安全性和稳定性;扩充与预算单位的连接线路,有条件的部门可考虑采取专线连接方式,提升与预算单位的联网速度。二是进一步做好国库集中支付改革与部门预算编制和财政支出绩效评价改革的衔接,发挥财政改革的合力效应。预算编制、预算执行和支出绩效评价是财政资金使用和管理全过程的三个环节,预算执行既是对预算编制的落实和检验,又为绩效评价提供翔实的信息。要发挥集中支付提供具体翔实信息的优势,不断检验和修正预算编制,客观评价预算执行效果,使财政管理各环节能及时反馈、相互配合,发挥财政改革的整体效益。三是建议对财政国库机构进行整合。按照两块牌子、一套人马、流水线作业的管理模式,积极开展国库科和支付中心在机构、职能和业务等方面的整合工作,切实解决职能交叉、业务分割的问题,真正实现财政国库业务的一体化管理。

(八)加强集中支付的财政监督力度。实行财政国库集中支付制度后,随着财政支出信息透明度的增加,财政资金管理的广度和深度也大大加强。财政部门必须创建新的资金监管模式,强化财政监督机制,确保财政资金使用的高效安全。一是建立财政资金支付管理动态监控系统,加大财政直接支付审查力度,加强对非统发单位工资补贴发放、系统内拨款、政府采购资金和重大项目支出的监控,提高核查效率,及时处理违规问题。正确处理好监督与服务的关系,坚持服务与监督并重,寓监督于服务。将被动监督转为主动监督,变事后监督为事前、事中及事后监督相结合,努力实现预算执行的事前、事中、事后监控的一体化,从总量控制为主转为集约化全程监控,提高监控效率和管理水平。二是建立健全资金支付的内部控制机制。进一步完善内部岗位分工责任制,实现内部岗位之间相互制衡和相互监督;逐步建立财政资金支付的分级控制机制,如对大额资金在拨款前要特别授权,对重要项目资金要指定专人跟踪监督等;建立和完善国库内部审计制度。

发展　规范　效率

——政府采购实践中的几点认识

吴　鹰

实行政府采购制度,是推动财政体制改革的需要,是建立公共财政体系中的重要内容。我市政府采购工作启动以来,已走过多年历程,在各级领导和部门支持下,采购工作在制度建设、机构建设和组织实施采购等方面进行了探索。现结合政府采购实践,谈几点认识。

一、提高认识是推动政府采购工作首要条件

实行政府采购是推动财政体制改革的需要。政府作为强大的消费群体,可以直接成为大规模市场需求消费者,对我国经济发展和财政改革具有积极推动作用。政府采购制度加强了对财政资金由价值形态向实物形态的转变,强化了财政

资金支出分配管理模式。

政府采购制度，是促进党风廉政建设，有效遏制腐败行为的需要。政府采购制度引进竞争机制，通过公开、公平、公正、诚信的原则，在采购活动中，使政府采购置身于财政、监察、审计、采购人、供应商和社会公众全方位监督之下，可以有效遏制公共采购中的腐败行为，有利于建立反腐倡廉机制，维护政府信誉，提高政府公信力。

政府采购制度可以积极有效落实国家宏观经济政策，推动地方经济发展。政府采购制度是财政政策的重要组成，通过国家政策的调节，在消费市场中，对鼓励和支持国有企业发展经济增长具有拉动作用，对地方城市建设、大型工程、交通、现代化办公设备等财政型公共支出有重要影响。

各级领导重视是顺利推动政府采购活动的关键。多年来我市政府采购工作得到了上级领导的重视和支持，使市政府采购范围逐步扩大，采购工作持续增长，保证了我市政府采购有序健康发展。

二、构建监督体系是政府采购工作必要保障

为使政府采购项目操作程序化、规范化，充分体现“公开、公平、公正、诚信”原则，在采购工作中，首先体制上要建立监督制约机制，要完善政府采购制度建设。

一是加强人员机构建设，理顺体制，明确职责。政府采购进行机构改革，必须按照采购法规定“政府采购管理机构与操作机构分设”的原则，建立管理与执行机构相分离的体制，明确各自职能，实现监督管理、具体操作、支付款项三分离的管理体制。使政府采购监督管理部门、采购单位和采购中心之间做到关系清晰、职责明确。

二是完善制度，规范运行。推行政府采购制度，是从源头上防治腐败的治本之源，政府采购要紧紧围绕严格遵守采购法，认真执行政府采购政策制度的同时，狠抓内部建设，要加强和规范采购程序，防止暗箱操作。采购中心要制定内部约束制度，岗位明确，做到以制度管事、管人，在工作中既有分工协作，又有相互制约，形成各负其责。在采购活动中，必须按政府采购程序规范采购，确保廉洁、高效、透明、阳光操作。

三、搞好部门配合是切实做好政府采购工作的前提

政府采购政策性强、涉及面广、需要方方面面配合和理解。财政部门做为主管部门从管理制度上加强管理，及时调研、解决政府采购工作中出现的问题，配合纪检、审计部门共同促进政府采购工作，采购中心必须加强自身建设，树立服务意识，改进工作作风，廉洁自律，牢固树立法制观念。采购单位要认真执行政府采购政策规定，主动编制申报采购计划。多年来，我市政府采购工作顺利开展，与市纪委、市监察、财政、审计及市直有关单位支持配合分不开的。如采购中心在重大招标活动中均邀请纪委、监察、审计等监督部门介入，进行监督，财政管理部门对采购操作程序进行事前、事中、事后监督，使政府采购严格按照规定操作。各部门对政府采购的理解和支持，充分发挥政策采购制度优势，市直机关小汽车统保通过公开招标，每年节约资金率近30%，充分体现了政府采购价格的优势，再是在招标采购活动中，请使用单位人员全过程参与采购，做到政府采购活动更加公开、透明，可以改变人们对政府采购工作的模糊认识。

四、积极探索是顺利开展政府采购工作的保证

政府采购是一项制度创新，没有现成模式可以生搬硬套。在采购实践中，要根据实际工作情况，不断进行新的探索。

一是灵活运用采购方式。目前《政府采购法》实行的采购方式中，公开招标已成为招标的重要方式，但对急需数量大、金额小的办公用品不适应。监管部门和具体操作部门，在实际工作中应掌握灵活性原则，认真确定合理的采购方式，对一些配置型号固定的项目，可采用询价采购，对一些特殊项目且时间紧限额低的采购项目，可采取竞争性谈判、询价等。在不违背《政府采购法》与具体实施方案的前提下，提高政府采购效率，是有空间的。

二是采用“协议供货”方式。对于技术指标比较标准，价格变动不大、透明、稳定的商品，采购活动可通过竞争性谈判，争取较优惠的价格，可一次签订合同，实行协议供货。

三是实行“定点采购”方式。实行定点采购办法，采购中心必须进行招标前的充分准备，根据市场调研,对于技术含量低、采购标的金额小,次数频繁的商品如办公用品、打印机、空调等制订详细的评标办法,进行公开招标最终确定定点供应商。采购单位可在定点供应商范围内选择。可以很大程度上满足广大采购人所购物品的多样性和及时性要求。

四是推行“网上采购”方式。网上采购能减少采购成本,而且极大地缩短采购时间。实现网上采购的程序化、标准化和规范化,使网上采购成为公开招标采购的有力补充形式。实践证明,网上采购方式高效、透明是今后政府采购发展的方向。

五、优质服务是提高采购质量的手段

实行政府采购制度,从最初不被人理解到逐步得到认可,这与政府采购规范运作方式,提高服务意识,廉政文明采购作风以及同采购单位形成沟通合力是分不开的。在政府采购工作中,要牢固树立服务意识,要坚持采购质量与效益并生,不断提高政府采购服务水平。在采购实践中,一是特事特办、体现一个“活”字。在坚持原则的同时,灵活运用。要建立绿色审批通道,对特殊情况简化审批手续。二是急事急办,体现一个“快”字,要根据实际情况采取合理采购方式,不断提高政府采购效率,树立政府采购新形象。三是尊重专家、善待商家,体现一个“诚”字。对参加评标的专家要严肃评标程序,尊重他们的评标意见。政府采购工作需要供应商热情支持,对参加投标的供应商,要一视同仁。使每一位供应商公平参与竞争。

六、工作人员业务素质和道德水准是提高采购效率的有力保障

集中采购机构工作人员操作规范与否、业务素质的高低,服务意识的强弱都直接影响着采购质量的高低。政府采购既是政策性、业务性很强的工作,同时又是一项环环相扣的流水作业,一个环节出现问题就会影响全局,如信息发布、标书制作、专家抽取、评标办法、合同签订、项目验收等。任何一项采购事务都是政府采购链条上的一个个环,一旦脱节将会直接影响到采购工作的顺畅进行。因此政府采购对工作人员,必须有政策水平,具备一定的商品专业知识,熟悉市场行情等。政府采购必须加强提高工作人员的素质,开展正常的业务培训,不断提高工作人员的业务能力和工作水平,同时在廉政建设上要加强政治修养,树立正确的人生观,时时刻刻强化廉洁自律和安全防范意识。真正急采购人所急,想采购人所想,提高采购效率,以实现优质、高效的目标。

以上是我在政府采购工作实践中的几点认识和体会。总之,政府采购工作将始终以《政府采购法》为依据,严格操作程序,通过规范的制度、管理和运作不断体现出政府采购的优越性,不断促进政府采购整体效率的大幅提高,不断赢得各方面的认同和支持,从而推动政府采购工作又快又好发展。

做大担保事业　服务经济发展

施文勇

淮南市担保公司是市政府出资设立,委托市财政局负责监管的国有独资企业。公司于2008年8月正式对外经营。成立以来,市担保投资公司在市委、市政府的正确领导下,在市财政局的监管和大力支持下,紧紧抓住担保行业良好的发展机遇,按照市委、市政府“保增长、保民生、保稳定”的要求,努力发挥融资担保职能作用,积极支持中小企业发展和全民创业活动。全年累计为266户企业办理融资和小额再就业担保贷款6.15亿元,增加企业产值12.6亿元,增加利税6800万元,增加就业岗位7688个。

(一)增加担保资本金,不断壮大担保实力。

在省财政厅和市政府的支持下,经过几次增资,目前公司实收资本金达到了1.11亿元。

(二)扩大融资担保平台,增强担保能力。公司以开放、务实、灵活、诚信的姿态全面加强与银行的合作,签约银行达到了11家,实现了在淮南地区的全覆盖。2009年5月,公司成功地与省信用担保集团签订了再担保合作协议,正式加入了省信用再担保体系。

(三)制定相关政策,扶持企业发展。为了应对全球金融危机对我市企业的影响,帮助企业渡过难关,2008年底,公司制定出台了《支持中小企业发展加大融资担保力度九项措施》,从降低担保门槛,减少担保费用、提高办事效率等方面扶持企业发展。2009年又在这些基础上进一步降低担保费率,突出扶持重点,对不同性质的企业实行差别费率,重点支持节能环保、科技创新和农业产业化龙头企业,最低担保费率降到了年1.33%,有力地支持了企业的发展。

(四)加强制度建设,夯实工作基础。市担保投资公司在组建初期就注重抓好制度和机制建设,在学习和借鉴外地先进经验的同时,结合自身实际,研究制定了行政管理、业务规程、风险评估、项目评审等基本管理制度共27项。这项制度对保障公司正常运转和风险防控都发挥了很好的作用。2010年公司结合工作实际,对相关制度和规程又做了一些补充和完善,对原来"流水式"的工作流程改为"一站式"工作流程,在很大程度上提高了工作效率;项目调查实行A、B角制度,并将A角、B角从不同业务部门产生,更有效地防控了风险等。

(五)主动服务企业,努力扩大影响。按照市政府的要求和市财政局的安排,组成工作小组深入企业调研,把相关政策汇编成册送到企业,了解企业的需求和困难,探讨企业的融资途径和方式方法。一年多来,连续参加市政府组织的银企对接会和"金融超市"活动,通过活动宣传公司业务,扩大公司影响。

(六)立足自身发展,积极对外投资。在局领导的支持下,经市政府同意,我们投资了2060万元入股国元农业保险公司。随着国元农业保险公司的发展壮大,市担保投资公司的实力也将随之增强。

(七)积极争取外援,用好优惠政策。按照相关文件的要求,认真报送资料,积极进行联系和沟通,得到上级部门的理解和支持,截至2010年5月,争取到各项补贴补助资金共133.71万元。

下一阶段,公司经营管理的指导思想和总体要求是深入贯彻市委、市政府和市财政局、市金融办的决策部署,以科学发展观为指导,坚持依法合规、稳健经营,坚持社会效益和经济效益并重,坚持速度与效益同步、质量与规模并存。各类融资担保在增长的基础上更加注重质量,下岗再就业和妇女再就业贷款担保在扩大的同时更加注重社会效益,投资和资金运用在创效益的过程中更加注重控制风险。抓管理、抓规范、稳增长,努力提升服务质量,把公司做大、做优、做强。

按照上述的指导思想和总体要求,重点做好以下工作:

(一)坚持稳增长、防风险、保质量,全力推动各项业务平稳较快发展

做大做稳各类融资担保业务。进一步加强与各商业银行的合作,针对各商业银行的不同特点,开展有区别有特色的合作,充分体现担保公司灵活务实的风格。创新反担保措施的方式和方法,积极探索应收账款质押、仓单质押、无形资产抵押、股权抵押、债券质押等抵押质押方式。探索商户联保、农户联保、专业合作社及行业协会反担保的方式和方法,在防控风险的同时做大做稳各类融资担保业务。

扩大再就业贷款担保规模。在做好下岗再就业担保贷款的同时,认真贯彻落实财政部、全国妇联等四部委联合印发的《关于完善小额担保贷款财政贴息政策推动妇女创业就业工作的通知》(财金[2009]72号),安排专门的部门负责,设计专门的工作流程,加强与人社、妇联等部门的合作,努力扶持下岗职工和失业妇女实现再就业。

扩大对外投资,加强资金运用。选择一户新成立的股份制商业银行和一户拟上市的民营企业进行股权投资。同时按照监管政策的要求,科学配置资产,努力实现资产收益率最大化。

(二)坚持抓基础、抓管理、抓规范,努力保障依法合规、稳健经营

建立完善的公司法人治理结构。在保持国

有控股的前提下,适当吸收其他经济成分入股,扩大资金规模,规范公司运营。

进一步扩大融资担保平台。加强与省信用担保集团的合作。在与市属所有商业银行合作的基础上,争取与市外部分商业银行签订合作协议。充分利用省信用担保集团再担保体系,在更大范围、更宽领域开展合作。

建立和完善内部激励和约束机制。在建立科学岗位责任制的基础上,对职工进行绩效考评,实行绩效工资制。

完善项目风险评审制度。建立项目评审责任制和责任追究制,在项目评审过程中,邀请有关业务专家和法律专家参与,以提高项目评审的科学性。

强化信息技术支撑。使用担保业务管理软件,建立计算机管理平台,提高管理的现代化水平。

(三)坚持反腐倡廉,加强人才队伍和企业文化建设

加强廉政制度建设。认真贯彻落实《国有企业领导人员廉洁从业若干规定》等制度,推进党风廉政建设。结合工作实际,建立一套行之有效的廉洁从业规定,从制度上防止腐败现象的滋生和蔓延。

加强职工队伍建设。采取送出去和请进来的办法,加大职工培训力度,鼓励职工参加各种学历教育和技能考试。建立年度考核制度,细化考核指标,完善考核体系,做好考核工作,着力形成优胜劣汰、能上能下、能进能出的良性用人机制。

加强企业文化建设。倡导团结向上、务实奋进的“担保人”理念。大力弘扬沈浩精神,激发动力,凝聚合力,营造干事创业的良好氛围。

财经文献篇

市委、市政府重要财经文件

中共淮南市委　淮南市人民政府关于加快农业和农村发展的实施意见

2008年3月20日　　淮发[2008]11号

凤台县委、县人民政府,各区委、区人民政府,各县级以上单位:

为贯彻落实《中共中央、国务院关于切实加强农业基础建设进一步促进农业发展农民增收的若干意见》(中发[2008]1号)和《中共安徽省委、安徽省人民政府关于贯彻〈中共中央、国务院关于切实加强农业基础建设进一步促进农业发展农民增收的若干意见〉(皖发[2008]6号)的实施意见》精神,结合我市实际,为加快我市今后几年农业和农村发展,制定如下实施意见。

一、充分认识我市"三农"工作的极端重要性,进一步明确指导思想和任务目标

未来5年,是我市大力实施"七大战略"和"9771"提升行动计划,实现跨越式发展,加快淮南崛起,全面建设小康社会的关键时期。我市半数以上的人口在农村,没有农村的全面小康,就没有全市的全面小康;没有农村的现代化,就没有全市的现代化。当前城乡经济社会发展水平差距较大,实现全面小康社会的目标,重点在农村,难点也在农村。要站在全局和战略的高度,自觉把思想认识统一到党的十七大和胡锦涛总书记视察安徽时重要讲话精神上来,统一到中央和省委、省政府的决策部署上来,把"三农"工作摆在更加重要的位置,切实增强责任感和紧迫感,做到决心不动摇、力度不减弱、工作不松懈,努力开创全市农业和农村工作的新局面。当前和今后一个时期全市农业农村工作的指导思想是:高举中国特色社会主义伟大旗帜,深入贯彻落实科学发展观,进一步深化农村改革,切实加强农业基础建设,大力推进农业产业化、现代化,高度重视农产品质量安全,积极稳妥地推进社会主义新农村建设,全面提高农业的综合服务水平,实现农民收入较快增加,农村环境面貌较大改善,农业的综合保障能力明显提升,为建设全面小康社会打下坚实的基础。

目标任务是:到2012年主要是抓好"四大工程",实现"三大目标","四大工程",即农业产业化的强龙工程、农产品质量安全精品工程、农村社会化服务体系建设工程和新农村建设示范工程。

——农业产业化强龙工程:培育产值10亿元以上龙头企业两个以上,亿元以上龙头企业20个以上,农产品加工的产值与农业总产值之比由目前的1.05:1提高到1.80:1。

——农产品质量安全精品工程:创建国家级、省级名牌农产品20个,创建有机食品、绿色食品、无公害农产品30个以上。

——农村社会化服务体系建设工程:建立比较完善的农业技术推广体系,发展农村各类专业合作组织200个,其中亿元以上的农村合作社或专业合作组织20个。

——新农村建设示范工程:继续实施"1860"示范工程,重点建设市级以上新农村示范点10个,县(区)新农村示范点20个。

"三大目标",即:

——农业增加值大幅度提高,达到50亿元以上,其中农产品加工业增加值达到20亿元。

——主要农产品产量稳中有升。粮食产量稳定在100万吨,瓜菜产量达到100万吨,增长34.4%;肉类总产达到13万吨,增长17%;蛋类总产6.5万吨,增长18.6%;奶类总产4.8万吨,增长27.3%;水产品产量8万吨,增长25%。

——农民人均纯收入达到5000元以上,增长35%。其中2008年全市农民人均纯收入增长6%以上;农业增加值增长6%以上。

二、积极推进农业对外开放,全面提高农业产业化经营水平,制定并组织实施《淮南市农产品加工业发展实施方案》,对现有龙头企业、农产品加工企业进行整合,鼓励企业采取兼并、承包、联合等方式扩大生产规模,提升产品档次,增强带动能力

抓住东部发达地区向中西部地区产业转移的机遇,充分发挥我市区域优势和资源优势,加大招商引资工作力度,积极引进大企业、大集团来我市投资农业生产、农产品加工、农业综合开发和农业社会化服务领域,积极培育农业上市企业,对经营期限长、投资规模大、科技含量高的市外投资,实行更加优惠的政策。加快农业企业家队伍培养,对龙头企业的法人代表和经营骨干进行多种形式的培训,提高经营管理水平,使龙头企业尽快做大做强,形成一批在全国有影响、全省有名次的龙头企业。认真落实中央和省对农业产业化龙头企业扶持政策,市财政从2008年起将农业产业化扶持资金从每年150万元增加到300万元,并随着财政收入的增长同步增长,通过贴息、补助等方式对重点龙头企业进行扶持。市中小企业贷款担保资金的50%以上要用于各级农业产业化龙头企业的贷款担保,金融部门要放宽龙头企业贷款条件,拓宽龙头企业融资渠道,切实解决龙头企业融资难问题,积极支持龙头企业加快发展步伐。各县(区)也要加大支持龙头企业的力度。

三、加快农业产业结构调整,进一步增强农业综合生产能力切实抓好小麦高产攻关和水稻产业提升行动,稳定粮食生产能力,优化品种结构,依靠科技,提高单产,增加效益

加快城郊型农业发展步伐,大力发展蔬菜、豆制品、食用菌、花卉苗木、观光休闲等特色农业产业,市里主抓10个左右市级特色产业示范村(镇)建设,各县区也要重点抓好3~5个特色产业示范村(镇),通过3~5年的努力,培育一批在国内外市场具有一定竞争力的特色农产品,推进都市农业、现代农业、休闲观光农业的发展。加快畜牧业发展步伐,积极培植生猪、家禽、奶牛等主导产业,加强标准化养殖小区建设,对达到一定规模的标准化养殖小区市财政给予以奖代补,提高畜牧业产值占农业总产值的比重。落实规模养殖用地、畜禽养殖和良种补贴政策。搞好畜禽优良品种的引进推广和普及,切实落实重大动物疫病强制免疫制度,建立完善兽医管理体制,将动物防疫经费列入同级财政预算。加快采煤沉陷区的开发利用和水产标准化养殖示范区建设,积极发展河蟹、沟鲶、龙虾、甲鱼等名优水产品生产,扩大养殖规模,打造品牌优势,提高水产品质量和效益。深入实施退耕还林、长江淮河防护林等重点林业工程,继续开展全民义务植树活动,加快推进城乡绿化一体化。通过复土造林、建设湿地等多种方式,加快采煤塌陷区的综合治理和生态恢复。多渠道筹措资金,落实市级森林生态补偿制度。

四、推进农产品基地和品牌建设,加强农产品质量安全监管,加快制定我市主导产品质量标准和生产技术标准,实现主要农产品和优势特色产品的产前、产中、产后各环节有标可依

组织实施农业标准化项目,加强农产品产地环境监测和保护,强化农(兽)药、饲料、化肥等农业投入品监管,鼓励和扶持龙头企业、农民专业合作组织和种养大户建立标准化生产基地,实行标准化生产。完善农产品质量检测管理体系,建设市级农产品质量检测中心,县(区)农产品质量检测分中心和主要农产品市场、生产基地的农产品质量检测点,形成比较完善的农产品质量检测体系,依法开展质量安全检测和检查。实施农产品市场准入制度,推进农产品标识和质量安全可追溯制度,坚决杜绝含有违禁品的农产品进入市场。建立农产品质量新闻发布制度,定期发布农产品质量安全监测信息。加大农产品质量安全执法监督力度,及时查处农产品质量安全违法行为,对农产品生产质量进行从农田到餐桌的全程监控,确保消费者吃上放心食品。实施“品牌战略”,鼓励争创国家级名牌农产品,对获得市级以上名牌农产品称号的和通过无公害农产品、绿色食品、有机食品认证的继续实施以奖代补的政策。

五、加大农村基础设施建设力度,着力改善农村生产生活条件

加快以淮河治理为主的水利建设,实施石姚湾、洛河湾退建以及沿淮低洼地治理和病险水库的除险加固工程。建立健全市、县(区)各负其责的水利设施运行机制。加快推进农村安全饮水工程,增加小型农田水利工程建设补助专项资金,采取"以奖代补"的方式,调动农民建设小型农田水利工程的积极性。加快农村公路向自然村和学校延伸步伐,加大对农村公路建设管理养护的资金支持力度,深化农村公路管理养护体制改革,逐步实现有路必养。完善扶持农村客运交通发展的政策措施,大力发展农村客运。加强农产品批发市场建设,进一步实施好"万村千乡"市场工程,搞好"农家店"及配送中心的新建、扩建和标准化改造,推进新农村现代流通网络工程建设。继续加强农村沼气普及工程建设,以沼气池建设带动改圈、改厕、改厨工作,支持养殖场和人口密集村庄建设大中型沼气工程。坚持开发式扶贫方针,增加扶贫开发投入,积极做好整村推进、劳动力转移培训和产业化扶贫工作。加大江淮分水岭易旱地区综合治理开发工作,实施生产发展、生活改善、生态文明三大工程。积极推进农村信息化示范工程建设,建好市、县(区)、乡(镇)三级农村信息网络服务平台,加快村级农村综合信息服务站建设。

六、大力发展各类经济组织,健全农村社会化服务体系

切实加强公益性农业技术推广服务,深化农技推广体系改革,按照条块结合、以条为主的原则,抓紧健全相关机构和队伍,努力保证基层公益性农技推广机构具备必要的办公场所、仪器设备和试验示范基地。鼓励农技人员、农村供销社和农村各类人才创办领办服务实体,出台相关政策予以扶持。加大对农业科技的投入,加快高产优质、抗逆性强的新品种的更新换代,加强先进适用技术的集成配套和推广。积极推广农作物病虫草害和畜禽疫病监测预报、综合防治技术,建立专业防治队伍,推进重大植物病虫害统防统治。继续实施农业科技入户工程,组织农业专家进村入户到企。大力实施"农民素质提升工程"、"新型农民科技培训工程"和"阳光工程",鼓励支持各级各类职业学校开办涉农专业,切实加强农民职业技能培训,提高农民素质和创业能力。组织实施"农机富民工程"。

积极发展农民专业合作社或专业合作组织,尽快培植一大批农业生产、经营、运销、储藏、加工等不同类型、不同形式的农民专业合作社或专业合作组织,市财政每年安排10万元工作经费用于帮助其建章立制规范运作。每两年举行一次市级示范合作社和专业合作组织的评选活动,每次评定10个,每个给予1万元的资金扶持,被评定为省级的给予2万元的资金扶持。按照《农民专业合作社法》的要求,尽快研究制定我市鼓励发展农民专业合作社的其他政策措施。

七、实施城矿乡统筹战略,扎实推进社会主义新农村建设

坚持"生产发展、生活宽裕、乡风文明、村容整洁、管理民主"的方针,按照城矿扶乡、乡促城矿、城乡互动、可持续发展的要求,强化统筹理念,积极调整经济社会发展战略,统筹推进城乡发展规划、基础设施、公共服务、劳动力就业、社会管理等方面一体化,促进先进生产要素向农村流动、基础设施向农村延伸、公共服务向农村覆盖、现代文明向农村传播。切实加强村镇规划管理。抓好《城乡规划法》的贯彻实施,进一步完善新农村建设规划,加强规划实施的监管。自2008年起,每年从城市维护建设支出中确定部分资金用于乡村规划、重点镇的基础设施建设和维护。高度重视煤炭塌陷区的综合治理工作。在加快泉九资源枯竭矿区修复与开发、十涧湖国家湿地公园建设的同时,统筹解决煤炭塌陷区的征地拆迁、村镇建设、塌陷治理、生态修复等方面的问题,对采煤已塌陷的土地,要切实维护农民利益,有计划分年度做到逐步征用,今后煤矿开采要先征后采、先搬后采,搬迁村庄要按照社会主义新农村的要求高标准建设。抓好新农村建设示范工作。在继续实施新农村建设"1860"示范工程和"千村百镇示范工程",全面推进全市新农村建设进程的基础上,制定近期发展目标和考评办法,加大工作力度和帮扶力度,市里每年集中精力重点抓好2~3个不同类型的新农村建设示范村,各县区也要抓好1~2个新农村建设示范村,树立样板,带动全市新农村建设工作的健康开展。大力开展农村“空心村”整治,探索农村宅基地流转置换办法,力争通过5年努力,全市通过土地整理、复垦、村庄整治增加耕地面积4万亩。加大对农村建房安全检测力度,对于危房建筑,坚决予以督促拆除。加大农村环境设施建设投入,严格控制面源污染。认真实施农村民生工程,推进城乡基本公共服务均等化。

八、深化农村综合改革,构建“三农”投入的长效机制

进一步落实农村综合改革实施方案,继续深化乡镇机构、农村义务教育和县乡财政管理体制三项改革,积极构建为农服务与农民负担监管新机制。深入推进为民服务全程代理制,以村级代理为重心,健全三级代理网络,扩大服务覆盖范围。积极化解乡村债务,用两年时间基本化解2005年以前的农村义务教育债务。坚持和完善以家庭承包为基础、统分结合的双层经营体制。按照依法自愿有偿的原则,深入推进农村土地市场化改革,健全土地承包经营权流转市场。农村土地承包合同管理部门要加强土地流转中介服务,完善土地流转合同、登记、备案制度,发展多种形式的适度规模经营。继续推进征地制度改革,健全被征地农民社会保障制度。按照基本公共服务均等化的要求,积极推进农村文化、卫生、科技、社会保障等体制改革,加快农村社会事业发展。加快农村房屋制度改革,开展集体土地上房屋产权证发放。积极推进集体林权制度改革及其配套政策的制定和实施,今年完成确权发证主体改革。

全面贯彻落实中央、省支农惠农政策,确保每年对农业总投入的增长幅度高于财政经常性收入的增长幅度,县(区)财政也要做出相应的安排和相关的配套。2008年政府土地出让收入用于农村建设的增量要明显高于上年,耕地占用税新增收入主要用于“三农”工作,重点加强农田水利、农业综合开发和农村基础设施建设。积极推进以县为主的支农资金整合试点,统筹安排各项支农资金集中用于重点地区、重点项目建设,提高资金使用效率。认真研究把握国家产业政策导向,抓住中央和省强农扶农的政策机遇,加强项目储备,精心编制一批牵动性强的项目,认真组织好项目实施,开展项目实施的绩效评价,以优良的项目工程质量,争取更多的项目资金支持。改善和加强农村金融服务,设在县域、农村的农村信用社新增贷款的70%以上要用于支持“三农”,完善小额信用贷款、小额联保贷款的运作和管理,研究开发适合农村特点的新型贷款模式。涉农银行要转变观念、强化服务“三农”意识,加大对农业和农村的投入。建立市级农业中小企业担保公司,探索建立县(区)多种形式的担保机制和农户财产抵押担保、信用担保、联户担保等多种担保形式,扩大农户贷款的覆盖面,切实解决农村融资难问题。积极开展政策性农业保险试点工作,健全完善能繁母猪、奶牛以及种植业政策性保险制度。

九、加强党对农村工作的领导,推进基层民主法制建设,各级党委、政府和有关部门要不断深化对“三农”工作重要性的认识,把更多的精力用向“三农”,把更多的财力投向“三农”,把更多的人才配向“三农”,切实体现重中之重的要求

县(区)、乡(镇)党政一把手要把更多的精力放在抓农业和农村经济发展上,研究和解决农村改革发展中出现的新情况、新问题,分管领导要集中精力抓落实。充分发挥各级党委农村工作领导机构和农业工作综合部门的作用,加快构建党委领导、政府负责、部门协调的农村工作新机制。各级各部门尤其是涉农部门要切实履行好为农服务的职责。对一些涉及跨部门、跨行业的重大事项协同研究,齐抓共管,确保农业的各项政策措施落实到位。继续抓好“五个好”乡镇党委和“五个好”村党组织建设工作,选准配强基层党组织,发挥基层党组织的战斗堡垒作用。加强农村基层干部队伍建设,实施“一村一名大学生”计划,抓好第三批优秀年轻干部到村任职工作。不断完善基层民主自治管理制度,按照“民主选举、民主决策、民主管理、民主监督”的要求,充分发挥农民群众在村级治理中的主体作用,让农民群众真正享有知情权、决策权、参与权、监督权。完善村民“一事一议”制度,健全农民自主筹资投劳的机制和办法。切实做好村务公开,强化公开内容、时间、形式。要建立健全农村工作目标责任制,市委组织部、市委督查室、市政府督办室、市绩效办和市农委要将本《实施意见》进行分解,抓紧制定考核办法,建立和完善对县(区)、乡

(镇)和有关部门工作考评办法,把农业基础是否加强、农村社会事业是否发展、城乡差别是否缩小作为考核各级党委政府和领导干部政绩的重要依据,纳入考核范围。

关于推动非公有制经济和县(区)域经济又好又快发展的若干意见

2008年4月10日　　淮发[2008]36号

非公有制经济和县(区)域经济是国民经济的重要组成部分,在经济社会发展中举足轻重,是实现淮南奋力崛起的重要支撑力量。为认真贯彻落实省委、省政府关于鼓励、支持和引导个体私营等非公有制经济和县(区)域经济发展的各项方针政策,推动全市非公有制经济和县(区)域经济又好又快发展,结合我市实际,制定以下意见。

一、进一步放宽市场准入

1. 放宽投资领域限制。贯彻"非禁即入"原则,市政府有行政审批职能的部门应在本意见施行一个月内列出由本部门审批登记的、非公有资本不能进入的领域,由市经济委员会汇总,向社会公示。任何部门和单位不得对非公有资本准入的领域设置地区、所有制、行业经验、从业年限等限制条件。

2. 放宽经营场所限制。在符合规划、环保、安全生产等规定条件下并经有利害关系的业主同意,设立或变更工商登记时,允许以家庭住所为经营场所;允许租赁场所进行生产经营活动;允许使用企业未办理产权证明的闲置车间、场地、库房用作生产经营场地。

3. 放宽注册资本限制。实行法定注册资本认缴和分批到位实缴制。首期缴纳申报注册资本的20%,即可登记注册,其余资本在2年内分期注入、分批到位(投资公司可以在5年内缴足)。允许投资者以专利、商标、版权等知识产权和法律法规允许的其他无形资产作价出资,出资比例最高可占注册资本的70%。

4. 放宽注册、登记前置条件。除法律、法规规定的前置行政审批外,其他前置行政审批一律取消。对前置行政审批非关键条件暂时欠缺的,有关部门提出初审意见后,工商行政管理部门可发给3~6个月期限的筹备期营业执照,相关部门应在规定的工作日内办理好前置审批手续。

二、鼓励和扶持全民创业

5. 鼓励机关和企事业单位工作人员带头创业。每年从各级党政机关选派一定数量干部以挂职方式到非公有制企业锻炼和服务,挂职期间保留原职级;对党政机关、企事业单位等财政供给人员提前退休或辞去公职创办、领办企业的,按省委组织部、省人事厅皖人发[2004]36号文件给予鼓励和支持。鼓励事业单位专业技术人员和其他人员辞职或提前退休创业,同级政府给予创业奖励和扶持。允许国有、集体企业和事业单位专业技术人员及其他人员到非公有制企业兼职和服务,并获取合理报酬。

6. 鼓励支持科技人员创业。科技人员创办并经认定的民营科技企业,从其开始获利年度起的2年内,对其征收的所得税地方留成部分,经主管税务机关审核,按收入归属级次,由财政部门按其当年增量部分的额度全额奖励给企业。

7. 鼓励支持复员转业军人创业。部队转业干部、退伍军人和随军家属从事个体经营按规定免收属于管理类、登记类和证照类的各项行政事业性收费,从事个体经营(除建筑业、娱乐业以及广告业、桑拿、按摩、网吧、氧吧外)的,及对安置上述人员就业而新开办的经济实体达到规定条件经税务部门认定,自领取税务登记之日起,3年内免征营业税。

8. 鼓励高校毕业生自主创业。高等院校在校学生从事勤工俭学取得的应税劳务收入免征营业税。高等院校应届毕业生从事个体经营或创办经济实体的,自工商行政管理部门登记注册之日起3年内,按规定免收属于管理类、登记类和证照类的各项行政事业性收费,从事个体经营(除建筑业、娱乐业以及广告业、桑拿、按摩、网吧、氧吧外)的,自工商部门注册之日起,1年内免征营业税。对从事技术转让、技术开发和与之相关的技术咨询、技术服务取得的收入,免征营业税。

9. 鼓励农民创业。引导农村经纪人、合作经济组织成立农民专业合作社,免收工商登记费。利用采煤沉陷水面发展家庭养殖、开办农家乐,5年内免收属于管理类、登记类和证照类的各项行政事业性收费。

10. 鼓励个人兴办经济实体。个人兴办的非营利性医疗机构和敬老院、养老院等老年服务机构以及农民专业合作社自用的房产、土地,免征房产税和城镇土地使用税,个人兴办的营利性医疗机构,自其取得执业登记之日起,其自用的房产、土地3年内免征房产税和城镇土地使用税。兴办的学校、幼儿园、托儿所自用的房产、土地,免征房产税和城镇土地使用税。

11. 鼓励个体工商户扩大生产经营。个体工商户扩大生产经营改设企业的,其两年内缴纳的营业税或增值税地方留成部分全额奖励给企业。改设工业企业达到规模以上的,自达到年度起3年内增值税地方留成部分50%奖励给企业。

12. 鼓励发展创业孵化基地。各县区应建设1个以上的创业园区,对进入政府投资建设的创业园(基地)孵化的微型企业,自本政策施行之日起,3年孵化期内按规定免收属于管理类、登记类和证照类的各项行政事业性收费,减半收取场地费。对出园的微型企业,3年内继续给予生产经营场地扶持,享受优惠政策。

13. 设立创业引导专项资金。市政府设立科技创业投资引导专项资金,采用风险补助和投资保障方式引导创业风险投资机构及其他社会资本向高新技术产业和初创期科技型中小企业投资。创业投资企业采取股权投资方式投资于未上市中小高新技术企业两年以上的,可按其对中小高新技术企业投资额的70%在股权持有满两年的当年抵扣该创业投资企业的应纳税所得额;当年不足抵扣的,可以在以后年度结转抵扣。

14. 鼓励非公企业参与国企重组。非公有制企业收购、兼并县域国有或集体工业企业,其未摊完的费用按规定继续摊销,给予所得税税前扣除。集体所有制企业改组改制过程中,职工个人以股份形式取得的不拥有所有权的企业量化资产,不征收个人所得税;职工个人以股份形式取得的拥有所有权的企业量化资产,免征个人所得税。非公有制企业自有资本和未分配利润转入股本的,其缴纳的个人所得税地方留成部分全额奖励给企业。

三、加大财税支持力度

15. 逐步扩大非公有制企业发展专项资金(中小企业发展专项资金)规模。市级专项资金在现有基础上视财力增长情况逐年增加。各县区应在本级财政中设立相应的专项资金,并根据新增财力情况逐年增加。

16. 逐步增加区级可用财力。从2009年起各区所属企业新增可用财力市级不再分成30%,全部留成各区;凡区属新办企业税收一律留成各区。山南新区范围内新办企业按市委、市政府《关于加快山南新区开发建设的决定》(淮发[2008]29号)文件执行。

17. 逐步加大财政转移支付力度。增加市对区一般性财政转移支付规模和次数,重点加大对财政困难区的财力性转移支付。市财政对区的一般性转移支付由年底一次性分配补助改为上半年和下半年各分配一次。进一步完善出口退税财政补助政策,对县区级出口退税超基数地方负担部分,2008～2012年由市财政给予全额补助。

四、大力推进项目建设

18. 加强项目储备工作。对列入省"861"、省技术改造项目库、省技术创新项目库、省资源综合利用项目库和市"9771"提升行动计划、国家和省核准或备案的项目,市各有关部门分工负责,做好服务。市、县区财政安排适当项目前期补助经费。

19. 建立完善项目库。建立《淮南市非公工业性固定资产投资项目库》。凡符合我市产业发展政策和投资导向目录、属国家支持、省"861"计划、市"9771"行动计划和市重点的非公工业项目,均可列入项目库。对入库储备项目市政府专项资金给予项目可行性研究报告、环境评价报告和相关论证等费用补助。投资额在1亿元以上(含1亿元)的项目,按实际支付的项目前期费用给予全额补助;投资额在5000万元至1亿元(含5000万元)的项目,按实际支付的项目前期费用70%给予补助;投资额在5000万元以下的项目,按实际支付的项目前期费用50%给予补助。每个项目前期费用补助最多不超过100万元。

20. 鼓励增加项目投资。列入《淮南市非公工业性固定资产投资项目库》的项目,属企业利用自有资金或引进外来资金购置设备的,市政府专项资金按当年实际完成投资额的1%~3%在年终一次性给予补助,每个项目补助期不超过3年。企业利用银行贷款进行固定资产投资的,在建设期内,市政府专项资金根据项目贷款额按不超过同期银行贷款基准利率给予贴息。贷款额在1亿元以上(含1亿元)的项目,给予100%贴息;贷款额在5000万元至1亿元(含5000万元)的项目,给予70%贴息;贷款额在5000万元以下的项目,给予50%贴息。单个项目贴息最长期限为两年。

21. 增加项目配套资金。对获得国家或省资金扶持的技术改造、技术创新、资源综合利用、创业基地和产业集群的非公项目,市政府专项资金按国家或省实际到位资金的50%给予配套或奖励,最高不超过100万元。

五、积极拓宽融资渠道

22. 改进完善金融机构考评体系。加大支持非公有制经济发展考核指标在金融机构支持地方经济发展考核评价体系中的权重,将年新增非公有制企业(中小企业)贷款额度、户数等指标列入银行业机构年度考核体系。具体考核办法,另行制定。

23. 建立小企业贷款及担保风险补偿和考核评价机制。设立金融服务中心,引导和鼓励金融机构与担保机构支持非公有制经济发展。

24. 改进完善资信评估制度。加快推进非公有制企业(中小企业)信用数据库建设,市政府建立健全《非公有制诚信企业库》,凡符合淮南产业发展要求、潜力大、信誉好的非公有制企业(中小企业)均可入库。对入库企业,市政府定期向金融机构、担保机构推介,鼓励金融机构、担保机构优先发放贷款、提供贷款担保,由此发生风险时,可享受市政府贷款及担保风险补偿。具体办法,另行制定。

25. 扩大金融服务范围。鼓励金融机构为非公有制企业(中小企业)提供票据贴现、企业联保贷款和动产、应收账款、股权、资产打包以及非专利技术等无形资产质押贷款、信用贷款和其他各类融资服务。

26. 鼓励发展金融中介服务机构。支持非公资本创设担保机构。凡业务总额80%用于支持非公有制企业(中小企业)发展的担保机构,经市有关部门和税务机关认定,其实现的业务收入3年内免征营业税。对支持非公有制经济发展业绩突出的担保机构给予奖励。具体办法,另行制定。

支持非公有制资本依法参与组建村镇银行、农村资金互助社和小额贷款公司等新型金融机构。各县区、淮南经济技术开发区都要成立小额贷款公司。鼓励、支持和引导非公有制企业依法开展多种形式的互助性担保。

27. 支持非公有制企业(中小企业)上市融资。对因申请上市而补缴的企业所得税地方留成部分,全额奖励企业;对进入上市辅导期的,其上市前期费用给予一定补助;对上市成功的,给予一次性奖励。具体办法,另行制定。

六、着力提升技术创新能力

28. 对新认定为国家级、省级和市级工程研究中心、工程技术研究中心、企业技术中心及检测检验中心的,市政府分别给予50万元、20万元和10万元的奖励。其中对非公有制企业,市非公有制企业发展专项资金按标准另行增加10%给予奖励。

29. 对主持制定国际标准、国家标准和行业标准并获准实施的企业,市政府分别给予50万元、20万元、10万元奖励,其中对非公有制企业,市非公有制企业发展专项资金按标准另行增加10%给予奖励。

30. 新认定为国家级高新技术企业的,市政府给予20万元一次性奖励。其中对非公有制企业,市非公有制企业发展专项资金按标准另行增加10%给予奖励。列入高新技术产品的,该产品3年内上交的所得税地方留成部分奖励给企业,增值税地方留成部分按50%的比例奖励给企业,定向用于企业技术研发投入。

31. 对新认定为中国驰名商标或者中国名牌产品、省著名商标或者安徽省名牌产品、市著名商标或者淮南知名产品,经认定属非公有制企业的,市非公有制企业发展专项资金按标准另行增加10%给予奖励。

对新认定为省级以上新产品和创新品牌产品的,市政府给予10万元奖励,其中对非公有制企业,市非公有制企业发展专项资金按标准另行增加10%给予奖励。

32. 对获得国家级、省级科技进步奖的非公有制企业,市政府给予所得奖金10%的配套奖励;对于获得市级科技进步奖的非公有制企业,市非公有制企业发展专项资金按标准另行增加10%给予奖励。

33. 对获得国家和省科技型中小企业科技创新基金支持的,市政府科技创业投资引导专项资金给予不低于10%的配套。

34. 市政府定期组织非公有制企业与高等院校、科研机构开展产学研对接活动。对购买高等院校、科研院所等科技成果,在本市实现产业化的,该成果年销售收入达到规模以上、1000万元以上、2000万元以上的,分别给予企业科技成果实际购买费用的10%、20%、30%专项补助,补助最多不超过50万元。从项目获利年度起3年内,每年因科技成果转化而产生的新增税收地方留成部分奖励给企业,定向用于企业技术研发投入。

35. 鼓励企业研发与推广节能减排、综合利用技术和产品。企业购置并实际使用环保、节能、节水、安全生产等专用设备的,可按专用设备投资额的10%从企业当年的应纳税额中抵免;当年不足抵免的,可以在以后5个纳税年度结转抵免。企业以《资源综合利用企业所得税优惠目录》规定的资源作为主要原材料,生产国家非禁止并符合国家和行业相关标准的产品取得的收入,减免按90%计入收入总额;企业生产符合国家规定条件的环境保护、节能、节水项目的所得,自项目取得第1笔生产经营收入所属纳税年度起,第1年到第3年免征企业所得税,第4年至第6年减半征收企业所得税。

36. 对新建的非公有制企业(中小企业)技术研发、信息服务、人员培训等公共服务平台给予总投资的20%补贴,补贴最高不超过30万元。对各级各类院校为本市非公有制企业(中小企业)培训经营管理和技术人才的,按培训人次同级财政给予补贴或补助。

七、加快工业园区发展

37. 加快各类工业园区(工业集聚区)建设。实行土地出让收益奖励。对市辖区内各类工业园区(工业集聚区)范围内的土地出让收益扣除国家和省规定的相关费用后,由市财政通过所在区财政奖励给各工业园区(工业集聚区)。

实行基础设施建设贷款贴息。市财政每年安排500万元用于对县区各类工业园区(工业集聚区)基础设施建设贷款贴息。贴息资金实行"总额控制,按季结算,先报先贴"。

实行新引进市外企业税收奖励。对各类工业园区(工业集聚区)内新引进的市外投资的工业企业,当年实际缴纳的税收中市级分成部分,全额奖励各工业园区(工业集聚区)。外来投资者与本市范围内企业共同投资在市辖区内各类工业园区(工业集聚区)中新设立的工业企业,其税收市本级分成部分按外来投资者投资占企业注册资金的比例奖励给各类工业园区(工业集聚区)。

实行多层标准化厂房建设补助。对在各类工业园区(工业集聚区)建设3层(含3层)以上标准化厂房的产权单位实行补助,由各类工业园区(工业集聚区)按实际建成并投入使用的标准化厂房建设资金10%给予奖励。

实行优惠政策倾斜。从2009年1月1日起,全市各类工业园区(工业集聚区)比照享受省级开发区优惠政策。

38. 综合运用土地政策。县区政府组织开发未利用地和复垦废弃地为耕地的,经认定后,按新增耕地每亩5000元标准给予补助。新增建设用地土地有偿使用费重点用于基本农田建设和保护、土地整理和耕地开发。征地管理费按低限标准收取。2008~2012年,土地出让收益省、市级分成部分继续全额留给县政府使用。市辖各区上缴的土地出让收益,剔除提取国家和省市规定的以外,各区可按规定申报项目用于各区建设。

依法使用已稳沉未治理采煤沉陷地的,经市、县人民政府批准,投资额在500万元以上,土地出让收益全部支付用于沉陷地治理,投资额在500万元以下,50%支付用于沉陷地治理。

39. 保障园区建设用地。各级新增建设用地计划指标、通过建设用地置换争取的用地指标,优先满足工业和工业园区(工业集聚区)的发展需要,有剩余指标的地方由市国土部门统筹调剂给急用地的工业项目和工业园区(工业集聚区)使用,工业用地出让价格在不违背法规、政策的前提下,灵活掌握。非公有制企业使用集体建设用地的,依法办理不动产登记,并可依法流转。

40. 承接产业转移,促进产业集聚。对参与泛长三角区域分工与合作,推进当地产业结构调整、优化升级的承接项目择优由本级财政给予贴息或补助;对引进符合我市产业发展方向、对当地带动作用大的整体产业转移项目,可享受省级开发区的优惠政策,直至实行"一企一策"的特殊扶持政策。

各县区、淮南经济技术开发区引进的工业项目不符合本地区产业集聚发展要求的,可按我市工业布局推荐到其他地区落户。该项目的招商引资指标由引荐地区和落户地区按5∶5的比例分享;由此而实现的税收,5年内,由引荐地区和落户地区按5∶5的比例分享。县区原有企业转移到淮南经济技术开发区发展的,产生税收的存量部分留在县区,增量部分留在淮南经济技术开发区。

41. 促进产业集群专业镇发展。经省认定的产业集群专业镇,享受省级工业园区的各项优惠政策,并对所属县区在发展县域经济考核中给予加分。

八、优化企业发展环境

42. 实行减政放权。改进环境影响评价审批工作。在坚持环评标准的前提下,进一步加强和规范建设项目环境影响评价分级审批工作,实行环评文件同级审批制度。改进规划审批工作。对市辖区内各类工业园区(工业集聚区)工业项目的总体规划、控制性详细规划和修建性详细规划由市规划局负责管理;工业单体项目由各区(淮南经济技术开发区)规划行政管理部门依据批准的修建性详细规划行使审批权,报市规划局备案。

43. 减轻企业负担。认真清理各种收费,除国家法律法规和国务院财政、价格主管部门规定的收费项目外,其他收费项目一律取消,任何部门和单位不准向非公有制企业强制收取、摊派任何费用;不准强制企业提供赞助、订购报刊或加入协会等;不准违法违规审批、检查、评比;不准指定中介机构强行让企业接受各种评审、年检;不准强行指定企业购买专用产品。凡涉及的收费项目、收费抽检频率按最低限进行。坚决禁止部门和单位向非公有制企业搭车收费。任何部门和单位的违规收费、检查、评比等,企业有权拒绝,并向监察机关投诉举报。从2009年1月1日起,全市各级工商行政管理部门停止向非公企业(个体工商户)收取各类登记类、证照类费用,市财政在扣除国家、省规定应减免部分外,给予市工商部门适当补贴,期限暂定三年。

44. 推行工商年检免审制度。对获得市政府表彰的民营企业和个体工商户(外资),企业质量信用等级A级的企业,获得国家驰名商标、中国名牌产品的企业,取得"C"标志的定量包装生产企业、高新技术企业,海关和检验检疫局一类管理企业试行工商年检免予实质审查,直接验照贴花。

45. 规范行政执法行为。严格控制对非公有制企业的各种检查。在对非公有制企业的行政执法中,要坚持"罚教并重,以教为主,重在规范"的原则,对情节轻微、未造成严重后果的一般违法行为,当事人能够及时纠正并消除不良后果的,免予或减轻行政处罚。引入行政指导、行政劝诫等新的执法方式,推行行政建议书制度和案件回访制度。

国家机关及其工作人员违反本意见规定,由其所在单位或者上级主管部门、监察机关责令改正;情节严重的,对直接负责的主管人员和其他直接责任人员给予行政处分,同时追究其主要负责人的领导责任;造成损失的,依法承担赔偿责任;构成犯罪的,依法追究刑事责任。

46. 健全投诉网络。整合有关机构,成立市非公有制企业投诉受理中心,负责监督检查发展非公有制经济各项政策措施的贯彻落实,受理涉及行政行为的投诉,督促有关部门处理。县区也应当设立非公有制企业投诉受理中心。建立健全非公有制企业和非公有制企业法人对相关政府职能部门民主评议制度,对末位实行“黄牌”警告、约见谈话制度。

47. 营造良好的舆论氛围。各新闻媒体要大力宣传党和国家鼓励、支持和引导非公有制经济发展的方针政策与法律法规,宣传非公有制经济在推进城乡一体化,促进经济社会和谐发展中的重要地位和作用,宣传非公有制经济中涌现出的先进典型,形成有利于非公有制经济发展的良好社会舆论环境。继续开展“淮南市民营企业排序活动”。市及县区每年要召开一次非公经济发展专题会议,总结推广成功经验,推动非公有制经济发展。

九、加强组织领导和工作协调

48. 将发展非公有制经济和县(区)域经济纳入全市国民经济和社会发展规划。市政府非公有制经济工作部门应当加强动态监测和分析,及时向社会公布有关产业政策、发展规划、投资重点和市场需求等方面的信息。进一步明确非公有制经济发展目标任务,全市非公有制经济总量占 GDP 比重力争年均提高不低于 5 个百分点,各县区、淮南经济技术开发区非公有制经济发展速度要高于全市平均速度。

49. 加强目标管理和考核。市政府统计部门应当会同有关部门改进和完善现行统计制度,建立健全非公有制经济、县(区)域经济统计考核体系。对各县区(淮南经济技术开发区)发展非公有制经济和县(区)域经济实行目标管理,进行年度考核。

50. 完善领导体制和协调机制。各级党委、政府要将发展非公有制经济和县(区)域经济列入重要议事日程,加强领导,形成合力,强力推进。成立市发展非公有制经济推进全民创业领导小组,负责统筹协调和推进非公有制经济发展。调整充实市工业经济发展领导小组,负责指导协调县(区)域经济发展。本意见的组织实施和解释工作由以上两个领导小组负责。

本意见自下发之日起执行。市委、市政府此前发布的政策规定与本意见不一致的,以本意见为准。

关于促进现代化农业发展的若干意见

2009 年 3 月 11 日　　淮发[2009]9 号

凤台县委、县人民政府,各区委、区人民政府,各县级以上单位:

为贯彻落实党的十七届三中全会和省委八届九次全会精神,大力推进我市现代农业发展,实现农民收入稳定持续增长。现结合我市实际,制定如下意见:

一、加强农业基础设施建设,增强农业综合生产能力

1. 加强水利基础设施建设。市财政每年安排市级基建和农水项目资金 200 万元,市级泵站更新改造资金 200 万元。

2. 加强农村交通基础设施建设。对新建的村村通水泥路建设项目,每公里补助 12.5 万元,由市、县区财政按 1∶1 比例承担。对新建的农村客运站项目,按省下达计划和补助标准,资金仍不足的,给予适当补助。

3. 加大农业综合开发力度。对经过国家、省批准立项的农业综合开发项目,市财政按照规定足额配套。

4. 对当年新购置的秸秆综合利用机械和设施、小型冷库、植保机械等重点鼓励发展的农业机械,经市级农机管理部门审定,在国家、省补贴的基础上,市财政再给予适当补贴,但不超过国家规定的最高标准。

二、大力促进农业结构调整,提高农业的比较效益

(一)种植业

5. 加强水稻提升行动和小麦高产攻关核心

示范区建设,对新建的水稻产业提升行动和小麦高产攻关活动核心示范区,经验收合格的,给予表彰奖励。

6. 对具有资质的种子企业,在我市范围内从事良种繁育,建立制种基地连片面积1000亩以上的,每年每亩给予20元补助。

7. 对在规划区域内新建设施栽培(含食用菌、草莓)小区,分类型按面积予以补助。具体标准为:日光温室集中连片50亩以上的,每亩补助4000元;钢架大棚集中连片200亩以上的,每亩补助2000元。

8. 对新开发水生蔬菜,集中连片300亩以上的,每亩补助100元。

9. 对年育苗能力达到瓜类100万株以上、茄果类200万株以上、菌种场100万瓶以上,且辅助设施齐全的蔬菜瓜果工厂化育苗中心,一次性给予15万元奖补。

(二)畜牧业

10. 新建并存栏400头以上能繁母猪,以生产二元杂交母猪为主的省级良种猪场,每场一次性补助30万元;新建并存栏300头以上的能繁母猪市级良种猪场,每场一次性补助15万元;新建并存栏600头以上的能繁母猪市级良种猪场,每场一次性补助25万元。

11. 对新建的年出栏商品猪3000头(猪舍建筑面积2500平方米)以上的规模养猪场(小区),每场一次性补助10万元;对新建的年出栏商品猪6000头(猪舍建筑面积5000平方米)以上的规模养猪场(小区),每场一次性补助20万元。

12. 对存栏能力150头以上的新建奶牛场,300头以上新建标准化奶牛饲养小区、托牛所,以及从国外、省外引进的高产奶牛,通过省级验收并获得奖补的,按省补助标准,给予1∶1配套补助;对新建管道挤奶台的奶牛养殖场(小区),一次性补助20万元。

13. 对新建存栏商品肉牛500头以上的规模养殖场(小区),每场一次性补助10万元;对新建存栏商品肉牛1000头以上的规模养殖场(小区),每场一次性补助20万元。

14. 对新建年出栏20万只、40万只、60万只以上的规模肉禽场,每场分别给予10万元、20万元、30万元的一次性补助。

15. 对新建存栏10万套、20万套以上父母代种鸡场,每场分别给予一次性补助30万元、50万元。新建存栏3万套、5万套以上肉种鸭场,每场分别给予一次性补助20万元、30万元。

16. 对家禽良种企业培育的家禽新品种、配套系,新通过国家畜禽遗传资源委员会审定或者鉴定,并由国务院畜牧兽医行政主管部门公告的,每个品种、品系一次性补助10万元。

(三)水产业

17. 对新开发名、优、特水产品种苗繁育基地,设施配套齐全,连片100亩以上且商品苗种1000万尾以上的,一次性补助10万元。

18. 对新开发名、优、特水产品连片养殖基地,连片300亩以上,一次性补助5万元;500亩以上,一次性补助10万元;1000亩以上,一次性补助20万元。

(四)林木花卉业

19. 营造片林。按照省林业厅技术规程符合成片林标准,连片20亩以上的,当年每亩补助种苗费100元;当年新造连片300亩以上(含300亩)的一次性补助5万元;当年新造连片500亩以上(含500亩)的一次性补助10万元。

20. 绿色长廊。对在铁路、高速公路、国省县道公路和大中型河渠两侧新建长廊林带3公里以上,单侧林带宽度10米以上(乔木4行以上),每公里补助5万元;林带宽度3~10米,每侧2~3行乔木的林带,每公里补助2万元;每侧1行的每公里补助0.2万元。对当年新建两侧各4行以上(乔木)长度10公里以上,一次性补助20万元;20公里以上40万元。合淮阜高速公路淮南段森林生态长廊建设资金按照淮府办[2008]106号文件执行。

21. 对新开发育苗基地100亩以上、控温温室花房1000平方米以上、钢架大棚10000平方米以上、新增鲜切花生产面积30亩以上的,每处一次性补助5万元。

22. 建立生态公益林补偿机制,市财政对市级生态公益林每年按亩均5元标准进行补助,共建设5万亩。

三、围绕农产品加工业,发展农业产业化

23. 建立《淮南市农业固定资产投资项目库》,凡符合我市农业发展政策和投资导向目录,属国家支持、省“861”计划、市“712”提升行动计划和市重点农业项目,可直接进入《淮南市农业固定资产投资项目库》,列入《淮南市农业固定资产投资项目库》的项目,可申请项目支持。

24. 固定资产投资总额在1000万元以上(含1000万元)的新、扩建农副产品加工项目,在项目建设期内,按申报期新增固定资产实际投资额的1.5%一次性给予补助。固定资产投资补助的范围为项目土地使用权、厂房、设备、辅助设施等。

25. 固定资产投资总额在1亿元以上的新建农副产品加工项目,以及国际、国内知名的跨国、跨省、跨市的农业企业,将公司总部、生产基地及研发中心入驻我市的,可采取“一企一议”、“一事一议”的办法给予政策支持。实行“一企一议”、“一事一议”的境内外企业、项目,不重复享受固定资产投资期奖扶持政策。

26. 新认定为国家级、省级、市级农业产业化龙头企业的,分别给予50万元、10万元、5万元的一次性奖励。

27. 新获得中国名牌、中国驰名商标的农业企业及其他组织,一次性奖励50万元;新获得省级名牌或省级著名商标称号的,一次性奖励5万元。

28. 年销售收入达到1亿元以上且当年盈利的农业企业,其销售收入绝对值较上年每增长3000万元;年产值5000万元以上,且年递增幅度在40%以上的,给予一次性奖励。

29. 鼓励农副产品加工园区建设,新建园区面积200亩以上,年产值达到2亿元以上的,一次性奖励园区50万元。

30. 培育农业企业家队伍,每年安排资金50万元,分批、分期组织市级以上龙头企业负责人到国内外先进地区培训、学习;聘请专家学者到我市开展讲学活动,辅导农业产业化企业规范运营。

31. 对新认定为国家级农产品加工技术研发专业分中心的企业一次性奖励50万元;对新认定为省级技术研发中心的企业一次性奖励20万元。

32. 搭建农业龙头企业营销平台,组织龙头企业参加北京、上海、合肥等地名优农产品和绿色食品交易会,对展位费和运输费给予50%的补助。

四、抓好“三品”认证,提高农产品质量安全水平

33. 对当年通过认证的无公害农产品、绿色食品、有机食品,每个产品分别给予一次性奖励1万元、2万元、3万元。同一企业系列产品获得的质量认证从第二个产品开始,每个产品分别给予0.5万元、1万元、1.5万元的一次性奖励,续报给予认证费用60%的补助。对用标产品按其销售额给予一定比例的奖励。

34. 新被确认为国家级、省级、市级农业标准化示范基地的,分别给予5万元、3万元、2万元的一次性奖励。

35. 新通过部级、省级、市级质监部门发布的农业生产操作技术规程,每项分别给予8000元、5000元和3000元的一次性奖励。

五、加快农业服务体系建设,推进农业科技创新

36. 加强农产品质量安全体系、农技推广体系、动植物防疫体系和良种繁育体系建设,重点支持乡镇农业综合服务站建设。市财政每年安排专项资金,按照市、县区1:1配套的办法,建立10个功能较为齐全、设施较为完善的乡镇综合服务站,每站市财政补助10万元。

37. 继续实施农技人员进村入户工程,市级派出的农技人员每年由市财政安排适当的工作经费,县区派出的农技人员其工作经费由市财政给予适当补助。

38. 对被评为市级示范农民专业合作社,一次性奖励1万元;对新获得省示范农民专业合作社称号的,一次性奖励2万元;市财政每年安排10万元用于农民专业合作社成员培训。

39. 积极开展能繁母猪、奶牛、种植业保险试点工作,具体奖补政策按照市政策性农业保险工作领导小组制定的能繁母猪、奶牛、种植业保险试点工作方案执行。

六、深化农村土地改革,加快土地流转步伐

40. 对单个业主受让流转土地100亩以上且合同期限5年以上的,每亩奖励100元。

41. 加强农村土地流转规范化建设,逐步建立县区、乡镇土地流转市场;对建有土地流转信息化平台的县区、乡镇,分别给予5万元、I万元的奖励。

七、抓好农村规划整治,改善农村生态环境

42. 对农村户用沼气建设项目,给予每立方米30元的补助,对配套进行改厕、改圈、改厨的农户每户再给予200元的补助;对自筹资金新建60立方米以上的大中型沼气工程;每立方米补助100元。

43. 对规划的农村居民点达到市级绿色小康村标准的,每村一次性补助1万元。

44. 组织实施农村清洁工程,先行在新农村示范村试点,每个村市财政每年补助2万元,在全市逐步推开。

45. 对编制新农村建设规划并按规定程序完成报批的乡镇、村,分别给予适当补助。

八、整合农业专项资金,提高资金使用效益

46. 设立支持现代农业发展专项资金。对列入预算的新农村建设、农业产业化、农业结构调整、养殖业富民工程、农产品质量安全、现代农业等专项资金进行整合,专项用于支持现代农业发展。对列入预算的林业基建、平原及荒山绿化、市级生态公益林补助、造林补助、绿色长廊建设、义务植树等专项资金进行整合,专项用于林业建设。上述资金实行预算管理和总量控制。从2010年起,根据财政收入情况逐年增加农业投入。

47. 支持现代农业专项资金的使用范围主要是:农业产业结构调整、农业产业化经营、农产品质量安全、农业服务体系建设、农业科技成果推广应用、农村土地流转、新农村建设和考评奖励等方面。对已经获得财政资金为主建设的项目,不再予以奖补;对可以获得多项奖补的项目,按照最高标准给予奖补,不重复奖补。

九、建立考评机制,落实领导责任

48. 建立对县区政府和市直有关部门支持现代农业发展的综合考评机制。年度综合考评第一名的县区、部门,分别奖励领导班子10万元、5万元,其中40%用于奖励党政主要领导,并由市委、市政府进行通报表彰;对于年度综合考评最后一名的县区,进行通报批评。年度综合考评结果作为目标考核的重要依据。

49. 凡农业工作获得省级以上人民政府表彰奖励的,市财政予以1:1配套奖励。

十、附则

50. 本意见由市财政局会同市农业相关部门制定具体实施细则并负责解释。

51. 本意见自2009年1月1日起执行,有效期至2012年12月31日。

关于建立新农村建设推进机制的实施意见

2009年4月16日　　淮发[2009]17号

凤台县委、县人民政府,各区委、区人民政府,各县级以上单位:

近年来,我市新农村建设取得了长足进步,但也存在着一些问题,突出表现在统筹城乡发展的体制机制尚未建立,城乡经济社会发展一体的格局尚未形成,城乡居民收入差距扩大的趋势尚未得到根本扭转,推进新农村建设的长效机制尚未建立,农业支持保护机制尚待进一步完善,需要我们在今后的工作中不断加以解决和完善。为此,就建立新农村建设推进机制提出以下意见。

一、建立农民收入稳定增长机制

实现农民收入持续稳定增长是建设社会主义新农村的核心任务,也是统筹城乡协调发展、全面建设小康社会的关键。我市到2020年实现农民收入在2008年的基础上翻一番,任务相当艰巨,必须建立促进农民收入稳定增长的机制。

1. 认真贯彻各项惠农政策。落实粮食直接补贴、良种补贴、农机补贴、农资综合直补等各项补贴政策,较大幅度增加种粮农民直接补贴,全面实行“一卡通”发放。落实国家促进产业发展,扶持龙头企业的各项政策,制定出台我市的配套政策,形成促进农业和农村经济持续健康发展的政策体系。紧紧抓住国家扩大内需的机遇,加快农村基础设施建设步伐,改善农村生产生活条件。加强涉农收费监管,完善农村公益事业建设“一事一议”制度,确保农民负担不反弹。对各项支农惠农政策落实情况加强检查督促,确保落实到位。

2. 大力调整农业产业结构。组织实施小麦高产攻关和水稻产业提升行动,稳定粮食生产、提高种粮比较效益。大力发展养殖业,提高养殖业在农村经济中的比重,调整畜牧业结构,积极发展规模化、标准化现代养殖。大力建设标准化渔业生产基地,推广标准化养殖技术、无公害养殖技术和健康养殖技术。围绕豆制品加工、草莓、奶牛、食用菌等特色产业,抓好特色产业示范村建设,培育一批具有一定竞争力的特色名牌农产品。沿淮地区要改变传统的种植模式,变对抗性农业为适应性农业,江淮分水岭地区要大力发展节水农业,降低生产成本。

3. 加快发展农产品加工业。以组织实施农业产业化“712”提升行动计划为抓手,用5年时间,全面推进稻谷、小麦、畜禽、牛奶、果蔬、大豆和生物质综合利用等7大产品链条延伸拓展,提高农产品加工业比重和农民收入来自产业化经营的比重。切实做好农业招商引资工作,整合现有农业企业,争取尽快做大做强一批龙头企业;加强对龙头企业管理人员的培训,开展银企对接、产学研对接活动,切实帮助龙头企业解决困难,优化投资环境。鼓励开展“全民创业”活动,规划建设一批农民创业园区,实行与经济开发区、工业聚集区同样的优惠政策,鼓励农民进园创业。

4. 积极发展劳务经济。建立健全市县乡村四级劳务输出机构,发挥各类社会中介组织的作用,捕捉劳务信息、逐步使劳务输出有计划、有组织。加大对农民工培训的投入力度,整合各类培训资源和培训机构,提高培训的档次和规模,实现由短期培训向中长期培训转变,由培训初级工向培训中、高级工转变,提高农民工培训职业技能鉴定证书的发放比例;逐步建立和完善维护农民工合法权益的法律服务体系,帮助农民工解决劳动保护、工资发放、劳务纠纷、子女就学等方面的实际困难。鼓励外出务工农民回乡创业。组织实施“凤还巢”工程,让回乡创业的农民享受与外来投资同等优惠政策,同时在信贷、税收等方面大力支持。

5. 加快发展农村现代流通业。围绕主导产业的发展,规划建设一批产地批发市场,健全农产品市场体系,完善农业信息收集和发布制度,发展农产品现代流通方式。实施“绿色通道”政策,减免农产品运销环节收费。继续组织实施“万村千乡”工程,改善农村消费环境,开展“送家电、送农资”下乡活动。加强农村市场监管,严厉打击坑农害农行为,鼓励信誉好、实力强的经营企业到农村发展连锁经营。

6. 综合治理采煤沉陷区。加强采煤沉陷区搬迁规划,按照统一规划,逐步实现搬迁村庄向城镇和中心村集中。尊重农民的土地权益,保障失地农民的合法权益。妥善解决采煤沉陷区历史遗留问题,对以后沉陷村庄要按照新农村建设标准规划建设,并做到先征后采、先搬后采。加大对失地农民的就业培训,鼓励失地农民开展多种形式的创业。探索从吨煤成本中提取一定数量的资金,建立土地治理、农村基础设施建设、失地农民就业和生产发展基金,完善失地农民社会保障体系。加快采煤沉陷区综合治理步伐,加大采煤沉陷区综合利用的研究,逐步把采煤沉陷区治理成为农民发展高效种养业的基地。

7. 搞好农村扶贫开发。以减少农村贫困人口数量、提高贫困人口素质为目标,加大整村推进、劳动力转移培训、产业化扶贫工作的实施力度。针对不同地区的情况,制定脱贫的具体措施。增加扶贫开发投入,加大对贫困地区基础设施建设的投入力度,改善贫困地区的基础设施条件。加大帮扶工作力度。提高扶贫标准,明确扶持范围和目标,实现农村最低生活保障制度和扶贫开发政策的有效对接,将农村有劳动能力的贫困人口全部纳入扶贫对象,重点提高贫困人口的自我发展能力,对没有劳动能力或失去劳动能力的贫困人口实行社会救助。

二、建立村庄建设管理新机制

1. 切实抓好规划的编制与管理。各级党委政府要将新农村建设规划编制和管理列入重要的议事日程,加大对新农村建设规划编制的投入力度,市、县区要安排新农村建设规划编制专项资金,逐步实现新农村建设规划由市、县区财政投入。妥善做好新农村建设规划与其他各项规划的对接,增强规划实施的可行性。规划编制的过程中要充分发挥农民的主体作用,通过召开村民大会或村民代表大会的形式广泛征求农民意见,规划制定后,要在一定范围内公布,接受群众对规划实施的监督。简化规划的审批手续,县人民政府组织编制县人民政府所在地镇的总体规划,报上级人民政府审批,其他镇的总体规划由镇人民政府组织编制,报上一级人民政府审批。乡规划、村规划由乡镇人民政府组织实施,报上一级人民政府审批。村庄规划在报送审批前,要经村民会议或村民代表会议讨论同意。农民在规划范围内的建房由乡镇监管审批,对农民建房规划审批不收费。在乡镇现有土地管理、城建等部门的基础上,组建乡镇规划管理监管队伍,加大对规划实施的监管,发现未经批准的非法建设依法进行处理,遏制农村非法建设蔓延的势头。对现有的农村建房进行普查登记发证工作,依法进行管理,逐步使农村建设走向制度化、规范化轨道。

2. 因地制宜地推进村庄建设改造。在近郊区,按照城乡一体化的原则高标准开发建设,特别是对"城中村"要按照城乡一体化的标准加快改造步伐,尽快将其改造成为城市社区。对因采煤沉陷、项目建设、低洼地治理等需要整体搬迁的村庄或今后需要整体搬迁的,按照有利于群众生产生活、有利于资源合理开发利用的原则,做好新村的整体搬迁规划,建设好道路、排水、路灯、绿化、公共服务设施等基础设施,采取多种方式进行开发建设。在广大农村地区因地制宜地开展村庄整治活动,区分不同情况,对规划保留的居民点,加强村庄道路、排水、绿化等基础设施建设,引导农民按照规划要求进行建房,减少乱搭乱建,逐步形成环境优美、村容整洁的新农村。对不在规划保留的农村居民点范围的村庄,实行萎缩管理,逐步引导农民搬迁到规划的居民点中建房。加快村村通工程向自然村延伸步伐,争取在5年内实现自然村道路硬化目标,制定具体补助办法,鼓励农户对与村庄道路的连接部分进行建设。加快实施农村饮水安全工程和农村排水体系建设。逐步将农村清洁工程纳入民生工程范围。

3. 加快农村宅基地的流转。加强农村宅基地登记发证管理,明晰宅基地属权,做到宅基地登记发证到户,实现农村宅基地登记发证全覆盖。鼓励农村宅基地有偿、有序流转,对于彻底退出的建立奖励机制,不影响其农村集体土地承包权益,不影响其原作为农民身份享有的政策待遇。结合低洼地治理,将危险地带的农户逐步向安全地带集中,通过老村庄、空心村治理,逐步将农户向中心村和城镇集中。大力推进村庄改造和归并整治,将相关政策落实到位,扩大城镇建设用地增加与农村建设用地减少相挂钩范围,先行试点、逐步推广。

4. 建立村庄建设管理长效机制。研究制定村庄建设管理办法,通过村规民约等多种办法加强村庄管理。在自然村建立新农村建设理事会,由理事会对村庄公益性事业进行管理。完善村民"一事一议"制度,扩大"一事一议"的实施范围与规模,允许因村庄建设的需要对"一事一议"实行跨年度平衡,对农民利用"一事一议"进行公益事业建设加大补贴力度,鼓励农民群众通过"一事一议"进行建设。逐步把农村应享受的公共服务事业纳入民生工程,实现城乡居民公共服务均等化。建立健全村庄道路、饮水工程、垃圾处置、社会治安等管理办法,完善村规民约,让群众的事群众办、群众的事群众管,用制度和村规民约约束群众行为。

三、建立有效的政策保障机制

1. 保障农民土地承包经营权。进一步完善以家庭承包经营为基础、统分结合的双层经营体制,保持现有土地承包关系长久不变,让农民吃上长效的"定心丸"。制定土地流转办法,规范土地流转行为,促进土地承包经营权流转,发展适度规模经营。落实土地政策,采取有效措施,严格限定公益性用地与非公益性用地的界限,切实保护农民利益。对农民发展养殖业所需土地,视同为农业用地。对批准占用农村集体土地建设的非公益项目,允许农民通过多种方式参与开发经营。按照同地同价的原则,给予农民和集体经济组织足额补偿。

2. 保障农业投入稳定增长。建立市、县区对农业投入稳定增长机制,确保对农业投入的增长幅度高于财政经常性收入的增长幅度。制定考核办法,将各级对农业投入增长幅度纳入政府目标考核内容,加大督促考核力度,对没有按照要求增加农业投入的地方要进行行政、经济等多种形式的处罚,建立激发县区、乡镇增加农业投入的激励处罚机制。对县以下的各类支农资金进行整合,投入到重点领域和重点区域,发挥支农资金效益。

3. 加大支农工作力度。制定工业反哺农业、城市支持农村的意见,研究制定企业支持当地产业发展和人才培养的具体办法。企业要帮助和扶持当地农民或集体经济组织发展与其主导产业配套的加工产业和第三产业,加强对农民生产经营和管理的培训,优先选用当地生产的配套产品和接受当地第三产业的服务。建立完善企业帮扶农村制度,根据企业的规模,合理确定企业支持农村公益事业建设的范围,企业在制定发展规划时要将所帮扶的农村同时规划,将企业的基础设施建设向农村延伸,使帮扶农村的道路、供排水、路灯、绿化、有线电视和电信网络等与企业大体相当。按照"谁破坏、谁治理"的原则,企业在生产经营过程中对农村土地、基础设施、环境的破坏,由企业负责修复和治理,并给予群众适当补偿。大力推进优秀智力资源向农村流动。继续选派优秀年轻干部到村任职,实施"一村一名大学生计划",建立农业、林业、教育、医疗等部门中高级专业技术人员定期到农村服务制度。

4. 大力发展农村金融。完善农村金融体系,稳定和发展农村金融服务网络,促进金融机构向农村延伸,对金融机构向农村贷款给予税费减免和补助。积极发展农村小型金融服务业,发展多种形式的新型农村金融机构和以服务农村为主的地区性中小银行,大方发展小额信贷,发展适合农村特点和需要的各种微型金融服务,积极发展农户小额信贷,让有条件的农民专业合作社开展信用合作,开展农民之间的互助互贷。建立农村信贷担保体系,建立专项的支持农业农村的贷款担保资金,解决农村贷款担保难问题。加快农村土地、房屋等确权、登记、颁证工作,探索农民土地和房屋抵押办法,积极开展农户联户担保贷款,多渠道解决农民贷款难问题。落实政策性保险,积极开发新的险种。

四、建立工作落实机制

1. 健全完善组织领导机构。调整和充实各级新农村建设工作领导小组的力量,形成高效协调的新农村建设指挥机构,建立领导小组例会制度,研究解决新农村建设过程中的重大问题。市、县区要建立新农村建设工作领导小组办公室,落实人员、办公场所和办公经费,赋予其统筹协调新农村建设工作的职能,加强工作协调,形成有机构、有人员、有权威的指挥协调、运转高效的工作体系。

2. 明确目标,落实责任。加强对新农村建设工作目标体系的研究,研究制定我市2020年农业和农村发展的总体目标,在此基础上,分解细化新农村建设的阶段性目标和年度任务,落实到相关部门和各级政府。

3. 加大宣传,形成氛围。采取多种方式大力宣传新农村建设的目的意义、总体要求及具体措施,广泛开展"文明乡村"、"文明户"创建活动,把广大农民的积极性充分调动起来,自觉投身到新农村建设中去,充分发挥农民的主体作用。各级宣传部门和新闻媒体要加大宣传力度,开辟专题和专栏及时报道社会主义新农村建设中的好思路、好经验、好典型,在全市形成建设社会主义新农村的浓厚氛围。

4. 抓点示范,全面推进。继续扎实推进"千村百镇"和"1860"示范工程建设,抓好不同类型、不同特点的新农村建设示范村建设,总结经验,将各类政策、资金、项目、人才、技术等要素向示范村倾斜,通过扶持示范村的快速发展,推动全市新农村建设快速发展。改革示范村的管理和新农村建设资金的分配办法,发挥激励作用。对示范村实行动态管理。对各类新农村建设资金突出奖补特性,多干多补、少干少补、不干不补。积极探索以物质补助代替资金补助的办法,更多地采取实物补助。

5. 严格考核,兑现奖惩。制定新农村建设考核奖惩办法,加强对目标计划和年度任务的监督考核,做到年初有计划、年中有检查、年末有考核,并将其作为党政干部和农村工作考核的一项重要内容,作为对干部奖罚使用的重要依据,确保新农村建设的各项任务落到实处。

关于完善公共服务供给机制的实施意见

2009年6月30日　　淮发[2009]34号

凤台县委、县人民政府,各区委、区人民政府,各县级以上单位:

为进一步加快行政管理体制改革,完善公共服务供给机制,根据有关文件精神,现结实我市实际,制定本实施意见。

一、指导思想

以邓小平理论和“三个代表”重要思想为指导,深入贯彻落实科学发展观,坚持执政为民,以群众利益和社会需求为导向,围绕“推进科学发展、加速淮南崛起”的目标,推进行政管理创新,改革和完善公共产品和公共服务的供给方式,努力构建现代公共服务供给机制。

二、总体目标

按照“政府主导、社会参与、适度竞争、监管有力”的原则,5年内,逐步建立和完善以公平教育、公共卫生和基本医疗、人口计生、公共文化、广播电视为主要内容的公共事业性服务供给机制,逐步消除城乡和区域之间公共服务供给的差距,力争实现基本公共服务均等化的目标。

三、基本思路

统筹规划,找准切入点,实现重点突破,提升公共服务的供给水平,使基本公共服务向农村、落后地区、困难群体倾斜的政策稳定化、制度化;更加注重公共服务,着力促进教育、卫生、人口计生、文化、广播电视等社会事业健康发展,建立健全公平公正、惠及全民、水平适度、可持续发展的公共服务体系,推进基本公共服务均等化,避免在经济转轨、社会转型时期出现的城乡差距、区域差距、贫富差距转化为基本权利和机会的不平等。

(一)建立公共服务供给的经费保障机制

落实国家有关法律规定,加大对公共服务的投入,改善公共服务的质量,使全社会都能够享受到基本而有保障的公共服务。

(二)建立政府主导、社会参与的多渠道公共服务供给机制

以公共需求为导向,调动社会力量提供和改善公共服务,鼓励各种民间组织投资兴办公益事业和提供社会服务,建立以政府为主导、各种社会主体共同参与的公共服务供给格局,实现公共服务供给主体的多元化和供给方式的多样化。

(三)建立“自上而下”与“自下而上”双向互动的服务决策机制

以公共服务是否符合广大群众的实际需求为标准,在群众积极参与的基础上,建立体现群众对公共服务需求意愿的表达机制。不断推进基层民主制度建设,完善公共服务投资决策程序,建立公共服务供给专家咨询和听证制度,转变现行“自上而下”单一的公共服务决策机制,形成“自上而下”与“自下而上”双向互动的服务决策机制。

(四)建立健全公共服务供给过程中的监督制度

一是加强对公共服务决策机制的监督,完善决策的监督制度,明确监督主体、监督内容、监督对象、监督程序和监督方式。二是规范服务问责制度,加大社会透明度,完善社情民意沟通渠道,扩大公众在公共服务问责制度中的知情权、参与权和监督权。三是完善政府公共服务绩效评价和效果跟踪反馈制度,健全政府公共服务绩效管理和评估体系,强化各级政府公共服务的责任,形成科学的公共服务分工。四是建立系统的考评体系和量化指标,对政府提供公共服务的经济、社会效益进行考察和评价。对重大基础设施建设,要从项目的立项审查、跟踪督办直至验收考核进行全程监督管理,对达不到考评标准的,要追究相关人员的行政责任甚至法律责任,同时增加公共资源使用的透明度,定期将收支情况向社会公布。

四、主要措施

(一)完善公共教育供给机制,提供公平优质教育

大力促进教育公平,努力解决好关系人民群众切身利益的教育热点难点问题,保障教育权利平等与机会均等,让人民群众共享教育改革发展的成果。坚持教育公益性质,落实保障教育优先发展的政策措施,加大财政对教育的投入力度,加快建立健全保障教育优先发展的机制和制度。

1. 加大教育投入。各级财政对教育经费的投入力度应高于财政经常性收入的增长,并按在校学生人数平均的教育费用逐步增长,保证教师工资和公用经费逐步增长。市、县区城市教育附加用于职业教育的比例不低于30%,专项用于职业教育学校更新实验实习设备、教育教学设施和改善办学条件。

2. 完善教育基础设施。启动全市义务教育阶段学校标准化建设,市、县区统筹落实资金,计划用5年时间,使我市义务教育阶段学校教育教学设备、设施基本达到省颁标准,基本适应素质教育的需求。按照义务教育经费保障机制改革的要求,对新出现的农村中小学危房,通过建立校舍维修改造长效机制加以解决。坚持城乡薄弱学校改造与中小学布局调整、危房改造相结合,适时调整和撤并一批生源不足、办学条件差的学校。城市中小学建设纳入城市建设总体规划,严格执行《淮南市中小学(幼儿园)规划建设条例》,在进行旧城改造和新区建设时预留学校建设用地,做到学校建设与城市发展和住宅建设同步规划、同步实施。加强基础教育信息资源建设,促进优质教育资源共享。加快推进山南职教园区建设,努力将其建成为集学历教育、实习培训、技能鉴定、就业服务、产学研一体化的高规格、高标准职教园区,推动我市职业教育发展。

3. 重视学前教育。坚持学前教育以公办为主体、民办为辅,多渠道、多形式办园。新建成片居住区开发建设单位必须按照布点规划和建设标准配套建设幼儿园。整合教育资源兴办幼儿园,争取90%的乡镇建立公办中心幼儿园。发挥省市一类幼儿园的示范作用和公办幼儿园的骨干作用,争取全市学前三年幼儿受教育率达到80%以上。

4. 促进义务教育均衡发展。继续深化义务教育经费保障机制改革,进一步完善“以县区为主”的义务教育管理体制。合理配置公共教育资源,加快义务教育阶段学校布局调整。继续开展城乡学校结对帮扶和支教工作,提高农村义务教育质量和水平,缩小城乡教育差距。加强教师培训,重点提高农村教师素质。巩固和发展农村中小学现代远程教育成果,全面推进基础教育信息化建设。探索建立促进义务教育均衡发展的监测体系,加强分类指导,实现办学水平和教育质量均衡发展。严格执行义务教育阶段学校划片免试就近入学政策,逐步解决城区义务教育择校生问题,继续实施义务教育新生入学“阳光分班”。认真落实国家资助政策,积极采取措施,保障经济困难家庭、进城务工人员子女和残障少年平等接受义务教育。

5. 加快普及高中阶段教育。坚持规模和效益并重的原则,力争通过3年左右时间,整合全市普通高中教育资源,集中力量办好一批高中学校,做大做强以省、市级示范高中为主体的普通高中;继续推进普通高中新课程实验,执行国家课程标准和方案,改革评价机制,加强教育教学质量检测;改革招生办法,提高教育质量,力争初中毕业生升学就读高中(含职高)入学率80%以上,户籍人口应届高中(含职高)毕业生进入大学比例高于全省平均水平,确保高中毕业率95%以上。保持普通高中教育与职业教育的合理比例,做到普职教协调发展。充分发挥政府的主导和企业的主体作用;加强职业教育的统一规划和宏观管理,加快职业教育园区建设,培养实用技能型人才,保证职业教育持续、健康发展。

6. 加强职业技能培训。进一步实施就业准入制度和职业资格证书制度,规范全市劳动用工、职业介绍和职业培训市场行为;积极开展职工岗位培训、下岗失业人员培训,确保每年达1万人次;大力推进农村劳动力职业技能培训,每年培训农民5万人次,提高农村劳动力整体水平。

7. 优化师资队伍。实施“名师工程”和“教师成才计划”,组织和引导教师提高学历水平,未来5年,力争全市小学和中学具备本科学历的教师分别达60%和90%以上,力争10%以上的高中教师达到研究生或相当于研究生学历,名师占专业教师比例达20%以上。到2010年,在全市初步形成3000人规模的骨干教师队伍,对作出突出贡献的优秀教师,市政府安排专项资金给予奖励。

8. 强化督导考核。把依法加大教育投入、均衡配置辖区内教育资源、落实义务教育均衡发展作为考核衡量指标,督促县区切实把教育放在优先发展的战略地位。督促学校遵循教育规律,规范办学行为,促进教育教学质量的提高。

(二)完善公共卫生供给机制,保障和促进人民群众身心健康

坚持预防为主,中西医并重,以公共卫生机构、城市社区卫生服务和农村卫生机构为主要服务载体,以落实国家公共卫生服务项目、基本药物和适宜医疗技术为重点,促进基本公共卫生服务逐步均等化。从2009年起,逐步缩小城乡居民基本公共卫生服务差距,努力为城乡居民统一提供疾病预防控制、妇幼保健、健康教育等基本公共卫生服务。

1. 全面加强公共卫生服务体系建设。一是建立健全疾病预防控制、健康教育、妇幼保健、精神卫生、应急救治、采供血、卫生监督等专业公共卫生服务网络,完善以基层医疗卫生服务网络为基础的公共卫生服务功能,建立分工明确、信息互通、资源共享、协调互动的公共卫生服务体系,提高公共卫生服务和突发公共卫生事件特别是重大公共卫生事件的应急处置能力,促进城乡居民逐步享有均等化的基本公共卫生服务。二是完善政府对公共卫生的投入机制。新增政府卫生投入重点用于支持公共卫生、农村卫生、城市社区卫生和基本医疗保障。逐步提高公共卫生服务经费标准,健全公共卫生服务经费保障机制。2009年人均基本公共卫生服务经费标准不低于15元,2011年不低于20元。疾病预防控制、健康教育、妇幼保健、精神卫生、应急救治、采供血、卫生监督等专业公共卫生服务机构的人员经费、发展建设和业务经费由政府全额安排,取得的服务收入按照规定上缴财政专户或纳入预算管理。执行国家重大公共卫生服务项目。继续实施结核病、艾滋病等重大疾病防控和国家免疫规划、农村妇女住院分娩等重大公共卫生项目。三是建立公共卫生考核工作制度。加大对公共卫生的投入,确保公共卫生服务各类项目指标列入考核各级政府发展社会事业的具体指标体系,明确责任,落实任务。四是加强公共卫生服务资金的管理,保证经费公平、合理、有效使用,保障公共卫生服务惠及千家万户。

2. 落实疾病预防控制措施。一是认真做好卫生应急工作。加强监测预警系统和应急救援专业队伍建设,完善应急预案,规范应急演练,切实做好重大传染病、突发公共卫生事件和重大自然灾害应急处置工作。二是基本公共卫生服务覆盖城乡居民。从2009年开始,逐步在全市统一建立居民健康档案,并实施规范管理。定期为65岁以上老年人做健康检查、为3岁以下婴幼儿做生长发育检查、为孕产妇做产前检查和产后访视,为高血压、糖尿病、精神疾病、艾滋病、结核病等人群提供防治指导服务。落实传染病医院及其他疾病预防控制机构从事高风险岗位工作人员的政策待遇。三是加强健康促进与教育。医疗卫生机构及机关、学校、社区、企业等要大力开展健康教育,充分利用各种媒体,加强健康、医药卫生知识的传播,倡导健康文明的生活方式,促进公众合理营养,提高群众的健康意识和自我保健能力。四是加强慢性病和地方病防治。开展慢性病的健康教育和干预试点工作,加快市级精神病防治机构建设,保持消除碘缺乏病工作成果,建立高氟、高砷区安全饮水工程建设进度和水质动态监测系统,尽快建成马山医院新病区,改善麻风病的防治条件。五是深入开展爱国卫生运动。将农村环境卫生与环境污染治理纳入社会主义新农村建设规划,推动卫生城市和文明村镇建设,不断改善城乡居民的卫生环境。

3. 强化卫生监管力度。一是认真贯彻《行政许可法》,进一步深化卫生审批制度改革,规范卫生审批行为。二是继续加强公共卫生监管。做好食品、传染病防治、公共场所、饮用水卫生监管以及涉水产品和消毒产品的监管。尽快建成医疗废弃物集中处置中心。加强职业病防治监管和技术服务网络建设,进一步规范职业病诊断与鉴定、建设项目职业病危害评价工作,规范职业卫生技术服务机构执业行为。三是继续推进“以病人为中心,以提高医疗服务质量为主题的医院管理年”活动。四是贯彻落实国家基本药物制度。政府举办的公立医院要优先使用基本药物,基层医疗卫生机构原则上全部配备使用基本药

物。积极推进药品和医疗器械集中采购工作,非营利性医疗机构执行以省为单位的中标药品目录,农村乡镇卫生院和城市社区卫生服务机构也必须实行药品统一招标采购及集中配送,保证药品廉价、安全、有效。

4. 加强卫生人才培养。一是加强基层卫生人才队伍建设。从2009年起,凡列入民生工程建设的乡镇卫生院,要保证具有大学专科以上学历的卫生专业人才不低于2名,并鼓励优先引进。为每个村卫生室选拔1名中专以上学历的乡村医生,按省、市(县区)配套办法,落实每人每月不少于100元的公共卫生补助经费。二是加强重点学科建设和学术技术带头人培养,提升医疗卫生高端服务能力。同时抓好在岗卫生人员的继续教育。三是加强科研管理和成果转化工作。推广实施卫生部"十年百项"技术项目,促进卫生技术成果转化应用。

(三)完善人口计生公共服务供给机制,统筹解决人口问题

坚持以科学发展观为统领,以满足人民群众日益增长的计划生育、生殖健康需求为出发点,完善优质、便捷、高效的计划生育公共服务供给机制,进一步稳定低生育水平、提高出生人口素质,努力构建统筹解决人口问题的工作新格局,促进人口与经济、社会、资源、环境全面协调可持续发展。

1. 加大人口计生投入。建立计划生育奖励资金分级投入制度。各级财政要逐年增加对人口计生事业的投入,增长幅度要高于经常性财政收入的增长,到2010年,各级财政投入人口计生事业费的总额要达到年人均30元,省(含中央)、市、县乡按20%、20%、60%的比例投入到位并切实加强监管。确保法律、法规规定的各项奖励优惠政策、人口计生技术服务机构的基本建设和队伍建设、计划生育经常性工作、计划生育免费基本技术服务等经费的落实。

2. 加强服务体系建设。深入开展创建计划生育优质服务县区、乡镇和优质服务站、所活动,推进计划生育服务站、所、室规范化建设。抓住国家扩大内需的机遇,积极申报项目,加强基础设施建设,2009年完成7个服务所国债项目建设,确保2010年前全市所有的服务站、所均达到国家三部委的建设标准,村服务室达到省、市标准。

3. 加快人才队伍建设。采取集中业务培训、岗位练兵、学习交流等方式,提高人口计生干部队伍素质。充实人口计生队伍,重点加强乡镇(街道)和村(居)人口计生工作力量,设立专门的机构,配备与工作任务、性质相适应的人口计生工作队伍。各县区要从街道事业编制中再调剂1个编制用于人口计生工作,逐步为3000人以上的村配备两名计生专干。

4. 提升生殖健康水平。围绕节育、生育、不育开展生殖健康服务,实施避孕节育优质服务工程、出生缺陷干预工程和生殖系统感染干预工程。加强孕情监测和孕期服务,进一步完善孕情跟踪服务随访制度,提高计划生育优质服务水平。着力推进出生缺陷一级预防工作,加快凤台县、田家庵区干预工程的两个重点实验室建设,努力预防和减少出生缺陷发生,有效提高出生人口素质。积极推广安全、有效、适宜的避孕节育、优生优育和生殖健康新技术、新方法,维护育龄群众的健康权益,减少生殖道感染对育龄妇女健康的影响,到2010年,全市80%以上的育龄妇女得到相关生殖保健服务。

5. 提升人本服务水平。广泛开展"关爱女孩行动"、"婚育新风进万家活动",进一步加强人口文化建设,以人口文化大院(园区)为载体,开展丰富多彩的活动,倡导婚育新风,引导群众自觉实行计划生育。完善市、县区、乡镇(街道)、村(社区)避孕药具发放网络,实现避孕药具按需发放,定时发放。深入开展计划生育便民维权活动,积极推进基层人口计生政务公开,切实保障群众合法权益。大力开展城市和流动人口计划生育示范街道、示范社区创建活动,坚持实行流动人口计划生育综合治理,按照"属地化管理、市民化服务"的原则,为流动人口提供与户籍人口同等的免费服务。

6. 完善利益导向体系。积极兑现各项法定奖励优惠政策,继续实施农村计划生育家庭奖励扶助制度、计划生育家庭特别扶助制度。从2009年1月1日起,在全市推行农村计划生育家庭奖励制度,对农村独女领证户、两女结扎户分别给予每月50元、30元的现金奖励。研究制定具体

意见,逐步解决企业领取独生子女父母光荣证的退休职工、城市无业居民计划生育奖励问题。总结推广凤台县建立的“一发二减三救助四奖励五免费六优先”的利益导向政策体系,加强普惠性政策与计划生育优惠政策的衔接,完善人口计生利益导向政策体系,让计划生育家庭优先分享改革发展的成果。

7. 维护正常生育秩序。完善社会抚养费征管机制,逐步推广在乡镇设立社会抚养费代征站制度,重点摸排核实党员干部、社会知名人士、公众人物的违法生育,加大处罚力度,对典型案件,依法申请法院强制执行。完善出生人口性别比综合治理机制,建立健全“党委政府负责、纪检政法牵头、部门认真履职、群众积极参与、区域密切协作”的案件查处机制,重点查处各类医疗机构和公职人员非法鉴定胎儿性别和施行选择性别终止妊娠案件,并对典型案件进行曝光。

(四)完善公共文化供给机制,实现好保障好人民群众的文化权益

以加快建设“文化大市”为目标,进一步加大政府对文化建设的投入,认真做好城乡文化设施规划建设,大力弘扬地方优秀文化,狠抓精品艺术创作,加快文化产业发展,努力为社会提供丰富的文化产品和文化服务,实现好保障好人民群众的基本文化权益。

1. 加大公共文化投入。积极筹措资金,逐步加大对公共文化的投入力度,每年都安排专项资金用于开展各类公益文化活动、公益电影放映补贴、重点艺术创作与奖励、文化信息资源共享工程建设、文化遗产保护及公共文化设施建设等。

2. 加快公共文体设施建设。一是加强公共文化体育服务体系的法规制度建设,制定并实施《淮南市文化设施专项规划》。二是加快城乡文化体育设施建设,加快淮南大剧院、淮南图书馆、“万人坑”教育馆、现代化电影院、淮南艺术馆等文化设施建设,特别是淮南大剧院建设,2009年要完成规划设计,力争2010年开工建设。规划建设好县区文化体育中心、图书馆、博物馆及乡镇综合文化体育站。2009年建成史院、唐山、安成、山王4个乡镇综合文体站,对每个站投入40万元文化建设和5万元体育建设资金。2010年建成其余38个乡镇综合文化体育站。配备专职体育干事,培养和建立以社会体育指导员为主体的农村体育骨干队伍,组织开展丰富多彩的群众体育活动,抓好体育基础设施的建设和维护,改善广大农民参与健身的环境和条件,不断提高农民的身体素质和健身水平。力争5年内,市级标志性、功能性文化体育设施配套建设齐全,县区图书馆、文化体育馆全面建成并达到标准,各具特色的博物馆相继涌现;全市所有乡镇综合文化体育站建成达标,所有社区及行政村建有文化体育活动室、图书室、文化体育活动广场等。

3. 培育公益文化活动品牌。重点办好全市花鼓灯舞大赛、群众文艺调演、少儿文化艺术节、声乐戏曲大赛、老年艺术节、社区文化节、淮河风情文化节、淮河花鼓灯艺术节和“中国·淮南”国际少儿艺术节等文化活动。按照政府指导、社会参与、群众自娱、形式多样的原则,广泛组织开展基层文化活动。

4. 实施文化精品工程。以弘扬地方优秀文化为重点,进一步开发文化艺术资源,努力创作生产一批优秀的剧目歌舞等演出产品和美术书法艺术作品,推出一系列精品艺术展览和文博展览。

5. 实施数字化文化建设工程。推动“文化信息资源共享工程”进家入户,在5年内建成市、县分中心,区及乡镇支中心,所有农村行政村及社区建成接收站点,同时积极推动数字图书馆建设。

6. 推进“惠民文化”建设。坚持“四进一下”(进厂矿、进社区、进学校、进军营、下农村);开展好“文化惠民”演出活动;继续举办“淮南市鉴宝大会”。逐步实施公益文化活动场所免费向群众开放,公益性文化活动免费为群众服务,探索经营性文化活动和文化服务低票价为群众服务和实施政府采购及社会资助为群众免费服务新途径。

7. 加强文化遗产保护。继续做好博物馆建设,规划推出一批文物及地方历史文化精品展。加大非物质文化遗产保护开发力度,落实《淮南市保护和发展花鼓灯艺术条例》真正推动花鼓灯、推剧、八公山豆腐等一批国家及省非物质文化遗产的保护、传承和发展。深入开展《淮南子》历史文化学术研究,争创国家级《淮南子》研究

会,争办国家级《淮南子研究》公开刊物,进一步弘扬淮南优秀历史文化,增强淮南文化的感召力和软实力。

（五）完善公共广电供给机制,保障人民日益增长的精神文化需求

加大政府财政投入,加快广播电影电视数字化进程,切实提高广播影视公共服务水平,让更多的群众共享先进科技成果和公共服务,努力实现公共服务均等化目标,保障人民群众听广播、看电影、看电视的基本文化权益。

1. 加大对重大宣传活动的经费投入。每年市财政安排专项资金用于扶持、支持豆腐文化节、少儿艺术节、春节晚会广播电视直播以及各类对外宣传片、专题片的制作,不断提高重大直播活动和专题片创意制作的质量和水平,扩大淮南的知名度和美誉度。

2. 加快广电数字化建设。适应广播电视发展新趋势,加大高清节目制播能力建设力度,逐步更新购置采、编、播设备,加快现有演播室和制播系统的高清化改造,加快高清电视节目储备,构建适合标清、高清等多种格式播出、多种终端接收的媒体内容平台,力争5年内初步实现标清与高清两种方式同时播出,增加高清频道和节目内容,促进高清电视机的推广普及,使全市人民能够早日享受到高质量、高清晰度的广播电视服务。

3. 加强农村电影、电视覆盖。加大投入,落实和完善政府场次补贴机制,按照一村一月一场电影公益性目标,积极探索"政府买服务"的有效方式,扎实推进农村电影放映工程建设。完善农村广播电视公共服务覆盖体系,以无线电视为主,以微波数字电视为补充,加大对广大农村无线覆盖范围。力争2年内新建一座简易的广播电视发射塔,购置地面数字电视和微波数字电视发射设备,开通无线数字电视业务,使全市农村电视用户能收看到60多套无线数字电视节目,享受到与城市有线数字电视用户均等的精神文化权益。

4. 加快数字电视整体转换步伐。按照"政府领导、广电实施、社会参与、群众认可、整体转换、市场运作"的原则,计划用2年时间完成淮河以南城区有线传输网的扩容、升级改造,同步用5年时间完成全市20万有线电视用户的整体转换任务。为有线数字电视用户提供阳光政务、旅游、交通、教育、医疗、就业、气象等各类便民信息服务,推进我市信息化建设。让广大市民享受到专业化、个性化的数字电视服务,提高文化生活的质量和水平。

5. 加大新媒体建设支持力度。加大对淮南新闻网站建设的扶持力度,更新网站软、硬件设备,全力打造对外宣传平台,提高淮南新闻网的影响力和竞争力。按照国家广电总局的统一部署,筹措资金成立移动多媒体广播电视淮南分公司。加快建立移动多媒体广播电视多业务服务体系,积极利用多种手段,集成推出时效强、容量大、形态多样的电子业务指南、紧急广播、股票信息、交通导航等多媒体数据广播业务,满足移动人群随时随地收看电视节目的需求,推进移动多媒体广播电视又好又快发展。

关于扩权强镇试点工作的实施意见(试行)

2009年8月26日　　淮发[2009]39号

凤台县委、县人民政府,各区委,区人民政府,各县级以上单位:

为进一步做大做强镇域经济,加快城乡统筹发展,促进全市经济社会又好又快发展,根据省委、省政府《关于实施扩权强镇的若干意见》(皖发[2009]15号)精神,现结合我市实际,就扩权强镇试点工作提出如下意见。

一、指导思想和发展目标

1. 指导思想。坚持以科学发展观为指导,实施城乡一体化发展战略,按照"权力下放、政策扶持、体制创新、突出特色"的原则,强化试点镇公共服务和管理职能,增强试点镇经济社会发展活力,努力把试点镇建设成产业集聚区、人口集中区、和谐社会示范区,为全市工业化、城市化和现代化建设奠定坚实的基础。

2. 发展目标。通过政府推动、体制创新、政策扶持、市场运作,大力提高试点镇综合实力,到2012年,试点镇要形成较为健全的框架、体系和基础。

——城镇规模进一步扩大,基础设施不断完善。试点镇基础设施建设投资年均增长30%,建成较为完善的供水、供电、供气、道路、绿化以及污水、垃圾处理等基础设施,其中乡村道路、农村饮水工程等有明显改善。

——经济实力进一步增强,产业结构日趋优化。产业功能区定位明确,特色产业、块状经济发展水平进一步提升。引导农村工业企业向试点镇集聚,每个试点镇形成1—2个竞争力强的主导产业,培育1个工业集中区,积极筹建省级开发区,打造各具特色的工业强镇、商贸重镇、旅游名镇等。

——社会事业进一步发展,文明程度日趋提高。建设和完善"一校一园(标准化学校、中心幼儿园)、二院(卫生院、敬老院)、三站(综合文化体育站、农村综合服务站、劳动保障服务站)"等公共服务设施,城乡就业、社会保障基本建立,形成较为完善的社会事业管理体系。乡风文明,居民民主管理意识增强,社会平安和谐。

——党组织作用进一步发挥,党建工作成效明显。镇党委自身建设得到加强,争创一批"五个好"党组织;探索扩大党内基层民主多种实现形式,推行党内重大问题和任用干部票决制。加强对基层政权组织、群众自治组织、新经济组织和新社会组织的领导。党务、政(村)务公开进一步规范。统筹城乡党建,抓好城乡结对共建等工作,实现组织资源和社会资源的良性互动。

力争到2015年,试点镇建成规划布局合理、产业特色明显、经济实力雄厚、基础设施完善、生态环境优美、组织保障有力、社会和谐发展的现代化小城市,具有较强的集聚能力和带动作用。

二、落实政策,扩权放权

3. 明确试点镇规划建设管理职能。县区和试点镇在全市总体规划下,高起点、前瞻性编制试点镇发展规划和镇总体规划,由试点镇自行负责实施。市和县区建设、规划部门加强对试点镇规划编制工作指导,确保试点镇各项规划编制的质量,落实规划所需专项经费。试点镇设立规划建设管理分局,由试点镇政府和县区规划主管部门共同领导,以镇政府为主。试点镇规划建设分局受市、县区规划主管部门委托,负责核发镇区(城市主干道两侧除外)建设工程的规划许可证,村庄规划区内(城市主干道两侧除外)建设工程乡村建设规划许可证。试点镇涉及的旧城改造、场镇建设、存量土地利用等,由试点镇负责实施。

4. 加大对试点镇财政扶持力度。按照"一级政府、一级财政"的要求,改革完善试点镇财政体制。以2008年财政收入为基数,超收部分由县区级财政全额返还试点镇,一定5年不变。试点镇征收的非税收入市、县留成部分,全额返还给试点镇,并及时足额返还到位。在试点镇辖区内属于镇管理使用的国有建设用地使用权及新增国有建设用地收取的土地出让金,其净收益予以全额返还。市财政设立扩权强镇发展专项资金,主要用于试点镇发展。

5. 加大用地支持力度。推进试点镇规划修编工作,保障其发展用地需求。在新一轮土地利用规划修编中,充分考虑试点镇的发展需要,合理布局,统筹安排。加大对试点镇用地指标支持力度,在每年下达的用地指标中,优先安排试点镇的用地计划指标,支持试点镇的发展。深入推进土地置换和增减挂钩工作,优先安排试点镇建设用地置换和城镇建设用地增加与农村建设用地减少相挂钩指标。加大土地整理复垦开发力度,推进节约集约用地,引导、鼓励试点镇企业向园区集中。积极推进试点镇农村集体建设用地使用权流转。加强国土资源所建设,发挥其在农村土地管理、土地确权发证中的作用。

6. 下放试点镇审批管理权和行政执法权。县区将涉及城镇管理、户口管理、社会管理等方面的权限,委托试点镇政府直接行使。试点镇辖区内的基本建设、技术改造等各类工程项目,由试点镇按国家产业政策自行审批确定。需上报国家、省和市投资主管部门审批、核准或备案的项目，由试点镇办理预审，报县区级投资主管部门“见文行文”，予以转报；其他项目由试点镇办理备案预审，报县区级投资主管部门“见章盖章”，予以备案。加强镇政务服务中心建设，所有下放、委托给试点镇的行政许可和审批事项，一律进入镇政务服务中心，实行“一站式服务”。在试点镇成立综合执法中队，全权负责处理规划、建设、交通、市容市貌、公共卫生、医疗保障、文化市场等方面的事务。

7. 加大试点镇投资主体多元化的运作力度。市、县区政府通过投入资本金和提供以储备土地为主的抵押物扶持有条件的试点镇建立专门的建设投资管理公司，负责市镇建设筹资、投资和资产经营，承担镇其他重大项目建设。放宽对民间资本投资试点镇基础设施、公用设施建设的限制，按照“谁投资、谁受益”的原则，鼓励以公有民营、民办公助、股份制等多种形式，吸引私人资本、社会资本、境外资本投资参与试点镇基础设施、公共设施和功能区的建设和运营。对跨行政区域的重大基础设施，鼓励试点镇推行共建共享。

8. 改革试点镇干部人事管理方式。试点镇党政领导班子主要负责人，经考核工作成绩突出的，可按副县级高配，并在本镇连续工作5年方可交流调整。镇领导班子成员的调整、配备，原则上充分听取镇党委的意见。试点镇根据机构设置和职能情况，可申请适当调整行政、事业编制；在核定的人员编制、领导职数范围内，试点镇自主设立内设机构，实行职能有机统一的大部门体制；根据工作需要，可通过公选、选调、竞争上岗、轮岗等多种方式，优化干部队伍结构。试点镇的派驻单位实行“条块结合”的管理体制，工商、税务、公安、教育、卫生等主要负责人的任免，应事先征得镇党委同意，并参加当地镇政府年度考核；对工作不力造成严重后果的，镇党委可提出书面调整建议；当主管部门和试点镇党委意见不一致时，由上级组织部门协调解决。

9. 探索推进户籍制度改革。试点镇建成区内拥有合法固定住所、有稳定职业或生活来源的本地农民和外来人员，及其共同居住生活的直系亲属，均可根据本人意愿办理城镇居民户口。鼓励欠发达地区农民跨区域转移到试点镇安居乐业，促进试点镇的人口集聚。试点镇的城镇户口居民，享受全市统一的就业和社会保障政策。

三、保障措施

10. 加强组织领导。市委、市政府成立市实施扩权强镇试点工作领导小组，由市委、市政府主要领导任组长，市直有关部门负责人为成员，办公室设在市发改委。从市委组织部、市委政研室、市财政局、市国土资源局、市统计局等单位抽调人员集中办公，具体负责日常组织、协调和推进工作。建立市直单位与试点镇协调议事制度。建立从市、县区选调规划、管理、财政等方面专业技术人员和管理人员到试点镇挂职的工作制度。

11. 强化督查指导。建立扩权强镇培训制度，大力开展对试点镇相关人员的培训，市、县区有关部门要针对委托执法事项，加强人员培训和经费支持，确保高效、规范的审批和执法。开展扩权强镇政策研究工作，不断完善各项政策措施。加强专项督查指导，定期开展对市、县有关部门放权情况、试点镇工作落实情况的督查。建立市领导与试点镇定点联系制度，有效推进试点镇与发达地区镇的合作。

12. 实行专项考核。建立试点镇发展指标体系和考核评价制度，将业绩考核的重点放在经济发展和民生改善、社会稳定等方面。对全市乡镇实行分类考核，依据发展基础和经济实力，将全市乡镇分为三类进行考核。根据考核结果，每年对各类排名前列的乡镇给予表彰奖励。省试点镇实行动态管理，连续两年考核评价达不到省要求的，退出试点镇序列。连续两年被市委、市政府授予“年度乡镇发展先进单位”称号的二、三类乡镇，作为市级扩权强镇的试点单位。连续两年被市委、市政府授予“年度乡镇发展先进单位”称号的二类乡镇，由市政府向省扩权强镇工作领导小组提出申请，建议增补为省扩权强镇试点序列。市级扩权强镇试点单位享受除第8条、第9条之外的扩权政策。

市委组织部、市文明办、市经委、市建委、市规划局、市财政局、市国土资源局、市人事局、市劳动和社会保障局、市交通局、市教育局、市文化局、市体育局、市卫生局、市人口计生委、市广电局、市民政等部门要按照各自职能，制定具体的工作细则。县区政府要抓紧组织试点镇制定具体的实施方案。以上工作细则和实施方案,于9月10日前报市领导小组办公室。

附件:

1. 市实施扩权强镇试点工作领导小组成员名单

2. 乡镇分类考核办法

附件1:

市实施扩权强镇试点工作领导小组成员名单

组　长:杨振超(市委书记、市人大常委会主任)

第一副组长:曹　勇(市委副书记、市政府市长)

副组长:潘祖华(市委副书记)

李　忠(市委常委、市委秘书长)

戴启远(市委常委、市政府常务副市长)

乔兴力(市委常委、市委组织部部长)

成　员:陈　克(市纪委常务副书记、市监察局局长)

万继军(市委组织部常务副部长)

翟　骏(市委组织部副部长、市人事局局长)

马光明(市委宣传部副部长、市文明办主任)

任文胜(市委政研室主任)

张汉东(市政府副秘书长)

龚英敏(市公安局局长)

花学筑(市发改委主任)

李　亚(市经委主任)

范德喜(市建委主任)

赵期中(市农委主任)

吴　健(市科技局局长)

葛晓辉(市教育局局长)

杨　杰(市民政局局长)

华东升(市司法局局长)

左家凤(市财政局局长)

张建华(市国土资源局局长)

李艾军(市交通局局长)

王寅生(市水利局局长)

王天安(市人口计生委主任)

王晓云(市政务服务中心主任)

杨舒生(市劳动和社会保障局局长)

吴新华(市广播电视局局长)

孙献光(市文化局局长)

陈庆稳(市卫生局局长)

詹政烜(市统计局局长)

万德玉(市工商局局长)

方　斌(市法制办主任)

领导小组办公室设在市发改委,花学筑同志兼任办公室主任,魏耀平、祁勇同志兼任办公室副主任。

附件2:

乡镇分类考核办法

一、考核类别

参照省对县域分类方法,结合淮南实际,将全市45个乡镇分三类,其中一类镇9个,二类乡镇15个,三类乡镇21个。乡镇考核分类每两年调整一次。

一类镇:已被省政府列入扩权强镇试点的镇。洛河镇、上窑镇、安成镇、望峰岗镇、八公山镇、平圩镇、新集镇、岳张集镇、毛集镇,共9个镇。

二类乡镇:九龙岗镇、舜耕镇、三和乡、唐山镇、李郢孜镇、山王镇、潘集镇、芦集镇、架河乡、城北乡、刘集乡、桂集镇、顾桥镇、关店乡、夏集镇,共15个乡镇。

三类乡镇:孔店乡、曹庵镇、史院乡、孤堆回族乡、孙庙乡、杨公镇、高皇镇、泥河镇、祁集乡、贺疃乡、古沟回族乡、夹沟乡、朱马店镇、丁集乡、尚塘乡、杨村乡、李冲回族乡、钱庙乡、大兴集乡、古店乡、焦岗乡,共21个乡镇。

二、考核方法

一类镇按省扩权强镇试点镇考核指标体系予以考核。

二、三类乡镇考核评价指标设置按市委《关于建立经济社会发展综合考核评价机制的若干意见》(淮发[2009]30号)分经济发展、社会发展两部分,指标权重分别为70%、30%。考核评价办法采用功效系数法,根据考核指标数据,分别计算静态指数、动态指数和综合指数,按静态指数占35%、动态指数占65%的权重,计算综合指数分值。二类乡镇和三类乡镇分别计算分值,分别排序。

三、奖励与惩戒

一类镇考核排序前三名的镇、二类乡镇考核排序前五名的乡镇、三类乡镇考核排序前七名的乡镇,由市委、市政府授予“年度乡镇发展先进单位”称号,颁发奖牌,各奖励10万元。奖励经费由市财政承担。

当年被市委、市政府授予“年度乡镇发展先进单位”的乡镇机关工作人员,可于次年每人一次性发放奖金2000元,奖励经费由各县区自行解决。

在二、三类乡镇排序中,对当年综合排序位次居后三位的乡镇,分别予以通报批评,连续三年被通报批评的,对其主要负责人予以诫勉。

对计划生育工作列入市重点管理、重点帮助的单位;社会治安综合治理不达标的单位;安全生产事故超过下达控制指标的单位,辖区内发生一次较大安全生产事故的单位行使一票否决权。在党风廉政建设和反腐败工作中,乡镇领导班子成员中有受到党内或行政警告以上处分的、因违反党风廉政建设责任制乡镇领导班子成员受到责任追究的、所属单位中发生违纪违法案件的,取消评比当年先进的资格,缺位依次递补。

四、乡镇经济社会发展综合考核评价指标体系

考核内容	序号	考核指标	数据来源	指标权重		
				二类乡镇	三类乡镇	比例
经济发展	1	财政总收入	市财政局	7	7	70
	2	人均财政总收入	市财政局、市公安局	5	5	
	3	地方工商税收占财政总收入比重	市财政局	7	7	
	4	规模以上工业增加值	市统计局	7	5	
	5	农业增加值	市统计局	5	7	
	6	养殖业增加值占农业增加值比重	市统计局	7	5	
	7	固定资产投资	市统计局	7	7	
	8	人均固定资产投资	市统计局、市公安局	6	6	
	9	引进内资实际到位市外资金	市发改委	7	7	
	10	单位耕地面积创造的种植业增加值	市统计局	5	7	
	11	农村非农劳动力占全部劳动力的比重	市统计局	7	7	
社会发展	12	农民人均纯收入	市统计局	5	5	30
	13	新型农村合作医疗参合率	市卫生局	5	5	
	14	生态村建成比例	市环保局	5	5	
	15	当年核定造林面积计划完成率	市林业局	5	5	
	16	普通初中辍学率	市教育局	5	5	
	17	耕地保有量	市国土局	5	5	

关于进一步加快水利建设和改革的实施意见

2009年11月24日　　淮发[2009]45号

凤台县委、县人民政府,各区委、区人民政府,各县级以上单位:

为深入贯彻落实科学发展观,切实加强防洪安全、供水安全和水生态安全建设,开创水利事业新局面,保障经济社会又好又快发展,根据省委、省政府《关于进一步加快全省水利建设和改革的意见》(皖发[2008]10号)精神,现结合我市实际,就进一步加快水利建设和改革提出如下实施意见。

一、指导思想和目标任务

(一)指导思想

以党的十七大精神为指导,深入贯彻落实科学发展观,突出以人为本、人水和谐,以提升水利保障能力为核心,以加快水利基础设施建设为重点,大力推进依法治水,大力发展民生水利,不断深化水利改革,健全以政府为主导的多元化水利投入机制和水利工程分级管理制度,妥善处理当前与长远、局部与整体、重点与一般的关系。按照"五水"建设思路,解决水多,关注水少,改善水脏,发展水运,兴建水景,促进水利事业又好又快发展。

(二)目标任务

防洪减灾淮北大堤和淮南市城市圈堤防洪标准达到百年一遇标准。用5年左右时间,使我市境内主要支流堤防的防洪标准基本达到10~20年一遇,重点低洼地排涝标准基本达到5~10年一遇,对病险水库实施除险加固。

农村水利建设用5年左右时间,新增有效灌溉面积1万亩,使全市有效灌溉面积达到耕地总面积96%。新增节水灌溉面积12万亩。农田灌溉用水利用系数达到0.5以上。农田除涝标准达到5年一遇以上。

水资源开发利用和保护明确水资源开发利用红线,严格实行用水总量控制;明确水功能区限制纳污红线,严格控制入河排污总量;明确用水效率控制红线,坚决遏制用水浪费。配合省水利厅着力研究优化配置淮河干流、瓦埠湖、高塘湖及大别山的水资源。积极配合做好引江济淮工程前期工作。积极开展采煤沉陷区水资源开发利用研究。

防汛抗旱决策和预警预报系统用5年左右时间完善省、市、县区三级光纤互联的高速防汛信息通道,实现水情、旱情等防汛抗旱信息互联互通、资源共享;建设全市重要闸站,水情自动测报和远程监控系统;建设市、县区防汛视频会商系统;建设全市水资源管理信息系统。

水利改革增强水利社会管理与公共服务职能,制定和完善水利法规体系。改革水资源管理体制,逐步实现涉水事务的统一管理。加快水利国有资产管理体制改革,基本完成水利工程管理体制改革任务。深化水利建设管理体制改革,规范水利建设市场。加快水利投融资体制改革,形成以公共财政为主渠道的水利投资体制。积极推动水价改革,建立科学合理的水价形成机制。

二、大力推进水利重点工程建设

(三)加快防洪除涝工程建设,提高防洪保障能力

配合省水利厅完成淮南段淮北大堤加固、淮河干流河道整治工作;继续做好沿淮行洪区安全建设;开展焦岗湖、架河洼地治理世行贷款项目建设;积极推动西淝河项目,推进上、下六坊行洪区废弃、东风湖行洪区调整改造、汤渔湖行洪区调整改造项目的前期工作,开展河道整治及堤防达标活动。按照《淮河流域防洪规划》的要求,完成淮南市城市防洪安全体系建设。

(四)加快民生水利工程建设,提高为民服务能力

农村饮水安全工程认真抓好《淮南市农村饮水安全工程建设实施方案》(淮府办[2007]18号)的落实,按照《2007~2010年淮南市农村饮水安全工程规划》要求,解决43.65万农村人口的饮水安全问题。加强农村饮水安全工程运行管

理和饮用水源地保护工作,尽快出台《淮南市农村安全饮水工程运行管理办法》,逐步建立和完善产权归属明确、责任主体落实、责权利统一的农村饮水工程管理体制和运行机制;确保农村饮水安全工程持续稳定发挥效益。

水库除险加固积极开展重点小型水库除险加固,逐步消除水库的安全隐患。到2010年底,完成10座病险水库除险加固任务。

大中型灌区续建配套与节水改造,进一步加快全市灌区节水配套改造工程建设进程,继续做好我市茨淮新河灌区节水改造与续建配套工程,尽快开工建设朱集中型灌区节水配套改造工程、积极争取其他中型灌区节水配套改造工程项目和农田水利建设补助项目。

泵站更新改造工程加大泵站更新改造力度,用3年左右时间完成禹王泵站、朱集泵站、泥河枢纽泵站更新改造任务。按照《淮南市大型泵站更新改造规划》、《淮南市中小型泵站更新改造规划》,用5年左右时间完成永幸河泵站、架河泵站、东风湖排涝总站、汤渔湖排涝站等主要泵站更新改造前期工作,对部分中小型泵站实施更新改造。

(五)加快饮用水源工程建设,提高水生态保护能力

加强饮用水源地保护,保障城市居民供水安全。积极争取大别山优质水源水权配额,加快引大别山优质水源前期工作,优化引水方案,争取尽早完成,确保新城区居民用水。加强水生态保护,做好山南新区生态补水规划,推动山南新区水景观建设。

(六)统筹推进"五水"建设

一是解决水多。坚持防御洪水与洪水调度并举。加大工程性措施力度,从根本上解决水多问题。科学防洪,推动预案有备向实战有用转变,推动与水争道向还道于水转变,推动传统手段向科技手段转变。二是关注水少。坚持开源与节流并举,加强洪水资源化管理,实施调水工程。引大别山优质水源,解决我市饮用水水源问题,利用地下水以及塌陷区水资源。加强水资源管理,推动节水型社会建设。三是改善水脏。坚持清洁生产与污染治理并举。四是发展水运。坚持沿淮产业与水运互动并举。统筹安排港口、工业、城市生活、城市建设、生态保护和防洪等岸线使用。五是兴建水景。坚持城市建设与做活水文章并举。把水环境保护、水生态建设、水文化展示与山南新区开发、老城区改造、行洪区退建有机结合起来,推动山水园林城市、滨河滨瑚城市、宜居宜游宜创业城市建设,加快水生态文明建设。

(七)努力实现"人、水、地"和谐

大胆创新思路,充分利用水利重点工程建设带来的新机遇和新资源,将洼地治理、行蓄洪区调整改造等项目的移民迁建与新农村建设相结合,大力改善人民群众的生产生活条件,将工程建设新增的土地资源利用和滨河城市建设、水景观建设、特色农业综合开发利用相结合,提高土地资源的综合利用水平,实现"人、水、地"和谐发展。

三、落实水利建设扶持政策

(八)建立和完善水利投入分级负责制

在积极争取国家、省水利工程建设资金支持的同时,按照事权划分、工程性质和受益范围,实行分级负责制。各级取府都要安排水利事业建设专项经费,并随同级财政收入增长逐步增加,市财政每年安排市级基建和农水项目资金不少于200万元,市级泵站更新改造资金200万元,日常防汛抗旱资金不少于60万元。当年基建统筹和农业发展资金增量要侧重于水利建设。切实解决好公益性排涝泵站的管理、运行、更新改造经费。按现行的财政管理体制,各级财政分别承担本级排涝站的排涝费。通过商品粮基地建设、农业综合开发、土地治理、世行项目等渠道争取的水利建设资金,要按照政府批准的水利规划整合使用,防止重复建设,提高使用效益。

(九)加大水利项目前期工作经费投入

根据工作需要,各级财政安排相应的项目前期工作经费,切实做到"开工一批、推进一批、论证一批、储备一批"。

(十)切实落实中央和省支农惠农政策,加强小型农田水利基础设施建设

通过政策引导,资金支持,民主议事和技术服务,鼓励农民作为主体参与农田水利建设。各级政府要切实承担起搞好小型农田水利建设的组织领导责任,不断加大投入力度。市、县区设

立小型农田水利建设补助专项资金,建立以政府为主导、农民自愿投入为主体,其他投入为辅助的农村水利投入新机制。积极推行“一事一议”,支持农民投工投劳开展小型农田水利建设。按照“谁投资、谁受益、谁经营、谁管理”的原则,鼓励和引导个体、企事业单位投资兴建小型水利工程,充分调动社会各方面的积极性。小型农田水利工程要明晰所有权,落实管理权,搞活经营权。集体所有制的水利工程可以采用承包、租赁、拍卖、股份合作等灵活多样的方式,加强改制回收资金的管理,专款用于发展农村水利。

四、深化水利改革

(十一)深化水资源管理体制改革和水价改革

深化水资源管理体制改革。认真贯彻落实国务院《取水许可和水资源费征收管理条例》。统筹城乡水资源评价、规划、配置、调度、节约、保护工作,统筹水源地建设、供水、用水、排水等工作,统筹安排生活、生产和生态用水。加强节水型社会建设,发展节水型工业、农业、服务业,不断提高水资源高效和循环利用水平。科学划定地下水功能区,制定地下水保护规划,严格控制地下水开采量,超采区严禁新建取水工程。

深化水价改革。制定水价管理办法,改革水费计收方式,积极推行农业用水计量收费。水费收入主要用于水利工程的建设、维护、管理及服务。

(十二)深化水利工程管理体制改革

根据《关于水利工程管理体制改革实施意见的通知》(国办发[2002]45 号)和《关于水利工程管理体制改革实施意见的通知》(皖政办[2004]102 号)精神,深化水管体制改革。各级政府要科学界定水管单位类别,将纯公益性水管单位和准公益性水管单位公益性部分的基本支出和维修养护经费列入财政预算,深化内部改革,合理定编定岗,推进管养分离,建立符合市情、符合水利工程管理特点的管理体制。

(十三)深化水行政管理体制改革

以政府机构改革为契机,进一步转变行政管理职能,强化社会管理和公共服务,提高公信力和执行力。着力提升水利服务经济社会发展的能力和水平。加强水行政执法队伍建设,根据《安徽省河道采砂管理办法》,积极探索符合我市市情的采砂管理体制。

(十四)加强节水型社会建设

农业节水要重点加强灌区续建配套,促进农业种植结构调整和灌溉用水方式转变;工业节水要在优化调整区域产业布局的基础上,重点加快对高耗水行业的技术改造,提高工业用水重复利用率;城市生活节水要重点加强供水和公共用水管理,全面推广节水器具。各污水处理厂要采取行之有效地中水回用措施。倡导节水文化,形成厉行节水的社会风尚。

五、切实加强领导

(十五)建立行政领导任期水利工作目标责任制

各级党委、政府要加强对水利工作的组织领导,将水利建设和改革纳入国民经济和社会发展规划,建立行政领导任期水利目标责任制,落实领导责任和部门责任。要把水利发展实绩纳入各级政府任期目标,加强督查和考核。

(十六)强化部门职责,加强分工协作

水行政主管部门要充分发挥职能作用,担负起水利发展和改革的重任,精心做好水利建设规划、设计和施工组织工作。发展改革部门要与水行政部门密切配合,做好水利建设规划及水利项目前期工作并及时下达建设项目投资计划。财政部门要积极落实水利建设和水利工程管理运行经费,加强水规费管理。国土资源部门要优先保证重点水利工程项目的新增建设用地计划指标,在政府的领导下切实做好土地征收工作。公安、交通、审计、环保、监察、电力等有关部门和单位要结合各自职责,积极支持水利建设,主动配合做好相关工作,形成工作合力。

各县区要依据本实施意见,结合本地实际,制定具体实施细则,认真落实相关政策措施,确保水利事业又好又快发展。

关于印发统筹五外工作加快对外开放若干意见的通知

2009 年 8 月 19 日　　淮府[2009]85 号

凤台县、各区人民政府,市政府各部门、各直属机构:

《统筹五外工作加快对外开放的若干意见》已经14届市人民政府第32次常务会议通过,现印发给你们,请遵照执行。

统筹五外工作加快对外开放的若干意见

为切实做好外宣、外资、外经贸、外智和外事工作(以下统称"五外"工作),进一步提升我市对外开放整体水平,促进我市经济平稳较快发展,现提出如下若干意见。

一、统筹推进"五外"工作的重要意义

"五外"工作是提升对外开放水平、塑造对外形象、促进增长方式转变、推动区域经济社会加快发展的重要手段和有效措施,对"保增长、保民生、保稳定"具有重要意义。近年来,在市委、市政府的领导下,我市"五外"工作锐意改革,聚力突破,取得了长足发展。但随着改革开放的不断深入,对外交往的不断扩大,经济外向度不高、创业环境不优、知名度不大等问题依然比较突出,一定程度上影响我市经济社会又好又快发展。各级各部门要进一步统一思想,坚定信心,开拓创新,努力实现"五外"工作新突破,为全市经济社会发展提供新动力。

二、统筹推进"五外"工作的指导思想、目标任务

指导思想:以邓小平理论和"三个代表"重要思想为指导,全面贯彻落实科学发展观,紧紧抓住国家扩内需、调结构、保增长的机遇,充分利用国际国内两种资源和两个市场,牢固树立环境是第一要素的理念,依托大开发、大建设、大投资等平台,加大利用外资和外经贸工作力度,提升外宣、外智、外事服务功能,统筹推进"五外"工作一体化发展,进一步加快我市对外开放步伐。

目标任务:到2012年,外宣工作,城市形象得到有效提升,逐步形成大外宣格局;外资工作,环境满意度大幅提高,利用外资年均增长10%以上;外经贸工作,进出口总额年均增长12%以上,外派劳务年均增长10%以上,外经营业额年均增长10%以上:外智工作,打造30个优势产业创新团队,引进各类紧缺高层次人才200名;外事工作,外事服务水平显著提高,新增3个以上境外友城。

三、加强创意策划,促进外宣效应最大化

1. 建立统一协调,各司其职,各方参与的领导体制和工作机制;着力构建多元化投入、多渠道运作、多形式参与的大外宣格局,形成浓厚的外宣舆论氛围。

2. 围绕我市组织的外经贸团体出访和重大招商活动,市外宣部门提前介入,精心策划组织好对外宣传工作,并与当地媒体形成互动。借助重大节庆活动、重要经贸活动,做好"五彩淮南"的推介和招商引资政策、环境和成果的宣传。

3. 每月召开一次新闻外宣选题策划会,加强创意研究,形成上下贯通、内外联动的外宣模式;每年举办两次"主流媒体看淮南"、"网络媒体淮南行"等集中采访活动,掀起展示淮南经济社会发展成就的宣传热潮;每年开展一次"境外媒体看淮南"联谊活动;整合驻淮外宣力量,形成多层次宣传声势;借助网络宣传平台,做好网上舆论引导和舆情监控;发挥新闻发布会的平台作用和新闻发言人的权威优势,做好重大突发事件的舆论引导工作。

4. 重奖外宣文化艺术精品。设立"对外传播奖",制订评选办法和奖励措施,激励影视、广播、文化、书刊大策划大制作,培育外宣精品;强化对外新闻宣传的奖励力度,实行多稿多酬制度,重点奖励中央、省及海外主流媒体正面宣传作品。

5. 夯实城市形象传播工程。整合现有渠道外宣资源,市财政每年另行安排城市形象专项宣传经费200万元,由市委外宣办统筹规划,列入财政预算,侧重现代媒体专题、专栏、专版宣传,加大对中央、省主流媒体及海外华文传媒的投放力度;围绕市委、市政府中心工作及时制作更新城市形象片、招商引资专题片和"五彩淮南"画册、折页,一般每年更新一次;开展外宣品进宾馆、酒店、车站、机场、旅游景点等活动。

四、优化发展环境,提升外资工作水平

6. 转变观念,深化"亲商、安商、富商"理念,加强引进外资、项目跟踪、信息交流和服务创新"四大平台"建设。

7. 认真落实来淮入驻外商企业各项优惠政策。对来淮投资的外资工业项目,以租赁方式取得国有土地使用权的,且固定资产投资在500万美元以上的,3年内免缴租金;以出让方式取得国有土地使用权的,固定资产投资在1000万美元以上的(含1000万美元)的,采取"一事一议"的办法予以奖励。税费总额地方留成部分前5年按实际所缴纳的100%返还,后5年按50%返还;行政事业性规费市级权限内全免。

8. 奖励引进外商投资企业有功者。对引进世界500强企业的县区、单位和部门,每引进一家并且固定资产投资额达2000万美元,给予一次性奖励30万元;对引进境外企业来淮投资,单个项目固定资产投资超1000万美元(含1000万美元)的县区、单位和部门,给予一次性奖励20万元;单个项目固定资产投资100万~500万美元(含100万美元)的县区、单位和部门,给予一次性奖励10万元。

9. 积极开展重大招商活动。招商的重点在长三角、珠三角地区,采取小分队、驻点招商等多种形式进行招商。每年在境外和沿海发达地区各举办一次大型招商引资推介活动。

10. 优化外商投资环境。整合健全由相关部门共同参与的外商投诉中心,及时协调解决外商投资企业生产经营中遇到的困难和问题;建立完善服务外商投资企业的"绿色通道",对新入驻外商投资企业入驻手续、证件办理等各项前期工作,由市政务服务中心指定人员、规定时限全程代理,跟踪服务;严格规范对外商投资企业的检查,公安、工商、税务、环保、质监等部门各项涉外企业检查须依法、规范、文明执法。自2009年起,市政府每两年进行一次"淮南市外商投资企业优质服务单位"评比活动,对当选前三名的县区、单位和部门分别给予表彰奖励(奖励办法另定)。

11. 加强协调调度。建立定期调度会议制度,市政府每半年召开一次引进外资工作调度会。对利用外资工作实行季通报。对年度利用外资达到增幅目标的前三名县区、单位和部门分别给予表彰奖励(奖励办法另定)。

五、加大扶持力度,促进外经贸提质增量

12. 坚持"培育主体,扩展规模,整合资源,优化结构,因地制宜,提升质量"的方针,促进外经贸工作健康发展。深入贯彻落实淮南市《关于进一步加快外经贸发展的实施意见》(淮府办[2009]23号),及时兑现各项奖励扶持政策。

13. 用足用好出口退税政策。加快出口退税进度,确保当月申报、当月审批、当月退税资金及时足额到位。积极扶持新办企业和中小型出口企业退税业务办理,符合条件的企业经审批可提前办理应退税款的退库。

14. 鼓励自营进出口贸易发展。凡新增一户获权并产生自营进出口贸易实绩达100万美元的,给予企业和所属部门或县区一次性奖励5万元;对全年自营进出口额200万美元以上的企业,列入市年度重点进出口企业,500万美元以上的企业,授予市级出口龙头企业称号。对当年首次实现外贸进出口额1000万美元以上的企业,给企业领导班子和所在县区一次性奖励各10万元。

15. 设立出口品牌培育专项资金。支持出口企业加快新产品研发、技术改造,提高出口产品的附加值和竞争力。对获得商务部、安徽省和淮南市"重点支持和发展的出口名牌"的企业,分别一次性奖励30万元、20万元和10万元。

16. 鼓励企业走出去、引进来。对企业开展境外工程承包,参与境外投议标的标书购置、项目设计费补助80%,最高不超过5万元;对首次境外工程承包额达1000万美元以上的企业,给予一次性奖励10万元;对于境外投资100万美元以上的企业,给予一次性奖励5万元。对参加由市商务局牵头组织的开拓国际市场的境内外进出口商品交易会、博览会的单位、企业,对参展摊位、参展人员给予定额补助,对本市获得上级国际市场开拓资金资助的企业,另增加10%的比例对企业进行资助;对生产加工型企业自营进口机电设备生产线、整机关键零配件等先进设备和技术的每美元贴息1.5分钱,贴息金额最高不超过50万元。

17. 支持出口基地和劳务基地建设。对纺织服装、农产品、生物医药、高新技术等产品出口基地或出口产业集群建设,获得省级挂牌的产品出口基地一次性给予20万元奖励。对获得国家挂牌劳务输出基地的一次性给予10万元奖励;获得省挂牌劳务输出基地的一次性给予5万元奖励;对年实现劳务输出500人以上且安全无事故无纠纷的企业,给予一次性奖励5万元。

18. 协调引导全市银行业金融机构加大对外贸企业信贷投放,加强考核,对支持外贸企业发展成绩突出的给予奖励。由市担保公司优先帮助风险小、效益好、守信用的外贸企业解决融资难的问题。

19. 加大对外经贸工作考核。对县区、单位和部门实行外经贸工作年度考核,对主要工作指标进入前三名的县区、单位和部门,分别给予一次性奖励10万元、8万元、5万元。自2009年起,市政府每两年开展一次淮南市"外经贸10强企业"评比活动,对10强企业给予适当奖励(奖励办法另定)。

六、坚持才智并举,实现外智工作新突破

20. 加快自主创新平台和研发队伍建设。强化招才引智工作,以项目引智为载体,完善引智工作长效机制。在山南高新技术园区内设立海外归国人员创业园,并制定吸引海外归国人员入驻创业园各项优惠政策。充分利用国家煤及煤化工产品质量监督检验中心、淮南煤矿瓦斯治理国家工程研究中心等国家级研发平台,做好"为我服务",吸引国内外高端人才和高新技术来淮;安徽煤化工基地、安徽煤矿机械装备制造(淮南)基地等省级产业基地和市级产业基地要加快拓展升级,通过煤气化技术、煤变油催化技术和甲醇制丙烯催化剂技术等国际先进、国内一流的技术平台,搭建吸引外来人才、技术集聚的新平台。实施"1133"产业创新团队建设工程,每年设立10个研发创新团队,每个团队每年招聘行业领军人才1名、助理3名,集中研究解决一批技术难题。

21. 加大人才引进力度。编制淮南市人才引进规划,修改完善引进外来人才奖励政策;实施"百名海外人才集聚工程",在3~5年内吸纳集聚百名海外人才,对引进领军型海外归国企业人才,给予创业奖金、创业场所以及居住等特殊优惠;依托"引博工程"、"人才青苗"工程,大力引进高层次专业人才;建立"中小(民营)企业高层次人才储备中转制度",引进储备我市各类急需人才。

22. 实施人才素质提升战略。每年组织2~3批党政干部、企业家、专业技术人员和创新团队赴国(境)外培训,定期邀请国内外知名专家来我市开展讲座,选送我市企业高管和其他有潜力的优秀人才到高校、科研院所接受系统培训,提高干部队伍、企业管理队伍综合素质。

23. 发挥我市在外优秀人才资源的优势。及时更新完善淮南籍在外优秀人才名册,在京、沪、穗建立淮南籍人才协会,引导他们关注淮南建设,支持家乡发展;加强与他们联系,吸引淮南籍在外优秀人才和海外留学归国人才来淮投资兴业。

七、坚持优化提升,促进外事工作规范化

24. 认真贯彻执行中央制定的对外工作的方针政策,服从服务于中央、省对外工作的总体部署,整合外事工作资源,建立统一领导、归口管理、分级负责、协调配合的管理体制。

25. 积极优化外联工作。完善友城规划,构筑全方位国际交往格局,根据国家总体外交需要和我市对外开放实际,充分考虑城市地位相称性、经济交流合作互补性和政治、经济、文化、地缘等因素,重点推进与我市有经贸合作国家的友城缔结工作,未来3~5年内,新增3个以上国际友城。各县区要积极创造条件,缔结1~2个友好县区。积极开展民间外交,以友协、侨联、海联、台联、海外同乡会、国际友人等为纽带,逐步建立起多层次的外联渠道。

26. 注重出访效益。鼓励有明确公务目的和实质性内容的外事出访。经贸团组要明确出访任务和具体项目。培训团组应以专业技术培训为主,以优秀年轻干部的中长期培训为主,严格控制一般性出访团组。

27. 建立外商激励机制。对在本市经济建设、社会发展、对外友好交流合作中作出突出贡献的外籍人士授予淮南市"荣誉市民"称号,根据工作需要,由市外事部门帮助申请办理"外国人永久居留证"。对来淮投资居住的外商,由市公安部门核发"外国人居留许可",由市政府核发"外国人在淮工作便利卡",在子女上学、交通、通讯、就医等方面实行一卡通,享受各种优惠待遇;对外商投资企业管理人员由外事部门发放机场贵宾卡(合肥、南京机场);凡在淮外商投资企业来淮的外籍技术人员,由外事部门核发"淮南市外国专家工作证"。

28. 进一步提高外事服务水平。以协调跟踪重大服务项目为抓手,积极配合徽商大会、中国豆腐文化节、国际少儿艺术节等重大活动,重点做好来宾邀请、礼宾接待、项目协调、信息收集、跟踪服务等工作,在外事审批、护照办理等方面提供便利,为我市"走出去"战略提供规范、优质、高效的服务;公安部门建立"110外语服务平台",提升在淮外籍人士的应急服务;加快建立一支讲政治、懂经济、会外语、擅管理的高素质外事队伍,不断提高"政策把关、业务指导、外事管理"的水平。

八、统筹推进"五外"工作的保障措施

29. 加强组织领导。完善和健全市"五外"工作领导小组工作机制,及时解决"五外"工作中存在的突出问题。牵头部门要把"五外"工作作为"一把手工程",主要领导亲自抓,分管领导具体抓。各相关部门要从本部门职能出发,主动配合,搞好服务,形成上下协调、齐抓共管的工作格局。

30. 加强保障支持。坚持政府推动与社会参与相结合,整合"五外"工作资源,畅通"五外"工作资金供给渠道,确保"五外"工作经费投入。建立"五外"工作奖惩机制,在整合原渠道资源的基础上,市财政每年拿出专项资金设立"五外"工作奖励资金,用于奖励"五外"工作突出的单位和个人。各县区要建立健全"五外"工作体制机制,保障"五外"工作职责有机构承担,"五外"工作有人负责。

31. 加强督查考核。按照市委科学发展观干部考核机制的要求,加大对"五外"工作的督查考核,把"五外"工作纳入全市年度目标考核体系,对超额完成目标任务的县区、有关部门和先进个人给予表彰和奖励,对贻误"五外"工作发展的部门和个人,严肃追究有关责任。

关于规范全市开发园区企业工业投资项目行政事业性收费的通知

2009年10月14日　　淮府[2009]96号

凤台县、各区人民政府,市政府各部门:

为加大招商引资力度,进一步优化投资环境,经研究决定,在全市统一规范各类园区行政事业性收费优惠政策,现将有关事项通知如下:

一、开发园区系指经国家、省、市人民政府批准设立的经济技术开发区、工业园区、产业园区和工业集聚区。

二、免征的范围是进入开发园区的工业投资项目在建设期间发生的行政事业性收费。

三、投资企业建设期间发生的各类经营服务性收费,对涉及各类事业单位征收的,按照省、市物价部门核定的最低征收标准的50%收取。

四、对符合免征条件的工业投资项目,由开发园区管理委员会或区级政府主管部门进行确认,涉及市级收费的,报市财政部门统一办理审核和免征手续。

五、各级政府及有关部门在为开发园区工业投资项目提供服务和实施证照审批等行政管理过程中,严禁以任何名义强制企业接受有偿服务;严禁通过社会中介对企业收费;严禁将咨询、评估、信息、监测、商业保险等企业自主选择的服务变成强制性服务;严禁强制企业参加学会、协会、培训班等,变相收取企业费用。

六、各级财政、物价、审计、监察部门要进一步加大监督检查力度,确保开发园区优惠政策落到实处。

附件:

淮南市开发园区行政事业性收费免征项目一览表

附件:

淮南市开发园区行政事业性收费免征项目一览表

序号	征收部门	项目名称	收费依据	备注
1	工商	企业开业注册登记费	国家计委(计价费[1998]1077号	
2	工商	个体工商户注册登记费	国家计委(计价费[1998]1707号	
3	建设	城市基础设施配套费	皖政办[2002]80号	
4	房管	住房登记收费	皖价费[2008]76号	
5	房管	非住房登记收费	皖政办[2009]24号	
6	房管	房屋产权证书工本费	计价格[2002]595号	
7	房管	白蚁预防费	皖价费[2006]240号	
8	房管	房屋安全鉴定费	皖价费[2006]240号	
9	国土	土地登记费	皖价费[2008]113号	
10	国土	征(土)地管理费	皖价房[2002]47号	市级分成部门
11	国土	测绘成果成图资料费	皖价费[2008]113号 国测发[1993]082号	
12	国土	土地证书工本费	价费字[2008]113号	
13	国土	土地闲置费	《安徽省实施〈土地管理法〉办法》	
14	国土	土地复垦费	《安徽省实施〈土地管理法〉办法》	
15	人防	人防易地建设费	皖价房[2003]258号 皖价房[2003]159号	工业厂房、仓库
16	经委	散装水泥专项基金	皖政[2003]80号	按规定使用散装水泥
17	经委	新型墙体材料专项资金	《安徽省发展新型墙体材料条列》	按规定使用新型墙材

淮南市城区工业企业退城进园实施意见(试行)

2009 年 12 月 9 日　　淮府[2009]112 号

为引导城区工业企业退城进园,优化我市工业布局,建设和谐生态城市,制定本意见。

一、指导思想

以科学发展观为指导,以提高土地利用价值,优化城市用地结构,促进企业改造升级,做大做强工业园区为目标,加强政策引导,完善协调机制,加大推进力度,引导城区工业企业有序退城进园,促进城市建设与工业经济共同发展。

二、主要原则

(一)政府引导与市场调节相结合原则。充分发挥市场配置资源的基础作用,综合运用经济、法律、政策等手段,引导企业稳妥有序逐步退城进园。

(二)政策激励与依法管理相结合原则。通过落实工业企业退城进园各项激励政策,促成工业企业在园区做大做强;对影响城市规划、环保、安全和人民正常生活的工业企业采取必要措施,促使工业企业尽快退城进园。

(三)注重效率与兼顾公平相结合原则。坚持安全、环保优先和集约优先,坚持社会利益和企业利益相结合,实现退城进园工作的经济效益和社会效益相统一。

三、目标任务

确定退城进园三年(2010~2012 年)实施计划,到 2013 年前完成城区内不符合城市规划、安全、环保要求的工业企业的退城进园。

四、退城进园企业和入驻园区

(一)列入退城进园实施计划的工业企业(以下简称退城进园企业)必须符合以下条件:

1. 退城进园企业必须处于市政府确定的退城进园区域中,即按《淮南市城市总体规划(2009~2020 年)》确定的中心城区中规划不用于工业发展的区域。

2. 退城进园企业包括具有建设用地使用权的工业企业以及租赁土地厂房进行生产的工业企业。

3. 退城进园企业必须经过市城区工业企业退城进园领导小组认定,市政府审定。

(二)退城进园企业的入驻园区为淮南经济技术开发区、淮南工业园、凤台经济开发区、安徽煤化工(淮南)基地及各县区工业园区(工业集聚区)等。

五、政策措施

(一)限制措施

1. 自本意见发布之日起,退城进园区域内不得审批入驻不符合城市规划和产业布局要求的工业企业。

2. 自本意见发布之日起,退城进园企业不得再与他人签订以生产为目的土地、厂房、设备租赁合同;原则上不再进行生产性开发投入。

3. 自本意见发布之日起,各有关部门不再批准变更退城进园企业现有土地使用权类型(划拨或出让)、土地用途(工业用地或其他),不再审批建设项目。

4. 退城进园企业到 2013 年不实施搬迁的,不再享受本意见支持政策,自行承担相应后果。

(二)鼓励政策

建立市城区工业企业退城进园企业专项资金(以下简称专项资金),资金来源为市财政预算安排、退城进园企业土地国有建设用地使用权公开出让收入扣除土地收储基金、土地收储成本及应缴国家、省、市税费以外的收益以及融资和其他资金,专项用于对退城进园企业补偿、入园重建补助以及解决职工安置等问题。

1. 依法给予相应补偿。

(1)使用国有建设用地的退城进园企业,可自行选择收储或置换方式处置现有土地。

采用收储方式的,由市政府授权市产业发展投资公司依法收储;以出让方式取得国有建设用地使用权的,按原土地用途现行评估价格进行收购;以划拨方式取得国有建设用地使用权的,由市政府依法收回其使用权,对企业按原土地用途现行评估价格的60%予以补偿;采用置换方式的,依据《安徽省建设用地置换办法》,企业与入驻园区协商拟置换地块的土地价格,签订建设用地置换协议,向市国土资源部门提交有关申请,报市政府审批。被置换的退城进园企业土地交市产业发展投资公司统一处置。

(2)使用集体建设用地的退城进园企业,依据《中华人民共和国土地管理法》有关规定,依法收回土地使用权,并根据原土地用途评估价格对土地使用权人给予适当补偿。

(3)对使用建设用地的退城进园企业土地上房屋等建筑物、附属物拆迁以及停产停业补偿按照《关于印发淮南市2009年度城市房屋拆迁货币补偿基准价格及调节系数和淮南市城市房屋拆迁其他补偿和补助标准的通知》(淮府[2008]91号)和《关于印发淮南市集体所有土地上房屋及附属物拆迁补偿标准的通知》(淮府[2008]95号)文件规定的标准执行。退城进园企业实施当年市政府另有规定的,依照新规定执行。

(4)租赁土地厂房进行生产的退城进园企业,按照退城进园三年(2010~2012)实施计划确定的实施年度前一年,自行终止租赁关系,因此而受到的直接损失由市城区工业企业退城进园领导小组委托评估机构评估后予以适当补偿。

2.扶持企业入园重建。

(1)退城进园企业在重建过程中进行的固定资产投资,专项资金根据投资进度,分类给予补助。

使用国有建设用地的退城进园企业重建时,专项资金按实际完成投资额的50%给予补助,补助期不超过3年。同时,专项资金对利用银行贷款进行的固定资产投资项目按贷款额依据中国人民银行规定的同期贷款基准利率给予贴息补助,补助期不超过2年。补助总额不超过该企业土地处置净收益的80%。

使用集体建设用地的以及租赁土地厂房进行生产的退城进园企业重建时,专项资金对其固定资产投资项目按投资额依据中国人民银行规定的同期贷款基准利率给予贴息补助,补助期不超过2年。

(2)退城进园企业进入各类工业园区,享受淮南市经济技术开发区投资优惠政策。

退城进园企业扩大生产规模按照《淮南市新增规模以上工业企业奖励办法(试行)》予以奖励。

退城进园企业在园区新建项目在申报市级技术改造、技术创新、节能和资源综合利用、科技创新等财政资金支持时,同等条件下优先给予支持。

退城进园企业确需新增建设用地指标,由各承接园区提出,市政府在分配用地指标时优先安排。

(3)鼓励各类园区规划建设退城进园安置基地,用于安置无力自购土地重建的中小退城进园企业。专项资金对经市城区工业企业退城进园领导小组认定的退城进园安置基地依据其固定资产投资额给予配套支持。

进入退城进园安置基地的退城进园企业自投产之日起2年内免缴土地厂房租赁费用。

(三)妥善处置"出中心"工业企业

退城进园企业中属"出中心"工业企业的,市政府授权市产业发展投资公司统一收储其土地,安排工作计划,处置其资产。

(四)使用国有建设用地的退城进园企业应妥善安置职工,职工安置费用从退城进园企业现有土地出让收入中支付。其中符合《淮南市人民政府办公室转发省财政厅、省国土资源厅、人民银行合肥中心支行转发财政部、国土资源部、中国人民银行关于印发国有土地使用权出让收支管理办法的通知》(淮府办[2007]71号)有关规定,土地出让收入不足以支付的,经市政府批准,可以不计提农业土地开发资金、国有土地收益基金支出等专项资金。

(五)合理进行税收分成

退城进园企业跨地区搬迁重建的,以市政府批准实施搬迁年度前3年的平均缴纳税额为基数,基数部分留成原所在区,增量部分归属迁入园区。

(六)经市政府确定的特殊企业的退城进园,按照一企一策由市政府另行议定。

六、组织实施

(一)分类实施

按企业归属分类组织实施企业退城进园。原则上,中央、省属和市属企业退城进园,由市城区工业企业退城进园领导小组组织实施;各有关区原区属企业退城进园由各有关区政府组织实施。专项资金按实施企业数拨付各有关区政府必要工作经费。

(二)工作程序

1. 申报方案。退城进园企业向市城区工业企业退城进园工作领导小组办公室(或各有关区政府)申报退城进园工作方案。

2. 核准方案。领导小组办公室(各有关区政府)核准方案并提出具体意见,报市政府审定。

3. 拨付资金。退城进园企业及有关园区根据工作进度向市城区工业企业退城进园工作领导小组申请补偿补助,领导小组组织专家进行评审,报经市政府同意后,市财政及时拨付。

本意见自印发之日起实施,风台县、毛集实验区、潘集区参照本意见制定本区域工业企业退城进园工作意见。

本意见由市工业企业退城进园工作领导小组办公室负责解释。

关于扩大内需促进消费的实施意见

2009 年 3 月 11 日　　淮府办[2009]22 号

凤台县、各区人民政府,市政府有关部门:

为认真贯彻国务院办公厅《关于搞活流通扩大消费的意见》国办发[2008]134 号,促进我市商贸流通业的创新与发展,提升我市社会经济整体运行水平和城乡居民生活质量,努力实现到 2012 年社会消费品零售总额突破 200 亿元的目标。结合我市实际,制定以下实施意见:

一、加快推进农村商品流通改革和市场体系建设

1. 继续实施“万村千乡市场工程”。加大政策扶持力度,支持新建、改造农家店和农村商品配送中心。力争到2012 年,全市村级农家店的覆盖率达到70%以上。

2. 加大农产品市场建设力度。重点支持大中型农产品批发市场加快标准化改造,完善物流配送、市场信息、检验检测、交易大厅等基础设施。到 2012 年,培育建设 3 ~5 个标准化大中型农产品批发市场、1 ~2 个省级农产品绿色批发市场,积极争创 1 个国家级绿色和标准化农产品批发市场。

3. 加快农贸市场升级改造步伐。制定全市农贸市场发展规划。2012 年之前,在山南新区规划新建 1 个设施一流、功能齐全的区域性大型农贸市场,完成龙泉、北城等现有农贸市场的升级改造,全面提升我市农贸市场的档次和水平。

4. 积极推进农产品进超市。建立特色农产品及农业产业化龙头企业与大型超市便利联结机制。到 2012 年,本市农产品进超市的比重达到 30%。

5. 全力做好家电下乡工作。及时扩大农民购买品种,满足农民多样需求。

二、完善社区商业服务功能,方便社区居民消费

6. 进一步完善城市社区商业服务功能。积极支持购物、餐饮、服务类连锁企业进入社区。加强城市商业示范社区创建工作,到 2012 年,争取再创建 5 个省级城市商业示范社区,1 ~2 个国家级城市商业示范社区。居民住宅小区开发单位要按照社区商业必备业态,配套农贸市场、商业网点。

7. 大力推进“早餐工程”。倡导餐饮企业开办早餐,推进早餐经营规模化、规范化。制定“淮南牛肉汤店”标准,推进早点连锁经营,加快产业化步伐。到 2012 年,全市早餐车达到 500 辆,淮南牛肉汤标准店达到 20 家以上,主食加工配送中心达到 1 ~2 家。

8. 促进旧货回收和再生资源利用。健全旧货流通网络,加快建立社区旧货收购点和慈善捐助站,在市区或城乡结合部建立旧货交易市场。新建和改造一批统一规范的社区废旧物品回收站点、专业化分拣中心和跨区域集散市场。鼓励零售企业开展“收旧售新”、“以旧换新”业务。力争到2012年,社区旧货收购点达到100个,旧货交易市场1~2个,专业化分拣中心1个。

9.积极推进二手车交易和报废汽车回收与拆解。支持二手车交易市场升级改造,建立二手车信息平台。支持报废汽车回收拆解企业升级改造,提高报废汽车回收的技术水平。

三、促进流通企业发展,降低消费成本

10.努力培育骨干流通企业。支持流通企业发展连锁经营和电子商务,培育一批大型流通企业集团。到2012年,全市年销售额亿元以上的商贸流通企业达到15~20家,5亿元以上的商贸流通企业集团达到5~10家,10亿元以上的大型商贸流通企业集团达到3~5家,20亿元以上的商贸流通企业集团达到1~3家。

11.大力支持中小商贸企业发展。推动金融机构产品和服务方式创新,加大对中小商贸企业融资支持力度。金融机构、担保公司要根据商贸流通企业特点,制定差别化的授信条件,通过多种方式,解决中小商贸企业融资问题。

四、切实改善市场环境,促进消费安全和消费升级

12.继续优化市场环境。深入开展“百城万店无假货”活动,推动市场诚信体系建设,严厉打击销售假冒伪劣商品、商业欺诈等各类违法违规行为,维护市场秩序和交易环境,促进安全消费。规范对商贸流通企业的监督检查,为商贸流通企业营造良好的经营环境。

13.加强市场运行监测体系建设。加强商务执法机构和队伍建设,切实增强市场应急调控能力,增强调控的预见性和应急保供能力。健全生活必需品储备机制。建立和完善猪肉、食糖、粮食、食用油等生活必需品市级储备制度。

五、发挥规划引导作用,加大政策扶持

14.强化规划引导指导作用。加快商贸重点项目的选址、论证和用地规划的审批,规范对新建大型商业网点规划听证、审批制度,促进商业网点布局合理、有序发展。

15.加大商贸流通业投入。自2010年起,市商贸流通业发展专项资金增加到500万元,以后随财力增长逐年递增,用于鼓励和扶持符合国家产业政策和市商贸流通发展规划要求的重点商贸流通网点、基础设施建设、商贸龙头企业培育、大型商贸流通企业引进及推进新型流通业态、现代流通管理方式和加快中小商贸企业的发展。通过贷款贴息和奖励等方式扶持龙头企业做大做强。

16.建立政府激励机制。每两年开展一次“商贸流通业双十强评比”活动,对当选的企业由市政府予以表彰;对年度经营规模进入全省同行业十强或综合实力跻身全国同行业前100名的商贸流通企业,市政府给予奖励;对获得省级以上著名商号、著名商标、驰名商标的商贸流通服务企业给予奖励。

17.规范市场准入。简化证照办理手续,除食品药监部门实行一店一证外,工商行政、卫生、文化、新闻、烟草等管理部门的证照,均由连锁企业总部统一办理、统一年审,各分店持总部的批件到所在地办理经营备案手续。

18.给予用地、用电、用水政策支持。按照国务院、省政府要求,优先安排新建、改建商贸流通网点的用地;对大型超市、物流企业、连锁企业配送中心以及其他大型商贸流通企业使用的大型冷藏、冷冻和各类生产加工设备,经供电、供水部门确认后,报物价部门批准,对其用电、用水设备单独计量,按当地工业用电、用水价格标准收取水、电费。

关于进一步加快外经贸发展的实施意见

2009年3月11日　　淮府办[2009]23号

凤台县、各区人民政府,市政府有关部门:

为贯彻落实《安徽省政府关于促进经济平稳较快增长的若干意见》(皖政[2008]89号)文件精神,积极应对国内外经济环境的变化,促进全市外向型经济又好又快发展,结合我市实际,制定如下实施意见。

一、积极扩大我市出口规模。以出口企业上年出口实绩为基数,基数内每出口1美元补助0.03元人民币;超上年实绩增量部分,每增加出口1美元补助0.05元人民币;对在国家指定从事信用保险业务的中国出口信用保险公司投保出口信用险的保费支出,按年度出口信用保费实际支出额(按当时外汇牌价折成人民币)的30%给予补贴。

二、积极开拓国际市场。对参加市统一组织的境内华交会、广交会等交易会、博览会的企业,每个摊位补助0.5万元人民币;参加市统一组织的境外展会,与省国际市场开拓资金配套,补助参展企业1个展位及1名参展人员费用的20%(天数为会展期间和必要的撤换展时间)。

三、加大出口品牌建设。凡获得商务部重点支持出口名牌商品的,每个品牌一次性奖励10万元人民币;凡获得省重点支持出口名牌商品的,每个品牌一次性奖励5万元人民币;对获得推荐的省重点支持出口名牌商品企业的,每家企业补助工作经费3万元人民币;对在产品出口国(地区)注册商标且出口实绩5万美元以上的,每个注册商标奖励1万元人民币。

四、继续完善"外贸孵化器"工程。建立市级"出口孵化中心",加强对各县区、各企业的辅导。每年补助辅导费用10万元人民币。加快进出口经营权向各县区扩散步伐,加大对获权企业的孵化、催化力度,促进更多企业,尤其是中小企业尽快走向国际市场。对当年首次实现出口,业绩在30万美元以上的企业奖励1万元人民币。

五、着力推动企业到境外投资办厂,建立营销网络。对在境外开办生产性企业、研发中心、资源开发企业、经营性公司、营销网络和办事处等,开展业务期满一年,并有带动本地产品出口实绩的企业,按投资性质分别给予补贴。对在境外开办生产型企业、研发中心、资源开发企业的,每家补助5万元人民币;其他类型的每家补助2万元。

六、鼓励项目申报。凡按国家、省有关规定申报高新技术产品、机电产品研发项目(已列入国家、省高新技术产品、机电产品研发项目除外),给予一定的经费补助;对在发展中国家经济贸易交往中取得显著成绩的企业,给予一定的奖励。

七、加大中小进出口企业信贷资金支持。市担保公司为中小进出口企业进行融资担保。

八、加强各类培训。对组织各类进出口企业在职职工开展外销员、单证员、报关员、出口退税办税员等培训,并取得一定成效的组织培训机构,给予一定的资金补助。

九、加大考核力度。将各县区利用外资数量、进出口规模、对外贸易结构等指标纳入全市主要经济工作考核目标体系,分解下达到各县区,进行科学评价。考核结果作为县区领导班子科学发展绩效考核的重要内容。对发展外经贸业绩突出的县区给予奖励。

淮南市人民政府关于贯彻《安徽省人民政府关于农村土地承包经营权流转若干问题的意见》的实施意见

2009年3月25日 淮府秘[2009]45号

凤台县、各区人民政府,市政府有关部门:

为认真贯彻《安徽省人民政府关于农村土地承包经营权流转若干问题的意见》(皖政[2009]13号)文件精神,进一步引导和规范我市农村土地承包经营权流转(以下简称农村土地流转),促进土地规模化集约化经营,优化农业资源配置,转变农业经营方式,推动现代农业建设,结合我市实际,提出如下实施意见。

一、农村土地流转的指导思想和基本原则

1.指导思想。以十七大和十七届三中全会精神为指导,深入贯彻落实科学发展观,以稳定农村土地承包关系为基础,充分尊重农民的主体地位,充分发挥政府的引导服务作用,推动农村土地资源及其他生产要素优化配置,实现农村土地持续高效利用,促进农业适度规模经营和产业发展,加快土地流转速度,实现农业、农村发展,农民增收的目标。

2.基本原则。

(1)坚持稳定农村土地承包关系长久不变的原则。农村土地流转不得改变农村土地家庭承包经营制度,不得借流转之机将承包地打乱重分。要坚持维护农民土地承包权益和流转主体地位,农户将部分或者全部土地承包经营权通过转包、租赁或股份合作形式进行流转时,原土地承包关系不变。

(2)坚持依法、自愿、有偿的原则。农村土地流转要按照有关法律、法规及政策规定进行,不得改变土地集体所有权性质和土地的农业用途。农村土地流转应尊重农民意愿,流转的条件、方式、期限和价格等由流转双方协商决定。农村土地流转的收益全部归承包农户所有,任何组织和个人不得截留、扣缴或挪用。

(3)坚持管理、规范、有序的原则。做好农村土地流转工作,要因地制宜,分类指导,建立健全土地流转制度,加强科学管理,强化土地流转信息服务,规范土地流转合同,及时调解土地流转纠纷,维护各方合法权益,确保土地流转规范有序。

二、鼓励多种形式流转土地

3.鼓励农民以转包、出租、互换、转让、股份合作等形式流转土地。在土地流转时,农民可以采取自行协商的办法,也可以采取委托的办法。土地流转的受让方,可以是承包农户,也可以是其他符合规定的有农业生产经营能力的组织和个人,同等条件下本集体经济组织成员优先。

4.鼓励农民将土地承包经营权委托村集体经济组织或土地流转中介服务组织集中流转。在委托土地流转时,农户应与村集体经济组织或中介组织签订书面委托协议。在集中流转、连片开发过程中,对其中少数不愿流转的农户,乡村集体经济组织可以出面协调,在承包方自愿的基础上,可以用集体经济组织内其他愿意流转的农户承包地或集体经济组织的机动地进行调换解决,妥善平衡互换双方利益。

5.鼓励农户将土地承包经营权作为股权,自愿联合从事农业合作生产经营。农户可以采取土地入股的方式,组建土地股份合作社或参与农民专业合作社的生产经营。股份合作终止时入股土地应退回原承包农户。

6.未进行家庭承包的集体土地、水面、“四荒”土地、林地以及经整治开发的农村闲置宅基地等,依法经本集体经济组织成员的村民会议三分之二以上成员或者三分之二以上村民代表的同意,按公开、公平、公正的原则,可采取招标、拍卖、协商等方式进行发包,承包方所取得的土地承包经营权可依法流转或融资。

三、支持各类主体发展适度规模经营

7.鼓励农村专业大户、农业产业化龙头企业、农民专业合作社、外出务工经商回乡创业者等经营主体受让农户流转的土地,围绕当地主导产业和特色产品,建立生产基地,开展适度规模经营。工商企业参与土地流转时,主要采取"公司+基地+农户"、"公司+合作经济组织+农户"或订单农业的方式,带动农户发展产业化经营。对受让土地100亩以上,流转合同期限3年以上,流转合同规范,从事农业生产的经营主体,每亩给予80元奖励,流转合同期限5年以上的,每亩给予100元奖励。上述奖励由市农业部门牵头组织实施,自2009年起执行。

8.基本农田受让土地100亩以上,流转合同期限5年以上,并签订规范流转合同的经营主体,在符合土地利用总体规划,不破坏耕作层的前提下,为辅助生产管理建造简易设施的用地,可作为农业结构调整用地进行管理。

9.鼓励基层农技推广人员利用技术承包、技术参股和组建专业化"农田保姆"服务队等形式参与农村土地流转,建立科技示范基地。成绩显著的,在评定专业技术职称或安排有关专项资金时予以优先考虑。

10.鼓励规模经营主体对农田基础设施和现代农业设施进行投入。对受让面积较大、流转期限较长的经营主体,符合相关条件的,优先安排农田基本建设、土地整理、农业综合开发、特色农产品基地等建设项目和农机补贴项目。

11.涉农金融机构要把流转土地100亩以上、流转合同期限5年以上的规模经营主体作为信贷支农的重点,对实力强、资信好的经营主体给予一定的授信额度。政策性农业保险要把规模经营主体作为重点参保对象,有条件的县(区)财政可对其保费给予一定的补助。

四、维护农村土地流转双方的合法权益

12.承包土地经营权全部转出的农户,经乡(镇)人民政府或者街道办事处认定,在参加就业培训、接受岗位推介以及自主创业时,可参照执行城镇下岗职工的有关优惠政策。

13.以股份合作形式进行农村土地流转的,经股份合作全体成员一致同意,可从土地流转收益中拿出部分资金用于流转土地的沟、渠、水、电、路等基础设施建设。用于农田基本建设项目的"一事一议"财政以奖代补资金,经村民大会或村民代表大会同意,可用于流转土地的基础设施建设。

14.在农村土地流转合同期内,因不可抗力导致受让方无法继续经营的,土地应归还原承包方耕种。除原流转合同另有规定外,通过流转取得的土地承包经营权,可以依法再流转。受让方将承包方以转包、出租方式流转的土地实行再流转,应当取得原承包方的同意。

15.国家各项惠农补贴按中央和省有关文件规定由土地流转双方协商,协商结果在流转合同中加以明确。

16.农村土地流转合同经双方签订后,当事人不履行合同义务或者履行义务不符合约定的,应当依法承担违约责任。

17.规范农村土地流转的合同管理。除承包方将土地交由他人代耕不超过1年可以不签订书面流转合同外,流转双方应在协商一致的基础上,签订书面流转合同,流转合同应报发包方备案,需要公证的,应到公证机关依法办理公证手续。实行委托流转的,应由承包方出具土地流转委托书,注明委托的事项、权限和期限等,并有委托人的签名盖章。未经承包方书面委托,任何组织和个人都不得代替承包农户签订土地流转合同。乡(镇)人民政府和街道办事处农村土地承包管理机构要建立农村土地流转经营主体的资信档案,记载其资信情况、经营能力等信息。

18.农村土地流转的转包费、租金、转让费等,应本着实事求是、互惠互利、平等协商的原则确定,流转期限较短的可以是现金或货物,流转期限较长的也可以实物计价、货币兑现。实行土地经营权入股的,收益分配应实行保底分红。

19.做好流转土地的质量监测,防止受让方掠夺经营,以保护耕地质量,维护原承包农户的利益。

五、加强农村土地流转的管理和服务

20.建立健全农村土地流转的管理及服务体系。县(区)、乡(镇)人民政府和街道办事处要成立农村土地承包流转服务中心,在农业服务部门基础上加挂牌子。要确定专人,具体负责土地承包和土地流转监督管理,收集发布农村土地流转信息,指导农户和业主签订流转合同,建立完善土地承包和土地流转台账,加强档案管理,监督土地流转合同的履行情况,组织开展土地流转政策宣传和信守合同的教育。县(区)、乡镇人民政府和街道办事处要改进服务方法,把农村土地流转纳入为民服务全程代理的服务内容,为流转双方提供“一站式”便捷服务。

21.加强农村土地流转的纠纷调处工作。因土地流转发生纠纷的,双方当事人可以通过协商解决,也可以请求村民委员会、乡(镇)人民政府等调解解决。当事人不愿协商、调解或者协商、调解不成的,可以向农村土地承包仲裁组织申请仲裁,也可以直接向人民法院起诉。

22.逐步培育和健全农村土地流转市场。县(区)、乡(镇)人民政府和街道办事处的农村土地承包管理机构(农村土地承包流转服务中心)应当积极鼓励、引导中介组织依法开展农村土地流转中介活动,提供有关法律政策宣传、流转信息、流转咨询、价格评估、合同签订指导、利益关系协调、纠纷调处等服务,逐步建立流转服务平台和网络,健全流转机制。对县(区)和乡镇建设规范的土地流转信息平台每个分别给予5万元、1万元奖励。

六、加强组织领导

23.农村土地流转涉及面广、政策性强,关系到广大农民、经营业主的切身利益和农村改革、发展、稳定的大局,全市各级政府必须高度重视,切实加强领导。要加强对农村土地流转先进典型的支持和指导,充分发挥其示范引领作用。要加强对农村土地流转的正确引导,加大宣传力度,提高基层干部和农民群众的认识,形成促进农村土地流转工作的动力。

24.各有关部门要加强配合,合力推动农村土地流转工作有序开展。农业部门是农村土地流转的行政主管部门,要切实加强组织管理和服务工作;国土资源部门要加强对土地的依法管理,严禁掠夺性经营,严禁改变农业用途,并会同农业行政主管部门对流转的基本农田保护情况进行检查;要加强对开展土地流转新上农业项目的审批备案工作,新上农业项目要有农业部门或发改委立项批文,并经国土资源部门备案,签订复垦协议;财政部门要安排土地流转奖励经费和纠纷仲裁工作专项经费;工商管理部门要积极为农业专业合作社或农业企业注册登记提供便利服务;涉农金融及政策保险机构要为土地流转及规模经营主体提供信贷支持和保险服务。各有关部门都要根据自身职责,研究制订相关工作具体实施办法,促进我市农村土地流转健康发展。

市十四届人大三次会议文件

在淮南市第十四届人大三次会议闭幕会上的讲话

市委书记　杨振超

(2009 年 1 月 8 日)

各位代表、同志们：

淮南市第十四届人民代表大会第三次会议，经过全体代表和与会人员的共同努力，圆满完成了各项议程，即将胜利闭幕了。会议期间，各位代表以高度的政治责任感和主人翁精神，认真履行职责，积极建言献策，共商发展大计，共谋为民之策。大会批准的各项报告，凝聚着全体代表的真知灼见，体现了全市人民的共同意愿，对于进一步团结和动员全市人民，深入贯彻落实科学发展观，保持经济社会又好又快发展的良好势头，必将产生积极而重要的影响。这次会议开得很成功，是一次发扬民主、团结奋进的大会，是一次求真务实、开拓进取的大会，是一次凝聚力量、鼓舞人心的大会。在此，我代表中共淮南市委，向会议的圆满成功表示热烈的祝贺！

各位代表、同志们，刚刚过去的2008 年，奋进中的淮南，在全面建设小康社会的伟大征程上迈出了坚实步伐，在科学发展、和谐发展的铿锵旋律中演绎了精彩乐章。这一年，全市上下紧紧围绕市委八届四次、七次全会和市十四届人大一次会议确定的目标任务，同心同德，锐意进取，圆满完成了年初确定的各项目标任务，全市呈现经济增长、结构优化、效益提高、民生改善、和谐稳定的良好态势。成绩的取得，蕴含着全市人民的辛劳和智慧，凝聚着人大代表的心血和汗水，我代表市委和市人大常委会向大家表示衷心的感谢！

各位代表、同志们，2009 年是淮南经济发展面临更大挑战的一年，也是蕴含更大希望和机遇的一年。市委八届八次全会确定了今年地区生产总值增长 11% 以上、突破 500 亿元的奋斗目标。本次会议，进一步明确了今年全市主要工作任务，把市委的部署变成了全市人民的共同意愿。全市上下要切实把思想认识统一到大会精神上来，坚定信心，团结拼搏，务实奋进，确保全年各项目标任务的圆满完成，奋力开创淮南经济社会又好又快发展的新局面。

我们一定要高扬解放思想的伟大旗帜，努力增添科学发展的内在动力。解放思想是破解难题、引领发展的制胜法宝。回顾淮南改革开放 30 年的历程，我们所取得的每一个重大进展，所发生的每一个巨大变化，追根溯源无一不是解放思想的结果。实践告诉我们，思想解放的程度，决定改革的深度、开放的力度、崛起的速度。当前，淮南已迈入厚积薄发、加速崛起的新阶段，面对金融危机扩散蔓延的严峻挑战，面对保增长、扩内需的空前机遇，要应对挑战、抓住机遇，敢于崛起、善于跨越，最首要的就是按照科学发展观的要求，大力推动思想解放，切实转变各种不适应不符合科学发展观的思想观念，以思想的大解放促进经济社会的大发展。要结合正在开展深入学习实践科学发展观活动，围绕“七破七立”，继续解放思想，坚决消除阻碍科学发展的思想观念，不为传统的发展模式所局限；坚决冲破阻碍科学发展的思维定势，不为既有的经验做法所束缚;坚决打破阻碍科学发展的利益格局,不为滞后的体制机制所羁绊。通过打开解放思想的“总阀门”,进一步提升思想境界,理清发展思路,完善发展措施,创新体制机制,转变工作作风,为实现科学发展提供不竭动力。

我们一定要坚定化危为机的必胜信心,继续保持又好又快的发展势头。信心是力量之源。面对百年一遇的金融危机,我们一定要坚定信心,特别要增强干部的工作信心、企业家的投资信心和群众的消费信心,勇于在逆境中拓展空间,善于在危机中捕捉机遇,牢牢掌握发展的主动权,夺取改革建设的新胜利。要围绕保持经济平稳较快发展这个首要任务,把增加投资、扩大内需作为保增长的根本途径,抓住国家新一轮扩大内需的政策机遇,抓紧谋划、争取、建设一批大项目、好项目,增强工业发展后劲,加快山南新区建设步伐,完善城市基础设施,强化投资对经济增长的支撑力;制定促进消费政策措施,培育新的消费热点,开拓农村消费市场,提高消费对经济增长的拉动力。把加快发展方式转变和结构调整作为保增长的主攻方向,坚持好字优先,更加注重优化产业结构,更加注重自主创新,更加注重节能减排,走出一条具有淮南特色的科学发展之路。把深化改革、扩大开放作为保增长的强大动力,深入推进重点领域和关键环节的改革,积极参与泛长三角分工合作,大力实施合淮同城化,为保持经济又好又快发展增添新的活力。

我们一定要恪守执政为民的神圣职责,积极构建全民共享的和谐淮南。立党为公、执政为民,是时代赋予我们的神圣职责。我们要顺应人民群众求发展、求富裕、求健康、求公平、求和谐的新期待,恪守为民之责,着力改善民生,努力让每一个淮南人都能享受改革发展成果。要在推进发展中改善民生,推动公共资源配置向群众受益的方面倾斜,集中更多的财力解决民生问题。要按照“五有”要求改善民生,抓紧抓好35项民生工程,着力解决就业、就医、就学等群众最关心、最直接、最现实的利益问题,不断满足人民群众日益增长的多层次、多样化的物质文化需求。要在维护稳定中改善民生,高度重视综治维稳和安全生产工作,深入推进平安淮南建设,着力促进社会公平正义,巩固和发展政通人和、风正气顺的良好局面。要加强作风建设改善民生,各级领导干部和人大代表要切实增强对事业的激情和对群众的感情,真诚倾听群众呼声,真实反映群众意愿,真情关心群众疾苦,不遗余力地为群众办实事、做好事、解难事。

我们一定要凝聚团结奋进的强大合力,着力营造干事创业的良好氛围。越是发展的困难时期,越需要团结奋进的强大合力。实现今年的奋斗目标,需要我们最广泛、最充分地调动一切积极因素,把全民的热情、智慧、力量,都凝聚到淮南的发展大业上来。要放手让一切劳动、知识、技术、管理和资本的活力竞相迸发,让一切创造社会财富的源泉充分涌流,着力营造心齐气顺、干事创业的社会氛围。各级领导干部要把加强团结作为一种执政能力,作为一种境界和追求,时时处处以党和人民的事业为重,倍加顾全大局,倍加珍视团结,共同营造舒心共事、同心谋事、合力干事的良好政治生态;要“带着感情做公仆,充满激情干事业”,以追求卓越的理念做工作,以精益求精的态度办事情,以雷厉风行的作风抓落实,确保全年目标任务圆满完成。

各位代表、同志们,人民代表大会制度是我国的根本政治制度。市委要求,各级人大要切实把坚持党的领导、人民当家作主和依法治市有机统一起来,围绕中心谋发展,加强法治促和谐,关注民生强基础,求真务实重创新,以改革创新的智慧和视野,不断开辟依法履职的新境界。各位人大代表要切实增强政治意识、责任意识和代表意识,认真履行职责,加强调查研究,积极献计出力,切实在建设和谐淮南中发挥中坚骨干作用,在密切党同群众联系中发挥桥梁纽带作用,在推进现代化建设中发挥模范带头作用,充分展示新时期人大代表的风采。

各位代表、同志们,改革发展的新征程赋予我们重任,人民群众的新期待寄予我们厚望。让我们紧密团结在以胡锦涛同志为总书记的党中央周围,高举中国特色社会主义伟大旗帜,坚持以邓小平理论和“三个代表”重要思想为指导,深入贯彻落实科学发展观,同舟共济、励精图治,开拓奋进、真抓实干,为把淮南建设得更加美好而努力奋斗!

淮南市2009年政府工作报告

——2009年1月5日在淮南市第十四届人民代表大会第三次会议上

市长　曹　勇

各位代表：

现在，我代表市人民政府，向大会报告工作，请予审议，并请市政协委员和其他列席人员提出意见。

一、2008年工作回顾

刚刚过去的2008年，是我市发展改革进程中很不平凡的一年。全市人民在市委的坚强领导下，全面贯彻党的十七大、十七届三中全会和胡锦涛总书记视察安徽时的重要讲话精神，深入学习实践科学发展观，积极克服自然灾害带来的影响，切实应对国内外形势发生的变化，攻坚克难，扎实工作，保持了经济社会又好又快发展的良好势头，圆满完成了市十四届人大一次会议确定的年度目标任务。

——经济跨上新台阶。预计，全市生产总值449亿元，增长15.7%；财政收入60亿元，增长23.7%；固定资产投资225亿元，增长10.4%；社会消费品零售总额134亿元，增长22.8%；外贸进出口总额1.3亿美元，增长41%。

——城乡面貌发生新变化。城市化水平达到46%以上，新增城市道路面积67.5万平方米、绿化面积146万平方米。万元生产总值能耗下降4.2%，二氧化硫、化学需氧量削减超额完成省下达的目标任务。新农村建设扎实推进，城乡环保一体化全面启动。山南山北联动发展取得突破，合淮阜高速公路建成通车，合淮同城效应明显增强。

——社会事业取得新进步。高中阶段毛入学率69.4%；新型农村合作医疗平均参合率86%；城镇居民医保超额完成省下达52万人的目标任务；城镇和农村居民最低生活保障面分别为6.9%、3.9%；人口自然增长率6.9‰。

——人民生活得到新改善。城镇登记失业率4.4%，新增城镇就业3.2万人。预计城镇居民人均可支配收入1.3万元，增长8.3%；农民人均纯收入4500元，增长20%；居民消费价格指数105.3，低于全省全国平均水平。

一年来，我们重点抓了以下工作：

（一）优化产业布局，加快工业强市步伐。全年新增规模以上工业企业54户。预计规模以上工业实现增加值240亿元，增长27%；实现利税69.8亿元，增长60.3%。启动了“T”型工业布局研究和导向规划，开展了合淮工业走廊规划编制，倾力打造沿淮工业带，推进市开发区、煤化工新区、凤台开发区、淮南工业园和12个工业集聚区的扩容和规划。煤电基地综合生产能力大幅提升。预计原煤产量6700万吨，增长43.4%；发电量460亿千瓦时，增长64.1%。望峰岗煤矿、洛河电厂三期、凤台电厂一期、潘三煤矸石电厂等一批重大项目建成投产，500千伏西通道工程淮南段顺利竣工。煤化工基地加快推进，煤化工新区破土动工。淮南煤气化技术攻关取得重大突破，煤基合成油催化剂、甲醇制丙烯工业试验装置等拥有自主知识产权的科技先导型项目建成试生产，100万吨纯碱二期项目开工建设。加工制造业加快发展。景丰高档卷烟纸、益益乳业万吨配方奶粉、电子工业园、海底光缆及连接器等项目竣工投产，医药物流园、中润集中供热等项目开工建设。实施千万元以上工业技改项目30个。

高度重视节能减排工作。我市被列为全省6个推广高效节能照明试点市之一。建成16个污染减排重点项目，东部生活垃圾处理场主体工程完工，西部污水处理厂、凤台污水处理厂、龙王沟泵站扩容工程等建成投入运行。环保专项行动获得国家表彰,田家庵区荣获全省环境保护模范城区。

(二)加强城市建设管理,推进合淮同城化。坚持规划先行,完善山南新区各项规划,完成西部城区和潘集区分区规划,完成21个控制性详细规划和7个专项规划编制,基本完成滨河城市设计、高塘湖滨水地区规划、八公山风景区规划、舜耕山风景区概念性规划,着力彰显山水林城融为一体的城市特色。

加大城市建设力度,巩固和发展山南、泉大、城投等建设模式。荣获2008年度中国城市科学发展创新奖。山南新区建设步入快车道。洞山隧道、淮河大道建成通车,高压走廊改造、农民新村一期等工程竣工,市级机关办公楼、武警支队机关新营区开工建设。淮河四座大桥、淮南新港等项目前期工作加快推进,淮蚌高速公路、206国道改线、东西部第二通道、夏郢西路等开工,龙湖南路一期、淮河大桥维护及南引线工程建成通车。旧城改造继续推进。全市新开工房地产开发面积190万平方米,竣工125万平方米。龙湖路商圈加速提升,合肥百大淮南商厦、华联二期、新百二期、商之都淮南店等建成开业。创建中国优秀旅游城市通过省级初验,新增国家3A级旅游景区2个。启动龙湖公园改造,新建游园4处,完成植树造林2万亩。文明创建活动深入开展,数字城管积极推进,城市综合管理水平进一步提高。经过充分酝酿、认真准备,多方协调配合,制定和实施了一系列政策措施,依法取缔正三轮机动车非法客运、切实保障残疾人基本生活工作取得明显成效。

全面推进合淮同城化。基本完成合淮同城化总体规划编制,积极开展区域生态、城际交通、信息通讯、现代服务等专项规划编制,共同签订了商贸、旅游、信息、交通等10项合作协议,共同举办了区域发展暨合淮同城化高峰论坛,两市交流日益频繁,两市合作不断扩大。

(三)坚持统筹发展,促进城乡一体化。全面落实强农惠农政策,制定了加快农业和农村发展实施意见、农业产业化"712"提升行动计划。全市财政用于"三农"支出11.6亿元,比上年增加2.5亿元。

粮食总产达132万吨,增长9.4%,创历史新高。新增省级农业产业化龙头企业1家、国家级农业标准化示范区2个、绿色食品8个、有机食品1个、无公害农产品13个。深入推进"万村千乡市场工程",建成农家店95个,配送中心1个。完成12个农贸市场的升级改造任务。村镇布点规划和夏集、上窑、曹庵小城镇规划完成,新农村建设"1860"示范工程涌现出一批亮点。"一绿二清五改"村庄整治活动深入开展,建成养沼一体化大型沼气池6个、小型沼气池2160个。治淮工程取得突破性进展,洛河洼、石姚段行洪堤退建及加固工程开工,董峰湖、汤渔湖行洪堤加固等工程竣工。

加快发展城乡社会事业。全市财政用于教育、卫生和文化体育事业的支出分别为88986万元、29226万元和5263万元,比上年增长19.5%、26.8%、23.9%。推动教育均衡发展,完成城市中小学布点规划,省级示范高中、市级特色示范学校创建和农村中小学达标评估工作取得新成效。职业教育和高等教育加快发展。医疗卫生服务体系不断完善。全国第二批城镇居民基本医疗保险试点市工作扎实推进。实现失业保险市级统筹。市食品药品检验中心主体工程、市第一人民医院改扩建主体工程完工。妥善处置三鹿奶粉事件,及时免费筛查救治患儿。荣获全国"无偿献血"先进城市称号。推进文化大市建设。一县一乡被命名为"全国民间文化艺术之乡"。全国第三次文物普查全面展开,列入国家级非物质文化遗产名录2项。《八公山志》再版发行。博物馆二期工程、家乐福横店影视城加快建设,建成农家书屋140个。积极推进数字电视试点网络改造,有线电视播控中心大楼建成。市全民健身中心开工建设,成功承办省第二届体育大会。顺利完成569个村委会换届选举,积极开展第二届社居委换届工作。人口计生、统计、档案、地方志、防震减灾取得新进步,妇女儿童、老年人、残疾人权益得到保障,民族、宗教工作取得新进展,外事、对台和国家安全工作进一步加强,国防动员、人民防空、民兵预备役建设迈上新台阶。

(四)实施"三位一体"突破,全面推进"9771"提升行动计划。立足打基础、利长远、增后劲,千方百计抓好项目、投资、招商工作。全年新开工项目450个、竣工项目280个,分别增长5.9%、11.6%。"9771"提升行动计划项目库储备规模达2000多亿元。建立重点项目市级领导联系人制度,加强项目投资月度分析。调整了市开发区、煤化工新区、山南新区优惠政策,出台了优化投资环境办法,组建了外商投资服务局。成立招商小分队67个,开展了小分队招商、专业招商和节会招商。成功举办第十五届中国豆腐文化节,组织参加了徽商大会、厦洽会等大型系列节会,共签约项目253个。全年引进内资115亿元,实际利用外资1.1亿美元。对外合作水平进一步提升,与省电信公司签订了"数字淮南"信息化建设战略合作协议,与环保部南京环科所签订了全面加强科技合作框架协议,与省农垦集团签订了合作开发淮南农场协议。

制定和实施一系列政策措施,加快非公经济和县区域经济发展。全市个体工商户总数达34693户,新增4745户;实现增加值11265万元,增长8%。凤台县财政收入继续位居全省县级首位,财政收入增幅超过全市平均水平的县区达到5个。

积极应对金融危机,认真贯彻国家和省扩大内需、增加投资的各项政策,出台了促进经济平稳较快发展保障改善民生20条、加快非公和县区域经济发展50条、促进房地产业发展11条、推进自主创新24条等一系列政策措施。安排8300万元贷款贴息资金、3000万元科技专项资金、2000万元中小企业贷款风险补偿基金、500万元项目编制补助和激励资金。取消和停征73项行政事业性收费,降低15项经营性服务收费标准。全年增值税转型试点退税10.6亿元,争取国家年内新增投资2.9亿元,为当前及今后一段时期发展打下了良好基础。

(五)推进改革创新,破解发展难题。完成8户国有企业改革和集体林权主体改革,成立了市金融服务中心,市邮政储蓄银行开业。广泛建立市厅会商机制,取得积极成效。土地报批取得新成绩。全年上报单独选址和批次用地3万亩,上报土地置换3000亩,完成新增耕地占补平衡1.1万亩。积极破解融资难题,理顺了城市建设投资公司体制机制,获国家开行授信71亿元。组建了产业投资公司。成立市担保投资有限公司。广泛开展银企对接活动。自主创新能力进一步增强。再次荣获全国科技进步先进市,毛集实验区荣获国家可持续发展先进示范区,淮南矿业集团被命名为省级自主创新型企业。全年鉴定科技成果40项,重新认定高新技术企业11家,列入国家各类科技计划项目7个,获得国家创新基金项目1个。成功举办第二届皖北区域(淮南)产学研对接会,对接项目217个。质量兴市扎实推进。新创安徽名牌产品6个,八公山豆腐获得国家地理标志产品保护。深入实施人才强市战略,人才队伍不断发展壮大。

(六)保障和改善民生,维护社会稳定。全面实施18项民生工程,共投入财政资金4.7亿元。农村低保实现扩面提标,农村五保供养率达100%。义务教育经费保障机制、高校和中职学校困难家庭学生资助体系惠及30万名学生,全部消除2005年入库的144个D级危房项目。新型农村合作医疗实现全覆盖,城乡医疗救助制度得到调整,重大传染病救治救助扎实推进,改扩建乡镇卫生院9个、村卫生室62个、社区卫生机构32所。城镇未参保集体企业退休人员基本生活保障按时足额发放。完成11万人农村安全饮水工程建设任务。实施白内障患者复明手术660例。累计奖励农村计划生育家庭扶助对象884人。发放大中型水库移民补助资金44.5万元。建成"村村通"工程99.4公里、农村客运站9个。建成经济适用房13万平方米、廉租房2500平方米,发放廉租住房补贴1017.6万元。大力推进采煤沉陷区居民住房建设,开工建设安置新区58.1万平方米,竣工28.2万平方米,安置居民4550户,建成过渡活动板房1200套。深入开展"隐患治理年"活动和"安全生产百日督查专项行动",安全生产形势总体平稳。加强信访工作,深入开展矛盾纠纷排查、重信重访案件专项整治等活动,北京奥运会、残奥会期间信访稳控工作扎实有效。加强物价监管,整顿和规范市场经济秩序取得成效。重拳整治非法传销,捣毁窝点320处,解救人员860人。平安淮南建设取得新进展,一县两区被命名为省级平安县区。扎实推进公安"三基"工程建设,社会治安综合治理基层基础不断夯实。依法打击各类犯罪活动,有效维护了公共安全和社会稳定。

(七)深化管理服务,强化政府自身建设。认真开展深入学习实践科学发展观和解放思想大讨论活动,围绕制约淮南发展的突出问题,开展专题调研。修订完善《政府工作规则》,规范政府行政行为。认真开展"两集中、两到位"试点,切实完善市县乡三级联动服务体系。提请市人大常委会审议地方性法规议案4件,制定政府规章4件。在全省率先建立了乡镇政府法制员工作制度,调处矛盾纠纷2338起,办理行政复议案件38件、各类法律援助989件。取消行政审批项目19项。保留规范性文件106件。自觉接受市人大及其常委会的法律监督和市政协的民主监督,办理人大代表议案两件、建议125件,办理政协委员提案489件。扎实开展反腐倡廉制度建设推进年活动,切实落实党风廉政建设责任制。加强行政监察和审计监督,完善重大决策咨询、听证、公示等制度,努力打造阳光政府。

在过去的一年里,我们夺取了抗雪救灾和灾后重建的全面胜利,筹措资金731.8万元,全面完成849户、1903间雪灾倒房建设任务。我们积极支援抗震救灾,捐款捐物合计4800余万元,运送救灾帐篷700顶,派遣救援人员46名,为灾区送去了淮南人民的深情厚谊。我们积极有效应对春夏之交发生的手足口病严峻疫情,立足早防、早控、早治,全面落实防控措施,全市无一例死亡病例发生,被省政府授予防控手足口病先进集体称号。我们成功组织了奥运圣火传递活动,240万淮南人民共享圣火荣耀,"五彩淮南"绽放传递激情,充分展示了淮南经济发展、社会和谐、民族团结的良好形象。

这些成绩的取得,是省委、省政府和市委正确领导的结果,是市人大和人大代表、市政协和政协委员关心支持的结果,是全市人民共同拼搏的结果。在此,我代表市人民政府,向全市人民及驻淮部队、武警官兵、公安民警,向各民主党派、工商联、无党派和各界人士,向关心支持淮南现代化建设的驻淮单位及海内外朋友,表示衷心地感谢!

在看到成绩的同时,我们也清醒地看到经济社会发展中的矛盾和问题,清醒地看到我市当前发展面临的挑战和风险。突出表现为:一是经济结构性矛盾仍很突出,非公经济和县区域经济发展不足,经济外向度偏低;二是自主创新能力不强,节能减排和环境保护压力不断加大;三是受金融危机的冲击和影响,部分行业产值和效益下滑,部分企业生产经营遇到困难,对经济增长、财政收入、就业稳定等方面产生的影响逐步加深。四是涉及群众切身利益的问题有待进一步解决,农村基础设施建设相对落后,社会事业发展不足,规划管理滞后;采煤沉陷区治理矛盾突出,棚户区改造任务艰巨;低收入家庭生活困难,社会保障水平有待提高;安全生产形势不容乐观;信访稳定的压力加大。五是发展环境不优的问题比较突出,强买强卖、乱搭乱建等现象较为严重;一些部门大局意识不强、办事效率不高、工作落实不够,官僚主义、形式主义和奢侈浪费现象还不同程度存在。对此,我们务必高度重视,认真加以解决。

二、2009年工作总体要求

2009年,是推进科学发展、加速淮南崛起、实现"十一五"目标任务的关键一年。积极有效应对金融危机带来的影响,扎实做好今年的各项工作,千方百计地保持来之不易的发展势头,是我们面临的最大挑战,也是最核心的任务。当前这场百年不遇的全球金融危机还在演变,我国经济增速下滑的压力更加突出,我们必须做好应对更加困难局面、迎接更加激烈竞争的准备。同时,我们也应当看到,我国发展的重要战略机遇期没有改变,我市经济平稳较快发展的基本面没有改变,淮南厚积薄发、加速崛起的阶段性特征没有改变。国家已经并将继续出台一系列强有力的措施,给我们带来了很多机遇。我们必须坚定信心,知难而进,化危为机,加快发展。今年政府工作的基本思路是:以邓小平理论和"三个代表"重要思想为指导,全面贯彻党的十七大、十七届三中全会、中央、省经济工作会议和市委八届八次全会精神,深入落实科学发展观,围绕"推进科学发展,加快淮南崛起"这一主题,大力实施"七大战略"和"9771"提升行动计划,立足扩大内需,强化投资拉动,推进结构调整,转变发展方式,深化改革开放,保障改善民生,努力实现经济社会平稳较快发展。

今年经济社会发展的主要预期目标是:地区生产总值增长11%以上,财政收入增长12%,固定资产投资增长20%以上,社会消费品零售总额增长12%,城镇居民人均可支配收入增长7%,农民人均纯收入增长7%,新增城镇就业岗位3万个,城镇登记失业率控制在5%以下,人口自然增长率控制在7.5‰以内,单位生产总值能耗下降4.38%,二氧化硫排放量下降1%,化学需氧量排放量下降2%。

面对新形势、新任务,我们必须坚持把扩内需、保增长作为首要任务。今年统筹投入各类财政性资金60亿元,安排重点项目投资160亿元,带动社会投资,力争实现全社会固定资产投资270亿元以上。我们必须坚持工业化和城市化双轮驱动,对外,加快合淮同城化,参与泛长三角区域发展分工与合作,加速国际化进程;对内,加快城乡一体化,做精一产、做强二产、做大三产,做优做美城市。我们必须坚持把提高自主创新能力、加快发展方式转变摆在更加突出的位置,既要在激活存量、扩大增量上做加法,又要在节能减排、环境污染上做减法;既要关注税收经济、就业经济,又要关注生态经济,切实提高发展质量和效益。我们必须坚持把实现好、发展好、维护好人民群众的根本利益作为一切工作的出发点和落脚点,无论形势怎么变,根本宗旨不能变,切实把老百姓的事情办好,真正让人民群众满意。

三、千方百计扩内需保增长

积极贯彻和落实进一步扩大内需促进经济增长的政策措施,把加大投资与促进消费结合起来,把促进即期增长与增强发展后劲结合起来,切实提高经济抗震减压、抵御风险能力。

千方百计保持投资较快增长。统筹安排工业投资100亿元以上,强化工业投资对经济增长的带动力和支撑力。理顺城市分级建设、管理、投入体制,力争全年完成城市基础设施建设和房地产投资100亿元以上。着力实施118个投资亿元以上的重大项目、41个重点技改项目。推进大交通建设,加快淮蚌高速公路、206国道改线建设,推动淮滁高速公路、102省道和308省道改扩建工程前期工作。充分发挥"淮河"优势,统筹推进"五水"建设。推进淮河四座大桥、淮南新港前期工作,力争实施董峰湖行洪区调整改造工程,加快洛河洼、石姚段行洪堤退建及加固工程,推动焦岗湖、高塘湖、西淝河、架河、港河等洼地治理。加强项目编制工作,提高项目质量,对上争取国家政策、资金支持,对外招商引资,对金融部门争取贷款,对土地部门争取土地指标。进一步完善项目推进机制,健全法人负责制和领导联系制度,强化"9771"提升行动计划项目库储备功能,建立工业、城市、农业等固定资产投资项目库,确保今年新增项目储备规模500亿元以上。

千方百计加大融资力度。发挥财政资金在融资工作中的引导作用,发挥城投、产投、担保公司、小额贷款公司等各类融资平台作用,开展多种形式的银企合作、银政合作,加大向世行、亚行和国外政府贷款力度。加快金融改革,着力构建现代金融体系。启动新型农村金融机构试点三年规划,完善农村金融服务。加快淮南市区联社改革,组建通商农村合作银行。积极引进更多股份制商业银行来淮设立分支机构,加快组建小额贷款公司,力争每个县区1~2家,加快城投公司发债步伐,力争更多有条件的企业发行债券。整合担保资源,做大市担保公司规模,积极争取更多担保公司来淮发展,壮大担保业,规范担保行为。

千方百计招商引资。突出抓好四件事:一是定任务。今年全市利用外资1.2亿美元以上,增长10%以上,引进内资150亿元以上,增长30%以上。年初将目标任务分解到各县区、各部门。二是搭平台。抓好外商投资服务局建设,安排招商引资专项资金500万元,招商小分队200个以上,重视大企业招商、大项目招商、园区招商、以商招商、产业链招商,加快"走出去"步伐。三是建机制。制定出台招商引资考核奖惩办法,浓厚干群总运动、上下齐招商的氛围。支持在淮企业发展总部经济,重点吸引国内外大企业、大集团来淮设立区域性总部,促进总部经济和驻地经济加快发展。四是优环境。要优化办事流程,简化办事程序。精减审批,减少收费。建立健全首席代表制、全程代理制、限时办结制。

千方百计刺激消费。完善消费促进政策,增强消费能力,改善消费预期,大力培育商贸、住房、文化、旅游等消费,积极发展与消费升级相关的产业。加快商贸物流专业化、特色化、高端化发展,打造皖西北商贸物流中心。加快家乐福商务广场、红旗商贸文化广场、沃尔玛购物广场、东方国际购物中心、医药物流园建设,着力提升淮矿物流大市场、永安大市场等规模,积极引进乐购、麦德隆等知名连锁企业。健全农村流通网络,扩大农村消费。加大"家电下乡"推广力度,推进"万村千乡市场工程"。完善城市社区便民服务设施,继续推进农贸市场升级改造,满足居民便利消费、放心消费需要。结合旧城改造、棚户区改造、新区开发和行蓄洪区、采煤沉陷区、新矿区移民迁建,促进房地产业健康快速发展。全年施工房地产开发面积400万平方米,竣工120万平方米。落实保障性住房配建制度,建设廉租房2.75万平方米。大力发展文化、旅游业。重点抓好八公山旅游综合服务区开工,推进新四军纪念林陈列馆、焦岗湖渔家乐风情岛、高塘湖中心岛休闲渔业等景区景点建设;积极争创焦岗湖、上窑国家4A级旅游风景区。加快旅游商品开发和服务体系建设,实行多元化营销,实现旅游总收入增长20%。

千方百计保企业。保企业,就是保增长、保就业、保稳定,必须放在重中之重抓紧抓好。主要采取以下措施:一是实行银企抱团取暖,切实解决企业融资难问题。二是用足用活中小企业贷款风险补偿基金、中小企业贷款贴息资金和开发区、工业园区贷款贴息资金,进一步出台支持扶持工业企业特别是中小企业的若干政策,加强对中小企业的财税支持力度。三是支持企业实行产业转型和结构优化升级,在危机中抢抓商机,在逆境中开拓市场。四是加强和改善对企业的服务。通过企业自救、政府拯救、社会施救,保住发展成果,保证经济持续健康发展。

四、加快工业化和城市化步伐

(一)推进工业强市,着力建设能源重化工业基地

以加强合淮工业走廊、沿淮工业带"T"型产业布局规划为主线,以加快园区平台建设为重点,以多个工业集聚区为补充,以煤电化、大企业、大项目为牵引,促进扬煤与凸企互动,扬长与补短结合。

充分发挥资源优势,实现资源就地转化。进一步增强煤电集群效应。开工建设朱集东矿、朱集西矿、杨村矿、平电三期、田集电厂二期、凤台电厂二期、潘集电厂、顾桥煤矸石电厂、1000千伏特高压工程,加快顾桥矿南风井、潘一矿东区安全技改、新庄孜煤矸石电厂等项目建设,确保张集西风井建成投产。加快煤化工基地建设,重点延伸甲醇制烯烃、硝酸、化肥、煤焦化、替代燃料、电石乙炔六大产业链。开工建设60万吨甲醇及20万吨二甲醚项目,加快100万吨纯碱二期项目建设,建成淮化清洁工艺生产项目。积极发展高效载能工业。推进煤—电—铝一体化、煤—电—硅—光伏一体化发展。积极推广煤矸石和粉煤灰综合利用、瓦斯和生物质发电、中水回用等先进技术,抓好宏泰钢铁再生金属循环经济产业园、年产400万吨海螺水泥、凯迪生物质发电等项目建设。积极筹建国家大型煤炭储备库和中国淮南煤炭现货期货交易中心,积极争取直供电试点,推动资源优势向发展优势转化。

充分发挥园区集聚优势,做好"无中生有"文章。完成市开发区、煤化工新区、凤台开发区、淮南工业园以及12个工业集聚区的扩容规划,促进布局集中、产业集聚、土地集约。积极推进中心城区工业企业退城进园,推进园中园、"飞地"园区等建设,加快发展机械电子、生物医药、新型材料等制造业。加强与省农垦集团合作,推进工业、农产品加工、商住综合开发,打造垦区新农村城镇化试验区,推动开发区新一轮大建设、大发展。开工建设长壁煤机、重庆啤酒、华宫胶管等12个项目,加快景丰纸业二期、汇通纺织二期等11个项目建设,建成电子工业园、康寿医疗器械等10个项目,引进项目20个以上。完善基础设施,创新管理服务,努力把园区打造成为产业集聚的沃土、企业投资的热土、环境优化的净土。

充分发挥大企业优势,加快企业梯队培植。支持大企业领跑工业化、参与城市化、反哺农业现代化,锻造淮南崛起的脊梁。把培育新企业、加快发展中小企业摆在更加突出的战略位置,促进各类企业茁壮成长,形成"梯队形"结构,全年新增规模以上企业60户以上。

(二)推进城市大建设,着力打造淮河明珠

以战略眼光规划城市,以精品意识建设城市,以精细化理念管理城市,以市场化手段经营城市,加快建设山水园林城市、滨河滨湖城市、宜居宜游宜创业城市。

加强城市规划。统筹山南山北、统筹东部西

部、统筹河南河北,着力构建“三山为肺、三水为脉、三城为心”的城市发展格局。完成主城区文化设施、城区路网、综合防灾等专项规划,启动并完成上窑山风景区总体规划、主城区30平方公里控制性详细规划、西部沉陷区生态治理规划,制作主城区三维沙盘,完成淮河大道两侧、山南新区起步区水系景观设计。

加快山南新区开发。开工建设南纬二路、南纬七路、南经六路等10条道路,全面完成南纬三路二期、北环路等6条道路建设。加快市级机关办公楼、武警支队机关新营区建设,开工建设奥林匹克体育场、农民新村二期、自来水厂、报业大厦、国投新集总部、移动公司生产大楼、职教园区、淮南二中、安徽理工大学新区等20个项目建设,启动科技馆、人民会堂、政务服务中心等规划建设,实施起步区水系景观改造工程。

完善城市基础设施。加快东西部第二通道建设,推进洞山西路、龙湖路、国庆东路、谢李路等改造,完成洞山中路、陈洞路、金家岭路、夏郢西路、卧龙山路、蔡新路、沿矿路、湖滨东路扩建、广场北路贯通等工程,规划建设朝阳路等3座过街人行天桥。实施城市亮化和景观照明工程,消除主次干道路灯不亮和无路灯问题,开展城市支路、老街巷亮化试点,提高城市亮化水平。实施城市水系整治工程。启动舜耕山风景区核心区、淮河公园、淮西湖公园建设,完成龙湖公园改造,续建十涧湖国家城市湿地公园,推进泉大资源枯竭矿区环境修复。加强城乡绿化,新增城市绿地面积100万平方米。完成植树造林2万亩,建设合淮阜高速公路淮南段森林生态长廊。建立市级生态公益林补偿机制。

加快城市精细化管理。巩固国家园林城市创建成果,加快安徽省文明城市、国家环保模范城市、国家生态园林城市创建步伐,进一步完善“两级政府、三级管理、四级网络”的城市管理体制,健全长效管理机制。建立数字城管系统,推行网格化管理。启动城区杆线整治工程。加大违法建设拆除力度。实施城乡清洁工程,改善城乡环境。巩固依法取缔正三轮机动车非法客运成果,确保不回潮、不反弹。

(三)推进非公经济更快发展,着力实施县区域突破

抓住时机利用外资、引进内资、启动民资、扩大融资,壮大非公经济和县区域经济,加快形成拉动内需的支撑力量。

推动非公经济上台阶。全面贯彻落实推动非公经济和县区域经济又好又快发展的若干意见,研究制定相关配套政策。积极搭建中小企业融资平台,建立健全中小企业信用担保体系,设立1000万元非公经济发展专项资金,重点培育和扶持“小而精”、“小而特”、“小而专”、小而优”的龙头型中小企业,使非公经济在促进经济增长、扩大就业、增加税收和活跃市场等方面,发挥越来越大的作用。力争非公经济的比重达到40%,对财政贡献率提高10个百分点。

推动县区域经济上水平。坚持分类指导,简政放权,在产业布局、项目安排、基础设施、财政转移支付、税收分成方面向县区倾斜,配套出台分类指导的区域政策,增强县区自我发展能力。发挥凤台、潘集的煤炭资源优势,建好“煤电化”主战场和粮食主产区。发挥田家庵中心区的优势,大力发展现代物流、现代服务等产业,提高首位度。支持大通用好发源地,办好开发区,建好东大门。大力促进西部地区经济发展,支持谢家集、八公山加强西部城区、旅游景区、生态矿区、新型工业集聚区建设。支持毛集国家可持续发展先进示范区建设,推进景区、城区、园区互动发展。

(四)推进自主创新和节能减排,着力增强发展可持续性

充分利用市场约束的倒逼机制和全球经济调整的洗牌效应,在提高经济素质上加强自主创新,在节能减排上加大攻坚力度,力求取得更大成效。

坚持把推进自主创新作为转变发展方式的中心环节。加快创新型淮南建设,努力实现再次进入全国科技进步先进市的目标。认真落实关于推进自主创新的若干意见,加大科技投入,建立稳定增长机制。要让创新优势不断凸显。大力促进传统产业高新技术化和高新技术产业化,突出抓好“四点一园”(即煤炭高效率开采及瓦斯综合利用先进生产力建设,高标准、高产出、大循环火力集中发电,煤化工精深加工及循环利用,生物医药等新兴产业,山南高新技术园区)建设,

促进一批拥有自主知识产权技术就地转化。要让创新型企业不断涌现。切实抓好高新技术企业的培育,加强申报重新认证工作,确保新增省级创新型试点企业3家。要让产学研结合不断紧密。积极申报国家火炬计划3项、创新基金项目5项,申请专利315件。开工建设国家煤及煤化工产品监督检验中心。要让创新基地的集聚能力不断增强。加快省级生物医药及高新技术产业基地建设,着力打造矿用电子高新技术产业群,积极创建省级防爆电气优质产品基地。要让创新创业的氛围不断浓厚。强化领军型人才集聚培养,完善风险投资机制,鼓励更多的科技人才自主创业。

坚持把节能减排与工业化、城市化同部署同推进。突出重点行业、重点企业和重点领域,加快10大重点节能工程实施进度,切实抓好11个污染减排重点项目建设,加快山南新区污水处理厂建设,推进村镇生活污水生态处理工程试点。突出规划、保护、治理、经营等关键环节,加快推进城乡环保一体化。加强农村工业、生活污染和农业面源污染防治,加快农村污水集中处置、垃圾集中收储、农药化肥减量喷施、秸秆综合利用,努力建成一批省级环境优美乡镇和生态村。我们要持之以恒地抓下去,让淮南的山更绿、水更清、天更蓝、城更美。

五、加速城乡经济社会一体化进程

坚持工业反哺农业、城市支持农村和多予少取放活方针,以城乡一体化规划为龙头,着力在产业布局、基础设施建设、公共服务、社会管理一体化等方面取得突破,促进城市基础设施向农村延伸、城市公共服务向农村覆盖、城市现代文明向农村辐射,推动城乡经济社会发展融合。

(一)加快农村发展,推动城乡经济共同繁荣

积极发展现代农业。按照高产、优质、高效、生态、安全的要求,加快农业结构调整。强化粮食主产区功能,重点抓好“百万亩”优质专用小麦和“百万亩”优质水稻核心示范区建设,努力打造沿淮“粮仓”。积极发展特色种植业、林木花卉业。大力发展养殖业。抓好养殖水域滩涂规划建设。制定加快奶业发展实施意见,新增奶牛1000头。加快农业规模化、标准化生产,建成国家级农业标准化示范区1个、省级2个,建成生猪、家禽标准化养殖小区各5个。加快实施农业产业化“712”提升行动计划,力争全年农产品加工业产值超过90亿元。争创国家级龙头企业1家、国家级名牌农产品1个,新增绿色食品、有机食品和省级名牌农产品10个以上,龙头企业产值和利税分别比去年增长10%以上。

切实拓宽农民增收渠道。坚持政策惠农、科技兴农、创业富农,建立农民持续增收的长效机制。健全农业补贴制度,进一步扩大范围、提高标准,逐步加大农民种粮补贴,完善农机农资综合补贴动态调整机制,稳步提高粮食收购价格。健全政策性农业保险制度,提高农业抗风险能力。加大农业科技创新,通过农业结构调整、农业内部挖潜、农业技术推广、农业科技成果转化等措施,提高农产品经济效益。着力完善农村综合服务体系,全年培育新型农村经济合作组织20个,建成高标准农技推广服务站10个,形成产供销一条龙、贸工农一体化的发展方式和增收模式。

扎实推进新农村建设。全年完成“三农”支出13亿元以上,增长13%。一是推进小城镇改造。重点抓好上窑镇亲山近水型、平圩镇综合服务型、夏集镇农副产品加工创业型规划建设。二是推进老村庄整治和扶贫开发。抓好一批城中村改造、中心村建设、自然村缩并、空壳村搬迁,支持有条件的村庄逐步发展成农村新社区。完成10个贫困村整村推进任务。三是推进村村通工程。建成农村公路200公里、农村客运站10个、候车亭178个。四是推进沼气工程。建成沼气池2万立方米。五是推进农村安全饮水工程。再解决农村11万人安全饮水问题。六是实施通信工程。积极开展新农村信息化试点建设。七是高度重视采煤沉陷区治理。积极争取河南四区资源型城市转型试点。制定并实施采煤沉陷区综合治理实施方案,突出抓好新村搬迁选址、拆迁补偿和过渡活动板房建设,全面完成2004年开始实施的国家采煤沉陷区综合治理项目建设任务。切实解决好采煤沉陷区居民住房、培训、就业和社会保障问题,是一项极为艰巨的任务。我们要以百倍的努力,把这项关系民生的大事做好。

高度关注农民工。加强农村职业教育和农

民技能培训,大力提高农民素质。加大用工信息发布力度,密切关注动向,及时分类指导,切实提高农民工输出组织化程度。积极引导和扶持有资本、有技术、有经验的农民回乡创办领办企业,化就业压力为创业动力,变返乡潮为创业潮。

(二)大力发展社会事业,促进城乡基本公共服务均等化

坚持教育优先发展、均衡发展、规范发展。优先加强教育规划,优先安排教育支出,优先解决农村地区、困难家庭、留守儿童平等就学问题,确保市本级教育支出预算安排增长13%。大力发展学前教育、特殊教育、义务教育、高中教育、职业教育和高等教育,加快实施城市中小学布点规划,积极整合高中教育资源,合理利用闲置校舍,建设100所标准化学校,力争高中阶段教育毛入学率达70%。鼓励和规范民办教育。统筹抓好各类人才的引进、培养和使用,筹建市高级人才库,让优秀人才脱颖而出。

统筹抓好医疗卫生和人口计生工作。深入推进新型农村合作医疗,加强农村卫生人才队伍建设,落实公共卫生补助机制。开工建设马山医院新病区、医疗废弃物处置中心,完成市第一人民医院改扩建、20所乡镇卫生院新建和改扩建、68所村卫生室、30个社区卫生机构建设任务。大力开展城乡爱国卫生运动,扩大农村免费公共卫生服务范围,突出抓好重大疾病防治和应急处置工作。加强人口和计划生育工作,搞好普惠性政策和计划生育家庭优惠政策的衔接,加快计划生育服务阵地建设。

全方位促进就业再就业。支持自主创业、自谋职业和灵活就业,建成农民回乡创业园2个。完善就业公共服务体系,积极做好外出务工返乡人员、高校毕业生、退伍军人、失地农民、残疾人就业,动态消除"零就业家庭",新增农村劳动力转移就业3万个,实现下岗人员再就业1.5万人。加强创业、就业和再就业培训,全年完成各类职业培训2万人。建立新型劳动关系,确保劳动违法案件、劳动争议案件限时办结。

进一步提高社会保障水平。积极推行新型农村合作医疗市级统筹,争取参合率达90%以上;完善城镇职工基本医疗保险,切实解决异地就医难问题;继续降低城镇居民基本医疗保险缴费标准,提高报销水平,扩大门诊范围,提高医疗保险"三张网"的覆盖率。调整完善企业退休人员、被征地农民养老保险政策,探索农村社会养老保险,适时提高协保人员待遇标准。进一步完善"五保合一",全年完成参保人数134.5万人,征缴率均达90%以上。加大城乡社会救助力度,实现城乡最低生活保障应保尽保,农村五保集中供养率达30%,改扩建农村敬老院10所。大力发展社会福利和慈善事业,抓好市社会福利院综合楼、市流浪未成年人救助保护中心建设,筹建市级老年公寓。完善成品粮油等生活必需品预警、储备、调控办法。

巩固提升民生工程。进一步加大投入、巩固成果、健全机制,让人民群众得到更多实惠。从今年开始,全市民生工程扩大到35项,其中省民生工程28项、市民生工程7项,投入财政资金6亿多元,惠及220万人。积极整合各类事关民生的政策资源,建立多元筹资机制和考核评价管理制度。推进民生工程与社会保障体系建设、社会事业发展的有效衔接,建立健全改善民生的长效机制。

(三)强化社会管理,维护城乡社会稳定

扎实推进平安淮南建设。健全社会治安防控体系、严打整治体系,完善矛盾纠纷预防化解机制和治安形势评估机制,深入开展平安创建活动。依法防范和打击违法犯罪活动,保障人民生命财产安全,确保社会大局稳定。做好信访工作,完善信访制度。进一步畅通群众诉求渠道,依法依规解决群众反映的突出问题,努力实现信访减量退位。继续整顿规范市场秩序,重拳打击非法传销、非法集资、商业欺诈和制假售假等违法行为。加强公共突发事件应急管理体制机制法制建设,提高保障公共安全和处置突发事件的能力。

切实抓好安全生产。加大源头治理力度,遏制重特大事故发生。坚持不懈地抓好煤矿安全和淮河水灾两大核心隐患的综合治理,抓好各类安全事故隐患的排查和整治,完善预报、预警、预防和应急救援体系。依法加强监管,从严从快查处安全生产事故,对事故责任人进行严肃追究。强化农产品安全建设和食品药品监管,切实让人民群众吃得放心、用得安心。

全面加强民主法制建设。各级政府自觉接受人大及其常委会的法律监督,自觉接受政协的民主监督,接受新闻舆论和公众的社会监督,坚持重大事项向人大报告、与政协协商。推进依法治市,开展法治城市、法治县区创建活动。发挥享有地方立法权的优势,积极开展住房保障、城市供热等立法工作。坚持政府信息公开和政府新闻发布会制度,继续办好政风行风热线。着力改善社区办公条件,积极开展和谐社区创建活动。通过财政转移支付等途径,加强农村基层组织建设。加快山南新区村镇调整,加强规划地名规范化管理。搞好国防教育、人民防空、民兵预备役工作,加强市民兵训练基地建设,提高国防动员能力。广泛开展双拥共建活动,争创省级双拥模范城"七连冠"。大力推进老龄、妇女儿童、残疾人工作,做好广播电视、民族宗教、防震减灾、地方志、统计、气象和档案等工作。

六、加大以开放促改革、以改革促发展力度

面对金融危机,我们必须坚定不移地实施大开放,在更高层次、更大范围、更广领域利用资源、抢占先机,必须坚定不移地推进各项改革,启动内力、激发活力。

深入推进合淮同城化。积极构建合淮同城化合作机制,完善落实两市合作框架协议和专项合作协议,加速融入省会经济圈。一是加快规划对接,完成并组织实施合淮同城化总体规划、合淮工业走廊规划、大交通及能源规划、区域城乡一体化规划。二是加快交通对接。积极争取合淮蚌铁路客运专线开工,做好九龙大道(九龙岗至水家湖接合肥双凤大道)、舜耕大道(十五中转盘至房山集接合肥蒙城北路)、淮南大道(安成铺转盘至曹庵接206国道)等3条公路改扩建开工准备,推动引江济淮工程前期工作。启动城市快速公交系统规划建设,构建合淮城际公交体系。三是加快产业对接。积极培育产业集聚区、高载能工业园、大型物流园区。与合肥联手,积极争取省里把合淮工业走廊作为承接长三角产业转移示范区。四是加快市场对接。推动劳动力市场、人才市场、产权交易市场互联,实现旅游资源、教育资源、医疗资源互通,市场准入资质、标准、认证、检测互认。

着力加快重点领域和关键环节改革。继续推进淮南矿业集团、淮化集团A股上市,指导培育3户企业中小板上市。继续推进皖淮机械厂实施军民品分离,加快淮化集团主辅分离、辅业改制,争取皖纸公司实行资产重组,加快市属出中心企业资产处置,积极争取进入省第一批厂办大集体企业改革试点。妥善处理国有企业留守处问题。制定加强国有资产监管的意见和产权交易管理办法。积极做好不良金融资产打包处置工作。完成工商系统脱钩改革任务。推进供销合作社改革发展。继续推进农村综合改革和集体林权配套改革。深化土地使用制度改革,落实经营性土地和工业用地招拍挂制度,加快建立农村土地承包经营权流转市场,发展多种形式的适度规模经营。切实加强土地执法,严格耕地保护措施。全面推进建设用地置换,新增建设用地4000亩。加大土地整理复垦力度,实现耕地占补平衡,开发整理土地9000亩,逐步调整完善市县区财政体制和财政支出结构,加大对农村、民生、公共服务等领域投入。继续深化公用事业、公益事业价格改革。进一步完善统计管理体制改革。

强力提升对内对外合作水平。转变外贸增长方式,优化出口产品结构,力争完成外贸进出口总额1.2亿美元。扩大同省内城市的交流,巩固友城关系。实施"走出去"战略和外经贸"孵化器"工程,支持有条件的企业开展对外工程承包和劳务合作,支持中央和省属单位、大专院校、科研院所、驻淮部队在淮发展。完善外经、外贸、外事、外智、外宣相统筹的大开放格局。

七、加强政府管理创新

面对新形势新要求,政府重任在肩。我们务必把思想和行动统一到中央、省委和市委的决策部署上来,务必保持奋发有为的精神状态,以强烈的事业心和责任感,扎实做好党和人民交给我们的各项工作。

继续解放思想。牢固树立科学的发展观、正确的政绩观和正确的群众观,全面提升学习力、实践力和执行力,真正在思想上具备科学发展的境界,在工作上树立科学发展的标准,在作风上符合科学发展的要求,在成效上体现科学发展的水平。勇于用新的理念、观念指导实践,善于用新的思维、思路破解难题,敢于用改革、开放、创新的举措谋求突破,强化"七破七立",建立"八个机制”,努力在日趋激烈的区域竞争中,在日益复杂的环境中,率先发展、科学发展、和谐发展。

推进简政放权。深化行政管理体制改革,把政府经济管理工作的重心转移到提供优质服务和创造良好环境上来。适时启动政府机构改革,做好经营性事业单位转企改制,进一步优化政府机构设置,努力解决机构重叠、职能交叉、权责脱节、政出多门的问题。进一步加大向县区放权力度,继续推进市、县区、乡镇三级联动服务体系建设。加强“信用淮南”建设,完善信用体系。加强“数字淮南”建设,启动市直机关网上协同办公系统、电子监察系统建设,拓宽网上审批范围,提高在线办事水平。努力把淮南打造成为审批环节最少、服务意识最强、办事效率最高的地区之一。

强化闭环管理。坚持决策、执行、监督、反馈等环节的有机统一,逐步在政府、部门和行业内部,在政府与部门之间、部门与部门之间形成闭环,确保各项工作件件有落实、事事有回音、人人有职责。坚持科学决策和民主决策,进一步完善重大问题调查研究、集体决策、专家咨询、社会公示和听证制度,积极推行“一线工作法”,做到决策在一线落实、问题在一线解决、创新在一线体现、成效在一线检验。坚持一级抓一级、一环扣一环,凡是政府作出的承诺、决定的事项,必须不折不扣地落到实处,确保政令畅通。

坚持廉洁从政。认真贯彻党风廉政建设责任制,着力完善惩治和预防腐败体系。巩固反腐倡廉制度建设推进年活动成果,严格落实各项规章制度,凭制度用权、靠制度办事、以制度管人,让权力在监督下实施、在阳光下运行。坚持勤俭节约,坚决反对铺张浪费和奢靡之风。加大对工程承包、土地出让、政府采购、资源开发、产权交易和医药购销等重点领域的治理力度,坚决纠正部门和行业不正之风。扎实开展优化经济发展环境集中整治活动,为企业依法经营创造宽松环境。进一步强化审计、监察工作,严厉查处各类违法违纪案件。加快建设风清气正的政治生态环境,着力营造团结和谐的干事创业氛围。

各位代表,做好今年各项工作,实现预期发展目标,既有挑战,又有机遇。我们坚信,任何困难都改变不了我们创造美好生活的强烈愿望,任何挑战都阻挡不了我们加快奋力崛起的坚定步伐!让我们紧密团结在以胡锦涛同志为总书记的党中央周围,高举中国特色社会主义伟大旗帜,在市委的坚强领导下,励精图治,奋发进取,以推进科学发展、加速淮南崛起的优异成绩迎接新中国成立六十周年!

淮南市2008年国民经济和社会发展计划执行情况及2009年计划草案的报告

——2009年1月7日在淮南市第十四届人民代表大会第3次会议上

市发展和改革委员会

各位代表:

受市政府的委托,市发改委向大会书面报告全市2008年国民经济和社会发展计划执行情况及2009年计划草案,请予审议,并请市政协委员和其他列席人员提出意见。

一、2008年国民经济和社会发展计划执行情况

2008年我市认真贯彻党的十七大精神和胡锦涛总书记视察安徽时重要讲话精神,全面落实科学发展观,针对经济运行中存在的突出矛盾和问题,采取了一系列政策措施,经济和社会发展保持了平稳较快增长势头。预计全年完成地区生产总值449亿元,比上年增长15.7%,比计划增加1.7个百分点。其中:第一产业增加值40亿元,比上年增长7.0%,比计划增加1个百分点;第二产业增加值272亿元,比上年增长21.6%,比计划增加4.6个百分点,其中规模以上工业增加值240亿元,增长27.0%;第三产业增加值137亿元,比上年增长9%,与计划持平。居民消费价格指数105.3%,低于全省平均水平,万元地区生产总值能耗下降4.2%。

(一)工业生产继续保持平稳快速发展态势

2008年我市工业经济在高位基础上继续保持平稳快速的发展态势,预计全市规模以上工业企业完成增加值240亿元,增长27.0%,工业企业实现销售收入518亿元,增长54.6%,实现利税69.8亿元,增长60.3%。工业经济效益综合指数190.0%,增长30个百分点,规模以上工业企业达248户,净增54户。技改投资完成81亿元,增长14%,万元GDP能耗下降4.2%,完成了省政府下达的目标任务。原煤产量完成6700万吨,同比增长43.4%,发电量完成460亿千瓦时,同比增长64.1%,纯碱完成27.4万吨,同比增长2.6%,浓硝酸完成34万吨,下降15%,合成氨完成33万吨,下降18.5%。煤电行业发展势头强劲,其工业增加值占到全市总量的87%。各类所有制企业保持较好增长势头,制造业发展成为新亮点。

(二)农业和农村经济健康快速发展

2008年认真贯彻中央1号、省委6号文件精神,围绕农村经济发展目标,推进农业产业化,落实各项惠农政策,全市农业和农村经济继续保持健康快速发展的态势。预计全年粮食总产量132万吨,比上年增长9.4%,再创历史新高。全年完成肉类总产7万吨,禽蛋总产5万吨,奶类总量4万吨,同比分别增长6.1%、5.7%、4.0%;水产品产量6万吨,同比增长10%。全年蔬菜播种面积38万亩,总产55万吨,同比增长10%。大力发展农业产业化,制定了《淮南市农业产业化"712"提升行动计划实施方案》,抓好粮食生产,组织小麦高产攻关和水稻产业提升行动,示范带动效果明显。农田水利基本建设成效显著。高度重视农产品质量安全,蔬菜送检合格率100%,抽检合格率99.48%。有5个产品通过国家绿色食品中心认证,1个产品通过无公害农产品认证。积极开展农业招商引资,引资项目达20个。建立健全了规范高效的农民补贴资金管理体系,全市累计发放各类农民补贴资金3.3亿元。

(三)固定资产投资增幅趋缓

预计全年固定资产投资完成225亿元,增长10.4%,超额完成年初180亿元的预期目标。省"861"行动计划项目,完成投资78.87亿元,完成年度投资计划100%。房地产开发投资完成36亿元,增长11.9%,完成全年开工190万平方米,竣工125万平方米的任务。随着企业技术改造和产业升级,在固定资产投资中,制造业项目增加,投资力度加大,成为今年投资的新亮点。重点项目进展加快。2008年凤台电厂一期、洛河电厂三期、望峰岗矿井及选煤厂、潘三煤矸石电厂、500千伏淮南开关站、洞山隧道、西部污水处理厂、合肥百大淮南购物中心、万吨高档卷烟纸等重大项目竣工投产。谢桥矿安全改建、顾桥南风井、张集西风井、潘一矿安全改建、山南污水处理厂管网工程、大通工业新区加工制造业基地、玻璃深加工、矿用电器设备、5000吨石油化工机械产品、凤台体育中心等重大项目开工建设。

城市基础设施建设以完善城市功能,提升城市品位、优化城市环境为目标,全市完成投资超过11亿元。陈洞南路竣工通车,龙湖路改造工程基本完工,淮河大桥维修全部完成,西部二通道、淮舜南路、林场路、洞山中路工程项目可研、规划设计等前期筹备工作基本完成。

(四)城乡居民收入持续增加,消费品市场活跃

预计2008年全市城镇居民人均可支配收入为13000元,比上年同期增长8.3%,农民人均纯收入4500元,增长20%,比计划增加14个百分点。随着城乡居民收入不断增加,社会消费品零售总额创历史最好水平,预计全年实现社会消费品零售总额134亿元,增长22.8%。商贸重点项目作用显著,华联二期、新百二期、家乐福商务广场、商之都淮南购物中心、古井瑞景国际购物中心、金地·龙湖路1号等项目正在建设,总投资达8亿元,可新增营业面积达20万平方米。2008年新开工项目有医药物流园、集萃超市连锁配送中心、红旗商贸文化广场二期、沃尔玛购物广场、东方国际购物中心等。现代商业示范社区建设纳入轨道,6个社区获省社区商业示范社区;"万

村千乡市场工程”继续推进,全市农家店数达620个,覆盖所有乡镇和43.1%的行政村。旅游业得到较快发展,全市旅游总收入16.5亿元,增长33.5%。上窑、茅仙洞旅游景区被列为国家农业旅游示范点、国家3A级旅游景区。创建中国优秀旅游城市通过省初步验收。

(五)财政收入持续增长,金融运行平稳

2008年财政收入保持了持续快速增长。预计全年财政收入超过60亿元,增长23.7%,完成预算106.6%,地方财政收入完成29.7亿元,增长27.4%,全年财政一般预算支出47.6亿元,增长16%,全年财政收支基本平衡。

金融运行平稳。全市金融机构各项存款余额546亿元,各项贷款余额379亿元,同比分别增加95.2亿元和14.1亿元。重点企业融资渠道拓宽,矿业集团通过直接或间接融资达34亿元;地方法人金融机构信贷增长较快。

(六)外经外贸稳步推进,招商引资快速发展

预计全年外贸进出口总额13000万美元,比去年增长41%。新批外商投资企业3家。实际到位外资1.1亿美元,下降45%;间接利用外资工作步伐加快。山南新区集中供热、垃圾处理场、污水处理厂、卫校附属医院、淮南师范学院等五个项目获准利用外国政府贷款建设,贷款累计达6350万美元。成功举办了第十五届中国豆腐文化节,组团参加了徽商大会、厦门中国投资贸易洽谈会、武汉中部崛起博览会、第十届高交会等经济技术合作活动。

(七)注重解决民生问题,经济社会协调发展

2008年我市民生工程由12项扩大到18项,全年共投入各级财政资金4.7亿元。全市累计保障城镇贫困人口89.8万人次,发放保障资金1.17亿元;农村低保覆盖面达3.85%,保障人口58.9万人。农村五保供养率达100%。认真做好全市城乡义务教育经费保障机制改革,共投入资金1.03亿元。全部消除进入省危改项目库的D级危房,并对全市校舍进行了抗震安全排查。农村饮水安全工程、农村卫生服务体系建设稳步推进。

高等教育加快发展,淮南师范学院、淮南联大招生规模扩大。职业教育得到进一步加强。围绕“文化大市”建设目标,文化事业稳步推进,成功举办了省第二届体育运动大会、“2008年新年音乐会”等活动,市博物馆正式对外开放。就业再就业工作取得实效,全市城镇新增就业3.2万人,下岗失业人员再就业1.88万人,零就业家庭继续保持动态为零的目标。全年城镇登记失业率4.4%。城镇居民医疗保险工作稳步推进,实现52万人全覆盖目标。城市环境质量持续改善。人口和计划生育工作继续得到加强,全年人口自然增长率为6.9‰。科技成果及转化成效显著,完成科技成果鉴定24项,获省科学技术奖一等奖1项,二等奖2项,三等奖6项;重新认定高新技术企业11家。淮南矿业集团“矿井开采安全保障技术及装备开发”项目列入国家科技支撑计划,4个项目列入国家级星火计划,1项列入国家创新基金项目,2项列入国家火炬计划。我市及凤台县、毛集实验区、田家庵区分别获全国科技进步先进市、县、区。民族宗教、档案、新闻出版、广播电视等各项事业不断进步。

二、2009年国民经济和社会发展预期目标安排

2008年在外部金融危机蔓延、世界经济动荡不安、国内自然灾害频发的情况下,我市同全国一样,经济社会发展经受了严峻的挑战和重大的考验,经济运行风险骤然加大。

(一)对2009年经济与社会发展形势的基本分析

2009年我市的经济与社会发展形势是困难与机遇并存。一方面困难与不确定因素增大,同时又有许多有利的条件和潜在的优势。

存在的困难与不确定因素是:

一是世界金融危机的影响还没有完全见底,并在不断扩大和蔓延,对中国的影响也在不断加深。投资者、消费者的信心受到影响,投资增速放缓。

二是我市经济发展正在面临严峻挑战。进入三季度后,国际金融危机的影响已波及淮南,对我市实体经济,尤其是支柱产业的冲击较大,效益严重下滑。部分主要工业产品价格急剧下降,有的企业出现局部停产,淮南经济发展正在面临严峻挑战。

三是受世界金融危机和国内经济增速放缓共同影响,未来对能源的需求减弱,将直接影响

我市煤炭、电力生产和销售。

四是新开工项目不足,尤其是新开工的大项目严重不足,是我市固定资产投资增长缓慢的重要原因。非公经济固定资产投资下降幅度较大。我市后续项目明显不足,特别是在自主创新、高新技术、产业升级、基础设施、社会事业、环境保护等方面储备的好项目不足。

五是采煤沉陷区面积加大,造成的危害更加显现。目前沉陷面积已达 14 万亩,形成的水面达 6 万亩,大部分未得到有效治理。耕地减少,村庄搬迁等造成的社会、经济和生态问题日益凸现。

六是存在着诸多不确定因素:国际金融危机及对我国产生的负面效应,对我市煤炭、电力、化工等支柱产业以及其他行业产生重大影响,将出现市场萎缩、效益下滑甚至亏损,何时探底尚不能确定。

有利条件和潜在优势是:

一是国家实行积极的财政政策和适度宽松的货币政策,促进经济增长,稳定投资成为国家宏观调控政策重点。对我市经济发展将产生积极影响,要把投资作为拉动经济发展的重要抓手,加快推进我市在建项目建设,谋划一批符合国家政策投向、有市场前景的项目,积极争取国家政策资金,撬动我市的投资需求。

二是市委、市政府积极应对经济形势变化,组织开展调查研究,采取措施,出台了促进经济平稳较快增长的系列配套政策,企业面对经济危机,采取了积极应对之举,坚定了我们战胜困难的信心。

三是要紧紧抓住东部地区产业转移的机遇。我市位处长三角的重要纵深腹地,拥有承接苏浙沪产业转移的先天优势,沿海外向型产业转移,将促进我市参与泛长三角产业转移与分工,并提高竞争力。在当前复杂的经济形势下,虽然长三角地区部分企业经营困难,产业转移的步伐有所放缓,但这一趋势不会改变。我市民营经济发展缓慢,总量小,也是我们的潜在优势,抓住这一机遇,发展壮大我市的民营经济,并促进产业结构调整。

四是我市优势明显的能源、工程机械、生物医药等产业都属于国家重点支持范围,国家坚定不移地推进节能减排,将拓展我市的煤化工、能源工业的发展空间,加快推动这些产业发展,有利于加快我市产业结构调整升级。

五是我市工业以煤炭、电力为支柱,金融危机带来的冲击较沿海和其他城市相对滞后,有一定的缓冲性,煤电在产量和价格上具有一定的稳定基础,要充分利用这一条件,扩大生产,为我市经济稳定提供坚实基础。

六是加大民生工程投入,促进构建和谐淮南。宏观经济政策的调整,改善民生被放在突出位置。国家加大对城乡文化教育基础工程建设、城市社区和农村卫生服务体系建设、经济适用房和廉租房建设、加强两淮沉陷区生态环境修复治理的投入,涉及众多民生项目的启动,百姓将成为最大受益者。

(二)2009 年国民经济和社会发展主要预期目标

2009 年我市的国民经济和社会发展坚持稳中求进,把保持经济平稳较快发展作为明年经济工作的首要任务,抓项目、促投资、调结构、保增长作为明年经济工作的核心。围绕“推进科学发展,加快淮南崛起”这一主题,继续实施“七大战略”和“9771”提升行动计划,立足扩大内需,强化投资拉动,推进结构调整,加快转变方式,深化改革开放,保障改善民生,努力实现经济社会又好又快发展。

2009 年国民经济和社会发展的主要预期目标如下:

——地区生产总值达 498 亿元,增长 11%,其中一产增长 7%,二产增长 12%(其中规模以上工业增长 12% 以上),三产增长 10% 以上;

——财政收入完成 67.2 亿元,增长 12%;

——全社会固定资产投资 270 亿元,增长 20% 以上;

——社会消费品零售总额增长 12%;

——城镇居民人均可支配收入增长 7%,农民人均纯收入增长 7%;

——城镇登记失业率控制在 5% 以内;

——万元地区生产总值综合能耗下降 4.38%;

——人口自然增长率控制在 7.5‰以内;

——物价指数低于全省平均水平。

各位代表,2009 年 11% 的经济增长目标我们认为经过全市人民的共同努力是可以实现的。

三、2009 年经济和社会发展的主要任务和措施

当前,面对国际金融危机引发的严峻经济形势,我市经济发展面临严峻困难和巨大挑战。保持我市经济平稳较快增长,防止经济出现大的起落,是我们当前和今后一个时期的主要任务。我们既要保持清醒的头脑,切实增强风险意识和忧患意识,又要坚定发展的信心,强化发展意识和机遇意识,采取有力措施,确保经济平稳较快增长。

(一)着力于稳定企业。企业是市场经济的主体,也是保证充分就业和社会稳定的载体。要采取有效措施,加大财政支持,加快金融扶持,加强帮扶力度。针对企业目前面临的困境,帮助企业排忧解难。尤其是对面临困难较多的骨干企业,要采取一企一策的办法帮助企业渡过难关。同时还要双管齐下,一方面通过政策帮扶企业,改进环境涵养企业,政府协力服务企业。另一方面,鼓励和支持企业自救企业。

(二)着力于落实政策。要把制定的促进经济增长、保障和改善民生的意见等政策落实到位。面对复杂多变的形势,国家出台了进一步扩大内需、促进经济平稳较快增长的十项措施,省政府出台了促进经济平稳较快增长的 14 条意见和措施,市委、市政府对我市经济运行形势也密切关注,出台《促进淮南市经济平稳较快增长的若干意见》、《淮南市推动非公有制经济和县(区)域经济又好又快发展若干政策》和自主创新等政策,各县区、各部门要积极采取配套政策措施,形成全方位、多层次联动效应。在项目上,国土、环保、建设、金融等部门要同步介入,对项目审核、环评审查、用地审批、银行审贷等主要工作环节,在严格管理程序的基础上,采取灵活、宽松的办法,全力以赴推进项目前期工作,确保上报国家和省的项目都达到可批程度。在资金上,金融部门要扩大信贷投放,加大企业尤其是中小企业的信贷支持,抓好银企对接和签约项目的对接落实。

(三)着力于谋划项目。抓住国家宏观政策调整有利时机,加快推进重大项目带动战略,加大投资力度。建立扩大内需项目推进工作机制,成立市重大项目推进和谋划委员会,加强领导,改进方式,拿出实施意见和工作方案,做好全市项目的推进、谋划和实施的领导、组织与协调工作。

加快推进省“861”和市“9771”提升行动计划。以项目为支撑,强化投资拉动。围绕国家投资政策新变化,在保障性安居工程、沉陷区治理、“三农”、结构调整、循环经济、自主创新、社会事业、节能环保、生态环境治理、民生改善、重大基础设施和工业产业升级等方面,谋划出一批好项目,不断调整和充实“9771”项目库。对在建项目尤其是重大项目,要加强调度和通报。强抓新建项目开工。加大项目前期工作的力度,要下大力气抓好一批关系我市经济和社会发展的重大项目。积极跑省跑部,加快推进煤电项目、煤化工项目、采煤区沉陷治理、水利基础设施、循环经济、淮河大桥、煤机制造、电网建设、山南新区基础设施、泉九生态修复、光伏产业、铝硅体合金等重大项目的前期工作。

加大资金的筹措力度。在争取银行信贷的同时,充分利用国家扩大内需的政策机遇,争取国家和省资金的支持;企业要广开融资渠道,通过多种方式筹集资金,扩大直接融资,发行企业债券,积极运作公司上市;要积极争取外国政府贷款和世行、开行贷款。

2009 年重点抓好 118 项亿元以上重点建设项目,项目总投资 1554.03 亿元,2009 年计划投资 147.59 亿元,其中:续建项目 28 项,计划投资 86.4 亿元;竣工项目 13 项,计划投资 20.43 亿元;新开工项目 28 项,计划投资 40.76 亿元;前期及储备项目 49 项。

(四)着力于保增长、调结构。鉴于当前经济发展面临的矛盾与问题,在采取切实有力措施保持经济平稳增长的同时,强化对产业结构的调整,保增长、调结构两手都要“抓”。要努力提高经济增长的质量和效益,更加重视非煤非电产业,重视节约资源和保护环境。围绕工业经济的发展,重点抓好煤化工、煤矿机械、生物医药、乳制品产业、循环经济和县(区)域经济,把淮南生物工程和新医药高新技术产业、煤化工能源高新技术产业、矿用机械高新技术产业以及矿用电子、特种线缆、汽车内饰件等技术含量较高、投入产出较大的产业和产品，作为工业经济的重点来抓，使我市的工业结构得到改善，工业经济能够全面协调发展。

(五)着力于城乡一体化和农村经济发展。深刻把握党的十七届三中全会的精神实质，紧密结合淮南实际，围绕城乡一体化建设，强化农业基础、增加农民收入、保障农民权益、促进农村和谐，谋划新思路，明确新目标，提出新举措。深化农村土地使用制度改革，加快建立农村土地承包经营权流转市场。继续把发展现代农业作为推进社会主义新农村建设的着力点，全面实施农业产业化“712”提升行动计划，做大做强优质粮、蔬菜、特种水产品、畜牧、豆制品等主导产业，提升农产品加工规模和档次，抓好生猪生产。针对当前出现的农民工返乡苗头，继续拓宽农民增收渠道，落实好各项惠农政策。同时抓好农村基础设施，尤其是重大水利项目的建设。

(六)着力于发展非公经济和县区域经济。贯彻落实省、市促进县域经济和非公有制经济又好又快发展会议精神，结合淮南实际，落实促进淮南县区域经济、非公经济发展的有关政策措施。通过创业扶持、财政支持、项目带动、金融服务等一系列政策的贯彻落实，鼓励多主体创业发展，为非公经济和县区域经济创造良好的发展环境。

(七)着力于做好区域合作和招商引资工作。进一步推进合淮同城化，促进区域经济发展。提升对外开放的水平，加快实施合淮同城化发展战略。充分发挥淮南列入省会经济圈规划(后续篇)的契机，在加强两市区域经济合作的框架协议指导下，做好合淮同城化的各专项规划的编制和组织实施。

坚持将招商引资作为经济社会发展的主抓手，强力推进。树立“有意识招商”理念，强化招商引资措施，围绕优势产业做好项目包装，以工业园区、工业集聚区为平台，改进招商方式，推进项目招商、资源招商、产业招商、以商招商，采取有效措施，承接沿海发达地区产业转移，提高招商引资的水平和效益，积极探索融入泛长三角合作开发的新思路。

(八)着力于推进社会事业和民生工程建设。这次宏观经济政策重大调整，加强社会事业和改善民生被放在相当突出的位置。国家加大建设保障性安居工程、农村基础设施建设、加大扶贫开发力度、加快医疗卫生、文化教育事业发展、加强生态环境建设、加快城镇污水、垃圾处理设施建设和重点流域水污染防治等，把社会事业和民生工程作为扩大内需的重点领域。要加强对涉及民生项目的谋划，争取国家更多的资金支持。重点做好民生工程的建设实施，在加强社会事业和改善人民生活中促进社会和谐，实现民生改善和经济发展的双赢。

(九)着力于和谐发展，全面落实节能降耗和污染物减排目标责任制。深入开展主体功能区划研究，根据我市区域间的环境承载能力、开发密度和现有潜力，合理划分优化开发、重点开发、限制开发的范围，统筹谋划经济布局、人口分布、资源利用、环境保护和城镇化格局，逐步形成可持续发展国土开发格局。

作为亿吨级煤炭基地，大型煤电基地，以及重要的煤化工基地，我市在经济迅速发展的同时，面临的环境压力骤然增大。在工业强市进程中保护环境，实现可持续发展，是我们必须解决的问题，减少污染物排放、降低能耗是各级政府面临的一项重要工作。要建设生态文明，建立生产发展、生活富裕、生态优美的发展模式。加大循环经济项目的实施力度，严格项目环评，加快淘汰落后产能步伐，推动企业技术改造，投入先进的生产设备和生产工艺，推进产业结构调整。

加快统筹城乡发展，把采煤沉陷区村庄搬迁与新农村建设相结合，对在洪涝灾害中暴露出来的问题，要有针对性的提出解决办法，做好采煤沉陷区综合治理。

(十)着力于发展第三产业，提高服务业水平。积极培育新的消费热点，大力开拓农村消费市场，继续推进现代商业示范社区和农村“万村千乡”市场工程。优化城乡零售市场，突出抓好集贸市场整治，鼓励多主体投入市场建设，切实改善消费环境。继续加强商贸领域的招商引资，加快物流业发展。重视引导和规范房地产市场，贯彻落实国家对房地产的宏观调控政策，促进我市房地产业的健康发展。巩固创建优秀旅游城市成果，提升旅游业发展水平。加快旅游项目建设,推进景区快速发展。

各位代表,2009 年是极其重要和关键的一年,国内外经济形势发生较大变化,面临困难多,发展任务重。我们将在市委的领导下,在市人大及其常委会的监督、支持下,认真贯彻落实中央、省对经济和社会发展工作的部署。通过学习实践科学发展观活动,进一步提升自身,提高服务意识,增强服务效能,脚踏实地,扎实工作,为全面完成全年国民经济和社会发展计划、促进淮南跨越发展而努力奋斗!

淮南市2008年财政预算执行情况和2009年财政预算草案的报告

——2009年1月5日淮南市第十四届人大三次会议

淮南市财政局

各位代表:

受市人民政府委托,现将淮南市2008 年财政预算执行情况和2009 年财政预算草案的报告提请大会审议,并请市政协委员和其他列席人员提出意见。

根据《安徽省预算审查监督条例》的要求,同时将10 个部门的2009 年预算草案一并提请各位代表审议。

一、2008 年财政预算执行情况

2008 年,全市各级财政部门以坚持邓小平理论、“三个代表”重要思想为指导,深入学习实践学发展观,按照中央、省、市关于财政工作的统一部署,深化改革,强化管理,优化支出结构,进一步关注民生,沉着应对金融危机,积极支持经济建设,财政运行呈现出又好又快发展的势头,财政工作在科学发展中为加速淮南崛起做出了积极贡献。

——2008 年全市收入汇编预算为 563071 万元。全市财政支出汇编预算为 310759 万元,加上上年结转、省追加及市追加县区指标等因素,财政支出预算变动为 498220 万元。2008 年财政预算执行情况是:全市财政收入完成 600122 万元,为预算的 106.6%,比上年增长 23.7%,其中,地方财政收入完成 296802 万元,为预算的113.4%,增长 27.4%;上划中央收入及出口货物退增值税完成 303320 万元,为预算的 100.7%,增长 20.3%。由于省财政尚未与我市结算,全市财政支出预计完成 476192 万元,为年预算的 95.6%,增长 16.0%。按现行财政体制测算,全市可实现财政收支平衡。

主要地方财政预算收入项目执行情况是:税收收入完成 258626 万元,为预算的 110.4%,增长 26.6%,其中,增值税(地方 25% 部分)74745 万元,为预算的 98%,增长 22.6%;地方工商税收 168458 万元,为预算的 115.2%,增长 27.3%。非税收入完成 38176 万元,为预算的 138.9%,增长 33.1%,其中,专项收入 16810 万元,为预算的 120.1%,增长 27.8%;罚没收入和行政性收费 19163 万元,为预算的 143.9%,增长 31.9%。

预计主要财政预算支出项目执行情况是:一般公共服务 58222 万元,为年预算的 95.6%,增长 10.6%;公共安全 33816 万元,为年预算的 97.3%,增长 26.3%;教育 88986 万元,为年预算的 98.8%,增长 19.5%;科学技术 4880 万元,为年预算的 98.5%,增长 18.3%;文化体育与传媒 5263 万元,为年预算的 93.2%,增长 23.9%;社会保障与就业 114406 万元,为年预算的 96.4%,增长 9.4%;医疗卫生 29226 万元,为年预算的 92.5%,增长 26.8%;环境保护 7488 万元,为年预算的 92%,增长 31.9%;城乡社区事务 46514 万元,为年预算的 95.3%,下降 6.6%;农林水事务 34433 万元,为年预算的 96.5%,增长 14.4%;

工业商业金融等事务31447万元,为年预算的91.2%,增长84.4%;其他支出15770万元,为年预算的87.3%,增长6.2%。

——2008年市本级收入预算为284546万元。市本级财政支出预算为161405万元,加上上年结转、省追加及市追加县区指标等因素,财政支出预算变动为244907万元。执行情况是:市本级财政收入完成279430万元,为预算的98.2%,增长17.6%,其中,地方财政收入完成140478万元,为预算的104.3%,增长20.3%;上划中央收入及出口货物退增值税完成138952万元,为预算的92.7%,增长15%。市本级财政支出预计完成231190万元,为年预算的94.4%,增长16.8%。按现行财政体制测算,财政收支平衡。

市本级主要地方财政预算收入项目执行情况是:税收收入完成118678万元,为年预算的100.7%,增长18.2%,其中,增值税(地方25%部分)30199万元,为年预算的93.1%,增长4.9%;地方工商税收76281万元,为年预算的100.9%,增长20.9%。非税收入完成21800万元,为年预算的129.4%,增长33%,其中,专项收入11909万元,为年预算的118.1%,增长21.3%;罚没收入和行政性收费8952万元,为年预算的135.7%,增长37.9%。

预计市本级主要财政预算支出项目执行情况是:一般公共服务23384万元,为年预算的99.2%,下降9.6%;公共安全19978万元,为年预算的98%,增长22.3%;教育23733万元,为年预算的96.9%,增长14%;科学技术2895万元,为年预算的97.6%,增长75.5%;文化体育与传媒3326万元,为年预算的93%,增长22.5%;社会保障与就业81735万元,为年预算的93.6%,增长18.9%;医疗卫生13201万元,为年预算的93.1%,增长40%;环境保护7303万元,为年预算的96.2%,增长66.6%;城乡社区事务18291万元,为年预算的92%,增长13.2%;农林水事务7796万元,为年预算的94.6%,增长22.4%;工业商业金融等事务18559万元,为年预算的93.5%,增长54.2%,其他支出9411万元,为年预算的84.3%,下降19.8%。

2008年是推进科学发展、加快淮南崛起的一年,全市经济呈现又好又快的局面。各级财税部门扎实苦干、奋力拼搏,财政工作取得了突出成绩,全市财政收入突破60亿元,实现了本届政府财政工作的良好开局。2008年,主要做了以下工作:

(一)突出财税征管,积极做大财税收入"蛋糕"

充分发挥财政职能,加强经济形势分析,强化税源监控和财源潜力调研。建立健全政府月度财税库收入调度机制,加强财政、国税、地税、人民银行之间的联系和沟通,充分调动各部门增收积极性。强化收入管理,在应收尽收的基础上,确保收入持续、稳定增长。加大对非税收入的调控力度。通过努力,2008年全市财政收入超过57.3亿元的奋斗目标,完成60亿元,财政收入在一年内连上50亿元、60亿元两大台阶,呈现出加速崛起之势。

(二)突出预算支出执行率,切实保障民生等重点支出

按照公共财政要求,继续调整和优化支出结构,严格控制一般性财政支出,在"保吃饭,保运转"的前提下加大对法定支出、重点支出的结构调整力度,财政资金向民生倾斜、向基层倾斜、向弱势群体倾斜、向教科文卫体倾斜,提高财政对基础性、公益性社会事业的保障水平,努力实现财政公共服务均等化。在支出管理中,把预算支出执行率摆在突出位置,强化措施、健全机制。保证了各项财政资金、中央和省各项补助的专款及时到位。严格控制一般性项目的追加,切实保障民生方面的支出,2008年,全市开展十八项民生工程,共投资4.7亿元,其中,市级配套资金9177万元全部足额到位。民生工程资金同比增长95.8%。

(三)突出支持"三农"政策,努力改变城乡二元结构

持续增加"三农"投入,全年全市财政对"三农"投入达到11.6亿元,比上年增长27.47%。建立健全规范高效的财政补贴农民资金管理体系,巩固完善"一卡式"发放办法,全市累计发放粮食直补贴资金3.3亿元,比上年增长42.6%。加大财政支农资金整合力度,大力支持农业结构调整,支持农业产业化建设,支持农村小城镇规划和交通、水利等基础设施建设。加强财政支农

资金管理,全面启动财政支农资金规范管理年活动。精心组织2008年度中央和省级支农项目、国家农业综合开发重点产业化经营项目的申报工作,结合我市农村实际,编制完成了2008年度利用世界银行贷款加强灌溉农业三期续建项目、国内土地治理和产业化经营项目,全年争取到国家农业综合开发项目总投资2510万元。农业基础地位得到进一步巩固。完成了全市农村义务教育债务化解工作,做到程序公开、过程公开、结果公开,从省财政争取到化债资金5018万元,达到债务总额的95%。

(四)突出创新观念,进一步深化财政改革

以科学发展观统揽财政工作全局,继续解放思想,通过财政改革以及观念、制度的创新,保持财政收入的可持续增长,保证各项财政政策、措施落实到位。2008年,继续深化部门预算、财政国库管理制度改革,完善政府采购体系建设,建立新型行政事业单位资产管理体制。出台了《淮南市市级政府非税收入银行代收工作考评暂行办法》,非税收入大幅增长;制定了《淮南市政府采购管理实施办法》,政府采购功能更加健全;在部门预算改革上,完善基本支出预算管理体系,适当提高定额公用支出标准,增强预算约束力;同时还开展了国有农场税费改革等。通过深化改革,进一步促进财政职能发挥积极的效果。

(五)突出财政杠杆作用,积极支持经济建设

积极发挥财政的杠杆和财政调节作用,坚持以发展为第一要务,充分运用国债、外贷、贴息、税收、奖励、补助等经济手段,支持基础建设和经济建设。争取国家资金16832万元用于污水管网工程治理、灾后重建等工程,争取4643万元涉及皖北贴息项目、土地整理项目、企业更新改造等。下达环保专项资金支出计划3125.7万元,比上年增长31.5%。争取国家开发银行贷款7亿元,支持了13个重点项目发展。获财政部批准外国政府贷款项目三个,约合人民币3.2亿元。市财政局通过借款、融资4000万元用于城市路网建设。以上一系列资金的投向,对拉动经济发展、开展城市基础设施建设、改变城市面貌、提升城市品位起到了积极的作用。

(六)突出应对国际金融危机能力,促进经济平稳较快增长

2008年下半年,尤其是进入四季度,国际金融危机进一步加剧。市委、市政府审时度势,积极贯彻中央和省方针政策,结合淮南实际出台了一系列措施,以积极的财政政策和适度宽松的货币政策减小金融危机对我市的冲击和影响。财政部门面对复杂的经济形势,树立危机意识、机遇意识、进取意识,做到沉着应对,化解不利因素的影响,力求国家和省政策资金对淮南的倾斜,加大跑省力度。11月上旬,省财政安排我市9400万元资金,主要用于支持中小企业的发展。市财政在扩大市投资担保公司资本金规模、建立中小企业贷款风险补偿和贷款贴息、出口奖励、自主创新、清查对企业的收费等方面均制定了支持措施。从实施的情况看,对促进中小企业发展、稳定就业、提升市民的信心等方面收到了积极效果。

(七)突出财政规范管理行为,进一步强化财政各项职能

为进一步规范财政管理行为,提高财政机关工作效能和服务水平,深入推进依法理财、科学理财、民主理财,全市财政系统开展了"规范管理年"活动,在规范管理中,突出了制度建设和监督管理。加大了涉农补贴资金检查力度,建立健全规范高效的财政补贴农民资金管理体系,巩固完善"一卡式"发放办法;探索建立财政专项支出绩效评价制度,在全省首家出台了《淮南市财政专项支出绩效评价暂行办法》。全年先后组织了非税收入征管质量、公房出租出借资产及收益情况以及县乡公路建设、工业经济发展等专项资金检查,有效维护了资金安全,严肃了财经纪律。

2008年,全市财政工作取得了良好成绩,但财政运行仍然面临着需要解决的矛盾和困难,主要是:公共财政框架构建的任务依然艰巨,公共服务均等化差距依然存在,深化财政改革任务依然很重,财政收支管理规范化、科学化和现代化水平有待提升;国际金融危机的影响日益加深,财政在保吃饭、保运转、保民生的基础上,保增长、扩内需、调结构的任务十分紧迫。以上存在的困难和问题,需要认真对待,进一步采取措施加以解决。

二、2009年财政预算草案

2009年宏观经济走势目前还难以预料,国际

金融危机正在向纵深发展,一系列政府调控和干预措施的效果需要进一步验证,我市实体经济受到的冲击和造成的损失日益严重,2009 年全市财政收入形势不容乐观。有利因素:一是我市 2007 年已率先进行增值税转型改革试点,预计2009 年退税压力将有所减少。二是矿产品增值税税率从 2009 年起将上调为 17%,扣除因此造成电力行业进项税额增加,以及小规模纳税人税率下调的减收影响,该部分税收将有所增加。三是城镇土地使用税、耕地占用税税制调整翘尾效应影响。四是扩大内需的宏观经济政策发挥作用,2009 年国家宏观经济政策已经确定为积极的财政政策和适度宽松的货币政策,在国家"保增长、拉内需"的背景之下,我市基础设施建设项目实施步伐可能加快,投资对我市经济的强力拉动作用在今后几年内仍有所显现。不利因素:一是宏观经济走势难以预测,国际金融危机从虚拟经济加速向实体经济蔓延,中国所受的严重影响正通过贸易向其他行业渗透,2009 年宏观经济发展可能低于预期。二是煤炭、电力行业受钢铁、电解铝等耗煤主要工业产品价格大幅下降,纷纷减产或停产影响,需求趋缓,将对我市 2009 年财政收入的持续增长产生严重影响。三是储蓄存款利息所得税暂停征收、契税税率下调,以及我市已经或即将出台的各项税费减税政策,将对我市 2009 年财政收入的增长产生一定影响。

根据中央经济工作会议以及省、市对财政工作的总体要求,2009 年我市财政预算编制总的指导思想是:以邓小平理论和"三个代表"重要思想为指导,深入学习实践科学发展观,全面贯彻党的十七大和十七届三中全会精神,积极落实保增长、扩内需、调结构的战略,继续落实"合淮同城化战略"和"9771"提升行动计划,以积极的财政政策应对国际金融危机的冲击,积极运用各种政策工具,支持经济建设,努力实现国民经济又好又快发展;依法加强收入征管,努力做大财政收入"蛋糕";调整和优化财政支出结构,加大资金投入,着力解决改善民生问题;积极支持"三农"、科技、教育、社会保障及就业再就业、医疗卫生、社会治安、住房等各项社会事业,继续推进基本公共服务均等化进程,促进社会和谐发展。

2009 年财政预算编制的原则是:

1. 依法理财原则。严格执行税收政策,完善税收执法保障体系,加强非税收入管理,财政收入略高于国内生产总值的增幅。

2. 公共财政原则。按照学习实践科学发展观、建设和谐社会和扩大内需的政策要求,着力调整和优化财政支出结构,保障重点支出的需要。继续加大财政对"三农"和教育、科技文化、公共卫生等社会公共事业的投入,促进经济社会协调健康发展。

3. 公开透明原则。完善预算编制程序,细化预算编制内容,提高预算决策透明度,增强预算执行的约束力。

4. 杠杆调节原则。按照促发展的要求,充分发挥财政的撬动和引导作用,完善财政调控机制,利用财税优惠政策和贴息、奖励、担保、配套等财政政策工具,提高财政的应变与处置能力,努力化解国际金融危机带来的冲击。

根据上述原则,2009 年全市财政预算安排情况是:

全市财政总收入 67.2 亿元,比上年增长 12%,其中:地方收入 33.5 亿元,增长 12.9%;上划中央收入及出口货物退增值税 33.7 亿元,增长 11.1%。按照现行财政体制计算,全市可用财力 38 亿元,安排财政支出预算 38 亿元,财政收支平衡。

1. 全市主要地方财政收入项目预算安排为:税收收入 291466 万元,其中:增值税(地方 25% 部分)84088 万元,地方工商税收 189178 万元。非税收入 43736 万元,其中:专项收入 19769 万元,罚没收入和行政性收费 21903 万元。

2. 全市主要财政支出项目预算安排为:基本公共管理与服务 55240 万元,公共安全 26224 万元,教育 85290 万元,科学技术 6096 万元,文化体育与传媒 4913 万元,社会保障与就业 63958 万元,医疗卫生 23089 万元,环境保护 4159 万元,城乡社区事务 33503 万元,农林水事务 18669 万元,采掘电力信息等事务 16905 万元,粮油物资储备及金融 3334 万元,其他支出 39242 万元。

本次报告的全市财政收支预算为市代编预算,待县区财政预算经同级人代会审议批准后,再将全市预算汇编后报市人大常委会备案。

市本级财政预算安排情况是:

市本级财政总收入31.4亿元,比上年增长12.2%,其中,地方收入16.2亿元,增长15.2%;上划中央收入及出口货物退增值税15.2亿元,增长9.1%。按照现行财政体制计算,可用财力18.97亿元,调入资金0.65亿元,安排支出预算19.62亿元,财政收支平衡。

1. 市本级主要地方财政收入项目预算安排为:税收收入136983万元,其中,增值税(地方25%部分)33340万元,地方工商税收89249万元。非税收入24861万元,其中:专项收入13695万元,罚没收入和行政性收费9992万元。

2. 市本级主要财政支出项目预算安排为:基本公共管理与服务24688万元,公共安全17021万元,教育25978万元,科学技术3332万元,文化体育与传媒2620万元,社会保障与就业34453万元,医疗卫生12223万元,环境保护3678万元,城乡社区事务21768万元,农林水事务6222万元,采掘电力信息等事务11433万元,粮油物资储备及金融2254万元,其他支出30186万元(其中:预备费2800万元,偿债资金6000万,住房公积金8000万元,公务员津补贴提标4500万元,区转移支付4794万,新增民生工程预留资金2000万元)。2009年市本级农、科、教支出预算安排均达到法定要求。

三、2009年财政重点工作

2009年是全面贯彻党的十七大和十七届三中全会精神,加快实现淮南崛起的关键之年,也是齐心协力,力克金融危机,保增长、扩内需、调结构的重要一年。做好2009年的财政工作,对于化解国际金融危机的影响、保持社会经济的发展至关重要。我们将坚定信心,迎接挑战、抓住机遇、战胜困难,努力实现财政工作新跨越。

(一)积极应对国际金融危机,发挥财政支持经济的杠杆作用

当前,国际金融危机仍在向纵深发展,增强抗御风险的能力,保增长、扩内需、调结构、保民生是2009年财政工作的首要任务。我们要积极贯彻落实国家战略部署,按照市委、市政府《关于促进经济平稳较快发展保障和改善民生的意见》的要求,打好财政政策"组合拳",安排3000万元用于开发区自主创新项目、创业基地等基础设施贷款贴息,安排3000万元用于城市基础设施建设贷款贴息,安排1000万元用于县区(域)工业园基础设施贷款贴息,用好1000万元项目启动专项资金,以支持项目为核心,通过扩大有效投资促进经济发展。强化对企业的金融支持,在市投资担保公司资本金由4000万元达到1亿元的规模上,大力为中小企业提供融资担保支持,同时设立2000万元的中小企业贷款风险补偿金,并且安排1800万元用于中小企业贷款贴息。总的来讲,就是财政将动用一切可以调节的手段,以一系列积极的财政政策做好2009年这篇增信心、保发展、稳财源、促增长的大文章。

(二)积极做大财政收入"蛋糕",强化财税征管措施

完成财税收入预算目标任务,是财政部门履行职能的基本要求,是发展以民生为重点的各项社会事业的物质基础,也是市委、市政府各项重点工程、重点工作的财力保障。受宏观经济的影响,保持财政收入的增长有着一定的难度,各级财税部门要统一思想,提高认识,加强协调,坚持不懈地抓好财政征管工作。积极做大财政收入"蛋糕",强化财税征管措施,要加强财政经济形势分析,强化税源监控和财源潜力调研,规范征收秩序,堵塞漏洞,挖掘增收潜力,加强财税部门之间的联系与沟通,及时协调解决收入征管中存在的困难和问题。完善政府非税收入管理政策体系。细化契税和耕地占用税征管制度,促进"两税"收入稳步增长。

(三)积极调整优化支出结构,切实关注和改善民生

调整和优化支出结构,继续实施民生工程,扩大民生工程的项目范围,着力解决采煤沉陷区群众搬迁安置和生活方面的问题,进一步加大对民生工程的投入,加快资金拨付进度,加强资金管理力度,真正做到把好事办好。财政支出要着力解决事关人民群众切身利益的突出矛盾和问题,认真落实城乡统筹、节能减排、义务教育、医疗保障、支持就业、住房等各项财政政策,发挥财政资金效益。在优化支出结构的同时,进一步加强财政监督,加强对财政专项资金的监督管理,开展财政绩效监督检查,加大农业、社保、教育、科技、卫生等领域财政投入资金的监督,确保广大群众从中得到实惠,维护人民群众的根本利

益，促进改善民生和社会和谐建设。

(四)积极落实“三农”政策，加大对新农村建设的支持力度

认真学习贯彻党的十七届三中全会决议精神，进一步加大对“三农”的财政支持力度，巩固完善各项支农惠农政策，积极支持新农村建设。继续加大“三农”投入，预计全年全市财政的“三农”支出将达到13.1亿元，增长13%。在工作中，要采取积极措施，进一步加大对农业和粮食生产的支持力度；调度资金，实行种植业政策性保险；加强扶贫资金管理，创新扶贫开发工作机制；支持推进农业产业化进程，加强农村基础建设，提高农业综合生产能力；以建设社会主义新农村为目标，支持发展现代农业；推进支农资金整合机制，不断提高财政支农资金的使用效益。深化农村综合改革工作，进一步完善农村为民服务全程代理制。巩固完善财政工作补贴农民资金改革成果，创新农民补贴资金发放机制。通过加大对“三农”的投入，巩固农业的基础地位，促进农民持续增收，改变农村面貌，加快城乡一体化进程。

(五)积极推进财政改革，改进财政管理方式

深化国库集中支付改革。进一步提高财政资金的使用效益和支出的透明度，缓解国库资金调度压力，增强财政保障和支持重点工程建设能力。深化收支两条线改革。对现行规费制度进行清理、修订和补充，逐步完善非税收入征收制度、预算制度、执行制度和监督制度等在内的较为完备的政府非税收入管理政策体系。按照国家和省要求，对保留下来的行政事业性收费和政府性基金全部纳入财政管理。深化部门预算改革。加强项目资金的预算管理，加大资金的统筹力度，提高政权运转的保障水平和均等水平。进一步完善预算编制基础信息，确定合理的支出标准，公平、公正分配资金。提高预算安排的准确性和前瞻性。深化政府采购改革。认真贯彻执行政府采购政策功能，政府采购优先采购节能环保、自主创新产品，鼓励引导社会购买本省、市产品和服务。

(六)积极开展“能力建设年”活动，抓好财政系统自身建设

在近两年财政系统开展的作风建设年、规范管理年、五型机关建设等活动基础上，我们将继续狠抓队伍建设和财政文化建设，2009年着力开展能力建设年活动，打造财政队伍的核心竞争力，力求做到思想上有新转变、业绩上有新突破。进一步推进效能建设、政务公开、廉政建设和行业监督，使全市财政队伍建设再上新台阶。

各位代表，2009年财政工作任务十分艰巨，我们将深入学习实践科学发展观，在市委的坚强领导和市人大的监督支持下，求真务实、扎实工作、创新思路、真抓实干、勇于进取，为完成全年财政预算任务、加速淮南的崛起做出积极的贡献！

财经规章篇

经济建设、社保、企业财经规章

淮南市财政局、商务局关于建立“淮南市家电汽车下乡通报制度”的通知

2009年8月12日　淮财经建[2009]306号

凤台县、各区财政局、商务局：

为了全面贯彻省政府《关于进一步加大力度全面推进家电汽车下乡工作的意见》(皖财办[2009]91号)精神,全面推动我市家电、汽车摩托车下乡工作进程,全面实施简化补贴审核兑付程序改革,积极推进网点代垫直补改革试点工作,经研究决定建立“淮南市家电汽车下乡工作定期通报制度”,现将有关事宜通知如下:

一、市财政局、市商务局将在每月5日通报上个月和每月20日通报上半月各县(区)家电汽车下乡销售和补贴兑付情况。

二、对认真贯彻落实家电汽车下乡各项政策,积极为农民购买服务,群众反映良好的销售网点和财政所以及补贴兑付率前五名的县(区)给予通报表扬。

三、对不能积极配合家电汽车下乡工作,农民群众投诉三次或造成负面影响的销售网点和财政所,一经发现通报批评;对不能按规定及时向有关部门报送网点代审资料的销售网点,将予以限期整改直至撤销网点备案资格。

淮南市财政局、劳动和社会保障局关于印发《淮南市创业培训管理实施细则》的通知

2009年8月22日　淮财社[2009]326号

各区(县)财政局、劳动和社会保障局、失业保险和就业服务管理中心、定点培训机构:

为进一步推动全市创业培训工作,加强创业培训及后续服务管理,建立健全创业指导和创业实训体系,促进创业带动就业,根据安徽省财政厅、安徽省人力资源和社会保障厅《关于印发〈安徽省创业培训管理暂行规定〉的通知》(财社[2009]473号),市财政局、劳动和社会保障局制定了《淮南市创业培训管理实施细则》,现印发给你们,请遵照执行。

淮南市创业培训管理实施细则

第一章 总 则

第一条 为促进我市创业培训工作深入开展,提高创业培训质量,根据安徽省财政厅、安徽省人力资源和社会保障厅《关于印发〈安徽省创业培训管理暂行规定〉的通知》(财社[2009]473号)、市政府《关于进一步做好就业工作的实施意见》(淮府[2009]28号)、市财政局和市劳动和社会保障局《关于印发〈淮南市就业专项资金使用管理暂行办法〉的通知》(淮财社[2009]111号)等有关规定,结合我市创业培训工作实际,制定本实施细则。

第二条 创业培训是职业技能培训的一种特殊形式,其总体目标是对具有创业意向和创业能力的人员进行创业知识、创业能力、市场经营素质等方面的培训,为自主创业人员提供创业后续扶持服务,组织实施创业实训,并对他们在创业过程中给予一定的政策指导和扶持。通过创业培训提高创业者的心理、管理、经营等素质,增强他们参与市场竞争和驾驭市场的应变能力,使参加培训人员在自己成功创业、解决自身就业问题的同时,创造和增加社会就业岗位,帮助更多的下岗失业人员和农村劳动力实现就业。

第三条 创业培训对象是:有创业愿望和创业能力的高校毕业生、下岗失业人员、复退转军人等登记失业人员以及进城求职和返乡创业的农村劳动者。

参加创业培训人员的具体条件是:

1. 年龄在20~45周岁之间;

2. 具有高中(相当于高中)以上文化程度;

3. 已有初步的投资意向和创办企业的打算;

4. 具有创办企业的一定条件和经济基础。

第四条 市劳动和社会保障局是全市创业培训工作的主管部门,市失业保险和就业服务管理中心具体负责全市创业培训的教学管理、专家和师资队伍建设、培训质量评估等工作;凤台县、各区劳动保障部门所属就业服务机构具体负责辖区内创业培训组织管理工作;经认定具有资质的培训机构负责创业培训具体实施工作。

第二章 培训机构的认定

第五条 本实施细则所称创业培训机构是指经认定为对有创业愿望和创业条件的本市高校毕业生、城镇登记失业人员和农村转移就业劳动力提供创业培训和服务并享受创业培训补贴的教育培训机构。

第六条 创业培训实行定点培训,凡具备办学资质、具备创业培训条件、且愿意承担创业培训工作的各类社会教育培训机构均可向市劳动和社会保障局申报。

申报承担创业培训工作的培训机构须具备以下基本条件:

1. 根据相关法律、法规、规章和政策,取得合法办学资质,能够履行创业培训的有关规定、职责;

2. 从事职业技能培训工作两年以上,具有开展企业经营管理或市场营销方面的教学经验,并有相关的培训记录和资料;

3. 有三名以上取得创业培训授课资格的专职教师和二名以上能够指导创业实践的专兼职老师;

4. 具有满足创业培训(SYB)要求的标准化教室、标准课桌椅、笔记本电脑、投影仪等教学设备设施;

5. 已建立起教学管理、学员管理、财务及卫生安全管理等各项管理制度,学员的政策学习、生活及安全能够得到保证,近年来没有发生安全事故记录;

6. 其他规定条件。

第七条 认定创业培训机构的具体程序:

1. 符合申报承担创业培训工作的基本条件、自愿开展创业培训工作的社会各类教育培训机构,向市劳动和社会保障局提出书面申请,并填写《创业培训(SYB)定点机构认定申请表》(表一),同时报送包括培训机构的资质、规模、师资等基本情况在内的相关材料;

2. 市劳动保障部门、财政部门会同相关部门,按照公开、公正、公平的原则,采取公开招标或组织专家评议的方式,对提出申请的培训机构进行认定;

3. 认定后的创业培训机构,报省人力资源和社会保障厅、省财政厅备案,并由省人力资源和社会保障厅报国家 SYB 项目办公室进行授权认定;

4. 市本级和凤台县各设立一个创业培训教学点。

第八条　创业培训机构实行年审制度。每年由市劳动保障部门会同财政等相关部门进行年审。根据年审考评结果,创业培训机构有以下情形之一的,依情节轻重,责令创业培训机构整改,或直接取消其创业培训资质:

1. 对培训工作开展不力,未按创业培训和服务标准组织创业培训教学、后续扶持服务的,未建立学员档案的;

2. 未按创业培训和服务标准履行职责的;

3. 聘请无创业培训教师资质人员授课的;

4. 未完成当年创业培训目标任务或连续两年创业培训合格率低于90%的;

5. 出租、转借、转让创业培训资质的;

6. 骗取、套取创业培训补贴资金的;

7. 违反国家法律、法规或省、市有关法律法规规定的。

第九条　市劳动保障部门和财政部门根据本市创业培训工作整体规划和培训规模,对创业培训机构布局适时进行调整,并吸纳社会优质创业培训和服务资源参加创业培训工作。

第三章　组织实施

第十条　培训机构在开展创业培训前,应在计划开班前 5 个工作日内,向所在县、区劳动保障部门、财政部门申报《创业培训计划申报表》(表二)和《创业培训教学方案和课程计划》(表三),经批准后方可实施培训。创业培训教材由市失业保险和就业服务管理中心从省人力资源和社会保障厅负责创业培训管理工作的机构统一调剂安排。

第十一条　登记失业人员、进城求职和返乡创业的农村劳动者根据本人需求,可在我市任何一个定点培训机构申请参加创业培训。培训机构应委派两名以上创业培训教师对报名人员进行面试筛选,将具有强烈创业愿望和具备基本创业条件的人员列为培训对象,签订培训协议并组班。参加创业培训人员应填写《创业培训学员报名申请表》(表四)。每期创业培训班参训学员不得超过 30 人。

第十二条　培训机构要严格按照 SYB 的培训模式要求,将培训教室课桌椅按“U”字形式样摆放,配置必要的教学用电脑和投影仪、移动式白板,以及一定数量的记号笔、大白纸、彩纸、学员席卡等物品;并在教室张贴营造促进和鼓励创业宣传标语。

第十三条　培训机构应按批准的《教学方案和课程计划》,认真组织实施教学活动。课程培训总课时不得少于 80 学时,采取互动式教学方式,在保证基础理论知识授课学时的基础上,应辅以劳动保障、财政、工商、税务、担保机构等部门工作人员讲解相关政策,邀请成功创业者介绍创业经验和体会。

1. 培训机构在开班前应按照创业培训要求组织学员进行创业能力测评,承担培训任务的教师根据测评结果制定教学计划,并将测评结果反馈给学员;

2. 每班次创业能力培训结束前,培训教师要对学员开展一对一的指导,使学员能够独立完成《创业计划书》。

第十四条　建立教学班主任负责制。由市失业保险和就业服务管理中心指定专人担任每期创业培训班主任,协助 SYB 师资做好教学工作;负责每日考勤,确保培训学员到课率达到90%以上;发放和收集《每日培训意见反馈表》,了解掌握学员的基本要求和学习情况;指导学员填写《创业计划书》,建立学员个人创业档案等各项日常管理工作。

第十五条　每期创业培训课程结束后,由市劳动和社会保障局会同市失业保险和就业服务管理中心组织考核。考核分为两部分:一是基础知识的考试;二是学员《创业计划书》的专家评审与答辩,并填写《〈创业计划书〉专家答辩审定意见表》(表五)。考核合格者颁发《创业培训合格证书》。每期创业培训合格率须达到90%以上。

第四章　师资管理

第十六条　创业培训师资由取得创业培训授课资格的SYB教师组成,承担创业培训教学任务,接受学员咨询,帮助学员评析、修改完善《创业计划书》。省人力资源社会保障厅统一公布取得创业授课资格的SYB教师名单。

第十七条　创业培训实行师资选聘制度,相关课程须由SYB教师承担。市失业保险和就业服务管理中心在每期培训开班前,从省人力资源社会保障厅公布的创业培训师资合格人员名单中随机选聘师资人员,填写《师资选聘备案报告》(表六),并在开班前5个工作日内向省人力资源社会保障厅负责创业培训管理工作的机构备案。

第十八条　被选聘的SYB教师完成授课任务后,须填写《创业培训教师执行授课任务情况信息反馈表》(表七),由培训机构签署意见后,报送所在县、区就业服务机构。

第十九条　创业培训师资队伍的培训、考核与管理工作由市失业保险和就业服务管理中心报省人力资源和社会保障厅统一组织实施。省人力资源和社会保障厅创业培训管理机构负责制定SYB师资培训与管理办法,组织SYB创业培训教师进修、研讨交流等活动,定期对SYB教师工作绩效进行考核,对工作突出的给予适当奖励和通报表扬;对达不到工作要求的给予通报批评,情节严重的停止其授课资格。

第五章　后续扶持服务

第二十条　市失业保险和就业服务管理中心和凤台县所属就业服务管理机构要成立创业服务指导中心和创业项目专家评估小组,设立专门咨询电话,对创业学员提供培训、咨询、指导等"一站式"服务。在学员取得《创业培训合格证书》之日起,为其提供不少于6个月以下的后续扶持服务,且扶持创业成功率应达到50%以上。

1. 对缺乏创业经验的,推荐和组织其到相应的创业实训基地见习,提高创业能力;

2. 对具备创业条件、拟筹备创业的,应组织相关专家开展开业指导、咨询服务;

3. 对已创办企业或经济实体的,每月至少一次电话或实地跟踪了解创办和经营情况,作好跟踪服务记录,并填写后续跟踪服务登记表;

4. 按照创办企业类型及吸纳就业情况,依据国家有关规定,帮助其落实相关税费减免、小额担保贷款、社会保险补贴、岗位补贴等优惠扶持政策。

第二十一条　各县、区就业服务机构要广泛征集创业项目,经专家评估小组评审合格后,由市失业保险和就业服务管理中心建立统一的创业项目资源库,并在市劳动保障网站公开发布,为广大创业或有创业愿望的人员提供有关政策、创业知识、创业典型经验介绍。

第二十二条　建立健全创业专家咨询服务制度。组织创业专家志愿人员为创业者提供项目论证、开业指导和咨询服务,帮助解决学员在创业过程中遇到的困难和问题。

第二十三条　各县、区就业服务机构每年应不定期组织新老创业培训学员和其他创业人员相互交流,并定期举办创业专题讲座,提供有关创业信息,充实创业方面的知识。

第二十四条　各部门要加强创业培训工作的宣传,特别是创业典型的宣传,通过宣传引导,树立全民创业意识。组织优秀创业计划评选和创业明星评选活动,编印宣传资料,广泛进行宣传,形成全社会共同参与创业的良好环境。

第六章　创业实训

第二十五条　市劳动保障部门、财政部门根据实际,从经济开发区、工业园区、各类创业园区内小企业或已创办成功的公司中确定一批企业(单位)作为创业实训基地,为缺乏创业经验的学员提供创业实训或见习服务。

创业实训基地实行自愿申报的原则,愿意承担创业实训工作的企业(单位)向所在县、区就业服务机构提出申请,填写《创业实训基地申请表》

(表八),由县、区就业服务机构报市失业保险和就业服务管理中心初审,经市劳动保障部门审核,财政部门复核后,方可作为创业实训基地。

创业实训基地应具备下列基本条件:

1. 依法登记注册成立、具有一定规模、经营运行正常、享有良好的社会信誉;

2. 企业管理规范、规章制度健全,以及具有符合国家规定的劳动保护和职业防护设施;

3. 开展创业实训积极性高,能提供一定的创业实训岗位,每年实训学员不少于 20 人。

第二十六条　创业实训基地经确认后,要及时向社会公布,引导有创业实训或见习要求的学员,根据自身创业需求,选择创业实训基地进行实训或见习,并自觉接受有关部门的监督检查。

第二十七条　作为创业实训基地的企业(单位),须能为学员提供以下创业实训服务内容:

1. 通过提供相应的创业实训实验活动,将理论知识与现场实训相结合,培养学员的创业技能,促其参与创业实践,帮助其正确选择起步项目与成长模式;

2. 在学员选定创业项目后,进入与该项目相关且运作相对成功的企业中,了解、考察创业项目的实际运作情况,并参与经营全过程,"零距离"接触创业项目,体会创业艰辛,增强规避创业风险的意识,提高创业能力;

3. 根据不同创业群体的特点,立足于不同发展阶段和不同需求,有针对性地、系统地开展创业精神、创新思维、团队协作等能力教育,紧紧围绕机会识别、市场可行性、风险控制、生产设计与组织、制度创新等项目内容加以展开;

4. 为创业者模拟创业过程,强化创业行为,力争在谈判、销售、领导和创造性思维,技术创新管理和新产品营销等方面进行全方位培养,积累创业经验,不断提高创业者的开业成功率和稳定经营率。

第七章　资金补贴

第二十八条　创业培训补贴分为培训补助和创业培训后续扶持服务补助两部分,实行分段补助。创业培训后续扶持服务补助资金主要用于对就业服务机构提供创业培训后续扶持服务和创业实训基地开展创业实训的补助。

第二十九条　根据《关于印发〈淮南市就业专项资金使用管理暂行办法〉的通知》(淮财社[2009]111 号)规定,有创业愿望和创业条件的登记失业人员、进城求职和返乡创业的农村劳动者参加创业培训的,培训合格后可由定点培训机构集中代为向市劳动保障部门、财政部门申请创业培训补贴,经市劳动保障部门审核、财政部门复核后,财政部门可将补助资金拨入定点培训机构在银行开立的基本账户。每位符合条件的人员只能享受一次补贴,不能重复申报。创业培训补助标准不高于 1000 元/人,其中用于创业培训后续扶持服务补助标准不高于 200 元/人。

定点培训机构代为申请必须与申请人签订《代为申请创业培训补贴协议书》,并附下列材料:

1. 经劳动保障部门、财政部门核准的培训开班计划(表二)、创业培训绩效考核申报表(表十三);

2. 创业培训学员签到出勤花名册、考核成绩、培训合格学员基本情况及《创业计划书专家答辩审定意见表》复印件;

3.《就业失业登记证》等有效证件内记载创业培训内容复印件、培训合格证书复印件;

4. 定点培训机构在银行开立的基本账户;

5. 其他按规定需要报送的有关材料。

第三十条　各县、区就业服务机构提供创业培训后续扶持服务,按季度向市劳动保障部门、财政部门申请创业扶持补助资金,经市劳动保障部门审核、财政部门复核后,由市财政部门将补助资金拨入县、区就业服务机构在银行设立的基本账户。申请材料包括:

1.《创业扶持补助资金申报表》(表九);

2.《创业成功人员花名册》(表十);

3. 成功创业人员提供的加盖原发证机关印章的营业执照或非正规就业组织证书复印件;

4. 就业服务机构在银行开设的基本账户;

5. 其他按规定需要报送的有关材料。

第三十一条　创业实训基地根据创业实训任务完成情况、实训后成功创业情况等向所在地就业服务机构申请创业实训补助,经市劳动保障部门审核、财政部门复核后,由财政部门按季度

将补助资金拨入创业实训基地在银行设立的基本账户。申请材料应附:

1.《创业实训补助资金申报表》(表十一);

2. 经就业服务机构确认(签章)的《创业实训(见习)人员成功创业花名册》(表十二);

3. 创业实训基地在银行设立的基本账户;

4. 其他按规定需要报送的有关材料。

第三十二条 对于创业培训机构当年培训合格率达不到90%以上、就业服务机构开展后续扶持服务创业成功率达不到50%以上的(培训结业后6个月内),培训补助和扶持补助资金应分别作相应扣减。具体扣减额度和办法由市劳动保障部门、市财政部门研究决定。

第八章 监督检查

第三十三条 市劳动保障部门、财政部门加强对创业培训工作的监督检查,围绕建立和落实"师资选聘备案制度、师资教学反馈制度、专家答辩审定制度、培训质量现场检查和暗访制度"四项质量监控制度,定期或不定期对县、区就业服务机构、创业培训机构和创业实训基地的教学实施、培训组织、学员管理、师资授课、学员满意度等工作情况在开班期间不少于两次的现场检查,培训结束后进行不少于20%的电话暗访,并将检查结果作为考核和拨付补贴资金的基本依据。县、区就业服务机构、创业培训机构和创业实训基地要通过建立健全各项规章制度、规范创业后续扶持服务和创业实训、见习管理,促进创业培训及后续扶持服务,以提高创业成功率。

第三十四条 对创业培训质量好、创业成功率高、社会反响好的培训机构纳入每年一度的全市就业工作先进评比表彰范围,通过"以奖代补"方式给予一定物质奖励。

对创业培训管理不规范、基础台账混乱的,责令限期整改,并根据实际情况予以减拨培训补贴资金。对当年未完成创业培训目标任务或连续两年培训合格率低于90%的培训机构,取消其定点培训资格。对弄虚作假,骗取培训补助费用的,将按有关规定严肃查处,并追回所有补贴资金,追究相关人员责任;构成犯罪的,移交司法机关依法追究刑事责任。

第九章 附 则

第三十五条 本实施细则与《安徽省创业培训管理暂行规定》同步施行,其他有关创业培训办法、规定如与本细则相抵触,以本细则为准。

第三十六条 本实施细则由市财政局、市劳动和社会保障局负责解释。

财政预算管理财经规章

关于印发《关于进一步完善扩权强镇试点镇财政管理体制的意见》的通知

2009年11月29日　淮财预[2009]484号

各县(区)财政局,各扩权强镇试点镇:

为全面贯彻落实市委《关于扩权强镇试点工作的实施意见》(淮发[2009]39号),加大对试点镇财政扶持力度,促进镇域经济和社会各项事业又好又快发展,制定了《关于进一步完善扩权强镇试点镇财政管理体制的意见》,现印发给你们,请遵照执行。执行过程中,如遇到新的问题和情况,请及时向我们反映。

各县(区)要根据本意见要求,进一步规范和完善试点镇财政管理体制,尽快核定试点镇2008年财政收入基数(样表见附件,略),制定县(区)对试点镇财政体制文件(附税源企业名单,略),确保2010年全面实施。并于2009年12月10日之前将体制文件和试点镇2008年财政收入基数核定表报市财政局、市扩权强镇试点工作领导小组办公室备案。

关于进一步完善扩权强镇试点镇财政管理体制的意见

近年来,随着各项财政改革的不断深化,各县(区)积极调整完善乡镇财政管理体制,县乡财政管理水平不断提高,较好地保证了政府机构的正常运转和各项社会事业的发展。与此同时,一些地方仍然存在乡镇收入范围界定不清、财权和事权不对等、预算内外资金管理脱钩等问题,一定程度上影响了乡镇经济发展和增收节支的积极性。为全面贯彻落实市委《关于扩权强镇试点工作的实施意见》(淮发[2009]39号),加大对试点镇财政扶持力度,现就进一步完善扩权强镇试点镇财政管理体制提出以下意见。

一、完善试点镇财政管理体制的基本原则

(一)促进经济发展的原则。有利于调动试点镇政府发展经济、培植财源的积极性。

(二)财权与事权相匹配的原则。收入划分和财力分配要与试点镇政府承担的事权范围、财政供养人口和支出责任相匹配。

(三)维护基层政权稳定的原则。在"乡财县管"体制的基础上,保证试点镇政府稳定的财政收入和财力来源。

(四)区别对待、分类指导的原则。县(区)财政部门具体负责制定完善对试点镇的财政体制工作,要综合考虑试点镇经济发展水平、财政收支规模等因素,实行区别对待、分类指导,同时要与市对县(区)财政体制改革相衔接。

二、完善试点镇财政管理体制的意见

(一)合理界定试点镇事权范围和财政支出责任

试点镇政府承担应由镇财政负担的政府机关、事业单位人员工资及正常运转经费,镇公共设施建设支出、农业项目和农业事业发展支出,对村级补助支出,其他应由镇政府承担的经济建设和各项社会事业发展支出。

(二)合理划分试点镇财政收入范围

要结合各县(区)实际情况,对县(区)与试点镇政府之间财政收入范围合理划分。试点镇辖区内税收原县(区)分成部分,原则上按照属地征管的原则纳入镇财政收入范围,以调动试点镇当家理财的积极性,增强镇域经济发展活力。

(三)核定确认收支基数

1. 核定收入基数。以2008年财政收入为基数,核定确认试点镇财政收入,包括财政总收入、一般预算收入、专户管理的非税收入、基金收入等。

2. 核定支出基数。根据试点镇政府的事权范围、支出责任和经济发展水平,核定确认试点镇2008年支出项目和标准,要确保试点镇政府机构正常运转和社会事业发展的支出需求。

3. 确定补助(上解)基数。根据收入基数和支出基数情况,确定补助(上解)基数。

(四)建立收入增长激励机制

以2008年财政收入为基数,试点镇超收部分由县(区)级财政全额返还试点镇,一定5年不变。试点镇征收的非税收入市、县留成部分,全额返还试点镇。在试点镇辖区内属于镇管理使用的国有建设用地使用权及新增国有建设用地收取的土地出让收入,其净收益予以全额返还。

(五)完善对试点镇转移支付制度

进一步规范县(区)对下转移支付制度,资金分配要与收入增长、制度改革及财政管理等因素挂钩。按照快发展、多支持的原则,进一步加大对试点镇转移支付力度,严格落实现有和新增的各项转移支付政策,防止挤出效应,保证对试点镇转移支付水平不下降。

三、完善试点镇财政管理体制的配套措施

(一)加强试点镇财税队伍建设

健全试点镇财政组织机构,强化财政职能,充实干部队伍,努力建设职能完善、高效精干、制度健全、管理严格、财源稳固的镇级财政。积极协调税务部门明确试点镇税收征管机构和专职人员,配合税务部门加强税收征管系统和软件管理,提高试点镇税收数据的完整性、及时性和准确性。

(二)落实试点镇对财政资金的所有权、审批权

试点镇财政资金的所有权、使用权属镇政府,县(区)财政不得集中、平调、统筹,2008年底财政结算县(区)欠镇财政资金要在3年内分期消化。县(区)财政要加大对试点镇资金调度力度,保证试点镇资金使用。减少不必要的审批环节,属于试点镇事权范围内的支出,由试点镇按规定程序直接审批。

(三)规范试点镇财政财务管理

要继续推进各项财政改革,强化预算管理,通过实行综合预算、政府采购、非税收入"收支两条线"管理,提高财政资金使用效率。各县(区)要指导、帮助试点镇建立健全各项财务管理制度,强化监督管理力度,杜绝"小金库"等违法违纪问题的发生。

(四)提高试点镇投、融资能力

县(区)政府通过投入资本金和提供以储备土地为主的抵押物,扶持有条件的试点镇建立专门的建设投资管理公司,负责试点镇建设筹资、投资和资本经营,承担各项重大项目建设。同时,试点镇要加强债务管理,防范和化解镇级财政风险。

(五)大力做好增收节支工作

试点镇要加快经济发展,巩固和壮大镇级财源,努力增加财政收入。依法加强税收征管,逐步将所有非税收入全部纳入政府一般预算管理。要坚持量入为出、量财办事、勤俭办一切事情的原则,大力弘扬艰苦奋斗精神,严禁大手大脚、铺张浪费行为。

行政政法、教科文财经规章

淮南市财政局、教育局关于印发《淮南市义务教育经费保障机制改革资金管理暂行办法》的通知

2009年12月5日　　淮财教[2009]490号

凤台县、各区财政局、教育局,市直各相关中小学:

为进一步做好我市农村义务教育经费保障机制改革资金管理工作,根据财政部、教育部《关于进一步加强农村义务教育经费保障机制改革资金管理的若干意见》(财教[2009]2号)精神,结合我市实际,制定了《淮南市义务教育经费保障机制改革资金管理暂行办法》,现印发给你们,请遵照执行。

淮南市义务教育经费保障机制改革资金管理暂行办法

为进一步推进我市农村义务教育经费保障机制改革资金(以下简称保障机制资金,含义务教育阶段中小学公用经费资金、免费教科书资金、校舍维修改造长效机制资金、家庭经济困难寄宿生生活费补助资金等)的科学化、精细化管理,根据财政部、教育部《关于进一步加强农村义务教育经费保障机制改革资金管理的若干意见》(财教[2009]2号)精神,特制定本办法:

一、强化预算约束

按部门预算管理要求,建立健全规范的农村中小学预算编制制度。中小学预算以独立设置的学校为基本编制单位,实行一个学校一本预算。各县区教育局、市直各相关中小学要严格执行《淮南市义务教育阶段中小学预算管理办法》(市财政局、市教育局淮财教[2009]403号)。

二、明确管理责任

县区级财政、教育部门对上级和本级保障机制资金负有主要责任,负责根据上级财务规章制度和本地实际情况,具体制定并实施相关制度办法。中小学校财务管理实行校长负责制。各中小学校长负责组织本校按规定编制年度预算;严格按批复的预算执行,合理合规使用资金;组织编制年度决算,进行财务分析;定期向县区教育局、财政局等部门反映学校财务收支状况。各学校要制定内部财务管理制度,加强资产管理,强化对经济活动及财务收支情况进行控制和监督。

三、严格财务管理

进一步加强对支出的管理,公用经费的支出范围不得超出《安徽省农村中小学公用经费支出管理暂行办法》规定的范围,严格控制招待费支出。严格按照预算批复的支出项目和规定的标准执行,各项支出要据实列支,严禁虚报冒领和挤占挪用,不得以“白条”以及其他不规范票据入账。加强货币资金的管理,严禁私设小金库、公款私存。加强固定资产管理,建立固定资产台账,做到账实、账账相符。规范收费行为,加强服务性收费、代收费的管理,严禁自立项目乱收费和向学生收取明令禁止的费用,严禁违规代收

费,决不允许“一边免费、一边乱收费”现象的发生。加强财务管理基础工作,按规定设置会计账簿,明确核算流程,规范会计行为,依法进行财务核算。健全财务机构,农村中心小学以上(含中心小学)的学校应设置独立的财务机构并配备专(兼)职财会人员,中心小学以下的学校应配备专(兼)职报账员。从事会计工作的人员,必须取得会计从业资格证书。加强会计人员培训,提高会计核算和财务管理水平。强化内部控制和审计,确保资金安全。加强财务公开,推进民主理财,定期在一定的范围内公示学校财务收支状况,接受社会监督。

四、规范资金支付

保障机制资金一般实行国库集中支付。对校舍维修改造资金和符合直接支付条件的公用经费资金,由县区财政局直接支付到收款单位或供应商,确保资金支付的高效快捷;无法直接支付的公用经费和贫困寄宿生生活补助费资金,县区财政局将资金拨付至县区会计核算中心账户,由县区会计核算中心根据教育局审核汇总的各中小学用款计划将资金支付到学校账户,贫困寄宿生生活补助费由学校打卡发放或现金发放至受助学生手中。

五、加大监督检查

县区财政、教育等部门要加大对保障机制资金使用情况的监督检查力度,保障各项制度的贯彻落实。凡违反规定的,县区教育局、财政局将按照有关政策法规给予严肃处理,并追究单位主要领导和相关责任人的责任。

资产管理、外资金融管理财经规章

关于印发《淮南市市直行政事业单位国有资产配置管理暂行办法》的通知

2009 年 8 月 26 日　淮财资[2009]334 号

市直各单位：

为进一步加强市直行政事业单位国有资产配置管理，根据《安徽省行政事业单位国有资产管理暂行办法》（省政府令第 214 号）和《淮南市行政事业单位国有资产管理办法》（市政府令第 65 号）的有关规定，市财政局制定了《淮南市市直行政事业单位国有资产配置管理暂行办法》。现印发给你们，请遵照执行。

淮南市市直行政事业单位国有资产配置管理暂行办法

第一条　为了规范和加强市直行政事业单位国有资产配置管理，提高国有资产使用效益，根据《安徽省行政事业单位国有资产管理暂行办法》（省政府令第 214 号）和《淮南市行政事业单位国有资产管理办法》（市政府令第 65 号），制定本办法。

第二条　本办法适用于市直党的机关、人大机关、行政机关、政协机关、审判机关、检察机关、各民主党派机关和各类事业单位（以下简称行政事业单位）。

第三条　本办法所称市直行政事业单位国有资产配置是指市直行政事业单位按照有关法律、法规和规章制度规定的标准和程序，通过调剂、租赁和购置等方式配备资产的行为。

（一）调剂是指以划转的方式增加单位资产的行为，包括：

1. 同一部门内部的资产调剂；

2. 跨部门、跨地区、跨行政级次的资产调剂。

（二）租赁是指行政事业单位以有偿方式获得资产暂时使用权的行为；

（三）购置是指以购买的方式增加行政事业单位资产的行为。

第四条　行政事业单位国有资产配置应当遵循以下原则：

（一）与行政事业单位履行职能的需要相适应；

（二）科学、合理优化资产结构；

（三）调剂、租赁、购置相结合；

（四）资产配置与预算管理相结合。

第五条　行政事业单位国有资产配置范围包括：

（一）土地、房屋建筑物；

（二）一般设备，指行政事业单位用于业务工作的通用性设备，即交通运输工具、办公设备、家具等；

（三）专用设备，指行政事业单位用于业务工作的具有专门性能和专门用途的设备，即专用车辆、仪器仪表、机械设备、医疗器械、文体设备等；

（四）文物、陈列品、图书（资料室的藏书及科学技术资料等）；

(五)其他资产。

第六条 行政事业单位国有资产配置应当同时符合以下条件:

(一)现有资产无法满足行政事业单位履行职能的需要;

(二)难以与其他行政事业单位共享、共用相关资产;

(三)难以通过市场购买服务方式实现,或采取市场购买服务方式成本过高。

第七条 市财政局负责管理市直行政事业单位国有资产配置工作,会同有关部门研究制定市直行政事业单位资产配置标准和相关费用标准,按规定权限审批行政事业单位资产配置事项。

行政事业单位主管部门(以下简称主管部门)负责管理本部门所属单位资产配置工作,协助市财政局制定资产配置标准和相关费用标准,按照规定权限审批、审核资产配置事项,负责编制资产配置计划,办理资产配置报批手续。

行政事业单位负责实施具体的资产配置工作,负责本单位资产配置的日常管理和报批手续。

第八条 行政事业单位要求配置资产,能通过调剂、租赁解决的,原则上不重新购置。资产应当严格按规定标准配置,没有规定配置标准的,要从实际需要出发,厉行节约,从严控制。

第九条 行政事业单位资产调剂程序:

(一)同一部门内部的调剂,由主管部门根据资产管理信息系统、资产运转实际情况和配置标准等,对行政事业单位长期闲置、低效运转和超标准配置的资产进行认定后组织调剂;

(二)跨部门、跨地区、跨行政级次的调剂,由市财政局会同主管部门根据资产管理信息系统、资产运转实际情况和配置标准等,对行政事业单位长期闲置、低效运转和超标准配置的资产进行认定后组织调剂。

第十条 行政事业单位资产租赁程序:

行政事业单位公房租赁按《关于进一步规范市直行政事业单位公房出租出借管理的通知》(淮财资[2007]353号)文执行。

(一)行政事业单位根据业务需求、存量资产状况,提出资产租赁计划,填报“淮南市市直行政事业单位国有资产配置申请表”(见附件),报主管部门审核;

(二)主管部门对行政事业单位租赁资产事项的必要性、合规性、可行性进行审核,提出意见,报市财政局审批;

(三)市财政局对主管部门转报的资产租赁事项进行审批;

(四)经市财政局批准的资产租赁计划,作为部门预算安排的参考依据。

未经批准的,不得将资产租赁项目列入部门预算和单位经费支出。

第十一条 行政事业单位申请购置资产,单件价值2万元以下或批量价值5万元以下的,由主管部门审核批准。单件价值2万元以上(含2万元)或批量价值5万元以上(含5万元)的,按以下程序办理:

(一)在年度部门预算编制前,行政事业单位根据存量资产的质量、结构和分布情况,依据本级资产配置标准提出下一年度拟购置资产的品目、型号、主要性能指标和数量,说明购置资产依据和理由,测算经费额度,填报“淮南市市直行政事业单位国有资产配置申请表”,报主管部门审核;

(二)主管部门对行政事业单位购置资产事项的必要性、合规性、可行性进行审核,提出意见并汇总,报市财政局审批;

(三)市财政局根据资产配置原则、配置标准和行政事业单位资产存量状况进行审批;

(四)经市财政局批准的资产购置计划,作为部门预算安排的参考依据。当年已批准但未安排资金的资产购置计划,下年度再次申请预算时,可不再报批。

未经批准的,不得将资产购置项目列入部门预算和单位经费支出。

第十二条 行政事业单位因工作需要确需临时配置资产的,由行政事业单位根据特殊事项的需求、单位资产存量、资产配置标准等情况,提出配置资产计划,报主管部门审核,主管部门提出审核意见后,报市财政局审批。

第十三条 经市政府批准,财政安排专项资金召开的重大会议、举办的大型活动等需要购置的资产,由会议或者活动主办单位根据会议或者活动需要,提出资产购置计划,列明资产购置品目、型号、数量和事由,报市财政局审批。

第十四条　行政事业单位需要对市财政局或主管部门已批准的资产购置计划进行调整的,预算批准前,按原报批程序提出申请,由原批准单位重新审定;预算批准后,按有关规定程序进行调整。

第十五条　上级直接配置、调拨、奖励的资产和接受捐赠的资产以及其他依法确认为国家所有的资产,行政事业单位应当及时入账。

第十六条　行政事业单位使用财政性资金采购政府集中采购目录以内或限额标准以上的货物、工程和服务的,按照政府采购要求依法采购。

第十七条　行政事业单位资产管理部门应当对配置的资产进行验收、登记,财务部门根据配置资产的有关记账凭证等材料,在30个工作日内进行账务处理。房屋建筑物等工程完工后,要及时进行竣工决算和审计,办理有关权属证明,进行账务处理。

第十八条　市财政局、主管部门和行政事业单位,要积极履行国有资产配置管理职责,建立完善国有资产管理信息系统,实施动态管理和监督,及时发现和纠正资产配置中的违法、违纪、违规行为。

第十九条　主管部门、行政事业单位及其工作人员违反本办法规定,擅自或超标准购置资产的,依据《财政违法行为处罚处分条例》(国务院令第427号)、《安徽省行政事业单位国有资产管理暂行办法》和《淮南市行政事业单位国有资产管理办法》(市政府令第65号)等有关规定进行处理。

第二十条　主管部门可根据本办法,结合本部门实际,制定具体的实施细则。

第二十一条　县区财政部门可参照本办法,结合本地区实际,制定行政事业单位国有资产配置管理暂行办法。

第二十二条　社会团体和民办非企业单位使用财政性资金配置资产的,参照本办法执行。

第二十三条　本办法自发布之日起施行。此前相关规定与本办法不一致的,以本办法为准。

关于印发《淮南市市直行政事业单位国有资产产权交易管理暂行办法》的通知

2009年11月24日　　淮财资[2009]479号

市直各有关单位:

为进一步加强行政事业单位国有资产产权交易行为,依照国务院《财政违法行为处罚处分条例》和《淮南市行政事业单位国有资产管理办法》(市政府第65号令)的有关规定,市财政局制定了《淮南市市直行政事业单位国有资产产权交易管理暂行办法》。现印发给你们,请遵照执行。

淮南市市直行政事业单位国有资产产权交易管理暂行办法

第一条　为了规范行政事业单位国有资产产权交易行为,加强国有资产产权交易的监督管理,促进行政事业单位国有资产的合理流动,防止国有资产流失,依照国务院《财政违法行为处罚处分条例》和《淮南市行政事业单位国有资产管理办法》等法律、法规、规章,结合本市实际,制定本办法。

第二条 国有资产监督管理机构、从事国有资产产权交易活动的市直行政事业单位以及产权交易机构和相关部门应当遵守本办法。

本办法所指行政事业单位包括接受财政拨款和按照国家法律、法规及有关政策,依法收取各项行政事业性收费,开展业务活动的党的机关、人大机关、政府机关、政协机关、公检法司机关、党派团体、事业单位。

本办法所指行政事业单位国有资产,是指国家对行政事业单位以各种形式投入形成的资产、国家各种投资所形成的应享有的资产,以及依法认定为国家所有的其他资产。

第三条 市直行政事业单位的国有资产产权交易,应当按照有关规定履行审批手续,除依法批准免予进场交易外,其他涉及资产交易的转让行为必须在依法设立的产权交易市场进行,不得自行进行资产的交易转让。

各产权交易市场应遵循合法、公开、公平、公正的原则,依法保护交易双方及有关债权人的合法权益,同时不得损害第三方和社会公共利益。

第四条 市财政局根据国家和省有关产权交易政策,负责市直行政事业单位国有资产转让的监管和资产变现收入的收缴;监察、审计、工商等有关部门按照各自的职责,对行政事业单位国有资产转让实施监督管理。

第五条 从事行政事业单位国有资产交易的产权交易市场应当具备法律、法规规定的设立条件和从业资质,并严格履行工作职责、执行交易规则。

第六条 入场资产交易包括下列内容:

(一)行政事业单位国有资产整体或部分出售、变卖,评估值达到固定资产规定标准以上的;

(二)其他应该入场进行的行政事业单位国有资产交易。

前款规定的资产交易,包括有形、无形资产产权以及经营权、财产使用权、债权等交易。行政事业单位非经营性资产转经营性资产作为特殊事例,视为资产交易内容。法律、法规、规章另有规定的,从其规定。

第七条 下列资产不得转让:

(一)产权不明或者有争议的;

(二)被设置抵押或者质押,未经抵押权人或者质押权人同意的;

(三)被诉讼保全或者被依法强制执行,未经管辖法院或者依法强制执行的行政机关同意的;

(四)法律、法规、规章禁止转让的。

第八条 资产出让方申请进入产权交易市场交易的,应当向产权交易机构提交下列文件:

(一)出让申请书;

(二)出让资格证明;

(三)产权权属证明和资产管理机构准予出让的证明;

(四)资产评估报告书;

(五)债权方的债务处理意见书和律师事务所的法律意见书;

(六)其他有关材料。

第九条 资产购买方申请进入产权交易市场交易的,应当向产权交易机构提交下列文件:

(一)购买申请书;

(二)购买资格和资信证明;

(三)使用方向或用途;

(四)国家和省、市规定的其他材料。

购买属于专卖、专营等资产的,应当取得相应资格和条件,并向产权交易机构提交相关证明。

第十条 资产交易出让方和购买方提交的文件,必须真实、合法、有效,不得有虚假、误导性内容或者重大遗漏。

第十一条 产权交易市场应当对资产出让方和购买方所提交文件的真实性进行书面审核,并自收到齐全文件之日起3日内,做出是否准予交易的答复;准予交易的,办理相关登记手续。

第十二条 资产准予交易的,产权交易市场应当通过多种形式公开挂牌,及时向社会发布资产交易信息。挂牌期限不得少于15个工作日。在挂牌期限内,未经产权交易机构同意,产权人不得撤回挂牌,不得改变挂牌价格。

第十三条 产权交易市场应当自挂牌期限届满之日起3日内,将挂牌结果告知资产出让方和购买方,并根据挂牌资产的购买申请情况确定交易方式,组织交易。

只有1家提出购买申请的,可以采取协议的方式交易;有2家以上提出购买申请的,应当采取竞投、拍卖的方式交易;不适于采取竞投或者拍卖方式交易的,应当采取招标的方式交易。

第十四条　资产出让应当以评估值作为底价。出让价格低于底价出售的,出让方应当报资产管理机构批准。

第十五条　资产交易双方达成一致意向后,应当参照规范的合同文本签订产权交易合同。

第十六条　产权交易市场应当对资产交易合同的合法性、真实性进行书面审核;审核合格的,应当及时向资产交易双方出具资产交易凭证。

第十七条　资产转让成交后,交易双方应当凭产权交易机构出具的资产交易凭证,按照国家有关规定及时到有关部门办理相关的产权登记手续。

前款规定的部门应当在法定期限内办结有关变更手续。

第十八条　资产交易期间有下列情形之一的,资产交易应当终止:

(一)出让方或者购买方向产权交易机构提出终止交易的申请并经产权交易机构确认的;

(二)司法机关或者资产管理机构发出终止交易书面通知的;

(三)因不可抗力造成资产自然灭失的;

(四)法律、法规规定应当终止的其他情形。

第十九条　行政事业单位国有资产转让批准机构及其有关人员违反本办法规定,有下列情形之一的,由有关部门责令其改正,对单位给予通报批评,监察机关按规定对直接负责的主管人员和其他直接责任人员给予行政处分;构成犯罪的,依法追究刑事责任。

(一)违反规定批准资产出让的;

(二)对未按规定应进入产权交易市场交易的资产办理产权变更手续的;

(三)对经过产权交易市场交易的资产无故拖延办理或者不办理产权变更手续的。

第二十条　资产交易出让方和购买方有下列行为之一的,国有资产管理机构应当要求出让方终止产权转让活动,必要时应当依法向人民法院提起诉讼,确认转让行为无效。出让方及负有直接责任的主管人员和直接责任人员,由有关部门给予警告,情节严重的,给予行政处分,造成国有资产流失的,应当负赔偿责任;由于购买方的责任造成国有资产流失的,购买方应当依法赔偿出让方的经济损失;构成犯罪的,依法追究刑事责任。

(一)未按本办法有关规定在产权交易机构中进行交易的;

(二)出让方弄虚作假导致审计、评估结果失真,以及未经审计、评估,造成国有资产流失的;

(三)出让方未处理拖欠职工的各项社会保险费,侵害职工合法权益的;

(四)出让方未按规定落实单位的债权债务,非法转移债权或者逃避债务清偿责任的;以国有资产作为担保的,转让该国有资产时,未经担保人同意的;

(五)购买方采取欺诈、隐瞒等手段影响出让方的选择以及资产转让合同签订的;

(六)购买方在资产转让竞价、拍卖中,恶意串通压低价格,造成国有资产流失的。

第二十一条　社会中介机构在行政事业单位国有资产转让的审计、评估和法律服务中违规执业的,由国有资产监督管理机构将有关情况通报其行业主管机关,建议给予相应处罚;情节严重的,可要求行政事业单位不得再委托其进行资产转让的相关业务。

第二十二条　产权交易市场违反本办法规定,在国有资产交易中弄虚作假、玩忽职守,损害国家利益或者交易双方合法权益的,由有关部门依法追究直接责任人员的责任,国有资产监督管理机构将不再选择其从事国有资产交易的相关业务。

第二十三条　各县(区)行政事业单位国有资产产权交易可参照本办法执行。

第二十四条　本办法由市财政局负责解释,涉及有关部门的,由市财政局商有关部门解释。

第二十五条　本办法自公布之日起施行。

税政条法、财政监督规章

关于印发《淮南市财政局重大决策事项》的通知

2009年9月3日　淮财税政[2009]342号

局属各单位、机关各科室(局):

根据《淮南市人民政府关于加强行政决策机制建设的实施意见》(淮府[2009]68号)精神,结合我局工作实际,经研究财政局重大决策包括下列事项(决策程序及相关配套制度待定):

一、提出地方性法规、政府规章立法建议、制定重要规范性文件;

二、编制中长期财政发展规划,制定宏观调控和改革的重大财政政策措施;

三、编制年度财政预决算;

四、预算调整;

五、税率、税制调整;

六、局机关重大建设项目方案;

七、财政局职权范围内的其他重大决策事项。

关于印发《淮南市财政局行政处罚自由裁量权参照执行标准》的通知

2009年11月1日　淮财税政[2009]436号

局属各单位、机关各科室(局):

为规范行政执法行为,提高依法行政水平,切实保障公民、法人和其他组织的合法权益,根据市政府办公室《印发淮南市关于全面推行规范行政处罚自由裁量权工作实施方案的通知》(淮府办秘[2009]64号)精神,经相关科室充分讨论,并经局长办公会研究同意,我局制定了《淮南市财政局行政处罚自由裁量权参照执行标准》,已经上报市政府法制办审查备案,现予印发,请参照执行。

淮南市财政局行政处罚自由裁量权参照执行标准

第一部分　违反《会计法》、《注册会计师法》等的行政处罚

一、不依法设置会计账簿的

处罚种类：罚款、吊销会计从业资格证书

法律依据：《中华人民共和国会计法》第四十二条，违反本法规定，有下列行为之一的，由县级以上财政部门责令限期改正，可以对单位处3000元以上5万元以下的罚款；对其直接负责的主管人员和其他直接责任人员，可以处2000元以上2万元以下的罚款；属于国家工作人员的，还应当由所在单位或者有关单位给予行政处分。

有前款所列行为之一，构成犯罪的，依法追究刑事责任。

会计人员第一款所列行为之一，情节严重的，由县级以上人民政府财政部门吊销会计从业资格证书。

有关法律对第一条所列行为的处罚另有规定的，依照有关法律规定办理。

细化的具体处罚标准：

1. 轻微违法行为：已设置会计账簿，所设置会计账簿不符合国家统一会计制度规定，及时改正且造成影响较小的；未设置会计账簿。积极采取补救措施，尚未造成不良后果且及时改正的；

处罚种类：罚款；

处罚幅度：责令其限期改正，对单位处3000元以上1万元以下的罚款；对其直接负责的主管人员和其他责任人员处2000元以上8000元以下的罚款。

2. 一般违法行为：已设置会计账簿，所设置会计账簿不符合国家统一会计制度规定，虽积极采取补救措施但已造成不良后果的；未设置会计账簿，虽积极采取补救措施但已造成不良后果的；

处罚种类：罚款；

处罚幅度：责令有关单位限期改正，对单位处1万元以上3万元以下的罚款；对其直接负责主管人员和其他直接责任人员处以8000元以上13000元以下的罚款。

3. 严重违法行为：故意不设置会计账簿，未采取采取补救措施，造成严重后果的；拒不改正或二次以上违法的；

处罚种类：罚款，吊销会计人员从业资格证；

处罚幅度：责令有关单位限期改正，对单位处3万元以上5万元以下的罚款；对其直接负责的主管人员和其他直接责任人员处以13000元以上2万元以下的罚款。负直接责任的会计人员，吊销会计从业资格证书。

二、私设会计账簿的

处罚种类：罚款、吊销会计从业资格证书

法律依据：《中华人民共和国会计法》第四十二条，违反本法规定，有下列行为之一的，由县级以上财政部门责令限期改正，可以对单位处3000元以上5万元以下的罚款；对其直接负责的主管人员和其他直接责任人员，可以处2000元以上2万元以下的罚款；属于国家工作人员的，还应当由所在单位或者有关单位给予行政处分：

有前款所列行为之一，构成犯罪的，依法追究刑事责任。会计人员第一款所列行为之一，情节严重的，由县级以上人民政府财政部门吊销会计从业资格证书。

有关法律对第一条所列行为的处罚另有规定的，依照有关法律规定办理。

细化的具体处罚标准：

1. 轻微违法行为：私设会计账簿，及时改正且造成影响较小的；

处罚种类：罚款；

处罚幅度：责令有关单位限期改正责令，对单位处3000元以上1万元以下的罚款；对其直接负责的主管人员和其他责任人员处2000元以上8000元以下的罚款。

2. 一般违法行为：私设会计账簿，虽及时改正但已造成不良后果；

处罚种类:罚款;

处罚幅度:责令有关单位限期改正,对单位处1万元以上3万元以下的罚款;对其直接负责主管人员和其他直接责任人员处以8000元以上13000元以下的罚款。

3. 严重违法行为:私设会计账簿,未采取采取补救措施,造成严重后果的;拒不改正或两次以上违法的;

处罚种类:罚款,吊销会计人员从业资格证;

处罚幅度:责令有关单位限期改正,对单位处3万元以上5万元以下的罚款;对其直接负责的主管人员和其他直接责任人员处以13000元以上2万元以下的罚款。负直接责任的会计人员,吊销会计从业资格证书。

三、未按照规定填制、取得原始凭证或者填制、取得的原始凭证不符合规定的

处罚种类:罚款、吊销会计从业资格证书;

法律依据:《中华人民共和国会计法》第四十二条:违反本法规定,有下列行为之一的,由县级以上财政部门责令限期改正,可以对单位处3000元以上5万元以下的罚款;对其直接负责的主管人员和其他直接责任人员,可以处2000元以上2万元以下的罚款;属于国家工作人员的,还应当由所在单位或者有关单位给予行政处分:

有前款所列行为之一,构成犯罪的,依法追究刑事责任。会计人员第一款所列行为之一,情节严重的,由县级以上人民政府财政部门吊销会计从业资格证书。

有关法律对第一条所列行为的处罚另有规定的,依照有关法律规定办理。

细化的具体处罚标准:

1. 轻微违法行为:初次违法且能及时改正,不符合规定的原始凭证数量少,积极采取补救措施且造成影响较小的;

处罚种类:罚款;

处罚幅度:责令有关单位限期改,对单位处3000元以上1万元以下的罚款;

对其直接负责的主管人员和其他责任人员处2000元以上8000千元以下的罚款;

2. 一般违法行为:初次违法,不符合的原始凭证数量较多,虽采取补救措施但已造成不良后果的;

处罚种类:罚款;

处罚幅度:责令有关单位限期改正,可以对单位处1万元以上3万元以下的罚款;对其直接负责的主管人员和其他直接责任人员处以8000元以上13000元以下的罚款;

3. 严重违法行为:不符合规定的原始凭证数量较多且造成会计信息严重失实,未采取补救措施;拒不改正或两次以上违法的;

处罚种类:罚款,吊销会计人员从业资格证;

处罚幅度:责令有关单位限期改正,对单位处3万元以上5万元以下的罚款;对其直接负责的主管人员和其他直接责任人员处以13000元以上2万元以下的罚款;负直接责任的会计人员,吊销会计从业资格证书。

四、以未经审核的会计凭证为依据登记会计账簿或者登记的会计账簿不符合规定的

处罚种类:罚款、吊销会计从业资格证书;

法律依据:《中华人民共和国会计法》第四十二条,违反本法规定,有下列行为之一的,由县级以上财政部门责令限期改正,可以对单位处3000元以上5万元以下的罚款;对其直接负责的主管人员和其他直接责任人员,可以处2000元以上2万元以下的罚款;属于国家工作人员的,还应当由所在单位或者有关单位给予行政处分:

有前款所列行为之一,构成犯罪的,依法追究刑事责任。会计人员第一款所列行为之一,情节严重的,由县级以上人民政府财政部门吊销会计从业资格证书。

有关法律对第一条所列行为的处罚另有规定的,依照有关法律规定办理。

细化的具体处罚标准:

1. 轻微违法行为:初次违法且能及时改正,未经审核的会计凭证数量较少,积极采取补救措施且造成影响较小的;

处罚种类:罚款;

处罚幅度:责令有关单位限期改正,对单位处3000元以上1万元以下的罚款;对其直接负责的主管人员和其他责任人员处2000元以上8000元以下的罚款。

2. 一般违法行为:初次违法,未经审核的会计凭证数量较多,虽采取补救措施但已造成不良后果的;

处罚种类:罚款;

处罚幅度:责令有关单位限期改正,对单位处1万元以上3万元以下的罚款;对其直接负责主管人员和其他直接责任人员处以8000元以上13000元以下的罚款。

3. 严重违法行为:未经审核的会计凭证数量多造成会计信息严重失实,未采取补救措施;拒不改正或两次以上违法的;

处罚种类:罚款,吊销会计人员从业资格证;

处罚幅度:责令有关单位限期改正,对单位处3万元以上5万元以下的罚款;对其直接负责的主管人员和其他直接责任人员处以13000元以上2万元以下的罚款。负直接责任的会计人员,吊销会计从业资格证书。

五、随意变更会计处理方法的

处罚种类:罚款、吊销会计从业资格证书;

法律依据:《中华人民共和国会计法》第四十二条,违反本法规定,有下列行为之一的,由县级以上财政部门责令限期改正,可以对单位处3000元以上5万元以下的罚款;对其直接负责的主管人员和其他直接责任人员,可以处2000元以上2万元以下的罚款;属于国家工作人员的,还应当由所在单位或者有关单位给予行政处分。

有前款所列行为之一,构成犯罪的,依法追究刑事责任。会计人员第一款所列行为之一,情节严重的,由县级以上人民政府财政部门吊销会计从业资格证书。

有关法律对第一条所列行为的处罚另有规定的,依照有关法律规定办理。

细化的具体处罚标准:

1. 轻微违法行为:初次违法且能及时改正,积极采取补救措施且造成影响较小的;

处罚种类:罚款;

处罚幅度:责令有关单位限期改正,对单位处3000元以上1万元以下的罚款;对其直接负责的主管人员和其他责任人员处2000元以上8000元以下的罚款。

2. 一般违法行为:初次违法,虽采取补救措施但已造成不良后果的;

外罚种类:罚款;

处罚幅度:责令有关单位限期改止,对单位处1万元以上3万元以下的罚款;对其直接负责主管人员和其他直接责任人员处以8000以上13000元以下的罚款。

3. 严重违法行为:未采取补救措施,造成会计信息严重失实;拒不改正或两次以上违法的;

处罚种类:罚款,吊销会计人员从业资格证;

处罚幅度:责令有关单位限期改正,对单位处3万元以上5万元以下的罚款;对其直接负责的主管人员和其他直接责任人员处以13000元以上2万元以下的罚款。负直接责任的会计人员,吊销会计从业资格证书。

六、向不同的会计资料使用者提供的财务会计报告编制依据不一致的

法律依据:《中华人民共和国会计法》第四十二条,违反本法规定,有下列行为之一的,由县级以上财政部门责令限期改正,可以对单位处3000元以上5万元以下的罚款;对其直接负责的主管人员和其他直接责任人员,可以处2000元以上2万元以下的罚款;属于国家工作人员的,还应当由所在单位或者有关单位给予行政处分:

有前款所列行为之一,构成犯罪的,依法追究刑事责任。会计人员第一款所列行为之一,情节严重的,由县级以上人民政府财政部门吊销会计从业资格证书。

有关法律对第一条所列行为的处罚另有规定的,依照有关法律规定办理。

细化的具体处罚标准:

1. 轻微违法行为:初次违法,积极采取补救措施及时改正且造成影响较小的;

处罚种类:罚款;

处罚幅度:责令有关单位限期改正,对单位处3000元以上1万元以下的罚款;对其直接负责的主管人员和其他责任人员处2000元以上8000元以下的罚款。

2. 一般违法行为:初次违法,积极采取补救措施但已造成不良后果的;

处罚种类:罚款;

处罚幅度:责令有关单位限期改正,对单位处1万元以上3万元以下的罚款;对其直接负责主管人员和其他直接责任人员处以8000元以上13000元以下的罚款。

3. 严重违法行为:初次违法,未采取补救措施且已造成严重后果的;拒不改正或两次以上违

法的;

处罚种类:罚款,吊销会计人员从业资格证;

处罚幅度:责令有关单位限期改正,对单位处3万元以上5万元以下的罚款;对其直接负责的主管人员和其他直接责任人员处以13000元以上2万元以下的罚款。负直接责任的会计人员,吊销会计从业资格证书。

七、未按照规定使用会计记录文字或者记账本位币的

处罚种类:罚款、吊销会计从业资格证书

法律依据:《中华人民共和国会计法》第四十二条,违反本法规定,有下列行为之一的,由县级以上财政部门责令限期改正,可以对单位处3000元以上5万元以下的罚款;对其直接负责的主管人员和其他直接责任人员,可以处2000元以上2万元以下的罚款;属于国家工作人员的,还应当由所在单位或者有关单位给予行政处分:

有前款所列行为之一,构成犯罪的,依法追究刑事责任。会计人员第一款所列行为之一,情节严重的,由县级以上人民政府财政部门吊销会计从业资格证书。

有关法律对第一条所列行为的处罚另有规定的,依照有关法律规定办理。

细化的具体处罚标准:

1. 轻微违法行为:未按照规定使用会计记录文字或者记账本位币的,积极采取补救措施且造成影响较小的;

处罚种类:罚款;

处罚幅度:责令有关单位限期改正,对单位处3000元以上1万元以下的罚款;对其直接负责的主管人员和其他责任人员处2000元以上8000元以下的罚款。

2. 一般违法行为:未按照规定使用会计记录文字或者记账本位币的,虽采取补救措施但已造成不良后果的;

处罚种类:罚款;

处罚幅度:责令有关单位限期改正,对单位处1万元以上3万元以下的罚款;对其直接负责主管人员和其他直接责任人员处以8000元以上13000元以下的罚款。

3. 严重违法行为:未按照规定使用会计记录文字或者记账本位币的,未采取补救措施且已造成严重后果的;拒不改正或两次以上违法的;

处罚种类:罚款,吊销会计人员从业资格证;

处罚幅度:责令有关单位限期改正,对单位处3万元以上5万元以下的罚款;对其直接负责的主管人员和其他直接责任人员处以13000元以上2万元以下的罚款。负直接责任的会计人员,吊销会计从业资格证书。

八、未按照规定保管会计资料,致使会计资料毁损、灭失

处罚种类:罚款、吊销会计从业资格证书;

法律依据:《中华人民共和国会计法》第四十二条,违反本法规定,有下列行为之一的,由县级以上财政部门责令限期改正,可以对单位处3000元以上5万元以下的罚款;对其直接负责的主管人员和其他直接责任人员,可以处2000元以上2万元以下的罚款;属于国家工作人员的,还应当由所在单位或者有关单位给予行政处分;

有前款所列行为之一,构成犯罪的,依法追究刑事责任。会计人员第一款所列行为之一,情节严重的,由县级以上人民政府财政部门吊销会计从业资格证书。

有关法律对第一条所列行为的处罚另有规定的,依照有关法律规定办理。

细化的具体处罚标准:

1. 轻微违法行为:未按照规定保管会计资料,致使少部分非主要会计资料毁损、灭失,积极采取补救措施且造成影响较小的;

处罚种类:罚款;

处罚幅度:责令有关单位限期改正,对单位处3000元以上1万元以下的罚款;对其直接负责的主管人员和其他责任人员处2000元以上8000元以下的罚款。

2. 一般违法行为:未按照规定保管会计资料,致使少部分非主要会计资料毁损、灭失,虽积极采取补救措施造成不良后果的;

处罚种类:罚款;

处罚幅度:责令有关单位限期改正,对单位处1万元以上3万元以下的罚款;对其直接负责主管人员和其他直接责任人员处以8000元以上13000元以下的罚款。

3. 严重违法行为:未按照规定保管会计资料,致使主要会计资料毁损、灭失,造成严重后果

的;拒不改正或两次以上违法的;

处罚种类:罚款,吊销会计人员从业资格证;

处罚幅度:责令有关单位限期改正,对单位处3万元以上5万元以下的罚款;对其直接负责的主管人员和其他直接责任人员处以13000元以上2万元以下的罚款。负直接责任的会计人员,吊销会计从业资格证书。

九、未按照规定建立并实施单位内部会计监督制度或者拒绝依法实施的监督或者不如实提供有关会计资料及有关情况的

处罚种类:罚款、吊销会计从业资格证书;

法律依据:《中华人民共和国会计法》第四十二条,违反本法规定,有下列行为之一的,由县级以上财政部门责令限期改正,可以对单位处3000元以上5万元以下的罚款;对其直接负责的主管人员和其他直接责任人员,可以处2000元以上2万元以下的罚款;属于国家工作人员的,还应当由所在单位或者有关单位给予行政处分;

有前款所列行为之一,构成犯罪的,依法追究刑事责任。会计人员第一款所列行为之一,情节严重的,由县级以上人民政府财政部门吊销会计从业资格证书。

有关法律对第一条所列行为的处罚另有规定的,依照有关法律规定办理。

细化的具体处罚标准:

1. 轻微违法行为:未按照规定建立并实施单位内部会计监督制度,及时改正且造成影响较小的;不如实提供有关会计资料及有关情况但不影响监督检查结果的。

处罚种类:罚款;

处罚幅度:责令有关单位限期改正,对单位处3000元以上1万元以下的罚款;对其直接负责的主管人员和其他责任人员处2000元以上8000元以下的罚款。

2. 一般违法行为:未按照规定建立并实施单位内部会计监督制度,虽及时改正但已造成不良后果的,不如实提供有关会计资料及有关情况对监督检查结果产生不良影响的;拒绝依法实施的监督一次的;

处罚种类:罚款;

处罚幅度:责令有关单位限期改正,对单位处1万元以上3万元以下的罚款;对其直接负责的主管人员和其他直接责任人员处以8000元以上13000元以下的罚款。

3. 严重违法行为:未按照规定建立并实施单位内部会计监督制度,未采取任何补救措施且造成严重后果的不如实提供有关会计资料及有关情况改变监督检查结果并造成严重影响的;拒绝依法实施的监督两次以上的;

处罚种类:罚款,吊销会计人员从业资格证;

处罚幅度:责令有关单位限期改正,对单位处3万元以上5万元以下的罚款;对其直接负责的主管人员和其他直接责任人员处以13000元以上2万元以下的罚款。负直接责任的会计人员,吊销会计从业资格证书。

十、任用会计人员不符合会计法规定的

处罚种类:罚款、吊销会计从业资格证书

法律依据:《中华人民共和国会计法》第四十二条,违反本法规定,有下列行为之一的,由县级以上财政部门责令限期改正,可以对单位处3000元以上5万元以下的罚款;对其直接负责的主管人员和其他直接责任人员,可以处2000元以上2万元以下的罚款;属于国家工作人员的,还应当由所在单位或者有关单位给予行政处分。

有前款所列行为之一,构成犯罪的,依法追究刑事责任。会计人员第一款所列行为之一,情节严重的,由县级以上人民政府财政部门吊销会计从业资格证书。

有关法律对第一条所列行为的处罚另有规定的,依照有关法律规定办理。

细化的具体处罚标准:

1. 轻微违法行为:任用未持有会计从业资格证的会计人员1人,及时改正且造成影响较小的;

处罚种类:罚款;

处罚幅度:责令有关单位限期改正,对单位处3000元以上1万元以下的罚款;对其直接负责的主管人员和其他责任人员处2000元以上8000元以下的罚款。

2. 一般违法行为:任用未持有会计从业资格证的会计人员2~3人或任用未持有会计从业资格证的会计机构负责人(会计主管人员),及时改正且造成影响较小的;

处罚种类:罚款;

处罚幅度:责令有关单位限期改正,对单位处1万元以上3万元以下的罚款;对其直接负责主管人员和其他直接责任人员处以8000元以上13000元以下的罚款。

3. 严重违法行为:任用未持有会计从业资格证的会计人员或者会计机构负责人(会计主管人员)已造成不良后果的;拒不改正或两次以上违法的;

处罚种类:罚款,吊销会计从业资格证书;

处罚幅度:责令有关单位限期改正,对单位处3万元以上5万元以下的罚款;对其直接负责的主管人员和其他直接责任人员处以13000元以上2万元以下的罚款。负直接责任的会计人员,吊销会计从业资格证书。

十一、伪造、变造会计凭证、会计账簿,编制、对外提供虚假或隐瞒重要事实的财务会计报告的

处罚种类:罚款、吊销会计从业资格证书;

法律依据:

1.《中华人民共和国会计法》第四十三条,伪造、变造会计凭证、会计账簿,编制虚假财务会计报告,构成犯罪的,依法追究刑事责任。

有前款行为,尚不构成犯罪的,由县级以上人民政府财政部门予以通报,可以对单位并处5000元以上10万元以下的罚款;对其直接负责的主管人员和其他直接责任人员,可以处3000元以上5万元以下的罚款;属于国家工作人员的,还应当由其所在单位或者有关单位依法给予撤职直至开除的行政处分;对其中的会计人员,并由县级以上人民政府财政部门吊销会计从业资格证书。

2.《企业财务会计报告条例》第四十条:企业编制、对外提供虚假的或者隐瞒重要事实的财务会计报告,构成犯罪的,依法追究刑事责任。

有前款行为,尚不构成犯罪的,由县级以上人民政府财政部门予以通报,对企业可以处5000元以上10万元以下的罚款;对直接负责的主管人员和其他直接责任人员,可以处3000元以上5万元以下的罚款;属于国家工作人员的,并依法给予撤职直至开除的行政处分或者纪律处分;对其中的会计人员,情节严重的,并由县级以上人民政府财政部门吊销会计人员从业资格证书。

细化的具体处罚标准:

1. 轻微违法行为:伪造、变造会计凭证、会计账簿,编制虚假财务会计报告,及时改正且造成影响较小的;

处罚种类:罚款;

处罚幅度:由县级以上人民政府予以通报,对单位处5000元以上2万元以下的罚款;对其直接负责的主管人员和其他责任人员处3000元以上1万元以下的罚款。

2. 一般违法行为:伪造、变造会计凭证、会计账簿,编制虚假财务会计报告,虽积极采取补救措施但已造成不良后果的;

处罚种类:罚款;

处罚幅度:由县级以上人民政府予以通报,对单位处2万元以上8万元以下的罚款;对其直接负责主管人员和其他直接责任人员处以1万元以上4万元以下的罚款。

3. 严重违法行为:伪造、变造会计凭证、会计账簿,编制虚假财务会计报告,造成会计信息严重失实的;拒不改正或两次以上违法的;

处罚种类:罚款,吊销会计人员从业资格证书;

处罚幅度:由县级以上人民政府予以通报,可以对单位处8万元以上10万元以下的罚款;对其直接负责的主管人员和其他直接责任人员处以4万元以上5万元以下的罚款。会计人员吊销其会计从业资格证书。

十二、隐匿或者故意销毁依法应当保存的会计凭证、会计账簿、财务会计报告的

处罚种类:罚款、吊销会计从业资格证书;

法律依据:《中华人民共和国会计法》第四十四条,隐匿或者故意销毁依法应当保存的会计凭证、会计账簿、财务会计报告,构成犯罪的,依法追究刑事责任。

有前款行为,尚不构成犯罪的,由县级以上人民政府财政部门予以通报,可以对单位并处5000元以上10万元以下的罚款;对其直接负责的主管人员和其他直接责任人员,可以处3000元以上5万元以下的罚款;属于国家工作人员的,还应当由其所在单位或者有关单位依法给予撤职直至开除的行政处分;对其中的会计人员,并由县级以上人民政府财政部门吊销会计从业资格证书。

细化的具体处罚标准：

1. 轻微违法行为：隐匿或者故意销毁依法应当保存的会计凭证、会计账簿、财务会计报告的，及时改正且造成影响较小的；

处罚种类：罚款；

处罚幅度：由县级以上人民政府予以通报，对单位处5000元以上2万元以下的罚款；对其直接负责的主管人员和其他责任人员处3000元以上1万元以下的罚款。

2. 一般违法行为：隐匿或者故意销毁依法应当保存的会计凭证、会计账簿、财务会计报告的，虽积极采取补救措施但已造成不良后果的；

处罚种类：罚款；

处罚幅度：由县级以上人民政府予以通报，对单位处2万元以上8万元以下的罚款；对其直接负责主管人员和其他直接责任人员处以1万元以上4万元以下的罚款。

3. 严重违法行为：隐匿或者故意销毁依法应当保存的会计凭证、会计账簿、财务会计报告，造成严重后果的；拒不改正或两次以上违法的；

处罚种类：罚款，吊销会计人员从业资格证书；

处罚幅度：由县级以上人民政府予以通报，可以对单位处8万元以上10万元以下的罚款；对其直接负责的主管人员和其他直接责任人员处以4万元以上5万元以下的罚款。会计人员吊销其会计从业资格证书。

十三、授意、指使、强令会计机构、会计人员及其他人员伪造、变造会计凭证、会计账簿，编制虚假财务会计报告或者隐匿、故意销毁依法应当保存的会计凭证、会计账簿、财务会计报告的

处罚种类：罚款；

法律依据：

1.《中华人民共和国会计法》第四十五条，授意、指使、强令会计机构、会计人员及其他人员伪造、变造会计凭证、会计账簿，编制虚假财务会计报告或者隐匿、故意销毁依法应当保存的会计凭证、会计账簿、财务会计报告，构成犯罪的，依法追究刑事责任；尚不构成犯罪的，可以处5000元以上5万元以下的罚款；属于国家工作人员的，还应当由其所在单位或者有关单位依法给予降级、撤职、开除的行政处分。

2.《企业财务会计报告条例》第四十一条：授意、指使强令会计机构、会计人员及其他人员编制、对外提供虚假的或者隐瞒重要事实真相的财务会计报告，构成犯罪的，依法追究刑事责任；尚不构成犯罪的，可以处5000元以上5万元以下的罚款；属于国家工作人员的，并依法给予降级、撤职、开除的行政处分或者纪律处分。

细化的具体处罚标准：

1. 轻微违法行为：及时改正，积极采取补救措施且造成影响较小的；

处罚种类：罚款；

处罚幅度：处5000元以上1万元以下的罚款。

2. 一般违法行为：虽及时改正、积极采取补救措施但已造成不良后果的

处罚种类：罚款；

处罚幅度：处1万元以上4万元以下的罚款。

3. 严重违法行为：情节严重，已造成严重后果的；拒不改正或两次以上违法的；

处罚种类：罚款；

处罚幅度：处4万元以上5万元以下的罚款。

十四、随意改变会计要素的确认和计量标准的

处罚种类：罚款、吊销会计从业资格证书；

法律依据：《企业财务会计报告条例》第三十九条，违反本条例规定，有下列行为之一的，由县级以上人民政府财政部门责令限期改正，对企业可以处3000元以上5万元以下的罚款；属于国家工作人员的，并依法给予行政处分或者纪律处分：

会计人员有前款所列行为之一，情节严重的，由县级以上人民政府财政部门吊销会计人员从业资格证书。

细化的具体处罚标准：

1. 轻微违法行为：随意改变会计要素的确认和计量标准，积极采取补救措施，及时改正且造成影响较小的；

处罚种类：罚款。

处罚幅度：责令有关单位限期改正，可以对单位处3000元以上1万元以下的罚款。

2. 一般违法行为：随意改变会计要素的确认

和计量标准,虽积极采取补救措施但已造成不良后果的;

处罚种类:罚款;

处罚幅度:责令有关单位限期改正,对单位处1万元以上3万元以下的罚款。

3. 严重违法行为:随意改变会计要素的确认和计量标准,已造成严重后果的;拒不改正或两次以上违法的;

处罚种类:罚款,吊销会计人员从业资格证书;

处罚幅度:责令有关单位限期改正,可以对单位处3万元以上5万元以下的罚款;会计人员吊销从业资格证书。

十五、随意改变财务会计报告的编制基础、编制依据、编制原则和方法的

处罚种类:罚款、吊销会计从业资格证书;

法律依据:《企业财务会计报告条例》第三十九条,违反本条例规定,有下列行为之一的,由县级以上人民政府财政部门责令限期改正,对企业可以处3000元以上5万元以下的罚款;属于国家工作人员的,并依法给予行政处分或者纪律处分:

会计人员有前款所列行为之一,情节严重的,由县级以上人民政府财政部门吊销会计人员从业资格证书。

细化的具体处罚标准:

1. 轻微违法行为:随意改变财务会计报告的编制基础、编制依据、编制原则和方法,积极采取补救措施,及时改正且造成影响较小的;

处罚种类:罚款;

处罚幅度:责令有关单位限期改正,对单位处3000元以上1万元以下的罚款;

2. 一般违法行为:随意改变财务会计报告的编制基础、编制依据、编制原则和方法,虽积极采取补救措施但已造成不良后果的;

处罚种类:罚款;

处罚幅度:责令有关单位限期改正,对单位处1万元以上3万元以下的罚款;

3. 严重违法行为:随意改变财务会计报告的编制基础、编制依据、编制原则和方法,已造成严重后果的;拒不改正或两次以上违法的;

处罚种类:罚款,吊销会计人员从业资格证书;

处罚幅度:责令有关单位限期改正,可以对单位处3万元以上5万元以下的罚款;会计人员吊销从业资格证书。

十六、提前或者延迟结账日结账的

处罚种类:罚款、吊销会计从业资格证书;

法律依据:《企业财务会计报告条例》第三十九条,违反本条例规定,有下列行为之一的,由县级以上人民政府财政部门责令限期改正,对企业可以处3000元以上5万元以下的罚款;属于国家工作人员的,并依法给予行政处分或者纪律。

会计人员有前款所列行为之一,情节严重的,由县级以上人民政府财政部门吊销会计人员从业资格证书。

细化的具体处罚标准:

1. 轻微违法行为:提前或者延迟结账日结账,积极采取补救措施,及时改正且造成影响较小的;

处罚种类:罚款;

处罚幅度:责令有关单位限期改正,对单位处3000元以上1万元以下的罚款。

2. 一般违法行为:提前或者延迟结账日结账,虽积极采取补救措施但已造成不良后果的;

处罚种类:罚款;

处罚幅度:责令有关单位限期改正,对单位处1万元以上3万元以下的罚款。

3. 严重违法行为:提前或者延迟结账日结账,已造成严重后果的;拒不改正或两次以上违法的;

处罚种类:罚款,吊销会计人员从业资格证书;

处罚幅度:责令有关单位限期改正,对单位处3万元以上5万元以下的罚款;会计人员吊销从业资格证书。

十七、在编制年度财务会计报告前,未按照规定全面清查资产、核实债务的

处罚种类:罚款、吊销会计从业资格证书;

法律依据:《企业财务会计报告条例》第三十九条,违反本条例规定,有下列行为之一的,由县级以上人民政府财政部门责令限期改正,对企业可以处3000元以上5万元以下的罚款;属于国家工作人员的,并依法给予行政处分或者纪律处分。

会计人员有前款所列行为之一,情节严重的,由县级以上人民政府财政部门吊销会计人员从业资格证书。

细化的具体处罚标准:

1. 轻微违法行为:未按照规定全面清查资产、核实债务,积极采取补救措施,及时改正且造成影响较小的;

处罚种类:罚款;

处罚幅度:责令有关单位限期改正,对单位处3000元以上1万元以下的罚款。

2. 一般违法行为:未按照规定全面清查资产、核实债务,积极采取补救措施,虽积极采取补救措施但已造成不良后果的;

处罚种类:罚款;

处罚幅度:责令有关单位限期改正,对单位处1万元以上3万元以下的罚款。

3. 严重违法行为:未按照规定全面清查资产、核实债务,造成编制的年度财务会计报告严重失实;拒不改正或两次以上违法的;

处罚种类:罚款,吊销会计人员从业资格证书;

处罚幅度:责令有关单位限期改正,对单位处3万元以上5万元以下的罚款;会计人员吊销从业资格证书。

十八、用假学历、假证书等手段得以免试考试科目并取得会计从业资格证书

处罚种类:吊销会计从业资格证

法律依据:《会计从业资格管理办法》第三十一条,用假学历、假证书等手段得以免试考试科目并取得会计从业资格证书,由会计从业资格管理部门撤销其会计从业资格。

违法行为:用假学历、假证书等手段得以免试考试科目并取得会计从业资格证书的;

处罚种类:撤销其会计从业资格

第二部分　违反《政府采购法》的行政处罚

十九、《中华人民共和国政府采购法》第七十六条:采购人、采购代理机构违反本法规定隐匿、销毁应当保存的采购文件或者伪造、变造采购文件的,由政府采购监督管理部门处以2万元以上10万元以下的罚款,对其直接负责的主管人员和其他直接责任人员依法给予处分;构成犯罪的,依法追究刑事责任。

细化标准:

1. 采购人、采购代理机构违反本法规定隐匿应当保存的采购文件的,处以2万元以上5万元以下罚款;

2. 采购人、采购代理机构销毁应当保存的采购文件的,处以5万元以上8万元以下罚款;

3. 采购人、采购代理机构伪造、变造采购文件的,处以8万元以上10万元以下罚款。

二十、《中华人民共和国政府采购法》第七十七条:供应商有下列情形之一的,处以采购金额5‰以上10‰以下的罚款,列入不良行为记录名单,在1~3年内禁止参加政府采购活动,有违法所得的,并处没收违法所得,情节严重的,由工商行政管理机关吊销营业执照;构成犯罪的,依法追究刑事责任:

(一)提供虚假材料谋取中标、成交的;

(二)采取不正当手段诋毁、排挤其他供应商的;

(三)与采购人、其他供应商或者采购代理机构恶意串通的;

(四)向采购人、采购代理机构行贿或者提供其他不正当利益的;

(五)在招标采购过程中与采购人进行协商谈判的;

(六)拒绝有关部门监督检查或者提供虚假情况的。供应商有前款第(一)至(五)项情形之一的,中标、成交无效。

细化标准:

1. 供应商在政府采购中提供虚假材料谋取中标、成交的,处以采购金额5‰以上6‰以下的罚款;

2. 供应商在政府采购中采取不正当手段诋毁、排挤其他供应商的,处以采购金额5‰以上6‰的罚款;

3. 供应商在政府采购中与采购人、其他供应商或者采购代理机构恶意串通的,处以采购金额5‰以上6‰以下的罚款;

4. 供应商在政府采购中向采购人、采购代理机构行贿或者提供其他不正当利益的,处以采购金额5‰以上6‰以下的罚款;

5. 供应商在招标采购过程中与采购人进行协商谈判的,处以采购金额6‰以上8‰以下的罚款;

6. 供应商在政府采购中拒绝有关部门监督检查或者提供虚假情况的,处以采购金额8‰以上10‰以下的罚款。

二十一、《中华人民共和国政府采购法》第八十二条:集中采购机构在政府采购监督管理部门考核中,虚报业绩,隐瞒真实情况的,处以2万元以上20万元以下的罚款,并予以通报;情节严重的,取消其代理采购的资格。

细化标准:

1. 违反上述规定情节轻微的,处以2万元以上10元以下的罚款;

2. 违反上述规定情节一般的,处以10万元以上15万元以下的罚款;

3. 违反上述规定情节严重的,处以15万元以上20万元以下的罚款,取消其代理采购的资格。

第三部分 违反《财政违法行为处罚处分条例》的行政处罚

二十二、《财政违法行为处罚处分条例》第十三条:企业和个人有下列不缴或者少缴财政收入行为之一的,责令改正,调整有关会计账目,收缴应当上缴的财政收入,给予警告,没收违法所得,并处不缴或者少缴财政收入10%以上30%以下的罚款;对直接负责的主管人员和其他直接责任人员处3000元以上5万元以下的罚款:

(一)隐瞒应当上缴的财政收入;

(二)截留代收的财政收入;

(三)其他不缴或者少缴财政收入的行为。

细化标准:

1. 违反上述规定,不缴或少缴财政收入10万元以下的,给予警告,没收违法所得,并处不缴或少缴财政收入10%罚款;对直接负责的主管人员和其他责任人员处3000元罚款;

2. 违反上述规定,不缴或少缴财政收入10万元以上50万元以下的,给予警告,没收违法所得,并处不缴或少缴财政收入10%以上15%以下罚款;对直接负责的主管人员和其他责任人员处3000元以上1万元以下罚款;

3. 违反上述规定,不缴或少缴财政收入50万元以上100万元以下的,给予警告,没收违法所得,并处不缴或少缴财政收入15%以上20%以下罚款;对直接负责的主管人员和其他责任人员处1万元以上2万元以下罚款;

4. 违反上述规定,不缴或少缴财政收入100万元以上的,给予警告,没收违法所得,并处不缴或少缴财政收入20%以上30%以下罚款;对直接负责的主管人员和其他责任人员处2万元以上5万元以下罚款。

二十三、《财政违法行为处罚处分条例》第十四条:企业和个人有下列行为之一的,责令改正,调整有关会计账目,追回违反规定使用、骗取的有关资金,给予警告,没收违法所得,并处被骗取有关资金10%以上50%以下的罚款或者被违规使用有关资金10%以上30%以下的罚款;对直接负责的主管人员和其他直接责任人员处3000元以上5万元以下的罚款:

(一)以虚报、冒领等手段骗取财政资金以及政府承贷或者担保的外国政府贷款、国际金融组织贷款;

(二)挪用财政资金以及政府承贷或者担保的外国政府贷款、国际金融组织贷款;

(三)从无偿使用的财政资金以及政府承贷或者担保的外国政府贷款、国际金融组织贷款中非法获益;

(四)其他违反规定使用、骗取财政资金以及政府承贷或者担保的外国政府贷款、国际金融组织贷款的行为。

细化标准:

(一)虚报、冒领等手段骗取财政资金以及政府承贷或者担保的外国政府贷款、国际金融组织贷款

1. 以虚报、冒领等手段骗取财政资金以及政府承贷或者担保的外国政府贷款、国际金融组织贷款20万元以下的,给予警告,没收违法所得,并处骗取有关资金10%的罚款;对直接负责的主

管人员和其他责任人员处3000元罚款；

2. 以虚报、冒领等手段骗取财政资金以及政府承贷或者担保的外国政府贷款、国际金融组织贷款20万元以上50万元以下的，给予警告，没收违法所得，并处骗取有关资金10%以上20%以下的罚款；对直接负责的主管人员和其他责任人员处3000元以上1万元以下罚款；

3. 以虚报、冒领等手段骗取财政资金以及政府承贷或者担保的外国政府贷款、国际金融组织贷款50万元以上100万元以下的，给予警告，没收违法所得，并处骗取有关资金20%以上30%以下的罚款；对直接负责的主管人员和其他责任人员处1万元以上2万元以下罚款；

4. 以虚报、冒领等手段骗取财政资金以及政府承贷或者担保的外国政府贷款、国际金融组织贷款100万元以上500万元以下的，给予警告，没收违法所得，并处骗取有关资金30%以上40%以下的罚款；对直接负责的主管人员和其他责任人员处2万元以上3万元以下罚款；

5. 以虚报、冒领等手段骗取财政资金以及政府承贷或者担保的外国政府贷款、国际金融组织贷款500万元以上的，给予警告，没收违法所得，并处骗取有关资金40%以上50%以下罚款；对直接负责的主管人员和其他责任人员处3万元以上5万元以下罚款。

(二)挪用财政资金以及政府承贷或者担保的外国政府贷款、国际金融组织贷款

1. 挪用财政资金以及政府承贷或者担保的外国政府贷款、国际金融组织贷款10万元以下的，给予警告，没收违法所得，并处骗取有关资金10%的罚款；对直接负责的主管人员和其他责任人员处3000元罚款；

2. 挪用财政资金以及政府承贷或者担保的外国政府贷款、国际金融组织贷款10万元以上50万元以下的，给予警告，没收违法所得，并处骗取有关资金10%以上15%以下罚款；对直接负责的主管人员和其他责任人员处3000元以上2万元以下罚款；

3. 挪用财政资金以及政府承贷或者担保的外国政府贷款、国际金融组织贷款50万元以上100万元以下的，给予警告，没收违法所得，并处骗取有关资金15%以上20%以下罚款；对直接负责的主管人员和其他责任人员处2万元以上3万元以下罚款；

4. 挪用财政资金以及政府承贷或者担保的外国政府贷款、国际金融组织贷款100万元以上的，给予警告，没收违法所得，并处骗取有关资金20%以上30%以下的罚款；对直接负责的主管人员和其他责任人员处3万元以上5万元以下罚款。

(三)从无偿使用的财政资金以及政府承贷或者担保的外国政府贷款、国际金融组织贷款中非法获益

1. 非法获益在10万元以下的，给予警告，没收违法所得，并处获益金额10%的罚款，对直接负责的主管人员和其他责任人员处3000元罚款；

2. 非法获益在10万元以上20万元以下的，给予警告，没收违法所得，并处获益金额10%以上30%以下的罚款，对直接负责的主管人员和其他责任人员处3000元罚款以上2万元以下罚款；

3. 非法获益在20万元以上的，给予警告，没收违法所得，并处获益金额30%以上50%以下的罚款，对直接负责的主管人员和其他责任人员处2万元以上5万元以下罚款。

二十四、《财政违法行为处罚处分条例》第十六条：单位和个人有下列违反财政收入票据管理规定的行为之一的，销毁非法印制的票据，没收违法所得和作案工具，对单位处5000元以上10万元以下的罚款；对直接负责的主管人员和其他直接责任人员处3000元以上5万元以下的罚款。属于国家公务员的，还应当给予降级或者撤职处分；情节严重的，给予开除处分：

(一)违反规定印制财政收入票据；

(二)转借、串用、代开财政收入票据；

(三)伪造、变造、买卖、擅自销毁财政收入票据；

(四)伪造、使用伪造的财政收入票据监(印)制章；

(五)其他违反财政收入票据管理规定的行为。

细化标准：

(一)转借、串用、代开财政收入票据的，对单位处5000元罚款；对直接负责的主管人员和其他直接责任人员处3000元罚款；

（二）违反规定印制财政收入票据的，对单位处5000元以上5万元以下罚款；对直接负责的主管人员和其他直接责任人员处3000元以上3万元以下罚款；

（三）有下列违法行为之一的，对单位处5万元以上10万元以下罚款；对直接负责的主管人员和其他责任人员处3万元以上5万元以下罚款：

1. 伪造、变造、买卖、擅自销毁财政收入票据；

2. 伪造、使用伪造的财政收入票据监（印）制章。

二十五、《财政违法行为处罚处分条例》第十七条：单位和个人违反财务管理的规定，私存私放财政资金或者其他公款的，责令改正，调整有关会计账目，追回私存私放的资金，没收违法所得。对单位处3000元以上5万元以下的罚款；对直接负责的主管人员和其他直接责任人员处2000元以上2万元以下的罚款。属于国家公务员的，还应当给予记大过处分；情节严重的，给予降级或者撤职处分。

细化标准：

1. 单位和个人违反财务管理规定，私存私放财政资金或者其他公款5万元以下的，没收违法所得，对单位处以3000元罚款，对直接负责的主管人员和其他直接责任人员处2000元罚款。

2. 单位和个人违反财务管理规定，私存私放财政资金或者其他公款5万元以上10万元以下的，没收违法所得，对单位处以3000元以上1万元以下罚款，对直接负责的主管人员和其他直接责任人员处2000元以上5000元以下罚款。

3. 单位和个人违反财务管理规定，私存私放财政资金或者其他公款10万元以上50万元以下的，没收违法所得，对单位处以1万元以上3万元以下罚款，对直接负责的主管人员和其他直接责任人员处5000元以上1万元以下罚款。

4. 单位和个人违反财务管理规定，私存私放财政资金或者其他公款50万元以上的，没收违法所得，对单位处于3万元以上5万元以下罚款，对直接负责的主管人员和其他直接责任人员处1万元以上2万元以下罚款。

第四部分　违反国有资产评估管理的行政处罚

二十六、《国有资产评估违法行为处罚办法》第五条：资产评估机构与委托人或被评估单位串通作弊，故意出具虚假报告的，没收违法所得，处以违法所得1倍以上5倍以下的罚款，并予以暂停执业；给利害关系人造成重大经济损失或者产生恶劣社会影响的，吊销资产评估资格证书。

细化标准：

1. 故意出具虚假报告的评估值与专家鉴定值偏离50%以上，小于100%的，没收违法所得，处以违法所得收入1倍的罚款；

2. 故意出具虚假报告的评估值与专家鉴定值偏离100%以上，小于150%的，没收违法所得，处以违法所得收入2倍的罚款，并予以暂停执业；

3. 故意出具虚假报告的评估值与专家鉴定值偏离150%以上，小于200%的，没收违法所得，处以违法所得收入3倍的罚款，并予以暂停执业；

4. 故意出具虚假报告的评估值与专家鉴定值偏离200%以上，小于300%的，没收违法所得，处以违法所得收入4倍的罚款，并予以暂停执业；

5. 故意出具虚假报告的评估值与专家鉴定值偏离300%以上，没收违法所得，处以违法所得收入5倍的罚款，并吊销资产评估资格证书。

二十七、《国有资产评估违法行为处罚办法》第六条：资产评估机构因过失出具有重大遗漏的报告的，责令改正，情节较重的，处以所得收入发1倍以上3倍以下的罚款，并予以暂停执业。

细化标准：

1. 因过失出具有重大遗漏报告的评估值与专家鉴定值偏离70%，小于120%的，处以所得收入1倍的罚款；

2. 因过失出具有重大遗漏报告的评估值与专家鉴定值偏离120%，小于200%的，处以所得收入2倍的罚款；

3. 因过失出具有重大遗漏报告的评估值与专家鉴定值偏离200%以上，处以所得收入3倍的罚款,并予以暂停执业。

二十八、《国有资产评估违法行为处罚办法》第七条:资产评估机构冒用其他机构名义或者允许其他机构以本机构名义执行评估业务的,责令改正,予以警告。

第十二条:本办法第七条至第十一条所列情形,有违法所得的,处以违法所得3倍以下的罚款,但最高不得超过3万元;没有违法所得的,处以1万元以下的罚款。

细化标准:

1. 冒用其他机构名义或者允许其他机构以本机构名义执行评估业务所出具报告的评估值在300万元以下的,处以违法所得1倍的罚款,但最高不得超过1万元;

2. 冒用其他机构名义或者允许其他机构以本机构名义执行评估业务所出具报告的评估值在超过300万元,低于800万元的,处以违法所得2倍的罚款,但最高不得超过2万元;

3. 冒用其他机构名义或者允许其他机构以本机构名义执行评估业务所出具报告的评估值在800万元以上的,处以违法所得3倍的罚款,但最高不得超过3万元;

二十九、《国有资产评估违法行为处罚办法》第八条:资产评估机构向委托人或者被评估单位索取、收受业务约定书约定以外的酬金或者其他财物,或者利用业务之便,谋取其他不正当利益的,责令改正,予以警告。

第十二条:本办法第七条至第十一条所列情形,有违法所得的,处以违法所得3倍以下的罚款,但最高不得超过3万元;没有违法所得的,处以1万元以下的罚款。

细化标准:

1. 索取、收受业务约定书约定以外的酬金或者其他财物2000元以下的,处以违法所得1倍的罚款;

2. 索取业务约定书约定以外的酬金或者其他财物2000元以上,5000元以下的,处以违法所得2倍的罚款;

3. 索取、收受业务约定书约定以外的酬金或者其他财物5000元以上的,处以违法所得3倍的罚款,但最高不得超过3万元。

三十、《国有资产评估违法行为处罚办法》第九条:资产评估机构有下列情形之一的,责令改正,并予以警告

(一)对其能力进行虚假广告宣传的;

(二)向有关单位和个人支付回扣或者介绍费的;

(三)对委托人、被评估单位或者其他单位和个人进行胁迫、欺诈、利诱的;

(四)恶意降低收费的。

第十二条:本办法第七条至第十一条所列情形,有违法所得的,处以违法所得3倍以下的罚款,但最高不得超过3万元;没有违法所得的,处以1万元以下的罚款。

细化标准:

1. 一个年度内,资产评估机构首次违反上述规定的,处以违法所得收入1倍的罚款,但最高不得超过1万元;

2. 一个年度内,资产评估机构第二次违反上述规定的,处以违法所得收入2倍的罚款,但最高不得超过2万元;

3. 一个年度内,资产评估机构第三次违反上述规定的,处以违法所得收入3倍的罚款,但最高不得超过3万元。

三十一、《国有资产评估违法行为处罚办法》第十条:资产评估机构与委托人或者被评估单位存在利害关系应当回避没有回避的,责令改正,并予以警告。

第十二条:本办法第七条至第十一条所列情形,有违法所得的,处以违法所得3倍以下的罚款,但最高不得超过3万元;没有违法所得的,处以1万元以下的罚款。

细化标准:

1. 近3年内,资产评估机构首次违反上述规定,处以违法所得1倍的罚款,但最高不得超过1万元;

2. 近3年内,资产评估机构第二次违反上述规定,处以违法所得2倍的罚款,但最高不得超过2万元;

3. 近3年内,资产评估机构第三次违反上述规定,处以违法所得3倍的罚款,但最高不得超过3万元。

三十二、《国有资产评估违法行为处罚办法》第十一条:资产评估机构泄露委托人或者被评估

单位商业秘密的,予以警告。

第十二条:本办法第七条至第十一条所列情形,有违法所得的,处以违法所得3倍以下的罚款,但最高不得超过3万元;没有违法所得的,处以1万元以下的罚款。

细化标准:

1. 因过失泄露委托人或被评估单位商业秘密,未给对方造成重大经济损失,且没有违法所得的,处以5000元以下罚款;

2. 泄露委托人或被评估单位商业秘密,未给对方造成重大经济损失,并有违法所得的,处以违法所得1倍以上2倍以下的罚款,但最高不得超过2万元;

3. 泄露委托人或被评估单位商业秘密,给对方造成重大经济损失,并有违法所得的,处以违法所得3倍的罚款,但最高不得超过3万元。

财政制度和财政队伍建设规章

关于市财政局党组承办市委常委会2008年工作要点情况的报告

2009年2月6日　　淮财办[2009]30号

市委督查室：

2008年以来，在市委、市政府的正确领导下，市财政局党组以进一步改进机关作风加强效能建设为抓手，认真贯彻落实省、市财政工作会议精神，切实加强收入征管，稳步推进财政改革，不断强化目标管理，财政改革与发展取得了很大成效。按照淮办秘[2009]3号文件要求，现将我局承办的市委常委会2008年工作要点有关任务完成情况报告如下：

事项	参与领导	具体负责人	完成情况
6. 认真落实支农惠农各项政策。加强以水利为重点的农业基础建设。实施“一整三带”：搞好土地规整，带动新村镇建设；规划建设与新村镇相配套的产业园区，发展现代立体农业，推进规模化养殖，搞好农产品精深加工，健全农业产业化服务体系，带动产业发展、农民致富；加强对农民的业务指导和技能培训，带动素质提高。	杨振超 魏耀民 王　诚 谌　伟	谌　伟	1. 持续增加“三农”投入，全年全市财政对“三农”的投入达到11.6亿元，比上年增长27.5%。 2. 全面推进为民服务代理工作，进一步规范全市农村为民服务全程代理制工作的机构名称、服务形式和相关制度。建立健全规范高效的财政补贴农民资金管理体系，巩固完善“一卡式”发放办法，全市累计发放粮食直补资金20416万元，比上年增长113%。 3. 加大财政支农资金整合力度，大力支持农业结构调整，支持农业产业化建设，支持农村小城镇规划和交通、水利等基础设施建设。 4. 加强财政支农资金管理，全面启动财政支农资金规范管理年活动。
14. 按照“形成主体功能区”的要求，合理划分开发区域，科学确定各县区功能性质。加强城市基础设施建设，推进棚户区改造，促进东西部城区均衡发展。加强城市管理，提升对外形象。	魏耀民 王　诚	王　诚	1. 积极发挥财政资金的杠杆和调节作用，坚持以发展为第一要务，充分运用国债、外贷、贴息、税收、奖励、补助等经济手段，支持基础建设和经济建设，对改变城市面貌、提升城市品位起到了积极作用。主要有：争取国债资金16832万元用于污水管网工程治理、灾后重建等工程，争取4643万元用于皖北贴息、土地整理、企业更新改造等项目，安排环保专项资金3125.7万元、比上年增长31.5%，争取国家开发银行贷款7亿元、支持了13个重点项目建设，获财政部批准外国政府贷款项目三个、约合人民币3.2亿元，融资4000万元用于城市路网建设等。 2. 充分借鉴先进地区的成功经验，针对我市实际情况，研究起草了《关于淮南市棚户区改造工作的实施意见》草案，为政府制定相关政策和领导决策提供了重要依据。

23. 实施十八项民生工程。统筹做好就业再就业工作,积极推进“五保合一”扩大被征地农民养老保险范围,实现新型农村合作医疗、城镇居民医疗保险全覆盖。加快廉租房和经济适用房建设,完善落实对低收入群体的价格补偿机制。	魏耀民 董众兵 王 诚 戴启远 谌 伟 孙全玉	魏耀民 王 诚 戴启远 孙全玉	1. 充分发挥财政部门牵头抓总作用,加强工作调度,完善制度措施,强化协调配合,确保了各项民生工程的顺利推进。 2. 加强资金筹措,严格资金管理。2008 年,我市实施十八项民生工程共到位资金 4.7 亿元,所有资金已于12 月31 日前拨付到位,为民生工程的顺利推进提供了有力的资金保障。

关于印发《2009 年全市财政工作要点》的通知

2009 年 2 月 9 日　　淮财办[2009]57 号

凤台县、各区财政局,局机关各科室(局)、局属各单位:

现将《2009 年全市财政工作要点》印发给你们,望认真贯彻落实。

附件:

2009 年全市财政工作要点

附件:

2009 年全市财政工作要点

2009 年是深入贯彻十七大和十七届三中全会精神,加快建设和谐淮南的重要一年,也是全面应对金融危机、确保“十一五”规划顺利实施的关键一年。宏观经济形势复杂,财政工作任务艰巨,要坚持主动理财、依法理财、科学理财、民主理财,以优异成绩向建国 60 周年献礼。

2009 年全市财政工作的总体要求是:深入学习实践科学发展观,推进科学理财、服务跨越发展;贯彻落实“七大战略”和“9771”提升行动计划,支持经济建设;认真贯彻执行积极的财政政策,全力促进经济平稳较快发展;坚持依法理财治税,努力做大财政收入“蛋糕”;调整和优化财政支出结构,着力保障和改善民生,推进和谐社会建设;深化预算制度改革,提高财政科学化、精细化管理水平。按照上述总体要求,综合考虑我市经济社会发展实际,2009 年全市财政工作要点是:

一、保持经济平稳较快增长

1. 认真贯彻积极的财政政策。用足用活扩大内需的财税措施,充分发挥政府引导资金作用,综合运用担保、贴息、风险补偿、考核激励等办法,支持金融机构信贷投放,多渠道筹集资金,吸收社会资本,加大有效投入,努力保持经济又好又快发展势头。

2. 落实扩大内需系列政策。争取上级资金支持,落实安排配套资金,做好项目对接,围绕“七大战略”和“9771”提升行动计划,加快关系国计民生的重点项目落实,确保全市重大项目建设顺利实施。

3. 确保完成财政收入目标。密切跟踪财税政策调整动向,认真实施结构性减免税费,贯彻落实燃油税改革政策,加强与税务部门的协调配合,强化收入征管,依法组织收入,提高财政收入质量,确保完成全市财政总收入 67.2 亿元、增长

12%的目标。

4. 促进发展方式转变。强化财政杠杆功能,加大招商引资力度,支持中小企业发展,支持全民创业。鼓励企业加强研发、创立自主品牌、引进先进设备、优化产品结构。贯彻落实资源税改革政策,加大节能减排和环境治理投入力度。

5. 着力扩大消费需求。增加对低收入群体补贴,提高企业退休人员养老保险金;全面实施家电下乡工程,启动农村消费市场;积极发挥政府采购作用,促进本地企业健康发展。

二、着力保障和改善民生

6. 精心实施35项民生工程。切实发挥牵头部门职责,加强与相关部门的沟通协调,创新工作机制,加强宣传、督导,确保完成年度目标任务,全面兑现市委市政府的庄严承诺。

7. 确保资金筹集拨付到位。统筹财力保障35项民生工程实施,保证资金足额安排、及时拨付。严格落实配套资金,制定民生工程资金的"刚性"约束机制。加强资金管理,及时掌握资金拨付进度,严格实行"阳光操作",确保资金规范有序发放。

8. 加大跟踪督查考评力度。完善民生工程实施情况考核办法,深入开展综合督查,创新督查方式,畅通监督渠道,坚决查处违规行为,确保民生工程政策到位、资金到位、工作到位。

三、推进农村改革发展

9. 进一步增加资金投入。按照基本公共服务均等化的要求,进一步调整和优化支出结构,不断增加对"三农"的投入,确保"三农"投入达到法定要求,让公共财政的阳光更多地照耀农村。

10. 积极发展现代农业。加大农业综合开发力度,加大支农资金整合力度,采取以奖代补等形式,引导和支持农民开展小型农田水利设施等项目建设,改善生产生活条件。

11. 加大对种粮农民直补力度。增加种粮农民直补资金规模,加快资金发放进度,确保补贴资金及时、足额发放到农民手中,充分调动种粮农民积极性,促进农民增产增收。

12. 深化农村综合改革。支持在依法自愿有偿原则下的土地流转,支持农村金融体系创新,扩大农业保险试点范围,全面推进为民服务全程代理制,进一步完善农村基层工作新机制,促进城乡统筹发展。

四、深化公共财政改革

13. 深化预算改革。逐步构建由政府公共预算、国有资本经营预算、政府性基金预算和社会保障预算有机衔接的财政预算体系。加强项目资金预算管理,加大资金统筹力度,提高政权运转的保障水平和均等水平。进一步完善预算编制基础信息,确定合理的支出标准,公平、公正分配资金,提高预算安排的准确性和前瞻性。

14. 深化国库管理制度改革。规范财政支出行为,提高财政资金的使用效益和支出的透明度,深化推进国库集中支付改革,缓解国库资金调度压力,增强财政保障能力和支持重点工程建设的能力。

15. 深化收支两条线改革。加强非税收入征管,逐步完善非税收入征收制度、预算制度、执行制度和监督制度等在内的较为完备的政府非税收入管理政策体系。按照国家和省要求,对行政事业性收费和政府性基金全部纳入财政管理。

16. 深化政府采购改革。认真贯彻执行政府采购政策,进一步完善管理制度,改善采购程序。鼓励引导社会购买本省、本市产品和服务,政府采购优先采购节能环保,自主创新产品。

五、不断提高科学理财水平

17. 进一步加大重点支出力度。加大对教育、科技、文化、卫生等领域的财政投入,抓好项目的资金管理,跟踪问效,力求资金使用效益最大化。

18. 狠抓财政增收节支。牢固树立过紧日子的思想,更加强调厉行节约,坚持勤俭办一切事业。严格实行公务购车、会议、接待、党政机关出国(境)经费零增长或负增长政策,切实把节约资金用在经济社会发展最急需的地方,用在解决群众生产生活困难上。

19. 进一步加快支出进度。实行经常性经费均衡支出,专项经费限时支出,采购经费限期执行,提高专项资金下达的时效性。建立部门预算责任制度,强化部门责任,特别要强化部门的预算执行责任。

20. 强化财政监督管理。进一步强化监督职能,促进监督与管理融合,努力构建制度健全、执行严格、监督有力的财政监督新机制。

21. 加强财政绩效评价。稳步推进预算绩效评价工作,建立项目预评审制度,完善绩效考评指标体系,努力构建制度完善、考评科学、约束有力的预算绩效考评新机制。

六、全面加强干部队伍建设

22. 加强机关效能建设。进一步推进"五型机关"创建活动,将五型机关创建与财政工作紧密结合,与机关效能建设密切结合,与作风建设密切结合,与财政文化建设密切结合,改进机关作风,大兴调查研究之风,加大政务公开和办事公开力度。

23. 开展能力建设年活动。着力解决本领不强、能力不足问题,切实提高学习、创新、谋划、执行、自律五种能力。

24. 加强党风廉政建设。建立健全教育、监督和惩治并重的预防腐败体系,认真落实反腐倡廉建设责任制,严格执行领导干部廉洁从政各项规定,从源头预防和治理腐败。

25. 加强财政文化建设。建设具有鲜明时代精神和行业特色的财政文化,提高凝聚力和战斗力。牢固树立为民理财的宗旨,努力做到生财有道、聚财有方、管财有规、用财有效。牢固树立以人为本、服务至上的理念,强化恪尽职守、廉洁奉公的职业道德。

26. 加大财政宣传力度。针对财政重点、热点、难点问题,加大财政宣传力度,让社会各界更多地了解财政、支持财政,树立良好的财政形象。

关于印发《淮南市财政局关于加强反腐倡廉制度建设执行工作的实施办法》的通知

2009年4月30日　　淮财办[2009]203号

局属各单位、机关各科室(局):

现将《淮南市财政局关于加强反腐倡廉制度建设执行工作的实施办法》印发给你们,请认真组织学习,并贯彻执行。

附件:

淮南市财政局关于加强反腐倡廉制度建设执行工作的实施办法

附件:

淮南市财政局关于加强反腐倡廉制度建设执行工作的实施办法

去年以来,我局反腐倡廉制度建设推进年活动取得了初步成效。为进一步巩固和发展反腐倡廉建设推进年活动的成果,不断深入推进反腐倡廉建设制度化和规范化,根据淮南市《2009年反腐倡廉建设工作意见》和淮南市《关于加强反腐倡廉建设制度执行工作的实施方案》,结合我局实际,制定本实施办法。

一、指导思想和目标要求

指导思想:以邓小平理论和"三个代表"重要思想为指导,深入贯彻落实科学发展观,全面贯彻党的十七大、十七届三中全会和中央纪委三次全会、省、市纪委八次全会精神。结合能力建设年活动和当前"三保"工作,坚持围绕中心、服务大局,坚持突出重点、整体推进,坚持贴近实际、注重实效，坚持改革创新、与时俱进，深入推进反腐倡廉制度建设，着力完善反腐倡廉制度体系，为全面加强反腐倡廉建设提供有力的制度保障。

目标要求：通过在全局抓反腐倡廉制度的贯彻执行，达到“制度意识进一步增强，制度体系进一步完善，制度执行进一步强化，制度效能进一步发挥，各项工作得到进一步推动”的目标。

二、主要对象和组织机构

主要对象：全局所有干部职工。

组织机构：成立市财政局反腐倡廉制度执行工作领导小组，局党组书记、局长左家凤同志任组长，局党组各位成员任副组长，局属各单位、各科室主要负责人为成员。领导小组办公室设在局监察室，由监察室负责人任办公室主任，各单位、科室要指定专人负责此事，具体抓好落实工作。

三、主要内容

（一）抓好制度规范完善。在去年制度清理、审查的基础上，对那些与反腐倡廉实践相脱节、与党和国家新近出台的法规制度相违背的规定，及时予以废除；对那些不适应反腐倡廉现实需要特别是缺乏针对性、有效性的制度，抓紧修订、完善；对过于原则、不便操作的制度进一步细化，抓紧制定配套措施。

（二）抓好制度改革创新。坚持改革创新，适应从源头上加大预防腐败力度的需要，针对反腐倡廉建设面临的新情况、新问题，特别是针对一些腐败行为出现的新特点，紧密结合反腐倡廉工作实际，按照市委、市政府“五个继续围绕”的要求，即继续围绕腐败现象和损害群众利益问题易发多发的重点领域及关键环节，继续围绕更好的发挥市场在资源配置中的基础性作用，继续围绕党务、政务、厂务、村务、事务公开，继续围绕深化管理体制和权力运行机制改革，继续围绕解决党性党风党纪方面突出问题，坚持不懈的推进反腐倡廉制度创新，努力形成各具特色、切实可行、严密有效的反腐倡廉制度体制。重视和抓好反腐倡廉体制建设。以规范权力正确行使、消除滋生腐败的条件和空间为目标，制定出台一批新的制度和规定，健全完善反腐倡廉制度。

（三）抓好制度宣传落实。采取多种形式抓好制度的学习宣传工作，充分发挥各种手段，加大学习力度，增强广大党员干部的制度意识，为制度执行奠定思想基础。对制度执行完成情况，领导小组要及时检查评估，着力提高反腐倡廉制度的执行力。

（四）抓好工作重点。在加强反腐倡廉制度建设执行工作中，要突出抓好财政工作重点岗位和关键环节的反腐倡廉制度建设。加强对审批、分配、监管等权力事项的监督，有针对性地完善科学的权力运行流程和监控机制，严格限制财政自由裁量权。加强对财政资金运行全过程进行监督，促进源头治理的重要职能作用。加强对财政干部履行职责、依法行政情况的监督，要有重点的开展执法监察、廉政监察和效能监察。促进行政效能的全面提升。大力推进财政政务公开，着力打造阳光财政、透明财政。加强领导班子自身建设、领导干部廉洁从政、转变作风等方面的反腐倡廉制度建设。各科室各单位要结合自身业务工作实际，确定反腐倡廉制度建设的重点，确保反腐倡廉制度建设工作的开展。

四、工作要求

加强反腐倡廉制度建设执行工作的开展，是今年反腐倡廉建设的一项重要工作。各科室各单位要高度重视，统筹安排，精心组织，真抓实干，确保这项工作扎实有效地进行。

（一）深化认识。把反腐倡廉制度建设作为一项日常性的工作，坚持不懈的开展。全局干部职工要充分认识这项工作的重要意义，加强组织领导，认真履行职责。

（二）明确职责。按照加强反腐倡廉制度建设执行工作的要求，将加强反腐倡廉制度建设执行工作任务，特别是重点岗位和关键环节的制度建设任务，要逐项细化分解，明确工作要求和进度，并定期进行检查。对认识不高、敷衍应付、工作不力、进展滞后的单位和责任人，要严肃批评教育，促其整改；发现好的经验和做法，及时进行通报表扬。局纪检监察部门要在党组的统一领导下，充分发挥组织协调、监督检查和业务指导作用。

（三）抓重点重实效。着重抓好事关全局、工作急需、条件成熟的反腐倡廉制度的制定。以制约权力为核心、以领导干部为重点，着重围绕权力运行的重点部位和关键环节推进制度创新，防止决策失误、权力失控、行为失范;围绕深化干部人事和行政管理等体制机制改革抓好配套制度建设。真正形成用制度管权、管人、管财、管物、管事的体制机制。切实增强制度的科学性、系统性、针对性和实效性。

关于印发《市财政局政府信息公开暂行办法》的通知

2009 年 9 月 19 日 淮财办[2009]363 号

局属各单位,机关各科室(局):

为认真贯彻落实《中华人民共和国政府信息公开条例》,切实做好我局政府信息公开工作,进一步提高财政工作的透明度,促进依法行政、依法理财,现将《市财政局政府信息公开暂行办法》印发给你们,请遵照执行。

附件:

市财政局政府信息公开暂行办法

附件:

市财政局政府信息公开暂行办法

第一章 总 则

第一条 为了保障公民、法人和其他组织依法获取政府财政信息,提高财政工作的透明度,促进依法行政、依法理财,充分发挥政府财政信息对人民群众生产、生活和经济社会活动的服务作用,根据《中华人民共和国政府信息公开条例》,结合工作实际,制定本办法。

第二条 本办法所称的政府财政信息,是指局机关各科室(局)、单位在履行职责过程中制作或者获取的,以一定形式记录、保存的信息。

第三条 成立市财政局政务公开领导小组,负责组织、指导局政府财政信息公开工作。局政务公开领导小组组长、副组长由局领导担任,成员为局机关各科室(局)、局属各单位主要负责人。局政务公开领导小组办公室(以下简称"局政务公开办公室")设在局办公室,具体负责政务公开工作。

第四条 各科室(局)、单位确定一名工作人员为政府信息公开工作联络员(人员名单报局政务公开办公室备案),具体负责本单位政府信息公开工作的协调和落实。联络人发生变动的,应在5个工作日内将新的联络人名单报备局政务公开办公室。

第五条 公开政府财政信息应当遵循公平、公正、依法、及时、准确、便民的原则。

政府财政信息发布保密审查遵循谁公开谁审查、谁审查谁负责和先审查后公开的原则。

第六条 政府财政信息公开不得危及国家安全、公共安全、经济安全和社会稳定。

第二章 公开内容与属性界定

第七条 政府财政信息分为主动公开、依申请公开和不予公开三种属性。

第八条 下列政府财政信息应主动向社会公开:

(一)机构设置及职责范围、领导简历、联系方式等组织机构情况;

(二)财政规范性文件及有关财政政策、发展规划;

(三)财政行政许可和行政审批事项;

(四)财政收支统计数据及经市人民代表大会审议通过的财政预算报告、决算报告;

(五)主要业务流程和办事程序。包括行政审批、行政许可、行政执法、招投标活动等各项业务工作的办事依据、程序、时限,办事时间、地点、部门、联系方式及相关办理结果;

(六)公务员招录和公开选任干部等人事管理情况;

(七)政府集中采购目录、政府采购限额标准和公开招标数额标准等政府采购监督管理信息;

(八)工作动态、重要会议、工作简报快报等;

(九)法律、法规、规章规定应当公开的其他政府财政信息。

第九条　下列政府财政信息不予公开:

(一)涉及国家秘密的;

(二)涉及商业秘密的;

(三)涉及个人隐私的;

(四)正在调查、讨论、处理过程中的信息(法律、法规另有规定的除外);

(五)与执法有关、公开后可能直接影响检查、调查、取证等执法活动或者危及他人人身合法权益的;

(六)法律、法规、规章规定不予公开的其他政府财政信息。

经权利人同意公开或者行政机关认为不公开可能对公共利益造成重大影响的涉及商业秘密、个人隐私的政府财政信息,可以予以公开。政府财政信息中含有不予公开的内容,但能够区分处理的,应当公开可以公开的内容。

第十条　第八条及第九条之外的其他政府财政信息,原则上纳入依申请公开政府财政信息。

第十一条　各科室(局)、单位在公开信息前,应当对照《中华人民共和国保守国家秘密法》和《安徽省政府信息发布保密审查暂行办法》(皖政办[2008]11号)进行保密审查。不能明确政府财政信息是否可以公开时,依照法律、法规和有关规定报有关主管部门或者保密工作部门确定。

已经解密的政府财政信息,属于主动公开范围的,应当及时公开。

第十二条　在机关办公平台办文流程卡和纸质发文稿头纸中设置"主动公开、依申请公开、不予公开"选项,由发文单位(各科室(局)、单位)在公文拟稿时,根据公文内容,进行选定(填写)。

局办公室在审核文稿时,依据有关规定审核拟稿单位确定的公开属性是否正确;认为拟稿单位确定的属性不符合有关规定的,应与拟稿单位协商确定属性。

联合发文,由主办机关确定发文的属性。为主办机关的发文,在公文完成会签后,局主办科室(局)、单位应将其属性反馈给其他联合发文机关;为协办机关的发文,局相关科室(局)、单位应要求主办机关及时提供公文公开属性。

第三章　公开方式与公开程序

第一节　主动公开

第十三条　根据本办法第八条应当主动公开的政府财政信息,可采取以下一种或者几种形式予以公开:

(一)局门户网站(cz. huainan. gov. cn);

(二)淮南市政府采购网(www. hngfcg. gov. cn);

(三)淮南会计网(www. hnacc. gov. cn);

(四)淮南民生工程网(msgc. huainan. gov. cn);

(五)中国淮南政府公开系统(www. hnzwgk. gov. cn);

(六)财政部门户网站"全国财政新闻联播"栏目;

(七)财政信息和财政局主办的相关简报;

(八)宣传橱窗、公告栏、电子屏幕、触摸屏等设施;

(九)广播、电视、报纸等新闻媒体;

(十)新闻发布会;

(十一)其他便于公众及时准确知晓的形式。

其中,局门户网站和局政府信息公开网是政

府财政信息公开的主渠道。

第十四条 政府财政信息原则上由制作该信息的单位负责公开;各科室(局)、单位从公民、法人和其他组织获取的政府财政信息,由记录、保存该政府财政信息的科室(局)、单位负责公开。法律、法规对政府财政信息公开的权限另有规定的,从其规定。

第十五条 政府财政信息本身包含明确产生时间的,以该时间为政府财政信息的产生时间;政府财政信息本身不包含明确产生时间的,以政府财政信息最后定稿时间为政府财政信息的产生时间,一般为局领导签发的时间。

第十六条 属于主动公开范围的政府财政信息,应当自该信息形成或者变更之日起的20个工作日内予以公开。法律、法规对政府财政信息公开的期限另有规定的,从其规定。

第十七条 局政务公开办公室负责编制、公布局政府信息公开指南和政府信息公开目录,并及时更新。

第十八条 主动公开政府财政信息按照下列程序进行:

(一)各科室(局)、单位通过机关协同办公平台(或纸质流转)发文,经公文签发人签发确定公开属性为"主动公开"的,本单位政府信息公开联络员应及时登陆"信息公开发布平台"录入定稿文件,由办公室审核后统一进行发布。

(二)各科室(局)、单位除正常发文以外,拟在局门户网站或局政府信息公开网公开相关信息时,应按照本办法和有关规定,履行以下程序:

1.填写《市财政局政府信息公开审批表》(附后);

2.信息拥有单位对需要公开的内容进行核实;

3.依照有关规定进行保密审查;

4.分别提请本单位主要领导、分管局领导批准;

5.经批准后,将《市财政局政府信息公开审批表》报送局办公室,同时,由本单位政府信息公开联络员登陆"信息公开发布平台"录入拟公开的信息;

6.局办公室对拟公开的信息进行审核后统一发布。

(三)《淮南财政信息》内容由局办公室及时在局门户网站和局政府信息公开网予以公开。

第十九条 属于主动公开的政府财政信息发生变更的,信息原产生单位应当于变更之日起20个工作日内将该政府财政信息主动公开。

政府财政信息的属性、公开形式等发生变更的,信息的原产生单位应当于变更后的5个工作日内将变更情况报送局政务公开办公室,经局政务公开办公室审核后2个工作日内作相应变更。

第二十条 已经主动公开的政府财政信息失效的,信息原产生单位应当于失效之日起20个工作日内将失效情况形成书面材料并经本单位主要领导签字后,报送局政务公开办公室。

如失效信息需要下网,报送时应当特别注明下网要求并说明理由,经局政务公开办公室审核,于收到失效告知后3个工作日内将该信息下网。

无下网要求的,局政务公开办公室在收到失效告知后3个工作日内将原信息注明失效。

第二十一条 公民、法人或者其他组织发现与自身相关的政府财政信息记录不准确、不完整、不合理的,可以提供相关的证据材料,要求及时予以更正。局政务公开办公室在接到更正申请后15个工作日内,作出是否予以更正的决定。局政务公开办公室无权更正的,转送有权的机关处理,并告知申请人。

第二节 依申请公开

第二十二条 公民、法人和其他组织需要获取市财政局主动公开以外的政府财政信息,可以向市财政局申请。市财政局依申请提供信息时,根据掌握该信息的实际状态进行提供,不对信息进行加工、统计、研究、分析或者其他处理。

第二十三条 市财政局政府信息公开申请受理机构为局办公室(市政务服务中心财政窗口受委托也可办理受理事项)。

第二十四条 依申请公开受理程序:

(一)提出申请

申请人向市财政局申请公开政府财政信息,应填写《市财政局政府信息公开申请表》(见附件)。《申请表》可以在受理机构处领取,也可以在市财政局政府信息公开网站上下载。申请人可通过电话咨询相关申请手续。

政府财政信息公开申请须包括下列内容：

1. 申请人的姓名或者名称、联系方式；

2. 申请公开的政府财政信息的内容描述；

3. 申请公开的政府财政信息的形式要求；

4. 申请人的签名或公章、申请时间；

5. 申请减免复制、邮寄等相关成本费用的，须注明申请理由，并提供相关证明。

为提高效率，申请人对所需信息的描述应尽量详细、明确，若有可能，请提供所需信息的标题、发布时间、发文字号或者其他有助于查找该信息的相关内容。

（二）申请方式

1. 现场申请。申请人可以到市财政局受理机构填写《申请表》，申请获取信息。书写有困难的可以口头申请；

2. 书面申请。申请人填写《申请表》后，可以通过传真、信函等方式提出申请。通过信函方式申请的，应在信封左下角注明“政府财政信息公开申请”字样。申请人如申请获取与自身相关的政府财政信息的，应当持有效身份证件，当面提交书面申请；

3. 网上申请。申请人可在市财政局政府信息公开网站上填写电子版《申请表》，或通过电子邮件方式发送至市财政局办公室的电子邮箱。

市财政局不受理电话方式提出的口头申请，但申请人可以通过电话咨询相应的服务业务。

（三）申请处理

1. 收到申请后，要对申请的要件是否完备进行审查，对要件不完备的申请不予办理，并向申请人说明，要求其补正；

2. 对不属于市财政局掌握的政府财政信息，局政务公开办公室将及时告知申请人。如果知晓掌握该信息的其他机关，告知申请人联系办法；

3. 对属于市财政局掌握的政府财政信息，并明确可以依申请公开的，局政务公开办公室在收到申请后15个工作日内答复申请人；

4. 申请获取的信息如果属于市财政局已经主动公开的，市财政局中止受理申请程序，告知申请人获得信息的方式和途径；

5. 属于不予公开的政府财政信息，告知申请人不予公开的理由；

6. 申请公开的政府财政信息中含有不应当公开的内容，但是能够作区分处理的，向申请人提供可以公开的信息内容；

7. 申请公开的政府财政信息不存在的，应当告知申请人；

8. 对收到的申请按先后次序办理，一份申请同时提出几项请求的，局政务公开办公室将在全部处理完毕后统一答复。

第二十五条　市政务服务中心财政窗口收到书面申请后，须及时将《申请表》传真到局政务公开办公室，由局政务公开办公室迅速审查明确信息是否公开，并及时反馈窗口；对于明确可以公开的信息，局政务公开办公室按照规定的依申请公开流程办理。

依申请公开的政府财政信息，局政务公开办公室不能直接回复的，将填写《市财政局依申请公开办理答复表》(附后)送相关科室(局)、单位办理，限办日期一般为7个工作日；待相关科室(局)、单位反馈有关内容后，答复申请人。

第二十六条　局机关科室(局)、单位收到转来的申请，属于本单位受理范围的，应根据相关法律、法规和规定，对信息的公开类型提出意见，经本单位主要领导、分管局领导签字确认后，于限办日期内，将相关回复内容反馈局政务公开办公室。

其中，属于部分公开或不予公开范围的，应说明原因。

第二十七条　依申请公开的政府财政信息，因正当原因不能在规定的期限内作出答复或者提供信息的，经局政务公开办公室同意，可以将答复或者提供信息的期限适当延长，并告知申请人，延长期限最长不超过15个工作日。

依申请公开的政府财政信息涉及第三方权益的，征求第三方意见所需的时间不计算在规定期限内。

因不可抗力或者其他法定事由不能在规定的期限内作出答复的，期限中止，障碍消除后恢复计算。

第二十八条　局受理机构依法向申请获取政府财政信息的自然人、法人和其他组织公开有关政府财政信息,只能收取提供信息检索、复制、邮寄等项的成本费用,具体收费项目和标准依照财政、价格主管部门制定的有关规定执行。

第二十九条 申请公开政府财政信息的公民确有经济困难的,经本人申请、报局政务公开办公室审核同意,可以减免相关费用。

申请人存在阅读困难或者视听障碍的,应当为其提供必要的帮助。

第四章 监督与保障

第三十条 各科室(局)、单位政府财政信息公开工作的完成情况,纳入效能建设绩效考评范围进行考核。

第三十一条 局政务公开办公室负责对政府财政信息公开的实施情况进行记录、统计、汇总;定期对政府财政信息公开工作情况进行督查、通报;对各科室(局)、单位及人员在履行职责时违反相关规定,造成不良影响或严重后果的,依法追究其责任。

第三十二条 局政务公开办公室负责在每年1月31日前公布并上报市财政局政府财政信息公开工作年度报告。

第三十三条 公民、法人和其他组织认为市财政局机关不依法履行政府财政信息公开义务的,可以向上级行政机关、监察机关或者政府信息公开工作主管部门举报。

公民、法人或其他组织认为市财政局机关在政府信息公开工作中的具体行政行为触犯其合法权益的,可以依法申请行政复议或者提起行政诉讼。

第五章 附 则

第三十四条 本办法由局政务公开办公室负责解释。

第三十五条 本办法自下发之日起施行。

财经统计资料篇

2009年淮南市国民经济和社会发展统计公报(图表)

淮南市统计局　　国家统计局淮南调查队

2009年,是新世纪以来我市经济社会发展面临挑战最为严峻的一年,也是全市经济和社会发展成就振奋人心的一年。全市人民在市委、市政府的坚强领导下,认真贯彻党的十七大和十七届三中、四中全会精神,深入贯彻落实科学发展观,万众一心,克难奋进,积极应对国际金融危机,全力以赴保增长、保民生、保稳定,实现了经济持续较快发展,综合成效明显提升,结构调整有新进展,改革开放有新突破,人民生活有新改善,社会发展和谐稳定。

一、综合

初步核算,全年完成地区生产总值508.8亿元,按可比价格计算,比上年增长13.7%。其中,第一产业增加值41.8亿元,增长6.1%;第二产业增加值319.4亿元,增长15.8%;第三产业增加值147.6亿元,增长11.6%。三次产业比例为8.2:62.8:29.0。按常住人口计算,我市人均地区生产总值22169元(按2009年底汇率基准价计算约合3247美元)。

2009年生产总值

表1　　单位:亿元

指　　标	绝对数	比上年增长(%)
生产总值	508.8	13.7
第一产业	41.8	6.1
第二产业	319.4	15.8
工业	284.0	16.7
建筑业	35.4	8.5
第三产业	147.6	11.6
交通运输、仓储和邮政业	17.7	6.1
批发和零售业	30.1	15.2
食宿和餐饮业	9.2	13.1
金融业	8.9	13.6
房地产业	13.0	4.9
其他服务业	68.6	12.3

全年居民消费价格总指数为98.3,涨幅低于上年6.7个百分点。全年工业品出厂价格指数95.0,比上年涨幅回落24.2个百分点;全部原材料购进价格指数90.3,比上年涨幅回落28.9个百分点。

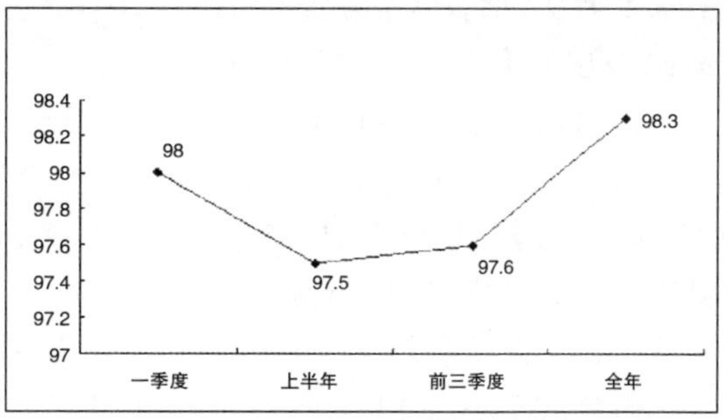

图1　2009年分季度居民消费价格同比指数(%)

表2　2009年居民消费价格比上年涨跌幅度

类　　别	涨跌幅度%
城市居民消费价格指数	-1.7
其中:1. 食品	-0.5
粮食	10.2
肉禽及其制品	-10.8
油脂	-24.4
水产品	-2.5
鲜菜类	15.7
2. 烟酒及用品	2.2
3. 衣着	-11.2
4. 家庭设备用品及服务	-0.2
5. 医疗保健及个人用品	1.6
6. 交通和通讯	-0.9
7. 娱乐教育文化用品及服务	1.5
8. 居住	-5.3

全市城镇单位从业人员(不含私营个体)30.6万人,增长7.4%。其中,第二产业19.1万人,第三产业11.1万人。在岗职工27.5万人,增长6.2%。据工商部门统计,城镇已办理营业执

照的私营企业从业人员5.1万人,个体从业人员10.7万人。

全市城镇新增就业4.0万人,年末城镇人口登记失业人数2.1万人,登记失业率为4.43%。

二、农业

全年粮食种植面积210124公顷,与上年持平;棉花种植面积1107公顷,油料种植面积5949公顷,分别减少17.8%、2.7%;蔬菜种植面积23088公顷,增长3.5%。

全年粮食总产量137万吨,比上年增长2.2%。油料产量1.64万吨,增长6.5%。

全年主要肉类总产量7.9万吨,比上年增长5.9%。全年生猪出栏43.7万头,增长6.7%;出栏牛4.1万头,增长7.4%;出栏羊24.0万只,增长3.8%;出栏家禽1952万只,增长5.2%。

年末全市农业机械总动力165.3万千瓦,比上年增长4.6%。各式拖拉机120547台,下降1.9%;联合收割机2977台,增长16.3%。全年化肥施用量(折纯)131874吨,增长1.9%;农村用电量61307万千瓦时,增长10.2%。农田水利基本建设完成土石方1387万立方米,完成重点水利工程38项,整修圩堤39.4公里,综合治理水土流失面积60公顷。

表3 2009年主要农产品产量

产品产量	计量单位	绝对值	比上年增减(%)
粮　食	万吨	137.0	2.2
油　料	万吨	1.64	6.5
棉　花	万吨	0.2	-
蔬　菜	万吨	65.9	5.8
水　果	万吨	2.8	持平
肉　类	万吨	7.9	5.9
禽　蛋	万吨	5.4	9.1
牛　奶	万吨	4.4	11.9
水产品	万吨	6.6	10.1

三、工业和建筑业

全年规模以上工业增加值280.2亿元,增长20.7%。其中轻、重工业分别增长17.4%和20.8%。

全市28个工业行业增加值中21个行业增长,其中煤炭行业增加值195.2亿元,增长26.5%;电力行业49.9亿元,增长6.1%;化学原料制造业7.3亿元,增长7.2%;装备制造业10.8亿元,增长9.9%。

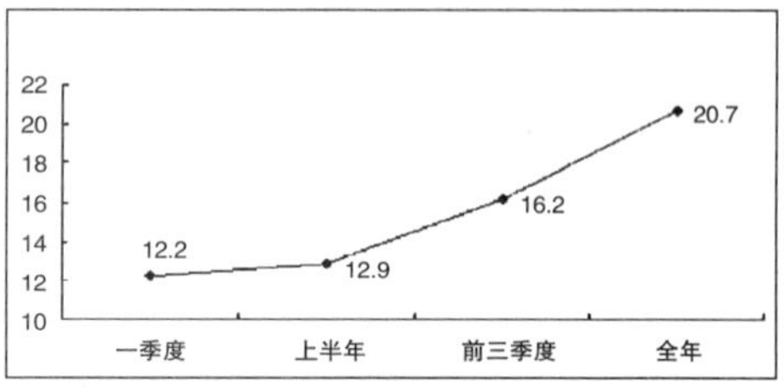

图2 2009年分季度规模以上工业增加值增幅

表4 2009年规模以上工业增加值

指　　标	绝对数	比上年增长(%)
规模以上工业增加值	2801482	20.7
其中:轻工业	93415	17.4
重工业	2708067	20.8
其中:国有企业	174549	-0.1
集体企业	26417	4.8
股份合作企业	3847	14.4
股份制企业	2427828	24.1
外商及港澳台商投资企业	150145	-4.6
其中:国有控投企业	2333138	23.0
其中:大中型工业企业	2494142	20.7

主要工业产品产量中,原煤增长16.8%,发电量下降0.6%,化肥增长17.0%,水泥增长16.5%,乳制品增长13.9%,采矿专用设备增长10.7%。

表5 2009年主要工业产品产量

产品产量	计量单位	绝对值	比上年增减(%)
原　煤	万吨	7964.6	16.8
洗　煤	万吨	462.5	20.1
发电量	亿千瓦时	463.5	-0.6
浓硝酸	万吨	36.5	5.1
合成氨	万吨	34.7	3.4
化肥(折纯)	万吨	20.2	17.0
纯　碱	万吨	25.7	-6.7
水　泥	万吨	212.3	16.5
采矿专用设备	吨	1599	10.7
输送机械	吨	15310.5	-13.3
轴　承	万套	1748	1.7
交流电动机	千瓦	27301.9	36.1
日用玻璃	万吨	16.6	-2.2
化学药品	吨	5378	19.4
机制纸及纸板	吨	1276	-83.5
布	万米	2456	20.8
乳制品	吨	15910	13.9

规模以上工业企业经济效益综合指数为194.3,与上年持平。总资产贡献率9.1%,下降1个百分点;资本保值增值率121.2%,下降28.1个百分点;产品销售率100.1%,增长1.7个百分点;全员劳动生产率168395元/人,增加15695元/人。全年实现主营业务收入652.7亿元,增长15.0%;实现利税79.5亿元,增长4.3%;实现利润25.9亿元,下降8.2%;其中煤电两行业利润21.7亿元,占利润总额84.0%。

全社会建筑业增加值35.5亿元,比上年增长8.5%。全市78家资质等级以上建筑企业实现总产值106.1亿元,下降1.1%;实现利税总额5.6亿元,增长75.0%。

四、固定资产投资

全年固定资产投资286.0亿元,比上年增长28.3%。

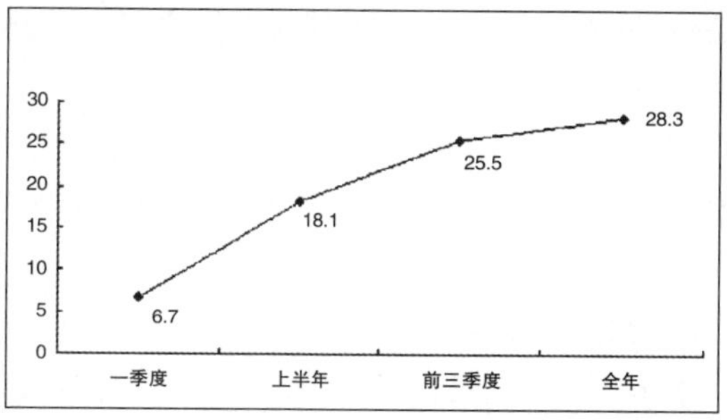

图3　2009年分季度固定资产投资总额增幅(%)

50万元以上项目固定资产投资231.3亿元,增长24.4%。其中:第一产业投资5.5亿元,增长135.2%;第二产业投资126.7亿元,下降12.6%;第三产业投资99.1亿元,增长156.6%。从行业看工业完成投资124.3亿元,下降14.2%。在工业投资中:煤炭采选业完成投资86.4亿元,增长4.1%;电力行业完成投资4.5亿元,下降88.2%;制造业完成投资32.2亿元,增长45.1%。

全年房地产开发投资54.7亿元,比上年增长47.9%。房屋施工面积515.7万平方米,增长14.8%;其中住宅432万平方米,增长13.5%。房屋竣工面积126.3万平方米,减少20.9%;其中住宅105.3万平方米,减少22.3%。全年商品房销售面积174.9万平方米,增长39.5%;其中住宅销售160.3万平方米,增长35.3%。商品房销售额57.1亿元,增长61.2%,其中住宅销售额46.7亿元,增长47.5%。

五、国内贸易

全年社会消费品零售总额159.1亿元,比上年增长18.8%。分城乡看,城市零售额131.1亿元,增长18.9%;县零售额15.3亿元,增长18.9%;县以下零售额12.7亿元,增长17.8%。分行业看,批发业8.5亿元,增长35.5%;零售业123.5亿元,增长17.3%;住宿餐饮业25.5亿元,增长21.7%;其他行业1.6亿元,增长17.6%。

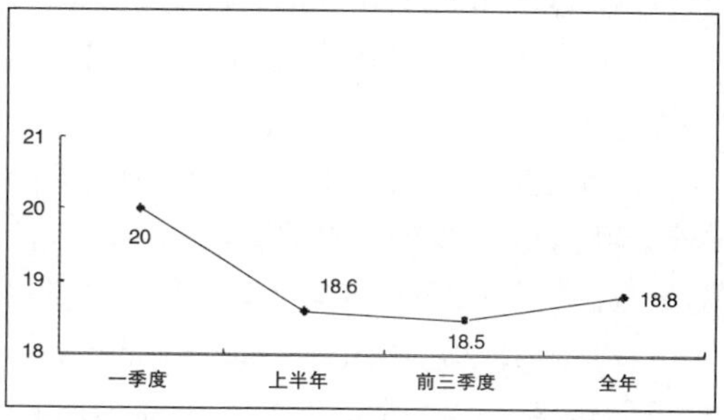

图4　2009年分季度社会消费品零售额增幅(%)

在限额以上批发零售贸易业零售额中粮油、食品、饮料和烟酒类增长7.4%,服装、鞋帽、针纺织品类增长51.4%,家用电器和音像器材类增长26.1%,日用品类增长26.4%,石油及制品类增长82.6%。

六、对外经济和旅游业

全年外贸进出口总额12126万美元,比上年下降10.5%。其中出口2952万美元,下降3.6%;进口9174万美元,下降12.6%。

全年实际利用外资12022万美元,比上年增长15.4%,其中:实际利用外商直接投资额7343万美元,增长15.7%。引进内资实际到位省外资金131亿元,增长19.2%。全年淮南经济技术开发区进区项目21个,其中外资项目3个。

全年旅游总收入21.8亿元,比上年增长32%。其中,国际旅游收入732万美元,增长15%。接待国内外游客521.5万人次,增长20%。其中:接待入境国际游客13325人次,增长17%;外国人5789人次,增长29%。全市星级饭店22个,星级饭店客房1597间,比上年分别增长4.7%,2.2%。年末全市共有3个4A级旅游景区。2009年我市荣膺"中国优秀旅游城市"。

七、交通和邮电

全年交通运输、仓储和邮政业增加值17.7亿元,比上年增长6.1%。

全年旅客运输量4518.9万人,货物运输量9440万吨,分别比上年增长81.7%和46.9%。公路客运周转量386841万人公里,增长146.4%;公路货运周转量934968万吨公里,增长9.7倍;水路货运周转量187497万吨公里,下降65.5%;港口吞吐量1058.4万吨,增长16.8%。

年末全市拥有民用汽车74554辆,增长23.5%。载客车46033辆,载货车25967辆,分别增长29.3%、28.0%。其中私人汽车34174辆,增长43.5%。

全年邮电业务收入111192万元,比上年增长11.0%。年末电话交换机容量69.7万门;固定电话用户47.5万户,下降14.7%;移动电话用户104.0万户,增长20.9%。城市家庭每百户拥有固定电话78.8部,移动电话175.6部;农村家庭每百户拥有固定电话72.5部,移动电话153.3部;年末计算机互联网用户12.5万户,增长43.7%。

表6　2009年各种运输方式完成旅客与货物运输量

指标	单位	绝对数	比上年增长(%)
旅客运输量	万人	4518.9	81.7
其中:铁路	万人	206.9	-4.4
公路	万人	4312	90
货物运输量	万吨	9440	46.9
其中:铁路	万吨	4846	16
公路	万吨	3932	182.3
水运	万吨	662	-22.7

八、财政、金融、保险、证券

全年财政收入75.02亿元,比上年增长24.7%,其中地方财政收入37.3亿元,增长24.6%。财政支出68.0亿元,增长33.4%。其中教育支出10.4亿元,增长11.7%;社会保障和就业支出18.8亿元,增长74.0%;医疗卫生支出5.0亿元,增长45.2%;科学技术支出增长116.0%;文化体育与传媒支出增长50.1%;交通运输支出下降11.9%。

2009年末全市金融机构各项存款余额719.1亿元,比上年末增加159.9亿元。其中,企业存款244.8亿元,增加74.3亿元;城乡居民储蓄存款379.1亿元,增加53.2亿元。金融机构各项贷款余额为511.5亿元,比上年末增加131.1亿元。其中,短期贷款113.3亿元,增加10.4亿元;中长期贷款376.6亿元,增加104.8亿元。

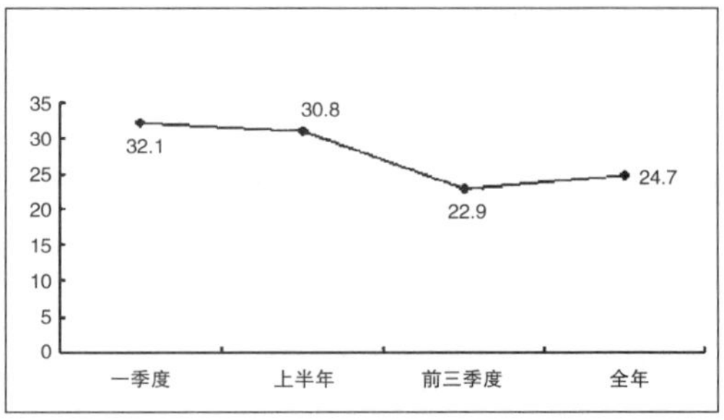

图5　2009年分季度全部财政收入增幅(%)

全年保费总收入18.6亿元,比上年增长7.6%。其中财险保费收入3.8亿元,增长29.4%;赔付支出2.0亿元,增长30.8%;赔付案件51440件,增长2.1%;寿险保费收入14.9亿元,增长3.2%;赔付支出2.9亿元,增长44.9%;赔付案件7874件,增长106.9%。

证券市场累计开户162950户,增长33.0%。其中当年新开户14258户,全年证券交易额903.5亿元,增长94.6%。

九、教育和科学技术

年末共有各类普通学校715所,在校学生43.9万人,招收学生12.6万人,毕业生12.8万人。普通高等学校在校学生59727人,中专在校学生18077人,职业高中在校学生16896人,技校在校学生8182人,普通中学在校学生14.8万人,其中高中4.5万人;小学在校学生16.3万人。学龄儿童小学入学率和初中学龄人口入学率分别为99.93%和99.42%;高考录取11865人,成人高校在校学生19540人。

2009年各类教育发展情况

表7　　单位:万人

指　标	招生数	在校生数	毕业生数
普通高等教育	18329	59727	14654
中等职业学校	12898	34973	11397
普通高中	14941	44905	17940
普通初中	34093	103509	37939
小学	26489	162694	34252

年末共有高新技术企业26家,高新技术企业总收入29.3亿元。科研机构30个,科技开发

人员9740人。全年专利申请量932件,专利授权量308件,比上年分别增长138.9%,59.5%。被评为“2007～2008年度全国科技进步考核先进市”。

全年共取得省部级以上科技成果11项,其中《低透气性煤层群无煤柱与瓦斯共采关键技术》、《两淮矿区复杂地层条件下深大井筒特殊法凿井关键技术与应用》获国家科技进步二等奖。《深井低透气性煤层揭煤防突关键技术研究》获得安徽省科技进步奖一等奖。

年末共有检验、检测机构5个;强制检定计量器具8.35万台件,增长54.6%;制定修订省地方标准5项,国家标准1项,部门规章1项;新建市级农业标准化示范区12个;备选企业产品标准190项,扣除食品类同比增长52.2%;通过标准化良好行为创建企业共14家,其中AAA级5家、AA级3家、A级6家,数目为2008年的4.7倍;查处食品、建材、农资、特种设备、计量等案件188件。

十、文化、卫生和体育

2009年末全市共有文艺表演团体4个(不含民间组织),文化馆8个,博物馆1个,公共图书馆4个,图书馆藏书32万册。各级综合档案馆9个,档案馆藏档案、资料57.9万卷(册),增长21%。广播、电视覆盖率均为100%。《淮南日报》、《淮河早报》全年共发行1235.6万份,增长2.4%。

全市卫生机构436个,医疗病床9825张,卫生技术人员10171人。

成功举办淮南市第六届运动会,承办了2009年度安徽省青少年17项常规项目比赛。全年在省级各项比赛中,我市运动健儿获金牌71.5枚,银牌68枚,铜牌52枚。开展了2009年“全民健身,健康安徽”系列活动,举办“阳光体育与祖国同行”元旦群众长跑比赛、农民拔河比赛等18项次重大活动。

十一、人口、人民生活和社会保障

2009年,全市人口出生率为13.1‰,比上年上升0.78个千分点;死亡率为4.63‰,下降0.25个千分点;自然增长率8.47‰,上升1.03个千分点。年末全市户籍人口242.5万人,比上年增加1.6万人,其中非农业人口113.3万人;常住人口230万人,比上年增加1万人;城镇化率64.1%,比上年提高1.3个百分点。

全年城镇居民人均可支配收入14046元,比上年增长8.0%;人均消费性支出9613元,增加2.7%,其中食品支出增长3.8%,居住下降11.2%。城镇居民家庭恩格尔系数为42.8%。城镇居民人均住房面积24.5平方米,比上年增加0.9平方米。

全年农民人均纯收入4893.0元,增长10.2%;农民人均生活消费支出3086元,增长2.8%。农村居民家庭恩格尔系数分别为43.65%。农村居民人均住房面积32.8平方米,比上年增加2.1平方米。

年末全市30.6万名职工参加失业保险,下降5.8%;23.9万名职工参加市级基本养老保险,增长8.6%;42.6万名职工参加基本医疗保险,增长1.9%。城镇居民基本医疗保险和新型农村合作医疗实现全覆盖,提高了养老、失业、低保金标准,失业保险机构发放失业金860万元,发放下岗职工基本生活保障资金1338万元,当年职业介绍2.1万人。年末有6.7万城镇居民得到政府最低生活保障救济,全年发放低保资金11254.7万元,增长0.6%;农村最低生活保障5.04万人,发放资金4032.5万元,增长36.5%;解决农村11.0万人饮用水安全。年末全市有各类收养性社会福利院床位6410张,收养各类人员4149人。

全市有律师事务所20个,全年民事诉讼代理1503件,经济诉讼代理1176件;拥有人民调解委员会1035个,全年调解民间纠纷5174件,办理公证文书22153件。法院民事案件立案10016件,结案10671件。

十二、资源、环境和安全生产

全年社会用电量56.1亿千瓦时,增长9.7%。其中城乡居民生活用电7.3亿千瓦时,增长15.8%。据水利部门测算全年供水总量18.5亿立方米,比上年增加5%。自来水供水总量8845.7万立方米,天然气6641.0万立方米,液化石油气1.35万吨。

全年环境空气达到或优于Ⅱ级的天数占总监测天数的97.8%,与上年度持平;地表水环境在Ⅲ类水质及其以上水质达到245天,占全年监测天数的67.0%,与上年相比上升了0.1个百分点;二氧化硫排放量低于控制指标2.8个百分点;COD较上年削减6%,工业废水排放达标率98%;固体废物综合利用率91.6%。

全年亿元GDP生产安全事故死亡率为0.23。全年发生火灾事故241起,比上年增加35.4%,直接经济损失31.3万元,下降38.3%。全年发生交通事故287起,增长2.5%,直接经济损失82.3万元,增长52.6%。

注:1. 公报中数字均为初步统计数。

2. 地区生产总值和各产业增加值按当年价格计算,增长幅度按可比价格和可比口径计算。

市本级财经统计资料

2009年度淮南市一般预算收支决算总表

单位:万元

预算科目	决算数	预算科目	决算数
一、税收收入	313263	一、一般公共服务	76863
增值税	92792	二、外交	
营业税	95901	三、国防	796
企业所得税	18506	四、公共安全	43287
企业所得税退税		五、教育	109576
个人所得税	10282	六、科学技术	9451
资源税	13301	七、文化体育与传媒	7935
固定资产投资方向调节税		八、社会保障和就业	190421
城市维护建设税	28302	九、医疗卫生	53078
房产税	8502	十、环境保护	11376
印花税	3790	十一、城乡社区事务	82565
城镇土地使用税	17735	十二、农林水事务	53702
土地增值税	2549	十三、交通运输	9118
车船税	1502	十四、采掘电力信息等事务	14562
耕地占用税	7210	十五、粮油物资储备管理等事务	9121
契税	12891	十六、金融监管支出	150
烟叶税		十七、地震灾后恢复重建支出	
其他税收收入		十九、国债还本付息支出	5500
二、非税收入	59584	二十、其他支出	18984
专项收入	26006		
行政事业性收费收入	23696		
罚没收入	10462		
国有资本经营收入	-3229		
国有资源(资产)有偿使用收入	1299		
其他收入	1350		
本年收入合计	372847	本年支出合计	696485

2009 年全市各县区财政收支平衡情况表

编制单位：国库中心　　　　单位：万元

项　目	合 计	市本级	凤台县	田家庵区	大通区	谢家集区	八公山区	潘集区	毛集实验区	洛河经济开发区	山南新区
一般预算部分											
一、收入总计	765192	358565	177974	69863	21093	33618	18007	57821	14806	10023	3422
（一）本年地方财政收入	372847	166855	100492	45596	8770	10673	6630	21042	3522	6595	2672
（二）省补助收入	334095	152684	69183	22307	12253	20408	9427	33746	10715	3372	0
（三）上年滚存结余	22703	13877	6899	860	70	37	91	347	466	56	0
（四）调入预算稳定调节基金	0										
（五）调入资金	22399	14254		1100		2500	1859	2686			
（六）债务收入	0										
（七）债务转贷收入	13148	10895	1400						103		750
二、支出总计	737022	342912	171360	66964	20605	33584	17616	57326	13807	9968	2880
（一）本年地方财政支出	696485	342322	169020	47817	17025	29100	13554	53447	12979	8341	2880
（二）上解省支出	37589	590	742	19147	3580	4484	2712	3879	828	1627	0
（三）调出资金	1598		1598								
（四）增设预算周转金	0										
（五）安排预算稳定调节基金	1350						1350				
（六）债务转贷支出	0								0		
（七）债务还本支出	0										

续表

项　目	合 计	市本级	凤台县	田家庵区	大通区	谢家集区	八公山区	潘集区	毛集实验区	洛河经济开发区	山南新区
三、滚存结余	28170	15653	6614	2899	488	34	391	495	999	55	542
(一)结转经费	18502	15577	891		420		336		736		542
(二)净结余	9668	76	5723	2899	68	34	55	495	263	55	0
基金预算部分	0										
一、基金收入合计	201123	158184	41989	309	94	60	276	102	109	0	0
(一)本年基金收入	138848	112529	26261						58		
(二)省补助收入	12083	8875	2316	309	94	60	276	102	51		
(三)上年滚存结余	48594	36780	11814								
(四)调入资金	1598		1598								
二、基金支出合计	133988	108121	24917	309	94	60	276	102	109	0	0
(一)本年基金支出	133976	108109	24917	309	94	60	276	102	109		
(二)上解省支出	0										
(三)调出资金	12	12									
三、滚存结余	67135	50063	17072	0	0	0	0	0	0	0	0
(一)结转经费	67135	50063	17072								

注:基金预算平衡不包括社保基金

2009年度淮南市区县合计一般预算收支决算总表

单位:万元

预算科目	决算数	预算科目	决算数
一、税收收入	166604	一、一般公共服务	45126
增值税	50429	二、外交	
营业税	60910	三、国防	366
企业所得税	7080	四、公共安全	14616
企业所得税退税		五、教育	83977
个人所得税	4627	六、科学技术	4265
资源税	2737	七、文化体育与传媒	3176
固定资产投资方向调节税		八、社会保障和就业	51195
城市维护建设税	17787	九、医疗卫生	31974
房产税	3763	十、环境保护	2172
印花税	1735	十一、城乡社区事务	49897
城镇土地使用税	8872	十二、农林水事务	33630
土地增值税	1899	十三、交通运输	4489
车船税	890	十四、采掘电力信息等事务	4269
耕地占用税	3942	十五、粮油物资储备管理等事务	4361
契税	1933	十六、金融监管支出	105
烟叶税		十七、地震灾后恢复重建支出	
其他税收收入		十九、国债还本付息支出	
二、非税收入	30121	二十、其他支出	9324
专项收入	13994		
行政事业性收费收入	9273		
罚没收入	4399		
国有资本经营收入	103		
国有资源(资产)有偿使用收入	1002		
其他收入	1350		
本年收入合计	196725	本年支出合计	342942

2009 年度淮南市政府性基金收支决算总表

单位:万元

预算科目	决算数	预算科目	决算数
政府性基金收入	138848	一般公共服务	1839
		教育	383
		文化体育与传媒	82
		社会保障和就业	1025
		城乡社区事务	129345
		农林水事务	1054
		交通运输	
		采掘电力信息等事务	97
		粮油物资储备管理等事务	151
		其他支出	
本年收入合计	138848	本年支出合计	133976

2009年度市本级政府性基金收支决算总表

单位:万元

预算科目	决算数	预算科目	决算数
政府性基金收入	112529	一般公共服务	1581
		教育	74
		文化体育与传媒	82
		社会保障和就业	440
		城乡社区事务	104949
		农林水事务	902
		交通运输	
		采掘电力信息等事务	50
		粮油物资储备管理等事务	31
		其他支出	
本年收入合计	112529	本年支出合计	108109

2009年度市本级一般预算收支决算总表

单位:万元

预算科目	决算数	预算科目	决算数
一、税收收入	137398	一、一般公共服务	30833
增值税	40649	二、外交	
营业税	30839	三、国防	430
企业所得税	11048	四、公共安全	28654
企业所得税退税		五、教育	25599
个人所得税	5608	六、科学技术	4698
资源税	10564	七、文化体育与传媒	4755
固定资产投资方向调节税		八、社会保障和就业	139222
城市维护建设税	10015	九、医疗卫生	21103
房产税	4433	十、环境保护	9204
印花税	1909	十一、城乡社区事务	24730
城镇土地使用税	7712	十二、农林水事务	19890
土地增值税	622	十三、交通运输	4629
车船税	603	十四、采掘电力信息等事务	8659
耕地占用税	3268	十五、粮油物资储备管理等事务	4724
契税	10128	十六、金融监管支出	45
烟叶税		十七、地震灾后恢复重建支出	
其他税收收入		十九、国债还本付息支出	5500
二、非税收入	29457	二十、其他支出	9647
专项收入	12012		
行政事业性收费收入	14423		
罚没收入	6060		
国有资本经营收入	-3332		
国有资源(资产)有偿使用收入	294		
其他收入			
本年收入合计	166855	本年支出合计	342322

各县区财经统计资料

2009 年度凤台县一般预算收支决算总表

单位：万元

预算科目	决算数	预算科目	决算数
一、税收收入	81069	一、一般公共服务	20791
增值税	32043	二、外交	
营业税	17355	三、国防	80
企业所得税	3387	四、公共安全	6799
企业所得税退税		五、教育	33398
个人所得税	2874	六、科学技术	2313
资源税	1769	七、文化体育与传媒	1381
固定资产投资方向调节税		八、社会保障和就业	23995
城市维护建设税	10950	九、医疗卫生	16534
房产税	1791	十、环境保护	1923
印花税	731	十一、城乡社区事务	43634
城镇土地使用税	5742	十二、农林水事务	20158
土地增值税	394	十三、交通运输	4024
车船税	260	十四、采掘电力信息等事务	1387
耕地占用税	1840	十五、粮油物资储备管理等事务	2303
契税	1933	十六、金融监管支出	105
烟叶税		十七、地震灾后恢复重建支出	
其他税收收入		十九、国债还本付息支出	
二、非税收入	22945	二十、其他支出	3174
专项收入	13061		
行政事业性收费收入	6964		
罚没收入	1809		
国有资本经营收入			
国有资源(资产)有偿使用收入	761		
其他收入	350		
本年收入合计	104014	本年支出合计	181999

2009 年度凤台县本级一般预算收支决算总表

单位:万元

预算科目	决算数	预算科目	决算数
一、税收收入	77912	一、一般公共服务	18752
增值税	30887	二、外交	
营业税	16747	三、国防	61
企业所得税	3336	四、公共安全	6658
企业所得税退税		五、教育	29670
个人所得税	2788	六、科学技术	2045
资源税	1640	七、文化体育与传媒	1289
固定资产投资方向调节税		八、社会保障和就业	22455
城市维护建设税	10657	九、医疗卫生	16027
房产税	1723	十、环境保护	1612
印花税	699	十一、城乡社区事务	42577
城镇土地使用税	5428	十二、农林水事务	17534
土地增值税	379	十三、交通运输	3968
车船税	259	十四、采掘电力信息等事务	1204
耕地占用税	1476	十五、粮油物资储备管理等事务	1919
契税	1893	十六、金融监管支出	105
烟叶税		十七、地震灾后恢复重建支出	
其他税收收入		十九、国债还本付息支出	
二、非税收入	22580	二十、其他支出	3144
专项收入	12887		
行政事业性收费收入	6775		
罚没收入	1809		
国有资本经营收入			
国有资源(资产)有偿使用收入	759		
其他收入	350		
本年收入合计	100492	本年支出合计	169020

2009年度田家庵区一般预算收支决算总表

单位:万元

预算科目	决算数	预算科目	决算数
一、税收收入	44073	一、一般公共服务	9411
增值税	4792	二、外交	
营业税	27613	三、国防	116
企业所得税	2144	四、公共安全	2006
企业所得税退税		五、教育	14818
个人所得税	988	六、科学技术	600
资源税	5	七、文化体育与传媒	427
固定资产投资方向调节税		八、社会保障和就业	6886
城市维护建设税	2908	九、医疗卫生	3177
房产税	1173	十、环境保护	92
印花税	460	十一、城乡社区事务	2736
城镇土地使用税	2184	十二、农林水事务	3095
土地增值税	1328	十三、交通运输	336
车船税	478	十四、采掘电力信息等事务	2190
耕地占用税		十五、粮油物资储备管理等事务	728
契税		十六、金融监管支出	
烟叶税		十七、地震灾后恢复重建支出	
其他税收收入		十九、国债还本付息支出	
二、非税收入	1523	二十、其他支出	1199
专项收入			
行政事业性收费收入	177		
罚没收入	1328		
国有资本经营收入			
国有资源(资产)有偿使用收入	18		
其他收入			
本年收入合计	45596	本年支出合计	47817

2009 年度大通区一般预算收支决算总表

单位:万元

预算科目	决算数	预算科目	决算数
一、税收收入	7772	一、一般公共服务	4407
增值税	3325	二、外交	
营业税	2295	三、国防	
企业所得税	148	四、公共安全	1342
企业所得税退税		五、教育	3600
个人所得税	179	六、科学技术	192
资源税	61	七、文化体育与传媒	103
固定资产投资方向调节税		八、社会保障和就业	2906
城市维护建设税	1115	九、医疗卫生	1960
房产税	125	十、环境保护	
印花税	84	十一、城乡社区事务	757
城镇土地使用税	304	十二、农林水事务	1487
土地增值税	8	十三、交通运输	
车船税	128	十四、采掘电力信息等事务	
耕地占用税		十五、粮油物资储备管理等事务	
契税		十六、金融监管支出	
烟叶税		十七、地震灾后恢复重建支出	
其他税收收入		十九、国债还本付息支出	
二、非税收入	998	二十、其他支出	271
专项收入			
行政事业性收费收入	630		
罚没收入	359		
国有资本经营收入			
国有资源(资产)有偿使用收入	9		
其他收入			
本年收入合计	8770	本年支出合计	17025

2009年度谢家集区一般预算收支决算总表

单位:万元

预算科目	决算数	预算科目	决算数
一、税收收入	9711	一、一般公共服务	2628
增值税	3277	二、外交	
营业税	3693	三、国防	
企业所得税	509	四、公共安全	1557
企业所得税退税		五、教育	10821
个人所得税	173	六、科学技术	334
资源税	292	七、文化体育与传媒	409
固定资产投资方向调节税		八、社会保障和就业	6753
城市维护建设税	1038	九、医疗卫生	2185
房产税	256	十、环境保护	1
印花税	109	十一、城乡社区事务	866
城镇土地使用税	300	十二、农林水事务	2393
土地增值税	60	十三、交通运输	7
车船税	4	十四、采掘电力信息等事务	206
耕地占用税		十五、粮油物资储备管理等事务	405
契税		十六、金融监管支出	
烟叶税		十七、地震灾后恢复重建支出	
其他税收收入		十九、国债还本付息支出	
二、非税收入	962	二十、其他支出	535
专项收入			
行政事业性收费收入	613		
罚没收入	346		
国有资本经营收入			
国有资源(资产)有偿使用收入	3		
其他收入			
本年收入合计	10673	本年支出合计	29100

2009年度八公山区一般预算收支决算总表

单位:万元

预算科目	决算数	预算科目	决算数
一、税收收入	6234	一、一般公共服务	2236
增值税	2581	二、外交	
营业税	1889	三、国防	72
企业所得税	443	四、公共安全	1063
企业所得税退税		五、教育	3960
个人所得税	133	六、科学技术	178
资源税	376	七、文化体育与传媒	158
固定资产投资方向调节税		八、社会保障和就业	2691
城市维护建设税	600	九、医疗卫生	1187
房产税	62	十、环境保护	46
印花税	60	十一、城乡社区事务	643
城镇土地使用税	59	十二、农林水事务	700
土地增值税	23	十三、交通运输	
车船税	8	十四、采掘电力信息等事务	39
耕地占用税		十五、粮油物资储备管理等事务	120
契税		十六、金融监管支出	
烟叶税		十七、地震灾后恢复重建支出	
其他税收收入		十九、国债还本付息支出	
二、非税收入	396	二十、其他支出	461
专项收入			
行政事业性收费收入	223		
罚没收入	170		
国有资本经营收入			
国有资源(资产)有偿使用收入	3		
其他收入			
本年收入合计	6630	本年支出合计	13554

2009年度毛集实验区一般预算收支决算总表

单位:万元

预算科目	决算数	预算科目	决算数
一、税收收入	3157	一、一般公共服务	2039
增值税	1156	二、外交	
营业税	608	三、国防	19
企业所得税	51	四、公共安全	141
企业所得税退税		五、教育	3728
个人所得税	86	六、科学技术	268
资源税	129	七、文化体育与传媒	92
固定资产投资方向调节税		八、社会保障和就业	1540
城市维护建设税	293	九、医疗卫生	507
房产税	68	十、环境保护	311
印花税	32	十一、城乡社区事务	1057
城镇土地使用税	314	十二、农林水事务	2624
土地增值税	15	十三、交通运输	56
车船税	1	十四、采掘电力信息等事务	183
耕地占用税	364	十五、粮油物资储备管理等事务	384
契税	40	十六、金融监管支出	
烟叶税		十七、地震灾后恢复重建支出	
其他税收收入		十九、国债还本付息支出	
二、非税收入	365	二十、其他支出	30
专项收入	174		
行政事业性收费收入	189		
罚没收入			
国有资本经营收入			
国有资源(资产)有偿使用收入	2		
其他收入			
本年收入合计	3522	本年支出合计	12979

2009年度潘集区一般预算收支决算总表

单位:万元

预算科目	决算数	预算科目	决算数
一、税收收入	17745	一、一般公共服务	5653
增值税	4411	二、外交	
营业税	8065	三、国防	98
企业所得税	449	四、公共安全	1849
企业所得税退税		五、教育	17380
个人所得税	280	六、科学技术	648
资源税	234	七、文化体育与传媒	698
固定资产投资方向调节税		八、社会保障和就业	7964
城市维护建设税	1176	九、医疗卫生	6931
房产税	356	十、环境保护	110
印花税	291	十一、城乡社区事务	1261
城镇土地使用税	283	十二、农林水事务	5797
土地增值税	86	十三、交通运输	122
车船税	12	十四、采掘电力信息等事务	447
耕地占用税	2102	十五、粮油物资储备管理等事务	805
契税		十六、金融监管支出	
烟叶税		十七、地震灾后恢复重建支出	
其他税收收入		十九、国债还本付息支出	
二、非税收入	3297	二十、其他支出	3684
专项收入	933		
行政事业性收费收入	666		
罚没收入	387		
国有资本经营收入	103		
国有资源(资产)有偿使用收入	208		
其他收入	1000		
本年收入合计	21042	本年支出合计	53447

非税收入统计表

淮南市政府非税收入2009年完成情况表(专户数)

单位:万元

项目 \ 市县	政府性基金收入	专项收入	行政事业性收费收入	罚没收入	国有资本经营收入	国有资源(资产)有偿使用收入	其他收入	合计
市本级	983.60		37708.00			3881.90		42573.50
凤台县			3745.00					3745.00
田家庵区			1357.40	44.00				1401.40
大通区			358.60			23.60	3.20	385.40
谢家集区			17.00			51.00		68.00
八公山区			380.00			1152.00	88.00	1620.00
潘集区	213.80		141.40			61.00	3378.10	3794.30
毛集区			591.00			180.30	3376.00	4147.30
经济开发区								0.00
合计	1197.40	0.00	44298.40	44.00	0.00	5349.80	6845.30	57734.90

淮南市政府非税收入2009年完成情况表(国库数)

填报单位:淮南市非税收入管理局　　单位:万元

项目＼市县	政府性基金收入	专项收入	行政事业性收费收入	罚没收入	国有资本经营收入	国有资源(资产)有偿使用收入	其他收入	合计
市本级	112529.00	12012.00	14423.00	6060.00	-3332.00	294.00		141986.00
凤台县	26261.00	12887.00	6775.00	1809.00		760.00	350.00	48842.00
田家庵区			177.00	1328.00		18.00		1523.00
大通区			630.00	359.00		9.00		998.00
谢家集区			613.00	346.00		3.00		962.00
八公山区			224.00	170.00		2.00		396.00
潘集区		933.00	665.00	387.00	103.00	208.00	1000.00	3296.00
毛集区	58.00	174.00	189.00			2.00		423.00
经济开发区				3.00		2.00		5.00
合计	138848.00	26006.00	23696.00	10462.00	-3229.00	1298.00	1350.00	198431.00

淮南市政府2009年非税收入完成情况月报表

单位:万元

收入类别	年度收入预算	本月完成		累计完成	
		国库数	专户数	国库数	专户数
政府性基金收入	63527	34501.00		138848.00	1197.40
其中:国有土地使用权有偿使用收入	59000	32012.00		122574.00	
彩票公益金收入	170				
专项收入	18460	8145.00		26006.00	
行政事业性收费收入	45126	2085.00	1851.40	23696.00	44298.40
罚没收入	8740	1498.00		10462.00	44.00
国有资本经营收入	300	-3082.00		-3229.00	
国有资源(资产)有偿使用收入	1183	182.00	851.60	1298.00	5349.80
其他收入	5980		969.50	1350.00	6845.30
合计	143316	43329.00	3672.50	198431.00	57734.90

淮南市政府非税收入2009年完成情况报表(合计数)

单位:万元

市县／项目	政府性基金收入	专项收入	行政事业性收费收入	罚没收入	国有资本经营收入	国有资源(资产)有偿使用收入	其他收入	合计
市本级	113512.60	12012.00	52131.00	6060.00	-3332.00	4175.90	0.00	184559.50
凤台县	26261.00	12887.00	10520.00	1809.00	0.00	760.00	350.00	52587.00
田家庵区	0.00	0.00	1534.40	1372.00	0.00	18.00	0.00	2924.40
大通区	0.00	0.00	988.60	359.00	0.00	32.60	3.20	1383.40
谢家集区	0.00	0.00	630.00	346.00	0.00	54.00	0.00	1030.00
八公山区	0.00	0.00	604.00	170.00	0.00	1154.00	88.00	2016.00
潘集区	213.80	933.00	806.40	387.00	103.00	269.00	4378.10	7090.30
毛集区	58.00	174.00	780.00	0.00	0.00	182.30	3376.00	4570.30
经济开发区	0.00	0.00	0.00	3.00	0.00	2.00	0.00	5.00
合计	140045.40	26006.00	67994.40	10506.00	-3229.00	6647.80	8195.30	256165.90

财政机构篇

市财政局机构设置及职能

2009年市财政局机构设置及职能

市财政局是主管全市财政收支、财税政策、财政监督和国有资本金管理工作的市政府组成部门。

一、职能调整

(一)取消已由国务院、省政府、市政府公布取消的涉及财政的行政审批事项。

(二)改革完善预算管理。将政府非税收入全部纳入预算管理,充分发挥各部门在预算编制中的作用,完善支出标准,细化部门预算,提高预算管理的科学化和透明度。

(三)健全市和县(区)财力与事权相匹配的财政体制,加快形成统一规范透明的财政转移支付制度。通过增加一般性转移支付规模,增强基层政府提供公共服务的能力;大力减少、整合专项转移支付项目,将适合县(区)政府管理的专项转移支付具体项目审批和资金分配工作下放给县(区)政府。

(四)围绕推进基本公共服务均等化和主体功能区建设,完善公共财政体系。调整优化财政支出结构,提高保障和改善民生的支出比重,合理界定财政保障范围和标准,重点增加基本公共服务的投入,促进区域经济协调发展。严格控制一般性开支,降低行政成本。

(五)强化财税调节收入分配的职责,完善市与县(区)、政府与企业的分配政策,完善鼓励公益事业发展的财税政策,缩小区域之间、行业之间的收入分配差距,促进社会公平。

(六)增加按规定监管地方金融类企业国有资产和市本级国有文化资产职责。增加对城市商业银行和农村合作金融机构财务管理职责。

二、主要职责

(一)贯彻执行国家财税法律、法规和规章;拟定全市财税发展战略、规划、政策和改革方案并组织实施;分析预测宏观经济形势,参与制定各项宏观经济政策;提出运用财税政策实施宏观调控和综合平衡社会财力的建议;拟订市与县(区)、政府与企业的分配政策,完善鼓励公益事业发展的财税政策。

(二)起草全市财政、财务、会计管理的地方性法规规章草案,参与涉外财政、债务等的国际谈判,并草签有关协议;与相关部门配合共同上报地方性税收及社会保险基金法规规章草案;在国家规定的权限内,提出地方性税收政策调整建议。

(三)负责全市财政收支管理工作,承担市本级财政收支管理的责任。负责编制年度市本级财政预决算草案并组织执行;受市政府委托,向市人民代表大会报告全市和市本级预算及其执行情况,向市人大常委会报告决算;组织制定经费开支标准、定额,负责审核批复部门(单位)的年度预决算。完善转移支付制度。

(四)负责政府非税收入和政府性基金管理,按规定管理行政事业性收费;管理财政票据;拟订彩票管理政策和有关办法,管理彩票市场,按规定管理彩票资金。

(五)组织制定国库管理、国库集中收付相关制度办法,指导和监督市本级国库业务,按规定开展国库现金管理工作;组织实施政府采购制度,监督管理政府采购工作。

(六)拟订促进全市经济发展的财政政策,负责办理监督市本级财政经济发展支出;制定全市基本建设财务管理相关制度办法;负责有关政策性补贴和专项储备资金财政管理工作;负责农业综合开发管理工作。

(七)会同有关部门管理市本级财政社会保障、就业及医疗卫生支出,会同有关部门拟订社会保障资金(基金)的财务管理的相关制度办法,编制市本级社会保障资金预决算草案。

(八)负责统一管理政府性债务,执行国家政府性债务管理的制度和政策,拟订地方政府性债务管理制度和办法,防范财政风险。

(九)负责全市耕地占用税、契税的政策制定和征收管理工作;负责财政对农业投入的政策制定和管理工作;负责管理市本级财政支农资金;负责农业综合开发管理工作;负责全市农村综合改革组织协调日常工作。

(十)负责制定行政事业单位国有资产管理规章制度;制定需要全市统一规定的开支标准和支出政策;负责全市财政预算内行政机构、事业单位和社会团体的非贸易外汇管理。

(十一)执行国有资本经营预算的制度和办法;审核和汇总编制市本级国有资本经营预决算草案;负责国有资本收益的征收和监缴(不含市国资委监管企业);组织实施企业财务制度;按规定监管地方金融类企业国有资产和市本级国有文化资产;参与拟订企业国有资产管理相关制度,按规定管理资产评估工作。

(十二)负责管理全市会计工作,监督和规范会计行为,组织实施国家统一的会计制度。

(十三)负责监督检查财税法规、政策及预算的执行情况,反映财政收支管理中的重大问题;依法查处违法违规行为。

(十四)承办市人民政府交办的其他事项。

淮南市财政局内设机构职能设置

淮南市财政局设24个内设机构和3个二级机构:

(一)办公室

负责政务和有关事务的综合协调工作;负责文电、会务、机要、档案等机关日常运转工作;承担综合性文稿起草、政策研究、信息、新闻、保密、信访、政务公开等工作;承担机关和部分直属单位的财务、国有资产管理和后勤保障工作。

(二)综合科

分析预测全市宏观经济形势并提出宏观调控政策建议;研究提出有关收入分配政策和改革方案;管理住房改革预算资金;会同有关方面拟订国有土地出让政策;参与工资、物价、住房、国有土地使用等制度改革;承担彩票管理的有关工作;承担城市建设及维护资金的预算编制审核拨付工作;承担国有土地出让收支报表及廉租住房保障报表的统计工作。

(三)税政条法科

组织起草地方性税收法规,提出税目税率调整及减免、退税的建议;承担机关有关规范性文件的合法性审核工作;承担国家赔偿费用管理工作;承担有关行政复议、行政应诉工作;办理出口退税事项。

(四)预算科

研究提出财政政策、财政体制、预算管理制度和中长期财政规划的建议;负责全市收支预算编制的指导、监督和管理;编制年度市本级预算草案和办理预算追加事宜;承担市本级部门支出标准体系建设工作;研究建立财政支出绩效评价制度和评价体系;承担市对县(区)的转移支付工作;汇总年度全市财政预算;编制全市财政年度收支决算草案;拟订全市地方性政府债务管理制度办法。

(五)预算编制办公室

承担市直部门预算编制的具体工作;承担市本级部门预算审核、批复、调整工作;承担市本级部门预算项目库、基础信息库、工资统发库的管理工作;承担清理规范公务员津贴补贴的相关工作。

(六)国库科

负责全市财政收支预算执行;执行国家金库管理制度及总预算会计、行政事业单位会计和政府会计制度;组织拟订全市国库集中收付相关制度办法;管理市本级财政和预算单位账户;负责总预算会计和预算外专户会计核算;负责全市和市本级年度财政总决算和部门决算;负责市本级财政国库资金调度;承担国库现金管理的有关工作;承担国债和地方政府债券的有关管理工作;负责办理与县(区)财政年终结算工作。

(七)行政政法科

承担行政、政法以及党派团体等方面的部门预算有关工作,研究提出相关财政政策;牵头拟定行政经费财务管理制度;研究提出行政经费(包括外事经费)开支标准和定额;承担部门装备配备和统一着装管理工作;负责全市非贸易外汇管理;负责对所联系部门(单位)财政资金的监督管理。

(八)教科文科

承担教育、科技、文化、体育、计划生育等部门预算有关工作,研究提出相关财政政策;按规定管理各相关部门和单位专项资金;制定各相关部门和单位专项资金管理办法和财务管理办法;负责对所联系部门(单位)财政资金的监督管理。

(九)经济建设科

承担发展改革、交通、国土资源、环保、安全生产、采煤沉陷、粮食、供销等部门预算有关工作,研究提出相关财政政策;参与拟订基本建设投资的有关政策和项目安排;拟订基本建设财务管理制度;承担有关政策性补贴和专项储备资金的财政管理工作;承担财政投资评审管理工作;负责对所联系部门(单位)财政资金的监督管理。

(十)农业科

承担农业、林业、水利、气象等部门预算有关工作,研究提出相关财政政策;拟订财政支农资金管理办法和农业财务管理制度;管理支农专项资金和财政扶贫资金;负责对所联系部门(单位)财政资金的监督管理。

(十一)社会保障科

承担人力资源和社会保障、民政、卫生、食品药品监督等部门预算有关工作,研究提出相关财政政策;会同有关方面拟订和执行有关资金(基金)财务管理制度;会同有关方面管理市本级财政社会保障、就业及医疗卫生支出;编制市本级社会保障预决算草案;审核全市社会保险基金预决算草案;负责全市企业职工基本养老保险基金预决算的编制、执行、管理和监督;负责对所联系部门(单位)财政资金(基金)的监督管理。

(十二)企业科

承担市经济和信息化委员会(国有资产监督管理委员会)、市商务局等部门预算有关工作;研究提出支持全市企业和有关行业改革和发展的财政政策;贯彻企业财务制度及企业财务会计报告编制办法;配合有关部门参与对企业的资产评估工作;负责对所联系部门(单位)财政资金的监督管理。

(十三)外资金融科

负责地方金融类机构财务监管;负责担保行业的监督管理;承担财政政策与货币政策在我市协调配合的研究和实施工作;负责国际金融组织贷(赠)款及外国政府贷(赠)款的管理,承担项目申报、前期准备、配套资金落实、转贷(赠)、贷款回收及监督评价工作;按规定管理政策性金融类业务。

(十四)农村财政管理局

负责全市耕地占用税和契税征收管理、政策制定及涉税案件的稽查;指导全市农村财政管理工作,拟订乡镇财政管理的有关制度、办法;指导、监督财政补贴农民资金管理工作;管理有关涉农资金。

(十五)会计科

组织实施国家统一的会计准则制度、内部控制规范、注册会计师行业规章制度;按规定承担会计专业技术资格考务工作和全市会计从业资格的管理工作;负责会计代理记账机构的行政审批及日常监督管理工作;组织实施会计信息化标准,指导全市会计电算化工作;承担市会计学会、市珠算协会工作。

(十六)行政事业单位国有资产管理科

拟订全市行政事业单位国有资产管理规章制度,并对执行情况进行监督检查;按规定审核市本级行政事业单位国有资产处置、产权变动和出租、出借国有资产事项;承担国有资本经营预算有关工作,审核和汇总编制全市国有资本经营预算、决算草案;承担国有资本收益(不含市国资委监管企业)的征收和监缴工作;指导县(区)行政事业单位国有资产管理工作。

(十七)监督检查局

拟订全市财政监督检查的有关制度办法;监督检查财税法规、政策的贯彻执行和财政财务管理情况;监督检查全市会计信息质量;反映财政收支管理和重要财政政策执行中的重大问题,提出加强财政管理的政策建议;依法查处违法违规行为。

(十八)政府采购科

拟订政府采购有关政策办法并监督执行;拟订并调整市本级集中采购目录和公开招标限额标准;审核监督市本级部门政府采购预算;监督市本级政府采购活动;指导全市政府采购工作。

(十九)市农业综合开发办公室

拟定和执行全市农业综合开发的有关政策及项目、资金管理办法;编制全市农业综合开发规划;管理和统筹安排农业综合开发资金;组织项目的申报、评估、审批、检查、竣工验收工作。

(二十)农村综合改革领导小组办公室

承担全市农村综合改革领导小组的具体工作;与相关部门拟订有关农村综合改革政策文件和配套措施办法;承担"一事一议"财政奖补工作;承办市农村综合改革财政体制改革方面的有关工作。

(二十一)民生工程办公室

承担各项民生工程政策措施的组织实施工作;参与审定民生工程政策措施的实施办法;拟订民生工程资金筹集、分配方案,会同有关方面制定民生工程资金管理办法;协调解决民生工程实施过程中的有关事项;研究提请市实施民生工程领导小组及其办公室决定的重大事项;承担市民生工程领导小组及其办公室交办的有关工作。

(二十二)信息科

承担全市财政信息系统的规划建设和管理工作;承担市本级财政信息网络的运行维护及软件更新工作;承担"淮南市财政局"网页更新工作;负责全市"金财工程"的具体组织实施工作。

(二十三)人事教育科

负责局机关和直属单位的人事管理工作;拟订并组织实施全市财政系统教育培训规划等工作。

(二十四)非税收入征收管理局

执行国家和省有关非税收入征收管理的法律法规和规章制度,拟订市本级非税收入征收管理的具体实施办法和相关政策;承担市本级非税收入的预算编制、执行和决算审核、汇编工作;负责市本级非税收入的征收管理工作;负责办理市本级非税收入征收业务费的提取、使用及有关财务核算;管理财政票据;指导县(区)非税收入征收管理工作。

机关党委负责局机关和直属单位的党群、文明创建、计划生育工作。

市纪委(监察局)派驻市财政局纪检组(监察室)按照有关文件的规定履行职责。

(二十五)市财政国库支付中心

执行国库管理的各项法规和制度;参与研究制定国库集中支付的各项政策、制度和措施,提出方案和建议;统一受理审核预算单位的用款计划和用款申请;对预算单位的财政性资金进行审核、拨付、核算和监督管理;按照政府收支分类和会计核算的要求建立账册管理体系,包括总账、明细账和预算单位支出明细账;建立国库集中支付信息数据库,向有关部门提供全面、及时、准确的支付信息。

(二十六)市政府采购中心

负责本级实行预算管理的行政事业单位、党群组织、社会团体的政府采购工作。编发政府采购信息、编制政府采购标书、审查供应商资格,组织开标、评标和定标,负责政府采购合同的签订,组织货物、工程和服务质量的验收等。

(二十七)市担保投资有限公司

开展各类担保、再担保和分保业务,进行股权投资、资产经营、资信评估、融资咨询及财务顾问等中介服务,履行政策性融资担保、股权投资和委托贷款等职责。依法经营管理淮南市担保投资基金,体现社会与经济双重效益,承担国有资产保值增值和建设担保体系的任务。

淮南市财政系统领导成员名单

（2009 年 12 月 31 日）

市财政局

党组书记、局　长：　左家凤
党组成员、副局长：　陈　寅
党组成员、副局长：　张瑞昌
副局长：　管迎新
副调研员：　芮长海

各县区财政局

凤台县财政局
局　长:张海舟
党组副书记:张云峰　黄学进
副局长:姬玉扬　周淦芳
总会计师:田　辉
田家庵区财政局
局　长:李勇强
副局长:胡滕昌
大通区财政局
局　长:楚　彪
副局长:徐友宏　贾爱云
谢家集区财政局
局　长:于良珍
八公山区财政局
局　长:管迎悦
副局长:张　敢
毛集社会发展综合实验区财政局
局　长:贾时洋
副局长:许士传
经济开发区财政局
局　长:李　萍
副局长:柏　云
山南新区财政局
局　长:翟　明
潘集区财政局
局　长:刘　胜
副局长:赵允龙　李传平

各乡镇财政所

凤台县

城关镇财政分局局长:郑克辉

开发区财政所所长:陈佩辉

城北乡财政所所长:康殿成

丁集乡财政所所长:吴永谱

尚塘乡财政所所长:刘子厚

杨村乡财政所所长:宋道淑

钱庙乡财政所所长:孟献全

古店乡财政所所长:张　琴

顾桥镇财政所所长:王俊宣

桂集镇财政所所长:胡宗荣

刘集乡财政所所长:谢家亮

新集镇财政所所长:吕文林

大兴集乡财政所所长:邱金阔

朱马店镇财政所所长:高勤贵

岳张集镇财政所所长:胡　云

李冲回族乡财政所所长:杨　渊

关店乡财政所所长:樊春良

田家庵区

舜耕镇财政所所长:连西坦

安成镇财政所所长:王国庆

三和乡财政所所长:徐　勇

史院乡财政所所长:杨济生

曹庵镇财政所所长:吴庆周

大通区

九龙岗镇财政所所长:马凤琳

洛河镇财政所所长:梅　振

上窑镇财政所所长:宗升贵

孔店乡财政所所长:芮长芬

谢家集区

望峰岗镇财政所所长:邱文士

唐山镇财政所所长:应　娟

李郢孜镇财政所所长:周　伟

杨公镇财政所所长:陈　红

孤堆回族乡财政所所长:邢洪亮

孙庙乡财政所所长:王长志

八公山区

八公山镇财政所所长:哈方礼

山王镇财政所所长:孔德野

毛集社会发展综合实验区

毛集镇财政分局局长:徐家秀

焦岗乡财政所所长:石小品

夏集乡财政所所长:刘福韧

潘集区

田集财政所所长:李炳军

芦集镇财政所所长:赵云四

贺疃乡财政所所长:任印清

潘集镇财政所所长:胡开国

泥河镇财政所所长:陈传厚

古沟回族乡财政所所长:刘　斌

平圩镇财政所所长:曹多军

架河乡财政所所长:许瑞昌

高皇镇财政所所长:陈道喜

夹沟乡财政所所长:许瑞武

祁集乡财政所所长:吕永红

财经工作大事记

淮南市财经工作大事记

1 月

1 日　市工商银行、中国银行、农业银行、建设银行、交通银行、徽商银行以及市区信用联社等七家市级非税收入代理银行，全面开展交通违法罚没收入代理收缴业务。

5～8 日　市第十四届人民代表大会第三次会议召开。会议代表 324 人，市委书记、市人大常委会主任、大会执行主席杨振超主持大会。市长曹勇向大会作《政府工作报告》。会议通过淮南市第十四届人民代表大会第三次会议关于《〈政府工作报告〉的决议》、《关于〈淮南市 2008 年国民经济和社会发展计划执行情况与 2009 年计划草案的报告〉的决议》、《关于〈淮南市 2008 年财政预算执行情况和 2009 年财政预算草案的报告〉的决议》、《关于〈淮南市人大常委会工作报告〉的决议》、《关于〈淮南市中级人民法院工作报告〉的决议》、《关于〈淮南市人民检察院工作报告〉的决议》。

6 日　副省长谢广祥一行来淮调研市新型农村合作医疗工作。

12 日　市深入学习实践科学发展观活动整改落实阶段工作动员大会在洞山宾馆礼堂召开。

15 日至 2 月 10 日　全市集中开展为城乡贫困居民免费发放粮油活动，这是淮南市连续第五年开展此项活动。

20 日　淮南出台 24 条新政策重奖公民自主创新。淮南市成为安徽省继合芜蚌自主创新综合配套改革试验区域之外，第一个出台市级自主创新政策的城市。

△　市民生办、市财政局在曹庵镇开展民生工程送春联下乡活动。市委常委、市政法委书记黄爱华以及市财政局、市民政局负责同志参加了活动。

24 日　市财政局能力建设年活动领导小组成立。

27 日　市财政局印发《淮南市财政系统开展能力建设年活动实施方案》

2 月

4 日　以省财政厅副厅长张广寿为组长的省政府检查组来淮检查抗旱工作。副市长谌伟及市财政局、水利局负责人陪同。

6 日　市“农家书屋”图书设备集中发放仪式在市体育文化中心广场举行。此次有 118 个村作为新建“农家书屋”布点，为每个书屋选配 1640 多册图书、100 种光盘，31 种报刊，配备了专用书柜、书桌及借阅登记簿等必需品。

9 日　市政府在洞山宾馆举行第五次全体（扩大）会议。市长曹勇，市委常委、常务副市长戴启远，副市长魏耀民、王诚、谌伟、孙全玉、刘有怀，市政府秘书长戴多斌等出席会议。

12 日　省促进经济平稳较快增长协调服务工作组来淮，专题调研贯彻落实中央和省扩内需、保增长措施情况。副市长刘有怀等参加座谈汇报。

14 日　《安徽省建国以来农业税收简史——淮南市分册》在金茂国际酒店举行首发式，副市长谌伟出席首发式并向各县区颁发该书。

20 日　全市邮政储蓄银行小额贷款进乡（镇）、村活动启动仪式在田家庵区曹庵镇举行。

25 日　全市民生工程暨财政工作会议在洞山宾馆召开。市领导曹勇、王玉成、魏耀民、王仁发，市政府秘书长戴多斌出席会议。会上全面总结了 2008 年全市财政和民生工程工作，研究提出了新形势下财政科学发展的思路和民生工程的要求；部署了 2009 年财政和 35 项民生工程目标任务。

27 日　市十四届人大常委会第十次会议审议并通过《关于批准市政府申请将市重点项目贷

款本息纳入财政预算的决议》、《关于批准市政府将山南新区土地出让收入拨付山南新区事宜的决议》。

28 日　国元期货有限责任公司淮南营业部开业。

△　市保险业首张客户服务卡——"国寿鹤卡"首发仪式在中国人寿淮南分公司举行。

3 月

4 日　市财政局召开总结表彰暨开展能力建设年活动动员大会。

11 日　印发《淮南市市直机关公务用车购置操作规程》。

△　《淮南市机关事业单位非在编人员雇用管理实施细则》出台。

△　为降低企业负担，市担保公司出台了《关于降低担保费率的通知》(淮担保风[2009]7号)，进一步降低担保费率，重新制定了担保费用的收取标准，突出扶持重点，对不同性质的企业实行差别费率，重点支持节能环保、科技创新和农业产业化龙头企业，最低担保费率降到了年1.33%，有效地缓解了贷款企业的融资成本，有力地支持了企业发展。

17 日　市财政局印发《淮南市市级项目前期工作经费管理暂行办法》

18 日　市财政局陈寅副局长率局有关科室负责人走进淮南市人民广播电台直播间，通过政风行风热线节目与市民交流。

△　市财政局成立市财政局维护稳定工作领导小组

19 日　市财政局、市金融办、市经贸委共同商定，2009 年一季度中小企业贷款按同期基准利率的 60% 予以贴息。

△　市财政局印发《淮南市财政局民生工程内部工作机制》

24 日　市财政局在市物资回收(集团)有限公司召开再生资源退税政策及退税程序培训会。

△　市财政局印发《淮南市行政事业单位人员因公出国(境)经费管理暂行办法》

26 日　市长曹勇，副市长魏耀民带领各县区、市财政局、市卫生局、市交通局、市水利局等部门负责人到大通区调研民生工作进展情况。

25 日～26 日　财政部社保司制度精算处吕富全处长淮调研财政社保工作。

3 月　淮南市荣获 2008 年度全省农村财政管理工作综合考评一等奖。

△　为贯彻科学发展观、促进工业企业又好又快发展，推动全市产业结构调整优化，鼓励制造企业上规模、上台阶，对全市制造企业进行了评比表彰。

△　为严格规范管理，确保淮南市因公出国(境)经费实现零增长，市财政局制定出台了《淮南市行政事业单位人员因公临时出国(境)经费管理暂行办法》。

4 月

7 日　中央第九检查组刘越一行来淮检查中央新增投资项目落实情况。刘越一行先后检查棚户区老龙眼 C3C4 组团、凤台县禹王泵站更新改造项目现场、龙王山垃圾处理厂和淮河干堤洛河洼、石姚段行洪堤退建与加固工程等处。省政府副秘书长张秋保，市长曹勇等陪同。

10 日　为进一步加强财政资金安全管理，切实堵塞财政资金安全管理漏洞，市局召开各县区财政局长、总预算会计和局属有关科室负责人会议部署开展财政资金安全检查工作。

△　市财政局印发《淮南市就业专项资金使用管理暂行办法》。

11 日　省政府副秘书长、办公厅主任郑为文率省政府调研组来淮调研采煤沉陷区情况。市长曹勇等陪同。

△　《中国省会经济圈蓝皮书(2008～2009)》举行首发式。该蓝皮书新纳入淮南和桐城两市，形成《中国经济圈蓝皮书——合肥、六安、巢湖、淮南及桐城发展报告》。

15 日　以世界银行项目经理李群女士为团长的世行项目检查团，在国家农发办王兰英副处长以及河北、河南、江苏、山东、宁夏五省世行项目负责人陪同下来淮检查"淮南市利用世行贷款加强灌溉农业三期项目"实施情况。

△　省长助理梁卫国来淮调研采煤沉陷区工作。市委书记杨振超，市长曹勇等陪同。

23 日　省财政厅资金安全检查组来淮检查市局支付中心财政资金管理安全工作。

24 日　市财政局召开反腐倡廉建设工作会议。

28～29 日　市财政局针对市直中学和县区两级采购机构开展政府采购业务培训。

30 日　安徽省第十二届少儿珠心算比赛结束，淮南市再次获得幼儿组一等奖。

5 月

6 日　全国人大常委、全国人大教科文卫委员会副主任、致公党中央副主席程津培，致公党中央副主席严以新率致公党中央“促进长三角区域合作发展”调研组来淮。致公党安徽省委会主委、副省长谢广祥，市领导杨振超等陪同。

9 日　市财政局召开保企业、促经济、培财源座谈会，20 多家企业负责人到会。

12 日　市财政局印发《淮南市财政局政务公开暂行办法》。

△　市财政局《淮南市财政志》编委会成立。

△　印发《淮南市排灌站技术改造项目资金管理办法》。

16 日　市财政局印发《淮南市汽车摩托车下乡操作办法》

22 日　市担保公司与安徽省信用担保集团签订了再担保协议，淮南市担保公司正式加入省担保集团信用担保体系，融资渠道得以进一步拓宽，担保能力明显增强。

△　淮南市民生网站正式启用。

24 日　市财政局出台《关于职业技能培训补贴的实施意见》。

6 月

1 日　淮南市首个市直行政事业单位公房出租出借合同签订。

2 日　省人大财经委主任委员朱玉明，省人大财经委副主任戴荷娣一行来淮调研。市人大副主任王玉成、吴晓矛等出席座谈汇报会。

16 日　市财政局出台《淮南市财政局抗灾救灾应急工作方案》。

19 日　市财政局召开全体职工大会，贯彻市委八届九次会议精神。

20 日　印发《“加强党性修养、弘扬优良作风促进科学发展”主题教育活动实施方案》

22 日　市政府召开甲型 HINI 流感防控工作专题会议。市长曹勇部署防控工作。

24 日　市长曹勇、副市长魏耀民、市政府秘书长戴多斌以及市财政局负责同志前往潘集区、谢家集区、田家庵区调研民生工程。

26 日　省财政厅副厅长左俊来淮指导财政金融监管和外国政府贷款管理工作。副市长刘有怀、市财政局负责同志陪同。

29 日　市财政局印发《淮南市财政局关于加强反腐倡廉制度建设执行工作的实施办法》和《淮南市财政局 2009 年反腐倡廉主要工作任务分解》。

30 日　市财政局“小金库”专项治理工作领导小组成立

6 月　市担保公司出台了《淮南市担保投资有限公司担保业务流程与操作程序》，改“流水式”服务为“一站式”服务，对 20 万元以下的担保业务实行简易程序，在很大程度上提高了工作效率；同时，每个项目都实行 A、B 角岗位制度，AB 角分别从不同的部分产生，且不固定，互相配合，互相监督，共同对担保项目承担责任，在提高效率的同时，更有效地防控了风险；

△　为提高财政补贴农民资金管理和效率，加快财政补贴农民资金发放网路建设，市财政局为各县区配置服务器。

7 月

2 日　全市“清洁乡村、美化家园”示范工程现场会在潘集区召开。市长曹勇出席会议并作重要讲话，市委副书记潘祖华主持会议，市领导董庆、吴晓矛、谌伟、钱若芙出席会议。

△　市财政局出台《关于开展全市农村财会人员财政支农政策培训工作的实施意见》。

3～4 日　省卫生厅副厅长徐恒秋率督查组来淮督查卫生民生工程及扩大内需卫生项目实施情况。孙全玉、方严等陪同。

8 日　副市长谌伟率市农委、市财政局、市金融办等有单位负责同志及市人保财险公司、市国元农业保险公司等企业负责人到大通区调研政策性农业保险开展情况。

9 日　市长曹勇在人民银行淮南中心支行、市银监局、市政府金融办、市发改委、市农改委、市经贸委、市财政局等负责同志的陪同下，到市担保公司调研指导工作。

10 日　“小金库”专项治理工作全面进入重点检查阶段。

15 日　全市采煤沉陷区综合治理工作会议在洞山宾馆礼堂召开。戴启远、吴晓矛、鲍同义等参加会议。

17 日　对市级政府采购计算机等办公设备实行新的协议供货办法。

20 日　2009 年度全市会计信息检查工作正式启动。

8 月

13 日　省财政厅副厅长吴天宏来淮督导“小金库”治理工作。

16 日　省委书记王金山赴潘集区支农资金整合项目区后湖生态园考察。

18 ~ 19 日　全国人大代表、省工商业联合会副主席耿学梅率在皖部分全国人大代表，来淮调研淮南市中小企业融资情况。市人大常委会副主任王玉成、梁立文，副市长刘有怀等陪同。

21 日　市政府与中融诚投资担保有限公司在新锦江大酒店举行《舜耕山风景区基础设施建设合作框架协议》签字仪式。市领导曹勇、梁立文、王诚、鲍同义、中融诚投资担保有限公司负责人代雨东等出席签字仪式。

22 日　市财政局邀请部分离退休老干部以及有关同志召开《淮南市财政志》编修工作座谈会。

28 日　《淮南市市直行政事业单位国有资产处置管理暂行办法》出台。

9 月

3 ~ 4 日　省民生工程综合督察组对淮南市民生工程进行督察。

9 日　淮南市金鑫小额贷款有限责任公司在大通区洛河镇举行隆重揭牌仪式。副市长刘有怀，市金融办、市工商局等有关负责同志，大通区委书记张祖保，区长李宝君出席揭牌仪式。

15 日　第十六届中国豆腐文化节开幕。

17 日　淮南市 2010 年市级部门预算编制工作会议召开。333 个预算单位参加了会议。

23 日　《淮南市财政局工作规则》出台。

25 日　《淮南市财政局澄清虚假或不完整信息工作暂行办法》出台。

27 日　省人大常委会副主任任海深等一行来淮就城乡最低生活保障情况开展调研。杨振超、曹勇、王玉成、孔令航陪同。

△　通商银行民营经济信用担保贷款启动仪式在淮南通商银行举行。戴启远等出席启动仪式。

9 月上旬开始，市财政局组织力量对 2008 年以来契税、耕地占用税征管工作进行专项检查。

9 月末，淮南市 35 项民生工程之一的农村安全饮用水安全工程建设全面完成，该工程新建供水工程 53 处，铺设管道 774 公里。

10 月

1 日　采用新的政府采购资金专户管理方式，专户实行国库科监管、政府采购科记账。

11 日　市长曹勇到大通区上窑镇、洛河镇调研扩权强镇工作。市委常委、常务副市长戴启远，市政府秘书长戴多斌等参加调研。

12 ~ 13 日　省财政厅副厅长左俊率督察组来淮督查财政系统“三项工作”的开展，并到矿业集团、淮化集团、潘集区进行调研。

13 日　市长曹勇主持召开市政府第 35 次常务会议。会议原则通过《淮南市七大产业调整和振兴规划》与《淮南市城市生活垃圾处理收费管理暂行办法(草案)》。

20 日　全市村级公益事业建设一事一议财政奖补试点工作会议召开。

12 ~ 24 日　市财政局举办新《企业会计准则》培训班

27 日　南京区域经济农口协作会第 22 届年会在淮召开。市长曹勇在开幕式上致辞，省政府副秘书长、省扶贫办主任刘奇,省畜牧兽医局局长董卫星,南京市政府副秘书长、农工办主任瞿为民,南京农业大学经济管理学院党委书记陈东平及来自江苏、江西、安徽三省23个城市的代表出席年会。

29日　市委书记杨振超对潘集区支农资金项目作重要批示,"后湖模式"获专家组调研后审批,"后湖效应"将在治理采煤沉陷区方面得到逐步推广。

31日　市财政局《关于进一步支持财政学会建设促进财政科学化精细化管理的意见》出台。

11月

9~11日　全市农村财会人员财政支农政策首期培训班在毛集举办。

14日　市财政局局长左家凤、副局长张瑞昌一行到市担保投资有限公司调研并指导工作,就公司成立以来的运营情况及存在的问题与全体员工进行了深入细致的座谈。

24日　淮南市治理"小金库"整改落实阶段工作会议在财政局召开。市委常委、市纪委书记何小祥,副市长魏耀民以及市监察局、市财政局、市审计局、各县区负责同志出席会议。

26日　《淮南市市直行政事业单位国有资产产权交易管理暂行办法》出台。

28日　《关于进一步完善扩权强镇试点镇财政管理体制的意见》印发。

12月

4日　《淮南市义务教育经费保障机制改革资金管理暂行办法》出台。

21日　市十四届人大常委会在洞山宾馆召开第十六次会议,审议批准《关于2008年度市本级预算执行和其他财政收支审计整改情况的报告》。

23日　省淮河流域水污染治理世行贷款项目专家组来淮,对世行贷款项目进行验收。王诚等陪同。

24日　市财政局、国税局、地税局、人行四家联合下发《关于国投新集花家湖矿有关税收问题的通知》(淮财预[2009]482号)文件,专门安排花家湖矿有关税收划转事宜。

27日　市财政局印发《淮南市财政局工程建设领域突出问题专项治理工作实施方案》。

(吴　波　谢传周)

为　国　理　财

为　民　服　务